KB139715

데이터 과학자와 데이터 엔지니어를 위한 인터뷰 문답집

데이터 과학자와 데이터 엔지니어를 위한 **인터뷰 문답집**

1쇄 발행 2020년 6월 30일
2쇄 발행 2021년 12월 9일

지은이 Hulu 데이터 과학팀
옮긴이 김태헌
펴낸이 장성두
펴낸곳 주식회사 제이펍

출판신고 2009년 11월 10일 제406-2009-000087호
주소 경기도 파주시 회동길 159 3층 3-B호 / **전화** 070-8201-9010 / **팩스** 02-6280-0405
홈페이지 www.jpub.kr / **원고투고** submit@jpub.kr / **독자문의** help@jpub.kr / **교재문의** textbook@jpub.kr

편집부 김정준, 이민숙, 최병찬, 이주원, 송영화
소통기획부 이상복, 송찬수, 배인혜 / **소통지원부** 민지환, 김수연 / **총무부** 김유미

진행 및 교정 · 교열 장성두 / **내지디자인** 이민숙 / **표지디자인** 미디어픽스
용지 타라유통 / **인쇄** 한승문화 / **제본** 일진제책사

ISBN 979-11-90665-23-0 (93000)
값 34,000원

제이펍은 독자 여러분의 아이디어와 원고 투고를 기다리고 있습니다. 책으로 펴내고자 하는 아이디어나 원고가 있는
분께서는 책의 간단한 개요와 차례, 구성과 저(역)자 약력 등을 메일(submit@jpub.kr)로 보내주세요.

데이터 과학자와 데이터 엔지니어를 위한 인터뷰 문답집

The Quest for Machine Learning

주거웨 책임편집 / Hulu 데이터 과학팀 지음 / 김태헌 옮김

Jpub
제이펍

차 례

CHAPTER 1   피처 엔지니어링   1

CHAPTER 10 순환신경망 277

CHAPTER 13 생성적 적대 신경망   **347**

CHAPTER 14 인공지능의 응용 현황 391

칭화대학교 컴퓨터 공학과 동문인 주거웨와 그녀의 동료들이 출판한 《데이터 과학자와 데이터 엔지니어를 위한 인터뷰 문답집》의 추천사를 쓸 수 있어서 영광입니다.

두말할 필요 없이 인공지능은 만물이 소생하는 봄과 같은 부흥기에 접어들었는데, 그 열기는 마치 여름을 방불케 하기도 합니다. 하지만 저는 오히려 수확의 계절인 가을에 비유하고 싶습니다. 지금 세상을 휩쓸고 있는 인공지능의 물결은 사실 이삼십여 년에 걸친 이론과 알고리즘 연구들이 조금씩 누적된 결과물입니다. (당연히 빅데이터와 강해진 연산 능력을 갖춘 컴퓨터 덕도 있겠죠.) 하지만 지금은 본질적으로 대부분 '약한 인공지능' 범위에 들어갑니다. 이번 물결이 끝나면 다음 물결의 시발점은 '강한 인공지능'이 되길 바라지만, 이론적으로 매우 높은 난이도를 요구하고 있기 때문에 언제 '강한 인공지능'이 실현될지에 대해서는 아무도 알지 못합니다. 따라서 우리들은 이 기회를 잘 잡아 '약한 인공지능'이 후하게 주고 있는 풍성한 '열매'를 잘 거둬야 할 것입니다. 가지각색의 인공지능 응용 상품은 우리의 생활 속으로 들어와, 예전에 인터넷이 그랬던 것처럼 사회와 경제 전체에 영향을 주고 있습니다.

그러나 이러한 '열매'는 아무나 얻을 수 없습니다. '열매'를 거둘 자격이 되는 사람들만 풍작의 기쁨을 누리겠지요. 이런 사람들이 바로 일선에서 인공지능과 머신러닝을 연구하거나 일하며 새로운 알고리즘과 방법을 끊임없이 시도하고 있는 사람들(일반적으로 데이터 과학자나 데이터 엔지니어 등)일 것입니다. 이들은 요구를 이해하고, 데이터를 수집하며, 알고리즘을 설계하고, 반복해서 실험하고, 또 최적화가 완료될 때까지 끊임없이 노력합니다. 이들이 바로 새로운 인공지능 기술의 선구자이자 원동력입니다.

여러분은 이들 중 한 사람이 되고 싶은가요?
그렇다면 어떻게 해야 이른 시일 내에 이들 중 한 명이 될 수 있을까요?

아마도 이 책이 여러분을 한 발짝 나아가도록 도와줄 것입니다. 많은 우수한 연구원과 프로그래머가 인공지능과 머신러닝의 실전 응용문제들을 해결하기 위해 부지런히 일하고 있지만, 실제 문제들을 해결하기 위한 기술 서적은 부족한 실정입니다. 이 책이 이런 부족한 부분을 채워 줄 수 있을 것이라 기대합니다. 이 책은 간단한 내용부터 복잡한 내용까지 차례대로 전개되며, 머신러닝 각각의 영역을 포괄하는 간결한 문답 형식으로 되어 있습니다. 따라서 독자가 인공지능 분야에 종사하기 위해 알아야 할 기술을 잘 설명하고 있는 동시에 독자들이 필수 기술을 익힐 수 있도록 도와줍니다.

저는 주거웨를 꽤 오래전부터 알고 지냈습니다. 그녀는 저희 학과에서 유명한 '공부의 신'이었습니다. ACM SIGMOD* Test of Time Award를 받기도 했었죠. 귀국 후 그녀는 학과에서 열리는 활동에 종종 참가하곤 했습니다. 그녀와 함께 일하는 동료들도 모두 훌륭한 배경을 가진 분들이라고 알고 있습니다. 게다가, 이 책은 산업계에서 매일같이 머신러닝을 적용하고 있는 데이터 과학자들이 함께 만든 책이기 때문에 결코 여러분을 실망시키지 않을 것입니다.

많은 분이 이 책을 통해 더 멋진 데이터 과학자, 알고리즘 엔지니어, 인공지능 실무자로 거듭날 수 있기를 바랍니다. 제가 이끄는 연구진은 얼마 전 '구가九歌**'를 자동으로 만들어 내는 시스템을 개발했습니다. 2017년에는 CCTV의 〈사람을 이기는 기계 지능〉이란 프로그램에도 소개되었는데, 많은 사람이 실제 사람이 쓴 시와 기계가 만든 시를 구별하지 못하게 하는 정도까지 성공했습니다. 이 기술 역시 이 책에 나오는 LSTM과 Seq2Seq 모델을 적용한 것입니다.

순마오숭(孙茂松) / 칭화대학교 컴퓨터 공학과 교수

---

* [옮긴이] ACM SIGMOD는 데이터베이스 최고 권위의 학회 중 하나입니다.
** [옮긴이] '구가(九歌)'는 초나라 민간의 제사 노래이며, 음악, 가사, 무도가 혼합되어 이루어진 것입니다. 총 11편으로 구성되어 있는데, 여기서는 단순히 구가라는 시와 비슷한 구조를 가진 시를 만들어 내는 알고리즘이라고 생각하면 되겠습니다.

이 책은 주거웨 박사가 편집하고 15명의 Hulu 소속의 데이터 과학자가 함께 쓴 창의적이고 실용적인 면이 돋보이는 책입니다. 인공지능과 머신러닝에 대한 이해를 높여 소프트웨어 엔지니어와 데이터 과학자 모두를 AI 전문가로 거듭날 수 있도록 도와줄 것입니다. 동시에 데이터 과학자들을 훌륭한 AI 연구자들로 만들어 줄 것입니다.

해리 셤(Harry Shum) / 마이크로소프트 글로벌 수석부사장, IEEE 펠로우, ACM 펠로우

컴퓨터 이론과 알고리즘은 사람들에게 자주 냉대를 받습니다. 왜냐하면 그들과 실제 응용 사이를 이어주는 다리가 없기 때문입니다. 주거웨 박사와 그녀의 동료들이 쓴 이 책은 어떻게 그들을 잇는 다리를 만들어 줄 수 있는지에 대해 가르쳐 주고 있습니다. 이 책을 통해 컴퓨터 관련 종사자들은 이론적인 부분에서 크게 도약할 것이며, 비전공자 출신들도 컴퓨터 과학이란 위대한 도구를 더 잘 이해할 수 있을 것입니다.

우쥔(Wu Jun) / 《수학의 아름다움(數學之美)》, 《물결의 정점에서(浪潮之巓)》 저자

시장에 쏟아져 나오고 있는 머신러닝 관련 서적 중에서 Hulu 데이터 과학자들이 출판한 이 책은 매우 특별합니다. 이 책은 단순히 다른 사람들의 말을 옮기거나 학술적인 시각에서 머신러닝의 이론과 알고리즘 체계를 정리한 것이 아닙니다. 일선에서 일하고 있는 데이터 과학자들의 시각으로 인터뷰, 실전 모델링, 그리고 응용 사례들을 중점으로 머신러닝을 설명하고 있습니다. 그래서 데이터 과학자를 꿈꾸는 독자들에게는 더 빠르게 꿈을 이룰 수 있도록 도와줄 것입니다. 특히, 여러 명의 실전 전문가가 힘을 합쳐 만든 것임에도 내용이 상당히 체계적이라 더욱 독보적입니다.

리우펑(Liu Peng) / 《알고리즘 마케팅(計算广告)》 저자, iFLYTEK 부사장

머신러닝 데이터 과학자로서의 자기 수양

데이터 과학자로 향하는 고급 과정은 순탄치 않을 것입니다. 《선형대수》, 《통계학습 방법》, 《단단한 머신러닝》, 《패턴인식과 머신러닝》, 《심층 학습》, 《목 디스크 회복 가이드》와 같은 책들이 여러분의 회사 생활 내내 함께할 것입니다.

개인적으로 훌륭한 데이터 과학자가 되기 위해서는 관련 지식에 대한 체계적이고 완벽한 준비뿐만 아니라, 알고리즘 모델에 대하여 마음 깊숙한 곳에서부터 나오는 열정과 연구 작업에 대한 장인 정신이 있어야 한다고 생각합니다. 여기서 말하는 장인 정신이란, 문제를 발견하는 눈빛, 문제를 해결하는 탐구 정신, 그리고 집착에 가까운 끈기를 뜻합니다.

이런 장인 정신은 저희 팀원들의 생활 곳곳에서 엿볼 수 있습니다. 건물 아래로 내려가 점심을 먹기 위해 엘리베이터를 기다릴 때마다, 그리고 화장실을 가는 사이에 엘리베이터를 놓칠까 여러 모델을 세워 놓고 서로 다른 시간대에서 평균적으로 엘리베이터를 기다리는 시간을 계산해 최적의 타이밍을 계산합니다. 그리고 회사 앞 호수에 노을의 물결이 햇빛에 반짝이는 것을 보고 이러한 빛의 상태가 이미지 인식을 어렵게 만드는 이유에 대해서 고민합니다. 쇼핑 앱을 열어 셀 수 없이 많은 상품을 보며 어떤 추천 시스템을 만들어야 사용자들이 좋아할 만한 상품만을 추천할 수 있을까를 고민합니다. 연구에 대한 열정만 있다면 이런 사소한 일들도 머신러닝의 문을 여는 열쇠가 될 수 있습니다.

많은 데이터 과학자들이 일상생활 중 찰나의 순간에 영감을 얻어 상품화까지 진행하고는 합니다. 같은 팀에서 일하는 한 동료는 어떤 국내 애플리케이션으로 드라마를 보던 중 아주 간편하게 오픈 크레딧과 엔딩 크레딧을 건너뛸 수 있는 기능이 있는 것을 발견했습니다. 소비자 입장에서 이런 기능은 큰 편의를 가져다줄 수 있다고 생각해서 우리 플랫폼의 원천 데이터를 살펴보았으나 일부 영상만 오픈 크레딧과 엔딩 크레딧 정보가 있음을 알았고, 이러한 정보 모두를 사람이 수기로 태깅tagging 했다는 것을 알아냈습니다. 백만 이상의 콘텐츠를 보유한 영상 회사에서 모든 콘텐츠에 태깅한다는 것은 터무니없는 생각일 것입니다. 결국, 그는 광범위한 연구와 계속되는 시도 끝에 딥러닝에 기반을 둔 엔딩 크레딧 자동 검출 모델을 개발해 냈습니다. 반복적이고 충분한 실험 끝에 모두가 만족할 만한 결과를 얻을 수 있었고, 미국에 발명 특허까지 신청하며 상품화의 길로 가고 있습니다.

알고리즘 연구를 비즈니스에 적용하는 것과 순수한 학술 연구 사이에는 큰 차이점이 존재하는데, 바로 사용자(유저)의 시각에서 문제를 생각하는 것입니다. 많은 경우에 데이터 과학자들이 만든 상품이 데이터 지표를 향상시키더라도 이것이 진정으로 사용자가 원하는 것인지는 다시 생각해 봐야 합니다. 이런 기준으로 많은 모델 중에 가장 적합한 모델을 선택하고, 빠른 도입과 반복적인 테스트를 통해 상품화라는 결과를 얻어야 합니다. 이러한 창조 정신과 도전 정신을 통해 '장인 정신'이 표현되는 것이라 생각합니다.

장인 정신도 물론 중요하지만, 관련 지식도 데이터 과학자로 성공하기 위한 필수 불가결한 기초입니다. 이것이 바로 저희가 이 책을 쓰게 된 이유이기도 합니다. 튼튼한 수학 기초, 알고리즘 시스템에 대한 완전한 이해, 모델에 대한 깊은 이해는 우리가 독자들에게 전달하고 싶은 정수입니다. 이 책 앞부분에 나오는 피처 엔지니어링(특성 공학), 모델 평가, 전통적인 모델 등은 머신러닝 영역의 기초이므로 반드시 자기 자신의 것으로 만들어야 합니다. 그리고 연구원 혹은 응용 영역의 전문가가 되고 싶다면 머신러닝 스킬 트리skill tree의 각 가지 중 특정 부분에 대한 깊은 지식을 키워 나가야 합니다.

많은 사람이 맥주와 기저귀에 관한 이야기를 알고 있을 것입니다. 하지만 비교적 완전하고 안정적인 추천 시스템을 구축하기 위해서는 차원축소(제4장)뿐만 아니라 최적화 알고리즘(제7장), 딥러닝(제9장, 제10장), 강화학습(제11장) 등에 대해서도 깊게 이해해야 합니다. 그리고 계속된 연구를 통해서만이 최신 학술 기술을 상품에 녹일 수 있을 것입니다. 예를 들어, 만약 스킬 트리에서 마르코프 모델과 토픽 모델(제6장)을 깊게 공부해 완전한 확률 그래프 모델 지식 네트워크를 만들고, 순환신경망(제10장)의 이론 체계를 접목하고 자신만의 이해와 생각을 더한다면 기계 번역, 음성 비서 등 자연어 처리 응용 영역에서 활약할 수 있을 것입니다.

데이터 과학자로 향하는 길은 순탄치 않을 것입니다. 하지만 그 길에는 아름다움과 광활함이 함께할 것입니다. 여러분이 해야 할 일은 자신이 어떤 일을 하고 싶은지를 명확히 하고, 묵묵히 이 책의 내용을 최대한 습득한 후, 조용히 이 책을 덮고서 생활 속 사소한 곳에서 머신러닝의 매력을 느껴보는 것입니다.

Hulu 데이터 과학팀 드림

옮긴이 머리말

데이터 과학은 (통계학, 컴퓨터 공학, 의료, 경제 등) 서로 다른 영역에서 온 사람들이 계속해서 데이터 과학이라는 '정의'를 확립해 가는, 동적dynamic인 융합 학문이라고 생각합니다. 따라서 기본적인 지식의 틀이 어느 정도 정해져 있는 개발자 인터뷰(면접)와는 달리 제대로 정리된 인터뷰 관련 서적을 찾기 어렵습니다. 데이터 과학은 인터뷰를 위해 (고급 통계 지식, 머신러닝/딥러닝 알고리즘, 컴퓨터 공학 지식, 도메인 지식 등) 기본적으로 준비해야 할 범위가 매우 넓을 수밖에 없는데, 지원자뿐만 아니라 현업에 종사하는 분들도 1시간 남짓의 짧은 시간 내에 후보자의 역량을 파악할 수 있는 '좋은 인터뷰 질문'을 던지기 위해 고심에 고심을 거듭하고 있습니다.

이 책을 접하자마자 데이터 과학자 인터뷰를 앞둔 지원자, 그리고 좋은 데이터 과학자를 채용해야 하는 현업 종사자들께 좋은 가이드라인이 될 수 있을 것 같아 한 치의 망설임도 없이 번역 의뢰를 했었습니다. 이 책은 인터뷰 준비뿐만 아니라 데이터 과학자가 갖춰야 할 소양(기본 지식)을 측정하는 도구로도 사용할 수 있을 것입니다. 데이터 과학 내에도 비전vision, 자연어 처리NLP, 마케팅, 비즈니스 데이터 분석 등 다양한 분야가 있어서 모든 분야의 지식을 섭렵하기란 매우 어려운 일인데, 만약 다른 분야에 대한 폭넓은 지식과 이해력을 키우고 싶은 독자라면 이 책의 일독을 권합니다. 특히, AI 관련 조직의 관리자급 자리에서 일하는 분들께 큰 도움이 될 것입니다.

이 책의 저자는 스탠퍼드대학교 출신의 주거웨 박사가 이끄는, 미국의 HULU라는 회사의 데이터 과학팀입니다. HULU는 넷플릭스Netflix의 급성장으로 위기를 느낀 월트 디즈니 컴퍼니, 21세기 폭스, 타임 워너 등 전통 미디어 대기업이 공동투자로 만든 OTT 서비스입니다. 아직 한국에는 서비스되고 있지 않아 국내 독자들에게는 다소 생소한 이름일 것입니다. 하지만 약 3천만 유료 구독자를 가진, 이제는 추천 시스템의 대명사가 되어버린 넷플릭스처럼 추천 시스템, 알고리즘 마케팅, 영상 및 텍스트 분석에 특화된 AI 기술을 보유한 기업입니다. HULU팀이 현업에서 다루는 머신러닝 기술의 범위가 넓기 때문에 이 책에서 전통 머신러닝, 이미지 분석, 텍스트 분석 등 다양한 분야의 지식이 총 망라될 수 있었던 것 같다는 생각이 듭니다.

이번 책은 15명의 데이터 과학자가 공동으로 집필했기 때문에 각 장마다, 혹은 각 절마다 글의 스타일이 조금씩 달라 번역 과정에서 최대한 원문의 뜻을 유지하며 문체를 통일시키는 데 주안점을 두었습니다. 번역에 있어서 아직 부족한 부분이 많음에도 저의 첫 번역서인 《단단한 머신러닝》에 대해 힘이 되는 피드백을 많이 주셨기 때문에, 이번 책에서 조금 더 자신감을 가지고 잘 마무리할 수 있었던 것 같습니다.

두 번째 번역서를 잘 마무리할 수 있게 체력을 허락해 주신 하나님께 감사드리며, 좋은 책이 나올 수 있도록 교정 과정에 직접 참여해 주시고 고생해 주신 장성두 대표님께 감사의 말씀을 전합니다. 그리고 사랑하는 아내 유리나와 아들 라온이, 딸 라엘이에게 항상 사랑한다는 말을 전하고 싶습니다.

마지막으로, 이 책이 인터뷰를 앞둔 학생, 직장인 분들의 귀한 시간을 아껴줄 수 있는 소중한 책이 되길 기원합니다.

김태헌 드림

프롤로그

인공지능, 그 세 번의 물결

2018년 초, 취업 시즌이 다가왔을 때 '데이터 과학자'와 '알고리즘 엔지니어'는 최고의 인기 직업이었습니다.

'인공지능', '머신러닝', '딥러닝', '모델링', 'CNN' 등과 같은 단어가 일반인들의 대화 중에도 많이 언급되기 시작했고, '데이터베이스 구조', '연결 리스트', '배열' 등이 소프트웨어 엔지니어들의 필수 스킬로 자리 잡았습니다.

인공지능 기술은 사회구조, 직장, 교육 등의 영역에 혁명적인 변화를 몰고 오고 있습니다. 향후 몇 년간은 인공지능 기술이 전면적으로 보편화되는 시기인 동시에 해당 기술을 가진 인재들이 가장 부족할 시기이기도 합니다. 따라서 우리는 이 책을 통해 인공지능과 머신러닝에 관심 있는 독자들에게 이 분야의 기본 기능을 더 깊게 이해시키고 싶고, 이미 어느 정도 기본기가 있는 독자들에게는 인공지능과 머신러닝의 고수가 될 수 있도록 돕고 싶습니다.

책을 시작하기에 앞서서 제가 이해하고 있는 머신러닝의 배경과 역사를 소개하고, 왜 지금이 머신러닝을 배우기에 좋은 시기인지에 관해 설명하고자 합니다.

● 나, 그리고 인공지능

저의 학부 전공은 인공지능입니다. 제가 대학교에 다닐 때 칭화대학교 컴퓨터 공학과에는 6개의 반이 있었는데, 반마다 각자의 전공이 정해져 있었습니다. 제가 속한

3반의 전공은 인공지능이었습니다. 덕분에 저는 학부 시절부터 인공지능 영역의 최신 기술을 접할 수 있었습니다. 제가 수강했던 인공지능 입문 수업을 담당하시던 분은 존경하는 린야오루이林尭瑞 교수님이었는데, 《人工智能导论(인공지능 개론)》의 저자이시기도 합니다. 저희는 이 수업을 '원숭이 바나나 따 먹기'라고 불렀는데, 수업 가장 첫 질문이 어떻게 지능을 가진 원숭이가 스스로 블록을 조립해 천장에 달린 바나나를 따 먹을 수 있는지에 대한 것이기 때문입니다.

당시 칭화대학교 학부생 과정은 5년이었는데, 소수의 학생은 4학년 때 대학원생 프로젝트에 참여할 수 있었고, 6년째에 석사학위를 취득할 수 있었습니다. 저는 그 소수의 행운아 중 한 명이었습니다. 덕분에 4학년 때 칭화대학교 인공지능 연구실에 들어가 장보张钹 교수님을 따라 간단한 연구를 진행할 수 있었습니다. 장 교수님과 대학원생들 사이에서 저는 인공지능에 관련된 첨단 지식을 배울 수 있었습니다.

스탠퍼드대학교에 갓 입학했을 무렵에는 20여 명 정도가 모이는 소규모 점심 강의brown bag에 참여한 적이 있었습니다. 시작되고 절반 정도 지났을 무렵에 교실 문이 열리더니 존 매카시John McCarthy 교수님이 "이곳에 공짜 점심이 있다는 소리를 들었네."라고 크게 말하며 들어왔습니다. 그리고는 교실 앞으로 가서 샌드위치 몇 개를 집어 다시 왔던 길을 통해 성큼성큼 돌아갔습니다. 강의를 기획했던 교수님은 조금 당황하더니 우리를 향해 다시 말했습니다. "세계에서 가장 유명한 과학자가 교실로 들어와 여러분의 음식을 가져가는 곳, 스탠퍼드에 온 것을 환영한다!"

혹시 모를 수도 있는 독자들을 위해 언급하자면, '인공지능Artificial Intelligence'이라는 단어가 바로 존 매카시 교수님에게서 나왔습니다.

저는 학부 전공이 인공지능이었고, 줄곧 인공지능에 흥미가 있었기 때문에 스탠퍼드에 와서도 인공지능 과목인 CS140을 들었습니다. 당시 이 과목을 가르치던 분은 닐스 닐슨Nils Nilsson 교수님이었습니다. 그는 또 다른 인공지능의 창시자이자 세계적인 전문가입니다. 그의 명작 《The Quest for Artificial Intelligence》는 많은 연구자에게 인용되고 있습니다. 닐슨 교수의 수업은 정말 흥미로웠는데, 저는 오늘날까지 그때의 필기 노트를 보관하고 있을 정도입니다.

사실대로 말하면, 제가 젊었을 때는 이런 최고의 과학자들과 같은 교실에 있다는 것이 얼마나 행운인지 깨닫지 못했고, 인공지능이 이렇게까지 주목받는 기술이 될지 몰랐습니다. 이런 최고의 기술은, 처음에는 소수의 사람만 이해하고 그 가치를 알아보는 것 같습니다.

그러나 제 박사 논문은 인공지능에 대한 것이 아니라 데이터베이스와 데이터 마이닝에 관련된 것이었습니다. 지금 돌이켜 보면, 저와 인공지능, 그리고 인공지능 대가들과의 만남은 인공지능의 세 번의 물결과 관련이 있습니다. 처음 인공지능 물결을 일으킨 장본인이 바로 존 매카시 시대의 연구자들인데, 1950년대부터 컴퓨터 과학과 인공지능 이론의 기초를 마련했습니다. 두 번째 물결은 칭화대학교 시기에 시작되었는데, 연구자들은 특정 영역에서 인공지능의 가능성을 확인할 수 있었습니다. 예를 들면, 조립 기계나 로봇, 전문가 시스템 등이 있습니다. 그리고 최근에 빅데이터와 머신러닝에 기반한 인공지능이 다시 부흥하고 있는데, 많은 사람이 이를 인공지능의 세 번째 물결이라고 부릅니다.

● 인공지능의 3차 물결

먼저, 간단하게 이 책에서 나오는 개념을 정리해 보겠습니다.

인공지능Artificial Intelligence이란, 기계가 인간의 지능을 가질 수 있게 하는 기술을 말합니다. 이 기술의 목적은 기계가 사람과 같은 인지, 사고, 행동, 문제 해결을 할 수 있도록 만드는 데 있습니다. 인공지능은 매우 폭넓은 기술인데, 자연어 처리, 컴퓨터 비전, 로보틱스, 논리 규칙 등을 포함하고 있으며, 컴퓨터 과학의 하위 분야로 보는 사람도 있습니다. 컴퓨터 과학 외에도 심리학, 인지과학, 사회학 등 다양한 학문이 융합된 학문입니다.

머신러닝은 컴퓨터가 주변 환경을 관찰하고 교류하여 정보를 얻어 학습하며, 계속해서 자기를 업데이트하고 개선해 나가는 것을 뜻합니다. 여러분은 컴퓨터 프로그램이 어떻게 작동하는지 이해하고 있을 것입니다. 프로그램은, 예를 들면 '지도의 출력'과 같이 컴퓨터가 집행할 수 있는 특정한 지령입니다. 그렇다면 머신러닝과 우리에게 익숙한 프로그램과의 차이점은 무엇일까요? 바로, 머신러닝은 프로그래머가 작성한 것이 아니라는 점입니다. 머신러닝은 기계가 대량의 데이터로부터 학습하는 것을 뜻합니다.

간단하게 말해, 대부분의 머신러닝 알고리즘은 훈련training과 테스트test, 두 단계로 나눌 수 있습니다. 이 두 단계는 겹쳐서 진행되기도 합니다. 훈련에는 일반적으로 훈련 데이터가 필요하고, 기계에 이전 사람들의 경험을 알려 줍니다. 예를 들면, 어떤 것이 고양이이고 어떤 것이 개인지, 그리고 어떤 물체를 봤을 때 정지해야 하는지 등을 알려줍니다. 훈련 학습의 결과는 기계가 작성한 프로그램 혹은 저장된 데이터인 모델model입니다. 전체적으로 봤을 때 훈련은 지도학습supervised learning과 비지도학습unsupervised learning 두 분류로 나뉩니다. 지도학습은 정답을 알려주는 선생님이 있는 경우에 비유할 수 있고, 비지도학습은 독학에 비유할 수 있는데, 기계 스스로 데이터에서 패턴과 특징을 찾는 것을 뜻합니다. 딥러닝deep learning은 머신러닝의 한 종류입니다. 주로 신경망을 토대로 만들어지며, 음성, 영상, 언어 이해 등 각 방면에서 활용됩니다.

먼저, 우리는 인공지능의 세 차례 물결에 대해 간단히 살펴보겠습니다. 각 물결(혹은 도약기)에는 어떤 특징이 있고, 이들은 어떻게 서로 다를까요? 그리고 서로 어떤 연관이 있을까요?

첫 번째 인공지능 물결은 대략 1950년대에 일어났습니다. 1956년, 다트머스 인공지능 연구 토론회에서 존 매카시에 의해 '인공지능'이란 개념이 정식으로 생겨났고, 현대 인공지능 학문의 기원으로 공식적인 인정을 받고 있습니다. 그리고 매카시와 MIT의 마빈 민스크Marvin Minsky는 '인공지능의 아버지'라는 칭호를 얻었습니다.

컴퓨터 발명 초기에 많은 컴퓨터 과학자가 인간이 발명해 낸 기계가 인류와 어떤 근본적인 차이가 있을까에 대해 진지하게 사고하고 토론했습니다. 튜링 기계Turing Machine와 튜링 테스트Turing Test는 바로 이러한 사고의 전형적인 결과물입니다. 최초의 인공지능 전문가들은 사상과 이론 측면에서 이미 많이 앞서 나갔는데, 초기부터 컴퓨터의 잠재력을 알아본 셈입니다. 우리가 지금 묻는 이런 문제는 대부분 그들이 이미 오래전에 사고하고 토론했던 질문들입니다. 예를 들어, '추론reasoning'은 무엇이고, 기계는 어떻게 추론하는가? '이해understanding'는 무엇이고, 기계는 어떻게 이해하는가? 지식knowledge이란 무엇이고, 기계는 어떻게 지식을 얻고 표현할까? 언제쯤 기계는 사람과 구별하기 힘들 정도의 지능을 가질 수 있을까? 등의 질문이 있습니다. 이 시기에 많은 기초 이론이 생겨났으며, 인공지능의 기초 이론 이외에도 컴퓨터 공학, 컴퓨터 과학의 기초를 다지는 시기이기도 했습니다.

기술적인 측면에서 이야기하자면, 인공지능이 처음으로 크게 발전했던 시기였으며, 주로 논리에 기반을 둔 발전이었습니다. 1958년 매카시는 논리 언어인 LISP를 고안했습니다. 1950년대부터 1980년대까지 연구자들은 컴퓨터로 게임을 할 수 있고, 어느 정도는 자연어 이해까지 가능하다는 사실을 증명했습니다. 실험실에서는 로봇이 논리적인 판단을 하고, 나무 탑을 쌓았으며, 로봇 쥐가 미로를 탐색하며 스스로 장애물을 판단하기도 했습니다. 그리고 작은 자동차는 제약적인 환경에서 기초적인 자율 주행이 가능했습니다. 연구자들은 간단한 언어 이해와 물체 식별을 할 수 있는 신경망을 발명하기도 했습니다.

그러나 인공지능 발전 초기 이삼십 년 사이에 풍성한 연구 결과가 쏟아져 나왔음에도 실제 생활에 적용되지는 못했습니다. 1980년대 초, 인공지능은 응용 분야가 부족하다는 이유로 '빙하기'에 접어들게 됩니다. 제가 갓 대학교에 입학했을 무렵인 1980년대 말에서 1990년대 초까지 인공지능 과학자들은 새로운 길을 개척하기 시작했는데, '보편적인 지능 문제의 해결'에서 '특정 영역의 단일 문제 해결'로 연구의 목적을 바꿨습니다. '전문가 시스템'이란 개념이 탄생했고, 이는 처음으로 인공지능 연구 결과의 상업화를 위한 가능성을 제시했습니다.

컴퓨터 기술은 30년 정도의 발전을 겪으며 데이터베이스와 응용 방면에서 기초가 다져졌습니다. 연구자들은 인공지능이 데이터와 결합할 수 있는 가능성을 확인했는데, 가장 잘 결합할 수 있는 응용 형태가 바로 '전문가 시스템'이었습니다. 만약 심장병 관련 데이터와 같은 특정 영역의 데이터를 기계에 주입하고 일정한 논리를 가르쳐 준다면, 해당 기계는 '심장병 전문가'가 될 수 있을 것입니다.

병을 진단하거나 날씨를 예측하는 등 각 분야의 전문가 시스템은 실현 가능해 보이는 동시에 수요도 존재했기 때문에 당시 학술계에는 다시 한번 인공지능 열풍이 불기 시작했습니다. 하지만 이러한 전문가 시스템을 활용해 병 진단을 하려 할 때 문제가 되는 것은 '어떻게 진단할지'에 대한 부분보다는 당시 대부분의 데이터가 디지털화되어 있지 않았다는 사실이었습니다. 당시 대부분의 의료 데이터는 수기로 작성되어 서류 형태로 보관되어 있었습니다. 설령, 어떤 분야의 데이터가 디지털화되어 있다 하더라도 서로 연결되어 있지 않은 로컬 컴퓨터에 저장되어 있어 사용하기 힘들었습니다.

따라서 전문가 시스템을 구축하려던 사람들은 되려 더 기초적인 작업에 몰두할 수밖에 없었습니다. 여기서 기초적인 작업이란, 간단히 말해 세상의 모든 정보를 디지털화하고 정량화하는 것입니다.

연구자들이 세상에 존재하는 책, 지도, 처방전 등을 디지털화하던 무렵에 인터넷이 등장해 광범위하게 사용되기 시작했고, 인터넷은 이러한 대규모 정보를 서로 이어주기 시작해 '빅데이터'라는 개념이 생겨났습니다. 동시에, 무어의 법칙Moore's law(마이크로칩의 성능이 2년마다 두 배로 증가한다는 경험적 예측)이 실제로 작용하며 컴퓨터 성능도 빠르게 발전했습니다. 컴퓨터 성능 향상에 따라 실험실이나 제한된 환경에서만 적용되던 인공지능 응용과 실제 생활 사이의 거리가 점점 좁혀졌습니다. 1997년에 딥블루DeepBlue는 세계 체스 챔피언 가리 카스파로프Garry Kasparov에게 승리를 거두었는데, 2017년 알파고AlphaGo가 바둑에서 이세돌 9단에게 이긴 것처럼 인공지능 역사에서 하나의 마일스톤으로 자리 잡았습니다. 컴퓨팅 파워가 향상되면서 목적이 특정한 단일 분야에서 기계가 사람을 이기는 일은 단지 시간 문제로 여겨졌습니다.

세 번째 인공지능 물결은 다른 두 기술 영역의 발전을 바탕으로 한 것인데, 하나는 컴퓨터 연산 능력이고, 다른 하나는 대규모 데이터입니다. 컴퓨팅 능력은 하드웨어, 분산 시스템, 클라우드 컴퓨팅 기술 등의 발전으로부터 온 것입니다. 최근에는 신경망을 위해 제작된 하드웨어 시스템neural-network-based computing이 인공지능 소프트웨어와 하드웨어의 결합이라는 대약진을 이뤄냈습니다. 대규모의 데이터는 몇십 년간 진행된 데이터 디지털화에 대한 노력과 인터넷의 발전 덕분에 진일보할 수 있었습니다. 예를 들어, 2001년에 런칭한 GPS 시스템은 사상 초유의 위치 데이터를 만들어 냈고, 스마트폰은 유례없는 양의 생활 데이터를 만들어 냈습니다. 뛰어난 연산력을 가진 컴퓨터의 탄생과 빅데이터의 결합은 머신러닝 알고리즘의 비약적인 발전을 촉진했습니다.

이번 인공지능 물결이 시작된 지 10여 년이 흘렀는데, 기술의 비약적인 발전은 유례없는 응용 분야의 발전까지 가져왔습니다. 최근의 인공지능 물결과 이전 두 차례 물결의 기본적인 차이점은 보편적인 응용 범위가 넓어지고 일반인의 생활 속까지 큰 영향을 준다는 점입니다. 달리 말하자면, 인공지능은 실험실을 떠나 우리들의 생활 속으로 들어오게 된 것입니다.

● 인공지능은 인간의 지능에 가까워질 수 있을까?

왜 이번 인공지능의 물결이 거세게 느껴질까요? 인공지능이 정말로 인간의 능력을 뛰어넘는 것일까요? 현재 인공지능 기술의 발전은 어떤 단계까지 왔을까요? 우리는 먼저 세 가지 팩트에 대해 살펴보겠습니다.

먼저, 인공지능은 역사상 처음으로 많은 복잡한 문제의 해결 방면에서 인간을 뛰어넘거나 곧 인간을 뛰어넘을 만한 능력을 갖췄습니다. 예를 들면, 이미지 인식, 영상 콘텐츠 해석, 기계 번역, 자율 주행, 바둑 등이 있습니다. 이러한 문제들은 인간에게도 어렵지 않은 문제이자 사람에 의해 해결되던 문제였습니다. 따라서 인공지능이 인류를 대체한다는 제목의 헤드라인이 신문을 장식하기 시작했습니다.

사실 단일 기술 방면에서, 특히 계산 관련 기술에서 이미 오래전부터 기계가 사람의 능력을 뛰어넘었고, 이런 기술이 광범위하게 응용되고 있습니다. 예를 들면, 내비게이션, 검색, 이미지 검색, 주가 거래 등이 있습니다. 이미 많은 사람이 음성을 통해 간단한 지령을 내리는 일에 익숙합니다. 그러나 상대적으로 이런 단순한 기술은 주로 '하나의 임무'를 완성하는 것에 국한되어 있고, 컴퓨터는 인간의 감지, 사고, 복잡한 판단, 감정 등에 대해서는 크게 관여하고 있지 못합니다.

그러나 최근 몇 년간 기계가 보여준 문제 해결 능력은 그 복잡성과 형식을 고려했을 때 이미 사람에 많이 가까워졌습니다. 예를 들면, 머신러닝에 기반을 둔 자율 주행 능력은 이미 성숙 단계에 접어들었는데, 이 기술은 인간의 생활 방식에 혁명적인 영향을 미칠 뿐만 아니라 도시 건설, 개인 소비 등에 광범위한 영향을 미칠 것입니다.

아마도 사람들은 더 이상 차를 소유하지 않아도 되거나, 차를 운전하는 방법조차 잊을지도 모릅니다. 사람들은 이 기술이 빠르게 현실화되어 가는 것을 바라보며 흥분하는 동시에 두려움을 가지고 있습니다. 기술이 가져올 편리함은 기대되지만, 너무 빠른 변화에 속수무책일까 걱정하는 것입니다.

이 외에도 컴퓨터의 자기 학습 능력은 계속해서 강해지고 있습니다. 현대 머신러닝 알고리즘, 특히 딥러닝 부류의 머신러닝 알고리즘의 발전은 기계의 행위가 더 이상 예측 가능한 '정도'나 '논리'를 뛰어넘어 사람이 이해하기 힘든 '블랙박스' 방식의 사고 능력을 갖추게 만듭니다.

그러나 자세히 살펴보면, 인공지능은 다양한 특수 영역에서 비약적인 발전을 보여주고 있지만, 아직 첫 번째 물결이 일어난 시기에 인공지능 선구자들이 이야기했던 범용적인 인공지능general purpose intelligence과는 거리가 멀어 보입니다. 이것이 두 번째 팩트입니다. 기계는 아직 특정한 상황에서 특정한 임무만을 완수하는 데 사용되고 있는데, 단지 그 임무가 조금씩 더 복잡해지고 있을 뿐입니다. 기계는 아직 '상식'과 같은 가장 기본적인 인간의 지능이 부족합니다. 인공지능은 여전히 '공포'와 같은 인간의 간단한 감정을 알지 못합니다. 두세 살 아이들도 쉽게 도와줄 수 있는 일들을 기계가 하지 못하는 경우가 많습니다.

세 번째 팩트는 이번 인공지능과 머신러닝의 응용 범위가 매우 넓다는 점입니다. 최근 인공지능과 머신러닝 기술이 곳곳에서 많이 응용되고 있는데, 이는 예전에 학술 연구 개념에 불과했던 인공지능이 이제는 대중의 시야로 들어와 미래를 결정할 수 있는 주제 중 하나로 자리매김했음을 뜻합니다. 컴퓨터 비전, 딥러닝, 로보틱스 기술, 자연어 처리 등의 기술 모두가 응용적인 측면에서 언급되고 있습니다. 여러분에게 익숙한 것들로는 안면인식, 자율 주행, 의료진단, 스마트 시티, 뉴 미디어, 게임, 교육 등이 있고, 자주 언급되진 않지만 농업 자동화, 노인 케어 시스템, 교통 통제 등에도 응용되고 있습니다. 오히려 이번 인공지능 물결의 영향을 받지 않는 사회 영역이 없을 정도입니다.

앞으로의 10년을 전망하자면, 인공지능과 머신러닝 기술은 계속해서 발전할 것이며, 관련 기술은 더욱 보편적으로 응용될 것입니다. 새로운 응용 환경도 대규모로 늘어날 것이고, 인공지능 기초 시설 또한 빠르게 자리 잡을 것입니다. 기존의 소프트웨어나 애플리케이션은 서서히 새로운 알고리즘을 도입할 수밖에 없을 것입니다. 그렇기 때문에 저는 지금이 인공지능과 머신러닝을 배우기 가장 좋은 시기라고 생각합니다.

● 이 책은 어떻게 집필되었나?

국내외를 막론하고 미디어 업계는 인공지능 기술 응용의 최전선에 있습니다. 왜냐하면 미디어는 매일 천만, 심지어 억 단위의 사용자들과 만나기 때문이죠. 각양각색의 사용자들은 일상에서 콘텐츠를 떠나 살 수 없습니다. 여기서 말하는 콘텐츠에는 신문, 음악, 영화 등이 있습니다. 이런 풍부한 콘텐츠를 사용자와 연결하는 환경에는 많은 비즈니스 기회가 숨어 있습니다.

Hulu훌루는 국제적으로 가장 앞서 있는 비디오 미디어 회사입니다. 고 퀄리티의 영화와 드라마, 생방송 채널을 제공하고 있죠. Hulu 기술 아키텍처에서 가장 선진화된 부분은 인공지능과 머신러닝 알고리즘의 응용입니다. 개인화 추천, 검색, 콘텐츠 내용 이해, 콘텐츠 전송 및 재생, 광고 예측과 타기팅, 보안, 의사결정 서포트, 그리고 영상 편집과 고객 서비스까지 매우 광범위합니다. 머신러닝 알고리즘이 사용될 수 있는 배경에는 대규모 데이터 처리 시스템이 자리 잡고 있습니다. '모든 것을 알고리즘으로'는 Hulu의 현재 기술 아키텍처의 핵심이자 미래에 대한 포지셔닝 전략이기도 합니다. Hulu는 미래 IT 기술 회사이며, 모든 것을 '알고리즘화'한 앞서가는 회사이기도 합니다.

Hulu 베이징 연구소에는 각종 인공지능 알고리즘의 응용을 위해 수많은 인공지능, 머신러닝 인재들이 모여 있습니다. Hulu의 데이터 과학자, 알고리즘 엔지니어, 소프트웨어 엔지니어는 한 팀에서 일하며 매일같이 사용자의 실질적인 문제들을 해결하고 실전 경험을 쌓고 있습니다. Hulu 베이징 연구소에는 학구적인 분위기가 물씬 풍기는데, 정기적으로 머신러닝 주제를 가지고 연구 토론회를 개최하기도 하고 자체적으로 빅데이터 및 머신러닝 관련 공개 강의를 열기도 합니다.

2017년 말, 인민우전人民邮电 출판사의 위빈 편집자가 인공지능과 머신러닝 알고리즘에 대한 실용서를 쓸 수 있는지 물어 왔습니다. 현재 시장에 나와 있는 관련 서적은 크게 두 가지로 나눌 수 있습니다. 하나는 굉장히 체계적인 교과서 같은 서적이고, 다른 한 종류는 인공지능과 인류 미래에 대한 인문과학 서적입니다. 실제로 인공지능 분야에 종사하는 사람들에게 필요한 스킬을 알려주는 실용서는 많이 없었습니다.

그럼 우리가 한번 써보자는 마음으로 회사의 동료들을 대상으로 이 프로젝트에 참여할 사람을 모집했습니다. 총 15명의 책임연구원과 알고리즘 엔지니어가 이 책의 집필에 참여했고, 성공적인 프로젝트가 되었습니다. 우리는 먼저 관련 서적들을 살펴보고 브레인스토밍을 거쳐 비교적 재미있는 문답 형식의 문답집을 만들기로 했으며, 각 연구원이 관심 있어 하는 주제를 모아 기본 개념을 설명하는 데 사용했습니다.

IT 업계에서 '애자일' 개발이란 최대의 속도로 '소형화 상품'을 만들고 사용자의 피드백을 받아 상품 방향을 수정해 나가는 것을 뜻합니다. 이 책 역시 이러한 방법으로 작성되었습니다. 우리는 매주 두 개 이상의 질문을 Hulu WeChat 블로그에 게시하여 최대한 빠르게 독자들의 피드백을 얻어 출판되기 전에 많은 개선을 이뤄냈고, 단기간에 최대 효율을 달성할 수 있었습니다. 2017년 11월부터 2018년 3월까지 총 30편의 '머신러닝 문답' 시리즈를 게시했고, 이 시리즈는 업계의 호평을 받았습니다. 또한, 각종 질문과 피드백을 받게 되었는데, 이는 이 책의 핵심 내용에 포함되어 있습니다.

이 책의 장과 절 구조는 정말 많은 논의를 통해 결정된 것입니다. 인공지능, 머신러닝의 알고리즘의 범위가 너무 넓다 보니 가장 기초가 되는 내용과 개념을 포함하는 것에 초점을 맞췄고, 동시에 최신 동향까지 담으려 노력했습니다. 그렇기 때문에 이 책은 로지스틱 회귀, 의사결정 트리 등과 같은 전통적인 머신러닝 알고리즘에서부터 딥러닝, 강화학습, 앙상블 학습 등과 같은 비교적 최신 알고리즘, 그리고 학계에서 논의 중인 새로운 영역과 최신 알고리즘까지 포괄하고 있습니다. 동시에 이 책은 실전 응용 환경에서 알고리즘 시스템을 사용할 때 필요한 샘플링, 피처 엔지니어링, 모델 평가 부분을 강조하고 있습니다. 머신러닝 알고리즘은 해당 배경지식을 비교적 깊게 이해해야 하므로 각 문제와 해답 전에 해당 영역에 대한 간단한 배경 설명을 추가했습니다. 각 문제는 각기 다른 난이도를 가지고 있는데, 이는 독자들이 자신의 수준을 평가하는 데 도움이 될 것입니다.

책의 핵심이 되는 알고리즘 문답 내용 외에도 우리는 두 가지 내용을 더 추가했습니다. 하나는 '머신러닝 데이터 과학자로서의 자기 수양'으로, 업계의 전형적인 직무 내용과 요구사항을 소개하고 있습니다. 이러한 실제 예제는 많은 독자에게 인공지능 업계의 동향을 이해하고 파악하는 데 큰 도움이 될 것입니다. 두 번째는 '인공지능의 응용' 부분입니다. 많은 독자가 이미 자율 주행차, 알파고와 관련된 이야기들에 익숙할 것입니다. 우리는 업계에 종사하고 있는 사람의 시각에서 이러한 응용의 뒤에 숨겨진 원리가 무엇인지에 대해 설명하려 했습니다. 이 책을 다 읽은 후에 머신러닝 기술들을 잘 익혔다면 여러분도 이러한 현장에서 일할 수 있게 될 것입니다.

이 책은 인공지능, 머신러닝의 각 영역에 대한 많은 정보를 포함하고 있습니다. 회사에 따라, 업무에 따라, 그리고 직위에 따라 적용할 수 있는 내용도 있고, 반대로 없는 내용도 있을 것입니다. 그렇기 때문에 이 책을 읽을 때 다음과 같은 방법으로 읽을 것을 권장합니다.

1 **차례대로 읽기** 처음부터 끝까지 읽는 방법인데, 만약 모든 내용을 이해하고 모든 문제에 대해 답할 수 있다면 Hulu에 이력서를 내도 좋습니다.

2 **난이도가 낮은 것부터 읽기** 각 문제 옆에 별표로 난이도를 표시했습니다. 별 1개는 가장 간단한 문제를 뜻하고, 별 5개는 가장 어려운 문제임을 뜻합니다. 그리고 책 앞부분에서 이 책의 모든 문제와 난이도를 정리한 테이블을 제공하고 있습니다. 별 1개가 달린 문제는 기본적인 개념이나 'ROC 곡선은 무엇일까요?', '왜 수치형 특성에 대해 정규화를 진행해야 할까요?' 등과 같은 어떤 특정한 개념을 묻거나 특정 방법, 알고리즘을 사용해야 하는 이유에 관해 설명하고 있습니다. 만약 여러분이 머신러닝 입문자라면 간단한 문제에서부터 차근차근 학습해 가기를 권장합니다.

3 **목적에 따라 읽기** 각 알고리즘마다 필요한 곳이 있습니다. 모든 회사, 모든 직무에서 모든 알고리즘을 숙지할 필요는 없습니다. 만약 현재 재직 중이거나 혹은 어떤 특정한 영역에서 일하고 싶다면, 해당 직무에 필요한 알고리즘을 중점으로 공부하면 됩니다. 만약 새로운 영역에 관심이 생긴다면, 제목에서 찾아보고 해당 장을 공부하면 됩니다. 하지만 어떤 알고리즘을 사용하든 피처 엔지니어링, 모델 평가에 대한 기초 부분은 매우 중요하기 때문에 반드시 읽을 것을 권장합니다.

4 **인터넷 독서법** 한 권의 책으로 모든 내용을 깊게 다루기란 힘든 일입니다. 문제나 해답을 기반으로 확장할 수 있는 여지가 많기 때문에 각 절이나 장 마지막 부분에 '요약과 응용'을 더했습니다. 어떤 특정 분야에 관심이 있는 친구들이라면, 이 책을 시작점으로 더 깊이 있는 독서를 통해 해당 분야의 전문가가 되길 바랍니다.

5 **CEO 독서법** 만약 여러분이 관리자의 위치에 있다면, 여러분이 해결해야 하는 문제는 알고리즘이 현재 기술 시스템에 어떤 도움이 되고 어떻게 적합한 인재를 채용할 수 있을지를 판단하여 스마트화된 상품을 개발하는 것일 수도 있습니다. 그렇다면 먼저 대략적으로나마 책을 훑어보고 머신러닝 각 기술 영역에 대해 파악한 후에 적합한 해결 방안을 찾길 권합니다. 그리고 이 책을 활용해 인터뷰를 진행할 수도 있겠죠.

이 책의 출판 목적은 더 많은 사람에게 머신러닝 관련 지식을 연습하고 이해할 수 있도록 만드는 데 있습니다. 그래서 컴퓨터 관련 업계의 사람들에게 알고리즘 엔지니어링에 필요한 실제 기술을 이해시키고, 소프트웨어 개발자들이 훌륭한 데이터 과학자로 거듭날 수 있게 해 주며, 회사 관리인들에게는 인공지능 시스템에 필요한 인재와 기술을 소개하고, 인공지능, 머신러닝에 관심 있는 독자 모두에게는 기술과 시대의 최전선에 뛰어들 수 있게 도와주는 것입니다.

인공지능과 머신러닝 알고리즘은 나날이 새로워지고 있습니다. 이 책 역시 계속해서 업데이트되어야 하며 계속해서 개정판이 나와야 할 것입니다. 따라서 독자 여러분의 소중한 비판과 의견을 기다릴 것입니다. 함께 이 기술 영역의 발전을 만들어 가길 바랍니다.

베타리더 후기

제이펍은 책에 대한 애정과 기술에 대한 열정이 뜨거운 베타리더의 도움으로
출간되는 모든 IT 전문서에 사전 검증을 시행하고 있습니다.

 공민서(이글루시큐리티)

이 책을 통해 미래를 대비하기 위한 멋진 가이드를 얻은 것 같습니다. 그리고 현재
의 미흡한 부분도 알았습니다. 정말 고마운 책입니다. 교과서적인 전개보다는 질문
과 답변 식으로 구성되어 신선했으며, 유용한 정보도 가득했습니다. 덕분에 제가 앞
으로 준비해야 할 방향을 잡을 수 있었습니다.

 김용현(마이크로소프트 MVP)

데이터 과학자나 개발자 채용 시 면접 및 인터뷰에 충분히 참고할 수 있는 내용이
며, 머신러닝 관련 기업에 인터뷰를 준비하는 면접자와 피면접자 모두에게 도움이
되는 책입니다. 실제 AI를 깊게 활용하는 기업에서 자주 부딪히며 해결했던 문제들
에 대한 기본기를 묻고 답을 제시해 주고 있어서, 입문 서적을 충분히 접한 실무자
에게 색다른 방법으로 접근하는 실무 활용서로 자리매김할 것 같습니다.

 노승환(크래프트테크놀로지스)

당장 인터뷰를 준비하는 분들은 물론, 처음 공부하는 분들도 흥미 있는 주제를 골
라 잘 아는 분에게 물어보고 설명을 듣듯 하나하나 읽어 나가면 좋겠다고 생각했
습니다. 중간중간에 나오는 '잠시 쉬어가기' 코너의 이야기들도 꿀잼이었습니다. 번역
도 상당히 잘 되어 있다는 인상을 받았고, 영어 용어가 많이 병기되어 있어서 도움
이 많이 될 듯합니다. 개인적으로도 예전에 공부했던 내용을 복습하는 기회가 됐
습니다.

박찬성(한국전자통신연구원)

인공지능 분야의 주요 주제를 개념적으로, 그리고 수학적으로 배울 수 있는 책입니다. 책의 구성만큼이나 깔끔한 번역도 좋았습니다. 한편, 이 책은 독자가 많은 것을 알고 있다는 전제를 하고 있습니다. 따라서 내용을 빠르게 훑어보고 잘 모르는 부분에 대해서는 추가적인 자료를 검색하여 지식의 깊이를 더하면서 자신만의 지식 맵을 만든다면, 두고두고 꺼내 보며 기초를 탄탄하게 다질 수 있는 데 도움을 줄 것으로 생각합니다.

 안병규

실제 인공지능 분야를 학습할 때 필요한 여러 기반 기술에 대해 친절히 설명해 놓은 책입니다. 일방적인 설명보다는 기초부터 탄탄히 설명해 나가고 있어서 이 분야를 준비하는 많은 분께 적잖은 도움이 될 것 같습니다.

 양민혁(현대모비스 데이터사이언스팀)

실무에 필요한 이론, 그리고 실제 적용을 위해 고려해야 할 부분을 잘 설명하고 있습니다. 데이터 사이언스 직군의 인터뷰를 준비하는 분들에게 많은 도움이 될 것 같습니다. 저 또한 중간중간 답을 하지 못하고 막히는 부분들이 있었으나 재밌게 공부하며 읽었습니다.

 이용진(삼성SDS)

이 책은 이론적인 내용과 수식을 어느 정도 알고 있는 사람들에게 적합한 내용을 담고 있습니다. '인터뷰 문답집'이라는 제목만 보면 인터뷰에서 나올 질문만 모아놓은 책이라 생각하기 쉽지만, 실제로 업무를 수행하면서 고민한 내용과 수식이 잘 정리된 책입니다. 다시 말해, 초급자보다는 중급 이상의 지식을 가진 분들에게 추천할 만한 책입니다. 전체적으로 번역도 잘 되어 있었습니다.

 정태일(삼성SDS)

이 책은 인공지능과 머신러닝에 관련된 기초지식부터 실제 응용까지 폭넓게 다루고 있습니다. 인공지능과 머신러닝을 공부하다 보면 생소한 용어와 수식에 압도되거나 특정 기술을 이해하는 데 급급하여 전체적인 맥락을 보지 못하는 경우가 많은데, 이 책은 문답 형식으로 반드시 이해해야 하는 개념과 다양한 기술 간의 관계를 자연스럽게 파악할 수 있도록 합니다. 탄탄한 기본지식을 갖춘 데이터 과학자가 되는 것을 목표로 하는 분들에게 추천하고픈 책입니다. 베타리딩하며 그동안 공부했던 인공지능과 머신러닝 이론이 일목요연하게 정리되는 느낌을 받았습니다. 복잡한 수식과 어려운 용어도 있고 책 분량도 적지 않았지만, 세계적인 회사의 데이터 전문가들이 중요하다고 추려낸 문답 내용이다 보니 어느 것 하나 놓치고 싶지 않은 마음에 더 몰입하여 읽을 수 있어 좋았습니다.

 조원양(하이트론씨스템즈)

이 책은 인공지능을 공부할 때 중요하지만 놓치기 쉬운 필수 지식에 대해서 인터뷰 형식으로 설명한 책입니다. 다른 기본서를 읽고 나서 이 책으로 보완하면 어느 정도 수준의 AI 엔지니어로 거듭날 수 있으리라 생각합니다. 또한, 실전에서도 사용할 수 있는 최소한의 지식을 습득할 수 있을 것입니다. 정말 흥미로운 책이었습니다.

 황시연(데이터 저널리스트)

머신러닝 문제를 풀 때는 크게 두 가지로 나뉩니다. 성능이 제일 좋은 모델을 최적화하는 방법과 여러 모델의 장점을 합쳐 모델을 만드는 방법입니다. 이 책의 서술 방법은 후자에 가깝습니다. 15명의 Hulu 엔지니어가 장마다 질문에 대한 답을 실무 경험을 바탕으로 잘 녹여낸 책입니다. 질문에 대한 설명이 2페이지를 넘지 않아 이해하는 데 큰 도움이 됩니다. 그리고 책의 중간중간에 '잠시 쉬어가기' 부분은 각 주제와 관련된 핵심 개발자와 연구자들의 백그라운드에 대한 설명과 관련 지식이 나오는데, '왜' 만들었는지에 대한 생각을 할 수 있어서 유익했습니다. 또한, 각 질문은 별의 숫자로 난이도를 표시하고 있는데, 별 3개까지는 인공지능의 기초 지식이 있다면 무난하게 읽을 수 있습니다. 만약 기초지식이 부족하다면 이 책으로 인공지능 시스템이 어떻게 만들어지는지 큰 틀을 알 수 있어서 엔지니어뿐만 아니라 AI에 관심 있는 분들에게 추천해 드립니다.

The Quest for Machine Learning

피처
엔지니어링

The Quest for Machine Learning

중국에는 '아무리 재주가 좋은 부인이라도 쌀이 없으면 밥을 지을 수 없다'라는 속담이 있습니다. 머신러닝에서 데이터와 피처는 '쌀'에 해당하고, 모델과 알고리즘은 '부인'에 해당합니다. 충분한 데이터와 적당한 피처가 없다면 아무리 좋은 모델 구조를 가졌다고 해도 만족할 만한 결과를 얻을 수 없을 것입니다. 이는 머신러닝 세계에서 아주 유명한 격언인 'Garbage in, garbage out'과 같은 맥락입니다. 머신러닝 문제에서 데이터와 피처는 결과에 대한 상한선을 긋는 역할을 합니다. 여기서 모델과 알고리즘은 해당 상한선에 다가가기 위한 도구입니다.

피처 엔지니어링Feature Engineering이란, 이름에서 알 수 있듯이 최초 데이터에 대해 일련의 공정 처리를 가해 피처로 만들어 알고리즘과 모델에서 입력input으로 사용하는 것입니다. 본질적으로 피처 엔지니어링은 데이터를 표현하는 과정입니다. 조금 더 실용적인 관점에서 본다면, 피처 엔지니어링의 목적은 데이터에 끼어 있는 잡음noise과 잉여 성분★을 제거하고 더 효율적인 피처를 얻음으로써 해결하려는 문제와 예측모델 간의 관계를 설명하는 것입니다.

이번 장에서는 다음 두 가지 유형의 데이터에 대해 살펴볼 것입니다.

1 **정형 데이터**: 정형 데이터는 관계형 데이터베이스의 테이블이라고도 볼 수 있는데, 각 열마다 매우 명확하게 정의가 되어 있으며, 수치형, 카테고리형 데이터를 포함합니다. 각 행은 하나의 샘플에 대한 정보를 담고 있습니다.

2 **비정형 데이터**: 비정형 데이터는 텍스트, 이미지, 음성, 비디오 데이터 등을 포함하고 있으며, 간단한 하나의 수치로는 표현하기 힘들다는 특징이 있습니다. 클래스에 대한 정의도 불명확하며, 각 데이터의 크기 또한 천차만별입니다.

★ 옮긴이 중복(redundancy)으로 인한 잉여 성분을 뜻합니다.

피처 정규화

상황 설명

데이터 피처 사이의 차원 영향을 제거하기 위해 우리는 피처에 대한 정규화 처리를 하여 서로 다른 지표들을 비교할 수 있도록 만듭니다. 예를 들어, 한 사람의 키와 몸무게가 건강에 미치는 영향에 대해 분석할 때 미터(m)와 킬로그램(kg) 같은 서로 다른 단위를 동시에 사용한다면, 키는 일반적으로 1.6m~1.8m 수치 범위에 있고 체중은 50kg~100kg 범위에 있기 때문에 분석 결과는 수치 범위가 비교적 넓은 체중이라는 피처에 편향bias되게 될 것입니다. 더 정확한 결과를 얻기 위해서는 피처 정규화 처리를 해야 합니다.

키워드 **피처 정규화**Feature Normalization

 수치형 데이터에 대한 피처 정규화가 중요한 이유는 무엇인가?

난이도 ★

분석·해답

수치형 데이터에 대한 피처 정규화를 진행한다면, 모든 특징을 대략적으로 비슷한 수치 구간 내로 이동시킬 수 있습니다. 가장 자주 사용하는 두 가지 방법은 다음과 같습니다.

1 **선형함수 정규화**Min-Max Scaling 데이터에 대해 선형변환을 진행하여 결괏값이 [0, 1] 범위에 투영되도록 만듭니다. 데이터를 동일한 비율로 축소하거나 확대합니다. 공식은 다음과 같습니다.

$$X_{norm} = \frac{X - X_{min}}{X_{max} - X_{min}} \tag{1.1}$$

여기서 X는 데이터를 뜻하고, X_{max}, X_{min}은 각각 데이터의 최댓값과 최솟값을 뜻합니다.

$\boxed{2}$ **표준 정규화** Z-score Normalization   데이터를 평균이 0이고 표준편차가 1인 분포상으로 투영시킵니다. 더 자세히 설명하면, 기존 데이터 피처의 평균값이 μ, 표준편차가 σ라면 표준화 공식은 다음과 같습니다.

$$z = \frac{x - \mu}{\sigma} \tag{1.2}$$

그렇다면 왜 수치형 데이터에 대해 정규화를 실행해야 할까요? 경사하강법 Gradient Descent을 예로 들어 정규화의 중요성에 관해 설명하겠습니다. 만약 두 개의 수치형 피처 x_1과 x_2가 각각 [0, 10], [0, 3] 범위의 값이라고 가정해 봅시다. 그렇다면 우리는 목적함수가 그림 1.1(a)와 같은 등치선도를 그릴 수 있습니다.

학습률이 동일하다는 가정하에서 x_1의 갱신 속도는 x_2보다 빠릅니다. 따라서 비교적 많은 반복 과정을 거쳐야만 최적해를 찾을 수 있습니다. 만약 x_1과 x_2가 정규화를 거쳐 동일한 수치 구간 내에 있다면, 최적화 목표의 등치선도는 그림 1.1(b)와 같이 원형으로 변할 것입니다. x_1과 x_2의 갱신 속도도 동일해질 것이며, 더 빠르게 경사하강법을 이용해 최적해를 찾을 수 있게 됩니다.

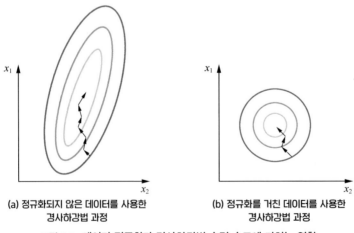

(a) 정규화되지 않은 데이터를 사용한
경사하강법 과정

(b) 정규화를 거친 데이터를 사용한
경사하강법 과정

그림 1.1 데이터 정규화가 경사하강법 수렴 속도에 미치는 영향

당연한 이야기이지만, 데이터 정규화가 만능은 아닙니다. 현업에서 경사하강법을 사용하여 해를 구하는 모델들은 일반적으로 정규화를 해야 합니다. 선형회귀, 로지스틱 회귀, 서포트 벡터 머신, 신경망 등의 모델들이 이에 해당합니다. 그러나 의사결정 트리 계열의 모델은 정규화가 필요 없습니다. C4.5(73쪽 참고)를 예로 들면, 의사결정 트리가 노드에서 분열될 때 기준이 되는 것은 피처 x에 관한 데이터 세트 D의 정보 이득비information gain ratio인데, 이는 피처의 정규화 여부와 상관이 없습니다. 왜냐하면 정규화는 피처 x에 대한 샘플의 정보 이득을 바꿀 수 없기 때문입니다.

범주형 피처

(상황 설명)

범주형 피처Categorical Feature는 성별(남, 여), 혈액형(A, B, AB, O) 등과 같이 유한한 선택 범위의 값을 취하는 피처입니다. 범주형 피처는 일반적으로 문자열string 형식으로 입력되는데, 의사결정 트리 등 소수의 모델이 이러한 문자열 형식 입력을 직접적으로 처리할 수 있지만, 로지스틱 회귀, 서포트 벡터 머신 등과 같은 모델에서는 반드시 수치형 피처로 전환해야 분석 작업이 가능해집니다.

(키워드) 순서형 인코딩Ordinal Encoding / 원-핫 인코딩One-Hot Encoding / 이진 인코딩Binary Encoding

 질문 데이터 정제 작업을 진행할 때 범주형 피처는 어떻게 처리해야 할까요?

난이도 ★★

(분석·해답)

● 순서형 인코딩

순서형 인코딩ordinal encoding은 클래스 사이에 대소 관계가 존재하는 데이터에서 많이 사용됩니다. 예를 들면, 성적은 낮음, 중간, 높음으로 나눌 수 있으며, '높음 > 중간 > 낮음'과 같은 순서형 관계를 가집니다. 순서형 인코딩은 대소 관계에 따라 범주형 피처에 하나의 수치 ID를 부여합니다. 예를 들면, '좋음'은 3으로, '중간'은 2로, '낮음'은 1로 표현할 수 있습니다. 이렇게 변환된 후에도 여전히 대소 관계를 유지합니다.

● 원-핫 인코딩

원-핫 인코딩one-hot encoding은 클래스 사이에 대소 관계가 존재하지 않는 데이터에서 많이 사용됩니다. 예를 들면, 혈액형은 네 가지 값을 가질 수 있는데(A형, B형, AB형, O형), 원-핫 인코딩은 혈액형을 4차원의 희소 벡터sparse vector로 만듭니다. A형은

(1, 0, 0, 0)으로, B형은 (0, 1, 0, 0)으로, AB형은 (0, 0, 1, 0)으로, 그리고 O형은 (0, 0, 0, 1)로 표현됩니다. 클래스(유형)가 많은 경우에 원-핫 인코딩을 사용한다면 몇 가지 주의해야 할 점이 있습니다.

① **희소 벡터를 활용하여 공간을 절약해야 합니다** 원-핫 인코딩을 사용하면 피처 벡터는 특정 값이 1이 되고, 기타 위치의 값들은 모두 0이 됩니다. 따라서 벡터의 희소 표현을 이용하여 공간을 절약할 수 있습니다. 또한, 현재 대부분의 알고리즘이 모두 희소 벡터 형식의 입력을 받을 수 있습니다.

② **피처 선택을 통해 최대한 차원을 줄여야 합니다** 고차원 피처는 몇 가지 문제를 야기합니다. 첫 번째로, K-최근접 이웃K-Nearest Neighbor, kNN 알고리즘에서 고차원 공간하의 두 점 사이의 거리는 측정이 매우 어렵습니다. 두 번째로, 로지스틱 회귀 모형에서 파라미터의 개수가 차원에 증가에 따라 함께 증가합니다. 이는 모델의 과 적합 문제를 일으킵니다. 마지막으로, 모든 차원(변수)이 분류, 예측에 도움이 되는 것은 아닙니다. 따라서 피처 선택과 함께 차원의 수를 줄여야 합니다.

● 이진 인코딩

이진 인코딩binary encoding은 두 단계로 나눌 수 있습니다. 첫 번째 단계는 순번 인덱스를 사용하여 각 클래스에 ID를 부여하는 것이고, 두 번째 단계는 각 클래스 ID를 이진법 코드로 나타내는 것입니다. A, B, AB, O형 혈액형을 예로 들면, 표 1.1을 통해 그 과정을 쉽게 알 수 있습니다.

표 1.1 이진 인코딩과 원-핫 인코딩

혈액형	클래스 ID	이진법 표현	원-핫 인코딩
A	1	0 0 1	1 0 0 0
B	2	0 1 0	0 1 0 0
AB	3	0 1 1	0 0 1 0
O	4	1 0 0	0 0 0 1

A형의 ID는 1이고, 이진법으로는 001로 표현됩니다. B형의 ID는 2이고, 이진법으로는 010으로 표현됩니다. 같은 방식으로 AB형과 O형의 이진법 표현도 얻을 수

있습니다. 이러한 이진법 코드는 사실상 이진법을 이용하여 ID에 대해 해시 매핑hash mapping을 진행한 것입니다. 최종적으로는 0/1 고유벡터를 얻고, 차원의 수는 원-핫 인코딩보다 작아 저장 공간을 절약할 수 있습니다.

이번 절에서 소개한 인코딩 방법 외에 다른 인코딩 방법에는 Helmert Contrast, Sum Contrast, Polynomial Contrast, Backward Difference Contrast 등 다른 방법들도 있으니 관심이 있는 독자들은 찾아보기 바랍니다.

고차원 결합 피처의 처리 방법

CHAPTER 1 - 3

키워드 **결합 피처**Interaction Feature

질문 **결합 피처란 무엇일까요?**
고차원 결합 피처는 어떤 방식으로
피처 엔지니어링 해야 할까요? 난이도 ★★

분석·해답

데이터 사이에 존재하는 복잡한 관계를 보다 잘 적합fitting하기 위해 피처 엔지니어링 단계에서 일차원의 불연속 특성discrete feature을 쌍으로 조합시켜 고차원의 결합 피처interaction feature*로 만드는 작업을 진행합니다. 광고 배너에 대한 클릭 여부(선택) 예측 문제를 예로 들어, 초기 데이터에 언어와 콘텐츠 유형이라는 두 가지 이산 변수가 존재한다고 가정해 봅시다. 표 1.2는 언어와 콘텐츠 유형이 클릭 여부에 미치는 영향을 정리한 것입니다. 적합 능력을 향상시키기 위해 언어와 콘텐츠 유형을 묶어 2차 피처로 만들었고, 결과는 표 1.3에 나와 있습니다.

표 1.2 언어와 콘텐츠 유형이 클릭 여부에 미치는 영향

클릭 여부	언어	콘텐츠 유형
0	한국어	영화
1	영어	영화
1	한국어	드라마
0	영어	드라마

★ 옮긴이 '상호작용 특성' 혹은 '중복 특징'이라고도 번역합니다. 여기서는 피처(특성) 사이의 결합에 초점을 두어 '결합 피처'라고 번역했습니다. 이는 두 개의 특징을 결합하여 새로운 특징을 만드는 피처 엔지니어링 방법의 한 종류입니다. 결합 피처를 만들 경우 특성(feature) 수가 늘어나기 때문에 해당 작업을 자동으로 처리할 경우 특성 폭발(feature explosion) 현상이 일어날 수 있으므로 주의해야 합니다.

표 1.3 언어와 콘텐츠 유형의 결합 피처가 클릭 여부에 미치는 영향

클릭 여부	언어 = 한국어 유형 = 영화	언어 = 영어 유형 = 영화	언어 = 한국어 유형 = 드라마	언어 = 영어 유형 = 드라마
0	1	0	0	0
1	0	1	0	0
1	0	0	1	0
0	0	0	0	1

로지스틱 회귀를 통해 다시 설명해 보겠습니다. 데이터의 고유벡터가 $X = (x_1, x_2, ..., x_k)$이라고 가정한다면, 다음과 같은 식으로 나타낼 수 있습니다.

$$Y = \text{sigmoid}(\sum_i \sum_j w_{ij} < x_i, x_j >) \tag{1.3}$$

여기서 $< x_i, x_j >$는 x_i와 x_j의 결합 피처를 뜻하고, w_{ij}의 차원은 $|x_i| \cdot |x_j|$입니다. $|x_i|$와 $|x_j|$는 각각 i번째 피처와 j번째 피처가 취하는 값의 개수입니다. 표 1.3의 광고 클릭 예측 문제에서 w의 차원은 2 × 2 = 4입니다(언어가 가질 수 있는 값은 '영어'와 '한국어'이고, 콘텐츠 유형이 가질 수 있는 값은 '영화' 혹은 '드라마' 두 종류입니다). 이러한 피처의 결합은 겉보기에는 아무런 문제가 없을 것 같아 보이지만, ID 유형의 피처가 들어오게 되면 문제가 발생합니다. 추천 알고리즘을 예로 설명해 보겠습니다. 표 1.4는 사용자 ID와 상품 ID의 클릭에 대한 영향을 정리한 표입니다. 표 1.5는 사용자 ID 와 상품 ID의 결합 피처가 클릭에 주는 영향입니다.

표 1.4 사용자 ID와 상품 ID가 클릭에 주는 영향

클릭 여부	사용자 ID	상품 ID
0	1	1
1	2	1
…	…	…
1	m	1
1	1	2
0	2	2
…	…	…
1	m	n

표 1.5 사용자 ID와 상품 ID의 결합 피처가 클릭에 주는 영향

클릭 여부	사용자 ID=1 상품 ID=1	사용자 ID=2 상품 ID=1	...	사용자 ID=m 상품 ID=1	사용자 ID=1 상품 ID=2	사용자 ID=2 상품 ID=2	...	사용자 ID=m 상품 ID=n
0	1	0	...	0	0	0	...	0
1	0	1	...	0	0	0	...	0
...	...	...	...	...	...	...	...	0
1	0	0	...	1	0	0	...	0
1	0	0	...	0	1	0	...	0
0	0	0	...	0	0	1	...	0
...	...	...	...	...	...	...	...	...
1	0	0	...	0	0	0	...	1

만약 사용자 수를 m, 상품 수를 n이라고 한다면, 학습해야 할 파라미터의 규모는 $m \times n$이 됩니다. 규모가 있는 플랫폼에서 사용자 수와 상품 수는 천만 단위로 올라가게 되기 때문에 $m \times n$ 규모의 파라미터를 학습하기는 매우 힘들어집니다. 이러한 상황에서 한 가지 유효한 방법은 사용자와 상품을 각각 k차원의 저차원 벡터로 표현하는 것입니다($k \ll m, k \ll n$). 따라서 식은 다음과 같습니다.

$$Y = \text{sigmoid}(\sum_i \sum_j w_{ij} < x_i, x_j >) \tag{1.4}$$

여기서 $w_{ij} = x_i' \bullet x_j'$, x_i는 각각 x_i와 x_j에 대응하는 저차원 벡터를 뜻합니다. 표 1.5 추천 문제에서 학습해야 할 파라미터 규모는 $m \times k + n \times k$개로 변하게 됩니다. 추천 알고리즘을 잘 아는 독자들은 쉽게 발견할 수 있겠지만, 이는 사실 행렬 분해와 같습니다. 따라서 이러한 방법은 추천 시스템에서 자주 사용하는 행렬 분해에 대한 새로운 인사이트를 제공하고 있습니다.

결합 피처

(상황 설명)

이전 절에서 차원축소 방법을 사용하여 두 개의 고차원 결합 피처feature, 특성를 만든 후 학습해야 하는 파라미터 수를 줄이는 방법에 대해서 알아봤습니다. 그러나 많은 실전 문제에서 우리는 다양한 고차원 피처를 만나게 됩니다. 예를 들어, 간단한 두 피처의 결합에도 파라미터 과다, 과적합 등의 문제가 존재하고, 모든 피처 조합이 의미가 있는 것도 아닐 것입니다. 따라서 우리는 더 효율적인 방법으로 어떤 피처들을 결합 피처로 만들 것인가에 대해 고민해야 합니다.

(키워드)   **결합 피처**Interaction Feature

 효율적인 결합 피처는 어떻게 찾을 수 있을까요?

난이도 ★★

(분석·해답)

이번 절에서는 의사결정 트리를 이용하여 피처 조합을 찾는 방법[1]에 대해 알아보겠습니다(의사결정 트리에 대한 자세한 내용은 3장 3절을 참고하세요). 계속해서 클릭률 예측 문제를 예로 들어보겠습니다. 만약 초기 입력 피처에 '나이', '성별', '사용자 유형', '상품 유형' 등의 네 가지 정보가 있다고 가정해 봅시다. 그리고 초기 데이터의 입력과 레이블(클릭/미클릭 혹은 선택/미선택)에 기반하여 그림 1.2와 같은 의사결정 트리를 생성할 수 있습니다.

근 노드에서 잎 노드로 가는 각각의 길을 일종의 피처 조합의 방법으로 볼 수 있습니다. 자세히 설명하면 다음과 같은 네 가지 조합 방식이 존재할 것입니다.

❶ '나이 <= 35' 그리고 '성별 = 여자'

❷ '나이 <= 35' 그리고 '상품 유형 = 화장품'

❸ '사용자 유형 = 과금형' 그리고 '상품 유형 = 식품'

❹ '사용자 유형 = 과금형' 그리고 '나이 <= 40'

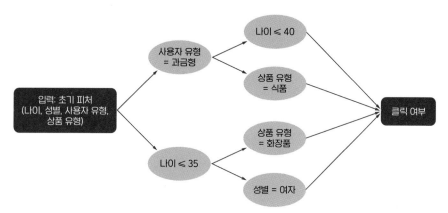

그림 1.2 의사결정 트리에 기반을 둔 피처 조합 방법

표 1.6은 두 개의 샘플 정보입니다. 첫 번째 샘플이 위에서 설명한 네 가지 피처 조합 방법을 따른다면 (1, 1, 0, 0)과 같이 인코딩됩니다. 왜냐하면 ❶과 ❷를 동시에 만족시키지만 ❸, ❹는 만족시키지 못하기 때문입니다. 같은 이유로, 두 번째 샘플은 (0, 0, 1, 1)로 인코딩됩니다. 왜냐하면 ❸과 ❹는 동시에 만족시키지만 ❶, ❷를 만족시키지 못했기 때문입니다.

표 1.6 두 가지 샘플의 초기 데이터 피처

클릭 여부	나이	성별	사용자 유형	상품 유형
클릭	28	여자	무료형	화장품
미클릭	36	남자	과금형	식품

초기 데이터가 정해진 상태에서 어떻게 효과적으로 의사결정 트리를 구성할 수 있을까요? 가장 쉬운 방법은 그래디언트 부스팅 의사결정 트리Gradient Boosting Decision Tree를 사용하는 것입니다. 이 방법의 핵심 아이디어는 이진 트리의 잔차residual를 활용해 다음 트리를 구성하는 것입니다. 이 알고리즘에 대해 더 알고 싶다면 12장 내용을 참고하거나 참고문헌 [2]를 읽어 보기 바랍니다.

CHAPTER 1

5 텍스트 표현 모델

상황 설명

텍스트는 아주 중요한 비정형 데이터 중 하나입니다. 그리고 텍스트 데이터의 표현 방법은 줄 곧 머신러닝 영역의 중요한 연구 방향이었습니다.

키워드 **BOW**Bag of Words / **TF-IDF**Term Frequency-Inverse Document Frequency / **토픽 모델**Topic Model / **워드 임베딩**Word Embedding

질문 텍스트 표현 모델에는 어떤 것들이 있나요? 각 모델의 장단점은 무엇인가요? 난이도 ★★

분석·해답

● BOW와 N-gram 모델

BOWBag of Words는 가장 기초적인 텍스트 표현 모델입니다. 이름에서 알 수 있듯이, 각 텍스트를 순서에 상관없이 단어 단위로 나눠 한 가방에 담는 방식입니다. 더 자세히 설명하면, 모든 문단의 텍스트를 단어 단위로 쪼갠 후 하나의 긴 벡터로 표현합니다. 벡터 중의 각 차원은 하나의 단어를 대표하고, 해당 차원에 대응하는 가중치는 해당 단어가 문장에서 얼마나 중요한지를 나타냅니다. 일반적으로 TF-IDF를 사용하여 가중치를 계산합니다. 공식은 다음과 같습니다.

$$\text{TF-IDF}(t,d)=\text{TF}(t,d)\times\text{IDF}(t) \tag{1.5}$$

여기서 $\text{TF}(t, d)$는 단어 t가 문장 d에서 출현하는 빈도를 뜻합니다. $\text{IDF}(t)$는 역빈도이고, 단어 t가 의미를 전달함에 있어서 어떤 중요도를 가지는가를 계산합니다. 공식은 다음과 같습니다.

$$IDF(t) = \log \frac{\text{총 문장 수}}{\text{단어 } t \text{를 포함하는 문장 수} + 1} \tag{1.6}$$

직관적으로 해석하면, 만약 하나의 단어가 많은 문장에 출현한다면 그 단어는 비교적 자주 사용하는 단어가 될 것입니다. 따라서 어떤 문장에서 특수한 의미를 구별하는 데 큰 공헌을 못할 가능성이 높습니다. 따라서 가중치에 패널티를 부여하는 것입니다.

문장을 단어 단위로 구별하는 것은 사실 좋은 방법은 아닙니다. 예를 들어, natural language processing이라는 단어를 natural, language, processing이라는 세 가지 단어로 분리한다면, 각각의 단어가 표현하는 의미와 세 가지 단어를 조합했을 때의 의미가 크게 다릅니다. 일반적으로 이렇게 자주 함께 출현하는 n개의 단어를 $(n \leq N)$ 한 그룹으로 구성하여 독립적인 피처로 생각하여 벡터로 표현합니다. 이것이 N-gram 방법입니다. 그 외에도 동일한 단어가 다양한 품사로 변할 수 있지만, 비슷한 의미를 가진 경우도 있을 것입니다. 실제 응용 환경에서는 어간 추출Word Stemming 처리를 진행해 다른 어형을 가진 단어를 하나의 어간 형식으로 통일시킵니다.

● 토픽 모델

토픽 모델Topic Model은 문서 집합에서 대표성을 가진 주제를 찾기 위한 통계적 모델입니다(각 주제상에서 단어의 분포 피처를 얻습니다). 이 모델은 각 문장의 토픽 분포를 계산할 수 있는데, 자세한 내용은 6장 5절에서 확인하기 바랍니다.

● 워드 임베딩과 딥러닝 모델

워드 임베딩Word Embedding이란, 단어를 정량화하는 모델들의 통칭입니다. 핵심 아이디어는 각 단어를 저차원 공간(일반적으로 $K = 50 \sim 300$차원)상의 고밀도 벡터dense vector에 투영시키는 것입니다. K차원 공간의 각 차원은 하나의 잠재적인 토픽으로 볼 수 있지만, 토픽 모델에서의 토픽처럼 직관적이지는 못합니다.

워드 임베딩은 각 단어를 K차원의 벡터로 매핑시키기 때문에 각 문장에 N개의 단어가 있다고 가정한다면, $N \times K$차원의 행렬을 사용하여 해당 문장을 표현할 수 있게 됩니다. 하지만 이러한 표현은 단어가 가지고 있는 고차원적 의미를 잡아내긴 힘듭니다. 실제 응용 환경에서 만약 이러한 행렬만을 원문의 표현 피처로 머신러닝 모델에 입력한다면, 만족할 만한 결과를 얻기가 매우 힘들 것입니다. 따라서 이를 기초로 하여 더욱 고차원의 피처를 가공할 무언가가 필요합니다. 전통적인 얕은 머신러닝 모델은 피처 엔지니어링만으로도 모델 성능에 큰 차이를 가져옵니다. 하지만 딥러닝 모델은 일종의 자동적인 피처 엔지니어링 프로세스를 포함합니다. 그리고 각 은닉층은 서로 다른 단계의 추상 피처를 반영하므로 딥러닝이 여러 얕은 머신러닝 알고리즘보다 뛰어난 것은 자연스러운 현상입니다. 이러한 관점에서 본다면, 딥러닝이 많은 얕은 머신러닝 알고리즘보다 뛰어난 것은 자연스러운 현상입니다. 합성곱 신경망과 순환 신경망 역시 텍스트 표현 문제에서 큰 성과를 거뒀습니다. 이들은 더욱 쉽게 텍스트 데이터를 다루고 단어의 고차원적인 의미가 가진 피처까지 잡아내기 시작했습니다. 완전 연결 네트워크*와 비교했을 때 합성곱 신경망과 순환 신경망은 더욱 효율적으로 텍스트의 피처를 잡아낼 뿐만 아니라, 네트워크에서 학습해야 하는 파라미터 수를 줄임으로써 훈련 속도를 향상시키고 과적합 위험을 낮췄습니다.

★ [옮긴이] 완전 연결 신경망(fully-connected neural network)을 뜻합니다. 이는 초기 딥러닝 모델인 다층 퍼셉트론을 지칭하는 다른 용어입니다.

Word2Vec

CHAPTER 1
6

상황 설명

2013년에 구글에서 발표한 Word2Vec은 현재까지 가장 많이 사용되는 워드 임베딩 모델 중 하나입니다. Word2Vec은 은닉층이 한 개인 얇은 층을 가진 신경망 모델의 한 종류입니다. Word2Vec는 두 종류의 네트워크로 구현되었는데, 각각 CBOW와 Skip-gram입니다.

키워드 Word2Vec / 잠재 디리클레 할당Latent Dirichlet Allocation, LDA /
CBOWContinuous Bag of Words / Skip-gram

질문 ## Word2Vec은 어떤 알고리즘이고,
LDA와는 어떤 차이점과 관련이 있을까요?

난이도 ★★★

분석·해답

CBOWContinuous Bag of Words의 목표는 그림 1.3(a)처럼 상하 주변에 출현하는 단어들에 기반해 현재 단어의 생성확률을 예측하는 것입니다. 반면, Skip-gram은 그림 1.3(b)와 같이 현재 단어에 기반해 상하 텍스트에 있는 각 단어의 생성확률을 예측합니다.

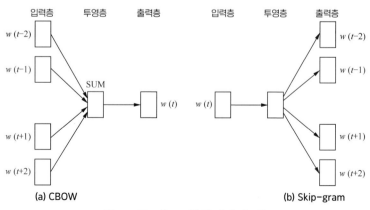

그림 1.3 Word2Vec의 두 가지 네트워크

여기서 $w(t)$는 현재 알고자 하는 단어이고, $w(t-2)$, $w(t-1)$, $w(t+1)$, $w(t+2)$는 전후 텍스트에 나오는 단어들입니다. 그리고 앞뒤로 움직이는 슬라이딩 윈도우sliding window의 크기는 2입니다.

CBOW와 Skip-gram은 모두 입력층input layer, 투영층projection layer★, 그리고 출력층 output layer으로 구성된 신경망으로 표현될 수 있습니다.

출력층에서의 각 단어는 원-핫 인코딩으로 표현되는데, 즉 모든 단어가 N차원의 벡터입니다. 여기서 N은 단어 표에 나오는 단어의 총 개수입니다. 벡터에서 각 단어와 대응하는 차원은 1로 설정되며, 그 외의 차원은 모두 0으로 설정됩니다.

투영층(혹은 은닉층)에서 K개의 히든 유닛hidden units의 값은 N차원 입력벡터와 입력은 은닉 유닛 사이를 연결하는 $N \times K$차원 가중치 행렬을 통해 계산됩니다. CBOW에서는 각 입력 단어가 계산해 낸 은닉 유닛의 합도 필요합니다.

이와 비슷하게, 출력층 벡터의 값도 은닉층 벡터(K차원)와 은닉층과 출력층 사이의 $K \times N$차원 가중치 행렬을 통해 계산할 수 있습니다. 출력층 역시 하나의 N차원 벡터이고, 각 차원은 단어 표에 있는 한 단어에 대응합니다. 마지막으로, 출력층 벡터에 대해 소프트맥스 활성화 함수를 사용하여 각 단어의 생성확률을 계산할 수 있습니다. 소프트맥스 활성화 함수는 다음과 같이 정의됩니다.

$$P(y = w_n | x) = \frac{e^{x_n}}{\sum_{k=1}^{N} e^{x_k}} \tag{1.7}$$

여기서 x는 N차원을 가진 초기 입력벡터를 뜻하고, x_n은 초기 출력 벡터에서 단어 w_n에 대응하는 차원의 값을 뜻합니다.

다음 임무는 모든 단어의 생성확률을 최대화하는 신경망의 가중치를 훈련하는 것입니다. 입력층에서 은닉층까지 연결하려면 $N \times K$차원의 가중치 행렬이 필요합니다. 마찬가지로, 은닉층에서 출력층까지 연결하려면 또 하나의 $K \times N$차원 가중치

★ 옮긴이 혹은 단순히 은닉층(hidden layer)으로 부르기도 합니다.

행렬이 필요합니다. 가중치에 대한 학습은 오차역전파법backpropagation을 통해 이뤄질 수 있습니다. 이는 매회 반복 시 경사하강법을 이용하는 최적화 방법입니다. 그러나 소프트맥스 활성화 함수에는 정규화 항이 포함되어 있어서 유도한 반복 공식이 모든 단어에 적용돼야 하므로 반복할 때마다 속도가 느려지게 됩니다. 이러한 문제점을 개선하기 위해 계층적 소프트맥스Hierarchical Softmax와 네거티브 샘플링Negative Sampling이라는 개선된 방법들이 나오게 되었습니다. 관심 있는 독자들은 Word2Vec의 원논문[3]을 읽어 보기 바랍니다. 훈련을 통해서 $N \times K$차원과 $K \times N$차원의 가중치 행렬을 얻고, 하나를 선택하여 N개 단어의 K차원 벡터로 표현합니다.

다음은 Word2Vec과 LDA의 차이점 및 연관성을 설명하겠습니다. 먼저, LDA는 텍스트 내 단어들의 공동 출현 관계co-occurrence를 이용해 단어를 주제별로 군집화clustering합니다. 이는 '텍스트-단어' 행렬에 대한 분해라고도 이해할 수 있습니다. 즉, '텍스트-주제', '주제-단어'라는 두 가지 확률분포를 얻는 것입니다. 그러나 Word2Vec은 '상하 텍스트-단어' 행렬을 학습하는 것인데, 여기서 상하 텍스트는 몇 개의 단어로 구성되어 있습니다. 이렇게 얻은 단어 벡터 표현은 상하 텍스트에서의 공동 출현 관계를 더 많이 포함하게 됩니다. 즉, 만약 두 단어가 대응하는 Word2Vec 벡터의 유사도가 비교적 높다면, 그들이 같은 상하 텍스트 중에 출현할 가능성이 높다는 것을 뜻합니다. 한 가지 설명해야 할 것은, 앞서 분석한 내용은 LDA와 Word2Vec의 차이점이지 토픽 모델과 워드 임베딩 방법의 차이는 아니라는 것입니다. 토픽 모델은 일정한 구조 조정을 통하고 '상하 텍스트-단어' 행렬에 기반하여 토픽 추론을 할 수 있습니다. 이처럼 워드 임베딩 방법 역시 '텍스트-단어' 행렬에 기반하여 단어의 은닉 벡터 표현을 학습합니다. 토픽 모델과 워드 임베딩의 가장 큰 차이점은 사실 모델 자체에 있습니다. 토픽 모델은 일종의 확률 그래프 모델에 기반을 둔 생성모델generative model이며, 가능도 함수는 몇 개의 조건확률의 연속된 곱셈 형식으로 작성될 수 있습니다(여기서 추측해야 하는 은닉변수(즉, 주제)를 포함하고 있습니다). 반면, 워드 임베딩 모델은 신경망 형식으로 표현되며, 가능도 함수는 네트워크의 출력에 의해 정의됩니다. 그리고 네트워크의 가중치를 학습해 단어의 고밀도 벡터 표현을 얻습니다.

이미지 데이터가 부족할 때는 어떻게 처리해야 할까요?

상황 설명

머신러닝에서 대부분의 모델은 대량의 데이터를 통해 훈련되어야 합니다. 그러나 현실에서는 훈련 데이터 부족 문제가 자주 발생하게 됩니다. 예를 들어, 이미지 분류 문제는 컴퓨터 비전 영역의 가장 기초적인 문제 중 하나인데, 각 이미지를 사전에 정의한 유형 집합에 분류하는 것을 핵심 목표로 합니다. 이미지 분류 모델을 훈련할 때, 만약 훈련 데이터 샘플 수가 비교적 적다면 어떤 방법을 사용해 이 문제를 해결할 수 있을까요?

키 워 드   전이학습Transfer Learning / 생성적 적대 신경망Generative Adversarial Networks, GANs / 이미지 처리Image Processing / 업샘플링 테크닉Up-sampling Technique / 데이터 확장Data Augmentation

질문 이미지 분류 문제에서 훈련 데이터가 부족하다면 어떤 문제를 일으킬까요? 어떻게 데이터 부족이 야기하는 문제들을 완화할 수 있을까요?   난이도 ★★

분석·해답

모델이 제공받는 정보의 근원은 크게 두 가지가 있습니다. 첫 번째는 훈련 데이터 내에 포함된 정보이고, 두 번째는 모델 형성 과정에서 (구조, 학습, 추론 등) 사람들이 제공한 선험적 정보입니다. 훈련 데이터가 부족하다는 것은 데이터에서 얻을 수 있는 정보의 양이 제한적이라는 것을 뜻합니다. 이러한 상황에서 모델의 성능을 보장하기 위해 더 많은 선험적 정보들이 필요합니다. 선험적 정보들을 모델상에서 활용하는 방법은 특정한 내부 구조를 사용하거나 조건이나 제약 조건들을 추가하는 방법이 있습니다. 혹은 선험적 정보를 직접 데이터 세트에 포함하는 방법도 가능한데, 즉 특정한 선험적 가설에 기반해 데이터를 조정하거나 변환하거나 확장합니다. 이런 과정을 거쳐 더 유의미하고 많은 정보를 모델 훈련과 학습에 사용할 수 있습니다.

다시 문제로 돌아간다면, 이미지 분류 문제에서 훈련 데이터가 부족하다면 과적합 문제가 발생할 것입니다. 즉, 모델이 훈련 데이터상에서는 좋은 성능을 보여줄 수 있지만, 테스트 데이터상에서의 일반화 성능이 저조해지는 문제입니다. 위에서 논의한 것처럼 이 문제에 대한 해결 방안은 크게 두 가지가 있습니다. 첫 번째는 모델에 기반을 둔 방법인데, 모델의 간략화(비선형모델을 선형모델로 바꾸는 등), (L1, L2와 같은) 정규화 항 추가, 앙상블 학습 사용, 드롭아웃dropout 하이퍼파라미터 설정 등이 이 방법에 속합니다. 두 번째 방법은 데이터에 기반을 둔 방법인데, 대표적으로 데이터 확장Data Augmentation 방법이 있습니다. 즉, 선험적 지식에 기반해 특정한 정보를 남긴다는 전제하에서 초기 데이터를 변환시켜 데이터 확장 효과를 얻습니다. 이미지 분류 문제를 예로 들면, 이미지의 클래스를 변형시키지 않는 전제하에서 훈련 데이터 세트의 각 이미지에 대해 다음과 같은 변형을 진행할 수 있습니다.

❶ 일정 범위 내에서 이미지에 대해 회전, 평행 이동, 축소, 확대, 삭제, 추가, 좌우 전환 등의 변화를 줄 수 있습니다.

❷ 이미지에 대해 노이즈를 추가합니다. 예를 들면, 소금 & 후추 노이즈salt & pepper noise*, 가우스 노이즈 등이 있습니다.

❸ 색상을 변환합니다. 예를 들어, 이미지의 RGB 색상 공간상에서 주성분분석을 진행하면 세 가지 주성분의 고유벡터 p_1, p_2, p_3와 이에 대응하는 고윳값 $\lambda_1, \lambda_2, \lambda_3$을 얻습니다. 그리고 각 화소의 RBG 값에 $[p_1, p_2, p_3] [\alpha_1\lambda_1, \alpha_2\lambda_2, \alpha_3\lambda_3]^T$을 추가하는데, 여기서 $\alpha_1, \alpha_2, \alpha_3$는 평균이 0이고 분산이 비교적 작은 가우스 분포를 따르는 난수입니다.

❹ 이미지의 명암, 해상도, 광도, 첨예도** 등을 변환합니다.

그림 1.4는 위에서 설명한 다양한 방법에 대한 예시를 보여주고 있습니다.

---

* [옮긴이] 소금 & 후추 노이즈라는 독특한 이름을 붙인 이유는 잡음(noise)이 마치 소금과 후추처럼 흰색 또는 검정색으로 이루어지기 때문입니다. 조금 더 구체적으로 설명하자면, 입력 영상의 임의의 좌표 픽셀값을 0 또는 255로 만든 형태의 잡음입니다.

** [옮긴이] acutance의 번역어로, 이미지(image area)의 명확함(sharpness)을 나타내는 척도입니다.

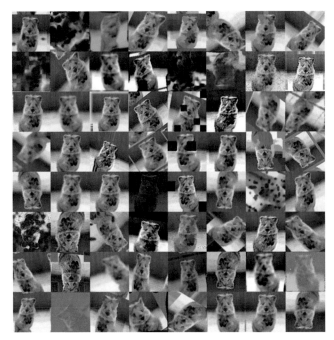

그림 1.4 이미지 데이터 확장 예시

이미지 공간에서 직접 작업하는 방식 외에 먼저 이미지의 피처를 추출하여 피처 공간 내에서 변환을 진행하고, 일반적인 데이터 확장 혹은 SMOTE_{Synthetic Minority Over-sampling Technique}와 같은 업샘플링_{up-sampling}을 이용하는 방법도 있습니다. 이러한 휴리스틱_{heuristic}한 변환 방법에서 벗어나고 싶다면, 오늘날 가장 유행하고 있는 생성적 적대 신경망_{Generative Adversarial Networks, GANs}과 같은 생성모델을 활용하여 새로운 샘플을 추가하는 방법도 있습니다.

이외에도 이미 있는 다른 모델이나 데이터를 빌려와 전이학습_{Transfer Learning}을 진행하는 방법도 딥러닝에서 자주 볼 수 있습니다. 예를 들면, 대부분의 이미지 분류 문제를 처음부터 모델링을 하지 않는 것입니다. 즉, 대규모 데이터를 통해 훈련된 기존의 좋은 모델들을 이용하여 소규모 데이터상에서 파인 튜닝_{fine tuning}만을 진행합니다. 이러한 미세한 조정도 일종의 간단한 전이학습이라 할 수 있습니다.

CHAPTER

2

모델 평가

The Quest for Machine Learning

'측량할 수 없다면 과학이 아니다.' 이는 러시아 과학자 멘델레예프Mendeleev의 명언입니다. 컴퓨터 과학, 특히 머신러닝 영역에서 모델에 대한 평가는 매우 중요합니다. 문제와 관련 있는 평가 방법을 선택해야만 모델 선택 혹은 훈련 과정에서 일어나는 문제를 신속하게 파악하고 모델을 최적화할 수 있습니다. 모델 평가는 주로 온라인 평가와 오프라인 평가의 두 단계로 나눌 수 있습니다. 분류, 수열, 회귀, 순서예측 등 서로 다른 유형의 머신러닝 문제에 따라 평가 지표의 선택도 다를 수밖에 없습니다. 각 평가 지표의 정확한 정의를 이해하는 것, 적절한 평가 지표를 선택하는 것, 평가 지표 피드백에 기반하여 모델을 조정하는 것, 이러한 것들이 머신러닝 모델 평가 단계에서 중요한 문제들이 됩니다. 따라서 데이터 과학자라면 반드시 숙지하고 있어야 할 부분이라 할 수 있습니다.

평가 지표의 한계

상황 설명

모델 평가 과정에서 분류 문제, 배열 문제, 회귀 문제 등 문제 유형에 따라 서로 다른 지표를 사용하여 평가를 진행합니다. 많은 평가 지표 중에서 대부분의 지표는 모델의 일부분 성능에 대한 단편적인 부분만을 반영합니다. 만약 평가 지표를 적절하게 사용할 수 없다면, 모델 자체의 문제를 발견할 수 없을 뿐만 아니라 잘못된 결론을 내릴 수도 있습니다. 이번 절에서는 Hulu* 팀의 실무 환경을 배경으로 몇 가지 모델 평가 환경을 가정하고, 모델 평가 지표의 한계에 대해 알아보겠습니다.

키워드 정확도Accuracy / 정밀도Precision / 재현율Recall /
평균제곱근오차Root Mean Square Error, RMSE

 질문 ## 정확도의 한계성   난이도 ★

Hulu의 명품 브랜드 광고주들은 그들의 광고를 명품을 살 만한 사용자들에게만 노출하고 싶습니다. Hulu는 다른 데이터 매니지먼트 플랫폼Data Management Platform, DMP를 통해 명품 사용자들에 대한 데이터를 수집하고 훈련 세트, 테스트 세트로 나눠 명품 사용자들에 대한 분류 모델을 만들었습니다. 이 모델의 분류 정확도는 95%를 넘었지만, 실제 광고를 진행해 본 결과, 해당 모델이 광고 대부분을 명품을 구매하지 않는 사용자들에게 노출했다는 사실을 알게 됩니다. 어떤 문제 때문에 이런 상황이 발생하게 된 것일까요?

★   옮긴이 Hulu는 미국의 OTT 서비스를 제공하는 엔터테인먼트 기업입니다. 넷플릭스(Netflix)와 유사한 서비스를 제공하는 경쟁사라고 이해하면 됩니다. 2020년 현재 약 3,000만 명의 구독자를 보유하고 있습니다.

이 문제에 대한 답을 알아보기 전에 먼저 분류 정확도의 정의에 대해 복습해 봅시다. 정확도accuracy는 정확하게 분류된 샘플 개수를 총 샘플 개수로 나눈 것입니다. 즉, 다음의 식과 같습니다.

$$Accuracy = \frac{n_{correct}}{n_{total}}$$

(2.1)

여기서 $n_{correct}$는 정확하게 분류된 샘플 개수이고, n_{total}은 전체 샘플 개수입니다.

정확도는 분류 문제에서 가장 간단하고 직관적인 평가 지표이지만 명백한 단점이 있습니다. 예를 들어, 샘플의 구성이 잘못되어 답이 아닌 음성negative 샘플이 전체 데이터에서 99%를 차지하고 있다면, 분류기가 모든 샘플에 대한 예측값을 음성으로 예측할지라도 99%의 정확도를 나타내게 됩니다. 그렇기 때문에 클래스별로 샘플 비율이 불균형한 경우, 정확도는 불균형 데이터의 영향을 많이 받게 됩니다.

이 부분을 이해했다면 앞서 말한 문제에 대한 해답을 쉽게 찾을 수 있을 것입니다. 명품 구매 사용자가 Hulu 전체 사용자 수에서 차지하는 비중이 매우 적기 때문에 모델의 전체 분류 정확도가 높다 할지라도 명품 구매 사용자에 대한 분류 정확도가 높다고는 할 수 없습니다. 플랫폼에서 광고를 노출할 때 우리는 모델이 사전에 판별한 '명품 구매 사용자'들에게만 광고를 노출하게 되는데, '명품 구매 사용자'들에 대한 판별 정확도가 높지 않기 때문에 이런 현상이 발생한 것입니다. 이 문제를 해결하기 위해서는 평균 정확도(각 클래스 샘플의 정확도의 산술평균)를 모델 평가 지표로 사용할 수 있습니다.

사실, 이런 문제는 개방형 면접 질문(정답이 여러 개가 존재하는 문제)입니다. 면접자는 당면한 문제에 대해 차근차근 원인을 찾아가면 됩니다. 문제에 대한 정답은 지표 선정 오류만이 아닙니다. 예를 들어, 평가 지표를 맞게 선택했다 하더라도 과적합이나 과소적합이 존재할 수도 있고, 테스트 세트와 훈련 세트를 제대로 분류하지 않았기 때문에 발생하는 문제일 수도 있습니다. 또한, 오프라인 평가와 온라인 평가 샘플 분포에 차이가 존재하기 때문일 수도 있습니다. 그러나 평가 지표의 선택은 가장 쉽게 발견할 수 있는 원인이고, 평가 결과에 가장 큰 영향을 미칠 수 있는 요소입니다.

정밀도와 재현율의 균형

난이도 ★

Hulu는 콘텐츠 연관 검색 기능을 제공합니다. 연관 검색 랭킹 모델이 출력하는 TOP 5 콘텐츠의 정밀도는 매우 높습니다. 그러나 실제 사용 과정에서 사용자들은 찾고 싶어 하는 영상을 못 찾는 경우가 많다고 합니다. 특히, 비교적 인기가 없는 콘텐츠의 경우에 더욱더 그렇습니다. 이 문제의 원인은 무엇일까요?

분석·해답

이 문제에 답하기 위해서는 먼저 정밀도와 재현율, 이 두 가지 개념을 명확히 해야 합니다. 정밀도precision는 분류기가 양성 샘플이라고 분류한 것 중에서 실제 양성 샘플인 것의 비율입니다. 재현율recall은 실제 양성 샘플인 것 중에서 분류기가 정확히 분류해 낸 양성 샘플의 비율입니다.

일반적인 랭킹 문제에서는 얻은 결과에 대해 직접적으로 양성 샘플 혹은 음성 샘플을 판별하는 정해진 임곗값이 없습니다. 대신, Top N으로 반환된 결과의 정밀도 값과 재현율 값으로 랭킹 모델의 성능을 평가합니다. 문제에서 설명한 것처럼 사용자가 찾고 싶은 콘텐츠를 찾지 못하는 현상이 잦다면, 이는 모델이 관련성 있는 콘텐츠를 충분히 찾아 주지 못했다는 것을 뜻합니다. 이것은 재현율이 낮다는 뜻입니다. 만약 관련 결과가 100개라고 가정한다면, Precision@5가 100%일 때 Recall@5는 5%가 됩니다. 모델을 평가할 때 정밀도와 재현율을 동시에 고려해야 할까요? 다시 말해, 서로 다른 Top N의 결과들에 대해 관찰해야 할까요? 아니면 더 고차원적인 평가 지표로 정밀도와 재현율을 골고루 고려해야 할까요?

위에서 한 질문들은 모두 정답입니다. 종합적으로 랭킹 모델을 평가하기 위해서는 서로 다른 Top N하에서의 Precision@N과 Recall@N을 고려해야 하는데, 가장 좋은 방법은 P-RPrecision-Recall 곡선을 그려 보는 것입니다. 따라서 P-R 곡선을 그리는 방법에 대해 간단히 설명하고 넘어가겠습니다.

P-R 곡선의 x축은 재현율, y축은 정밀도입니다. 랭킹 모델의 예에서, P-R 곡선상의 하나의 점은 어떠한 임곗값에서 모델이 해당 임곗값보다 큰 결과는 양성 샘플로 판별하고 해당 임곗값보다 작은 결과는 음성 샘플로 판단하는데, 이때 반환된 결과에

대응하는 재현율과 정밀도를 뜻합니다. P–R 곡선은 임곗값을 높은 곳에서 낮은 곳으로 이동시키며 만들어집니다. 그림 2.1은 P–R 곡선의 샘플 그래프인데, 여기서 실선은 모델 *A*의 P–R 곡선을 나타내고, 점선은 모델 *B*의 P–R 곡선을 나타냅니다. 원점 주변은 임곗값이 가장 클 때의 모델의 정밀도와 재현율을 나타냅니다.

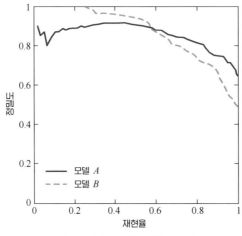

그림 2.1 P–R 곡선의 샘플 그래프

그림을 통해 알 수 있는 점은 재현율이 0에 가까울 때 모델 *A*의 정밀도는 0.9이고 모델 *B*의 정밀도는 1입니다. 이는 모델 *B*에서 순위에 랭크된 샘플들은 모두 실제 양성 샘플이라는 것을 뜻하고, 반대로 모델 *A*의 경우에는 고득점을 얻은 몇 개의 샘플에 잘못 예측할 가능성이 존재한다는 것을 뜻합니다. 그리고 재현율이 증가함에 따라 정밀도는 전체적으로 내려갑니다. 그러나 재현율이 1일 때 모델 *A*의 정밀도는 모델 *B*의 정밀도를 능가합니다. 이는 어떤 점 위에 대응하는 정밀도와 재현율만 고려해서는 모델의 성능을 완벽하게 측정하기 힘들다는 사실을 설명해 줍니다. P–R 곡선의 전체적인 표현을 확인해야 모델에 대한 전면적인 평가가 가능할 것입니다.

이 외에 F1 score와 ROC 곡선도 랭킹 모델의 성능을 종합적으로 반영할 수 있습니다. F1 score는 정밀도와 재현율의 조화 평균이고, 다음과 같이 정의됩니다.

$$\text{F1} = \frac{2 \times precision \times recall}{precision + recall} \tag{2.2}$$

ROC 곡선에 대해서는 별도의 절에서 다루기 때문에 여기서는 설명하지 않겠습니다.

평균제곱근오차의 예외   난이도 ★

Hulu는 스트리밍 서비스 회사이기 때문에 다양한 미국 드라마를 보유하고 있습니다. 각 드라마의 시청률 추세를 예측하여 타깃 광고를 진행하는 것은 매우 중요한 부분입니다. 따라서 우리는 어떠한 드라마의 시청률 추세를 예측하는 회귀모델을 만들고 싶습니다. 그러나 어떤 종류의 회귀모델을 쓰든지 얻게 되는 RMSE_{Root Mean Square Error} 지표가 모두 매우 높게 나타납니다. 그런데 95%의 시간대 내에서 모델의 예측오차는 1%가 채 되지 않습니다. 예측오차만 살펴보면 매우 좋은 예측 결과라고 할 수 있는데, 오차 대비 너무 높은 RMSE 지표가 나타나는 가장 가능성 높은 원인은 무엇일까요?

분석·해답

RMSE는 회귀모델을 평가할 때 자주 사용되는 지표입니다. 하지만 위에서 서술한 상황을 볼 때 RMSE 지표는 측정 효과를 상실한 것 같습니다. 먼저 RMSE 계산 공식에 대해 살펴보겠습니다.

$$RMSE = \sqrt{\frac{\sum_{i=1}^{n}(y_i - \hat{y}_i)^2}{n}} \tag{2.3}$$

여기서 y_i는 i번째 샘플의 실제 값이고, $\hat{y}_i$는 i번째 샘플의 예측값입니다. n은 샘플의 개수입니다.

일반적인 상황에서 RMSE는 회귀모델의 예측값이 실제 값에서 벗어난 정도를 잘 반영합니다. 하지만 벗어난 정도가 매우 큰 특이점_{outlier, 이상점}이 존재할 경우에는 이 소수의 특이점 때문에 RMSE 지표가 매우 높아지게 됩니다.

문제에서 모델은 95% 시간대 내에서 예측오차가 1% 미만이라고 했습니다. 이는 대부분의 시간대 내에서 모델의 예측 성능이 매우 뛰어남을 뜻합니다. 그러나 RMSE 지표는 매우 저조한데, 이는 기타 5% 시간대 내에 심각한 특이점이 존재할 가능성이 높다는 것을 뜻합니다. 사실, 유입량이나 시청률 예측 문제에서는 노이즈noise 포인트가 매우 쉽게 발견됩니다. 예를 들어, 시청률이 매우 저조한 드라마도 있을 것이고, 막 시작을 했거나 최근에 상을 받은 드라마도 있을 것입니다. 이러한 갑작스러운 이벤트로 인해 유입된 사용자들이 특이점 데이터 그룹을 형성할 가능성이 높습니다.

그렇다면 이 문제에 대한 해결 방안은 무엇이 있을까요? 세 가지 각도로 접근이 가능한데, 먼저 이러한 특이점들이 단순 노이즈라면 데이터 전처리 과정에서 필터링하는 방법이 있습니다. 두 번째로 특이점들이 단순 노이즈가 아니라고 판단된다면 모델의 예측 성능을 향상시켜 특이점 데이터들이 만들어 낸 메커니즘을 모델에 포함시켜야 합니다(이 토픽은 매우 범위가 넓기 때문에 여기서 다 설명하지는 않겠습니다). 마지막으로, 더 적절한 평가 지표를 사용하는 방법이 있습니다. 평가 지표에 대해서 얘기하면, 사실 RMSE보다 더 견고한robust 지표가 있는데, 예를 들면 평균절대비오차 Mean Absolute Percent Error, MAPE가 있습니다. MAPE는 다음과 같이 정의됩니다.

$$MAPE = \sum_{i=1}^{n} \left| \frac{y_i - \hat{y}_i}{y_i} \right| \times \frac{100}{n} \qquad (2.4)$$

RMSE와 비교했을 때 MAPE는 각 포인트의 오차들을 정규화하여 각 특이점에 의해 발생하는 절대 오차의 영향을 낮출 수 있습니다.

요약·응용

이번 절에서는 Hulu 플랫폼 운영 환경에서 나올 수 있는 문제와 상황을 가정하여 적절한 평가 지표의 중요성에 관해 설명했습니다. 평가 지표마다 고유의 가치가 존재합니다. 하지만 단일 평가 지표만을 사용하여 모델을 평가할 경우, 단편적인 결론을 내릴 뿐만 아니라 심지어 잘못된 결론을 내릴 수도 있습니다. 따라서 서로 보완성이 존재하는 지표들을 종합적으로 고려하여 모델을 평가해야 더 쉽고 정확하게 모델에 존재하는 문제들을 찾아낼 수 있습니다. 실제 비즈니스 문제를 풀 때 매우 중요한 부분이기 때문에 잘 숙지할 수 있도록 합시다.

ROC 곡선

(상황 설명)

이진분류기Binary Classifier는 머신러닝 영역에서 가장 자주 보이고 광범위하게 응용되는 분류기입니다. 이진분류기를 평가하는 지표는 정밀도, 재현율, F1 score, P-R 곡선 등이 있습니다. 이전 절에서 이미 이러한 지표에 대해 간단한 소개를 했었는데, 정도에 따라 다르지만 소개했던 지표들이 모델의 일부 성능만 반영한다는 한계점도 느끼셨을 겁니다. 이에 비해 ROC 곡선은 많은 장점을 가지고 있습니다. 따라서 이진분류기를 평가하는 가장 중요한 지표 중 하나라고 할 수 있습니다. 그럼, 다음 질문들을 통해 ROC 곡선을 그리는 방법과 그 특징에 대해 살펴보겠습니다.

(키워드) ROC 곡선Receiver Operating Characteristic Curve / AUCArea Under Curve / P-R 곡선Precision-Recall Curve

 질문 1 ROC 곡선이란 무엇일까요?

난이도 ★

(분석·해답)

ROC 곡선은 Receiver Operating Characteristic Curve의 약자입니다. ROC 곡선은 원래 군사 영역에서 유래된 개념으로, 나중에는 의학 영역에서 발전하였습니다. '수신자 조작 특성 곡선'이라는 명칭도 의학 영역에서 유래된 것입니다.

ROC 곡선의 가로축은 거짓 양성 비율False Positive Rate, FPR을 나타내고, 세로축은 실제 양성 비율True Positive Rate, TPR을 나타냅니다. FPR과 TPR의 계산 방법은 각각 다음과 같습니다.

$$FPR = \frac{FP}{N} \tag{2.5}$$

$$TPR = \frac{TP}{P} \qquad (2.6)$$

위 식에서 P는 실제 양성 샘플 수를 뜻하고, N은 실제 음성 샘플 수를 뜻합니다. TP는 P개의 양성 샘플 중에서 분류기가 양성 샘플로 예측한 샘플의 개수를 나타내고, FP는 N개의 음성 샘플 중에서 분류기가 양성 샘플로 예측한 샘플의 개수를 나타냅니다.

정의만 봐서는 조금 헷갈리기 쉽습니다. 더 직관적으로 설명하기 위해 많이 사용하는 환자 진단 예를 통해 다시 설명하겠습니다. 먼저, 10명의 암 의심 환자가 있는데 여기서 3명만이 실제 암에 걸렸다고 가정해 봅시다(P = 3). 그 외 7명은 암에 걸리지 않았습니다(N = 7). 병원에서 10명의 환자에 대한 진단을 해서 3명의 암환자가 있다고 결론을 내렸습니다. 하지만 여기서 실제 암환자는 2명뿐입니다(TP = 2). 그렇다면 실제 양성 비율 $TPR = TP/P$ = 2/3을 계산할 수 있습니다. 불행하게도, 7명의 암에 걸리지 않은 환자들 중 한 명이 오진을 받았습니다(FP = 1). 그렇다면 거짓 양성 비율 $FPR = FP/N$ = 1/7을 계산할 수 있습니다. 해당 병원의 진단 자체를 하나의 분류기로 생각한다면, 이 분류기의 분류 결과는 ROC 곡선상의 점 (1/7, 2/3)이 됩니다.

ROC 곡선은 어떻게 그릴까요? 난이도 ★★

분석·해답

ROC 곡선은 분류기의 '절단점'을 계속해서 이동하며 곡선상의 중요 지점을 생성합니다. 다음 예제를 통해 '절단점' 개념에 대해 알아보겠습니다.

이진분류 문제에서 모델의 출력은 일반적으로 샘플이 양성일 확률입니다. 예를 들어, 테스트 세트에 20개의 샘플이 있고 표 2.1과 같은 결과를 출력했다고 가정해 봅시다. 샘플은 예측확률이 높은 순서대로 정렬되었습니다. 모델을 양성, 음성의 값으로 출력하기 전에 임곗값을 정해 주어야 합니다. 예측확률이 임곗값보다 높다면 양성으로 판별되고, 임곗값보다 작다면 음성으로 분류됩니다. 예를 들어,

지정 임곗값이 0.9라면 첫 번째 샘플만이 양성으로 예측되고, 나머지는 모두 음성으로 예측될 것입니다. 앞서 말한 '절단점*'이란 바로 양성과 음성 예측 결과를 구별하는 임곗값을 뜻합니다.

절단점은 동적으로 조절할 수 있는데, 높은 점수부터 시작해서 낮은 점수로 이동시키고, 각 절단점은 모두 하나의 FPR과 TPR에 대응합니다. ROC 그림에서 각 절단점에 대응하는 위치를 그리고 모든 점을 연결하면 최종적으로 ROC 곡선을 얻을 수 있습니다.

표 2.1 이진분류 모델의 출력 결과 샘플

샘플 인덱스	실제 레이블	모델 출력확률	샘플 인덱스	실제 레이블	모델 출력확률
1	p	0.9	11	p	0.4
2	p	0.8	12	n	0.39
3	n	0.7	13	p	0.38
4	p	0.6	14	n	0.37
5	p	0.55	15	n	0.36
6	p	0.54	16	n	0.35
7	n	0.53	17	p	0.34
8	n	0.52	18	n	0.33
9	p	0.51	19	p	0.30
10	n	0.505	20	n	0.1

이번 예제에서 절단점이 무한대일 경우 모델은 모든 샘플을 음성으로 예측합니다. 그렇게 된다면 FP와 TP는 모두 0이 됩니다. 그리고 FPR과 TPR도 모두 0이 됩니다. 따라서 곡선의 첫 번째 점의 좌표는 (0, 0)이 됩니다. 절단점을 0.9로 조절하면 모델은 1번 샘플을 양성 샘플로 예측하게 됩니다. 이 샘플은 실제로도 양성 샘플입니다. 따라서 TP는 1이 되고, 20개의 샘플 중에서 양성 샘플의 수는 10($P = 10$)이기 때문에 $TPR = TP/P = 1/10$을 얻습니다. 여기서 잘못 예측한 양성 샘플이 없기 때문

---

* 옮긴이 임곗값(threshold) 혹은 컷오프(cut-off)라고 많이 부르지만, 원문의 의미를 살리기 위해 '절단점'이라고 번역했습니다.

에 *FP*는 0이 되고, 모든 음성 샘플 수는 10입니다(*N* = 10). 따라서 $FPR = FP/N =$ 0/10 = 0이 되고, ROC 곡선상의 점 (0, 0.1)이 됩니다. 이런 식으로 절단점을 조절해 가면 모든 주요 지점에 대해 나타낼 수 있고, 이들을 모두 잇는다면 그림 2.2와 같은 ROC 곡선을 얻을 수 있게 됩니다.

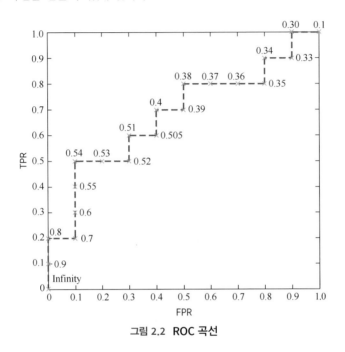

그림 2.2 ROC 곡선

사실, ROC 곡선을 그리는 더 직관적인 방법이 존재합니다. 먼저, 샘플 레이블에 기반해 양성, 음성 샘플 수를 계산합니다. 일반적으로는 양성 샘플 수를 *P*, 음성 샘플 수를 *N*으로 설정합니다. 그리고 *x*축의 간격을 1/*N*로 설정하고, *y*축의 간격을 1/*P*로 설정합니다. 그런 다음, 모델이 출력한 예측확률에 기반해 샘플을 정렬합니다 (높은 순서대로). 모든 샘플을 대상으로 0에서 시작하여 ROC 곡선을 그리기 시작하면 되는데, 양성 샘플을 만날 때마다 *y*축 방향에서 설정한 간격에 따라 곡선 그래프를 그리고, 음성 샘플을 만날 때마다 수평축 방향에서 설정한 간격에 따라 곡선 그래프를 그립니다. 이러한 과정을 모든 샘플에 대해 진행하고 (1, 1) 점에서 멈추면 ROC 곡선을 완성할 수 있습니다.

질문 3 AUC는 어떻게 계산할까요?

난이도 ★★

분석·해답

이름에서 알 수 있듯이, AUC_{Area Under Curve}는 ROC 곡선 아래의 면적을 뜻합니다. 이 지표는 ROC 곡선에 기반해 모델 성능을 정량화하여 나타낼 수 있습니다. AUC 값을 계산하기 위해서는 ROC 곡선의 x축을 따라 적분만 해주면 됩니다. 대부분의 ROC 곡선은 $y = x$ 선보다 높은 곳에 위치하기 때문에 AUC의 값은 일반적으로 0.5~1 사이에 있습니다(만약 아니라면 모델이 예측한 확률을 뒤집으면($1 - p$) 더 좋은 분류기를 얻을 수 있게 됩니다). AUC가 클수록 분류기의 성능이 더 좋다는 것을 나타냅니다.

질문 4 ROC 곡선과 P-R 곡선을 비교해 보세요.

난이도 ★★★

분석·해답

2장 1절에서 P-R 곡선에 대해서 설명했는데, P-R 곡선과 비교했을 때 ROC 곡선은 다음과 같은 특징이 있습니다. 양성, 음성 샘플의 분포에 변화가 생겼을 때 ROC 곡선의 형태는 기본적으로 변하지 않고 유지되지만, P-R 곡선의 형태는 일반적으로 급격한 변화를 보입니다.

예를 들어, 그림 2.3은 ROC 곡선과 P-R 곡선의 비교 그래프인데, 그림 2.3(a)와 그림 2.3(c)는 ROC 곡선이고, 그림 2.3(b)와 그림 2.3(d)는 P-R 곡선입니다. 그림 2.3(c)와 그림 2.3(d)는 테스트 세트의 음성 샘플 수를 10배로 늘린 후 그린 곡선 그래프입니다.

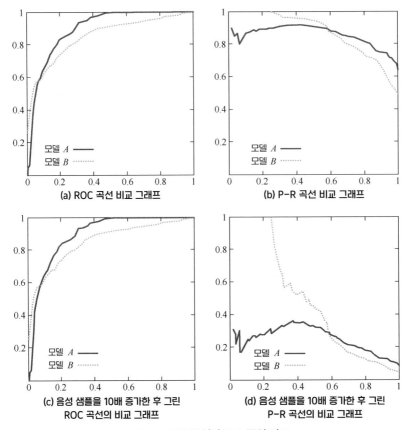

(a) ROC 곡선 비교 그래프

(b) P-R 곡선 비교 그래프

(c) 음성 샘플을 10배 증가한 후 그린
ROC 곡선의 비교 그래프

(d) 음성 샘플을 10배 증가한 후 그린
P-R 곡선의 비교 그래프

그림 2.3 ROC 곡선과 P-R 곡선 비교

위에서 확인할 수 있듯이, P-R 곡선에는 뚜렷한 변화가 확인되지만 ROC 곡선의 형태는 기본적으로 변하지 않습니다. 이러한 특징은 ROC 곡선이 다양한 테스트 세트를 만날 때마다 견고한 결과를 보여줄 수 있게 만들어 더 객관적으로 모델 자체의 성능을 평가할 수 있게 해줍니다. 이러한 특징의 실질적 의미는 무엇일까요? 많은 현실 문제에서 양성, 음성 샘플의 수는 불균형합니다. 예를 들어, 광고 영역에서 자주 사용되는 전환율 예측모델에서 양성 샘플의 수는 음성 샘플 수의 1/1,000, 심지어 1/10,000인 경우도 많습니다. 만약 다른 테스트 세트를 선택한다면 P-R 곡선의 변화는 매우 클 것이지만, ROC 곡선은 안정적으로 모델 자체의 성능을 반영할 수 있을 것입니다. 따라서 ROC 곡선은 랭킹, 추천, 광고 등 분야에서 더 자주 사용됩니다. 하지만 주의해야 할 것은 P-R 곡선을 선택하느냐, ROC 곡선을 선택하느냐에 대한 문제는 해결하고자 하는 문제에 따라 달라진다는 것입니다. 만약 모델이 특정 데이터 세트상에서 어떤 성능을 내는지 알고 싶다면, P-R 곡선을 선택하는 것이 더 좋을 수도 있습니다.

잠시 쉬어가기...

ROC 곡선의 유래

ROC 곡선이 최초로 사용된 곳은 군사 영역입니다. 그 후 의학 영역에서 많이 사용되었고, 1980년대 후반부터 머신러닝 영역에서 사용되었습니다. 세계 2차대전 기간에 레이더병의 주요 임무는 레이더 모니터를 죽어라 쳐다보며 적군이 오는지를 확인하는 것이었습니다. 이론상으로는 적군 전투기의 기습이 있다면 레이더 모니터에 상응하는 신호가 나타나야 합니다. 그러나 실제로는 적군 전투기뿐만 아니라 새가 레이더 범위에 들어왔을 때도 신호가 발생했습니다. 만약 너무 조심스러워 신호가 나타날 때마다 적의 전투기라고 판단해 버리면 오보 위험이 커지고, 반대로 너무 관대하여 모든 신호를 새들 때문이라고 생각한다면 중요한 정보를 놓치는 위험에 처하게 되었습니다. 레이더병들은 새의 신호와 전투기 신호 사이의 차이를 구별하려 애썼는데, 문제는 레이더병마다 자기 자신만의 판단 기준이 있어서 (어떤 병사는 너무 신중하고, 어떤 병사는 너무 대담해서) 통일된 신호를 주지 못한다는 것이었습니다.

각 레이더병의 보고 정확성을 연구하기 위해 관리자는 모든 레이더병의 보고 특징을 종합했습니다. 특히, 그들이 잘못 보고하거나 누락시킨 보고에 대한 각각의 확률을 2차원 좌표계에 그렸습니다. 이 2차원 좌표의 y축은 민감성(실제 양성율)이었는데, 즉 모든 적군의 기습 사건 중에서 각 레이더병이 정확하게 예측한 확률을 나타냈습니다. 그리고 x축은 1-특이성(거짓 양성률)이었고, 모든 적군이 아닌 신호 중에서 레이더병이 잘못 보고한 확률을 나타냈습니다. 각 레이더병의 보고 기준이 다르기 때문에 얻은 민감성과 특이성의 조합도 서로 달랐습니다. 레이더병의 보고 성능에 대해 종합한 후, 관리자는 그들이 하나의 곡선상에 놓여 있다는 것을 발견했습니다. 이 곡선이 바로 의학계와 머신러닝 영역에서 자주 사용되는 ROC 곡선입니다.

코사인 거리의 응용

CHAPTER 2

3

상황 설명

이번 장의 주제는 모델 평가인데, 모델 훈련 과정에서 우리는 샘플 사이의 거리에 대해 비교하는 경우가 많습니다. '샘플 사이의 거리를 어떻게 측정할 것인가' 역시 최적화 목표와 훈련 방법의 기초가 됩니다.

머신러닝 문제에서 특성은 벡터의 형태로 표현되는 경우가 많습니다. 따라서 두 특성 벡터 사이의 유사도를 분석할 때 코사인 유사도를 자주 사용합니다. 코사인 유사도 값의 범위는 [-1, 1]이고, 같은 두 벡터 사이의 유사도는 1입니다. 만약 거리와 유사한 형태로 표현하고 싶다면 1에서 코사인 유사도를 뺀 것이 코사인 거리가 됩니다. 따라서 코사인 거리가 취할 수 있는 값의 범위는 [0, 2]가 되고, 동일한 두 벡터의 코사인 거리는 0이 됩니다.

키워드 코사인 유사도Cosine Similarity / 코사인 거리Cosine Distance /
유클리드 거리Euclidean Distance / 거리의 정의Definition of Distance

 질문 1

어떤 상황에서 유클리드 거리 대신 코사인 유사도를 사용하는지를 학습과 연구 경험을 토대로 설명해 보세요.

난이도 ★★

분석·해답

두 벡터 A와 B에 대해 코사인 유사도는 $\cos(A, B) = \dfrac{A \cdot B}{\| A \|_2 \| B \|_2}$으로 정의됩니다.

즉, 두 벡터 사이의 코사인인데, 초점은 두 벡터 사이의 각도에 맞춰져 있지 그들의 절대 크기가 아닙니다(값의 범위는 [-1, 1]입니다). 한 쌍의 유사한 텍스트에서 길이는 많이 다르지만 내용이 비슷한 경우, 이때 단어 빈도나 단어 벡터를 특성으로 사용한다면 특징 공간에서의 유클리드 거리는 일반적으로 매우 커집니다. 그러나 코사인 유사도를 사용한다면 그들 사이의 각도가 작기 때문에 유사도가 높게 나옵니다. 이 외에도 텍스트, 이미지, 비디오 등에 데이터를 사용하는 영역들은 특성의 차원이 매우 높은 경우가 많은데, 코사인 유사도cosine similarity는 고차원 데이터에 대해서도 '방향이 같을 경우는 1, 90도의 각을 이룬다면 0, 반대 방향을 가진다면 −1'의 값을 가지지만, 유클리드 거리의 수치는 차원의 영향을 받아 값의 범위가 불안정하고 함 의(담긴 뜻) 역시 비교적 모호해집니다.

벡터의 길이가 정규화된 Word2Vec에서는 유클리드 거리와 코사인 거리가 단조 관계*를 보입니다. 즉, 다음과 같습니다.

$$\| A - B \|_2 = \sqrt{2(1 - \cos(A, B))} \tag{2.7}$$

여기서 $\| A - B \|_2$는 유클리드 거리를 나타내고, $\cos(A, B)$는 코사인 유사도를 나타냅니다. 그리고 $(1 - \cos(A, B))$는 코사인 거리를 나타냅니다. 이러한 상황에서 거리가 가장 작은(유사도가 가장 높은) 이웃을 선택한다면, 코사인 유사도와 유클리드 거리 둘 중 어느 것을 사용하든 같은 결과가 나올 것입니다.

다시 정리하면, 유클리드 거리는 수치상의 절대 차이를 나타내고, 코사인 거리는 방향과 크기의 상대적 차이를 반영합니다. 예를 들어, 두 드라마 콘텐츠 사용자들의 행동 데이터를 관찰할 때, 사용자 A의 시청 벡터는 (0, 1), 사용자 B의 시청 벡터는 (1, 0)이라고 가정해 봅시다. 이때 두 사용자의 코사인 거리는 매우 길지만, 유클리드 거리는 짧습니다. 서로 다른 콘텐츠에 대한 두 사용자의 선호도를 분석하고 싶다면 우리는 상대적 차이에 더 관심을 가져야 하고, 이때는 당연히 코사인 거리를 사용해야 합니다. 그러나 우리의 목적이 사용자의 활성도일 때, 사용자의 로그인 횟수와 평균 시청 시간을 특성으로 하는 코사인 거리가 (1, 10), (10, 100)이라고 가정한다면, 두 사용자는 매우 가깝다는 결론을 내리게 됩니다. 하지만 두 사용자의 활성도는 매우 다른데, 이때 우리의 목적은 절대적 차이를 확인하는 것이므로 유클리드 거리를 사용해야 합니다.

특정 측정 방법을 어떤 문제에서 사용해야 하는가에 대한 부분은 평소 연구와 공부를 하면서 계속해서 정리하고 생각해야 할 문제입니다. 그래야만 면접 기회가 주어

★ 옮긴이 단조 관계에서 변수(변량)는 동일한 방향으로 이동하지만 같은 속도로 이 동하는 것은 아닙니다.

졌을 때 논리정연하게 답할 수 있으며, 새로운 문제를 만났을 때 문제 해결 능력을 갖추게 됩니다.

 질문 2

코사인 거리는 엄격한 의미에서의 거리가 맞습니까?

난이도 ★★★

분석·해답

이 문제는 지원자의 거리의 정의에 대한 이해와 간단한 추론 능력을 알아보기 위한 것입니다. 먼저, 거리에 대한 정의를 알아봅시다. 하나의 집합에서 만약 각 쌍의 원소가 모두 하나의 실수로 정의될 수 있고 세 가지 거리 공식(구분 불가능한 점의 동일성positive definiteness, 대칭성, 삼각부등식)이 성립한다면, 해당 실수는 이 원소 사이의 거리라고 정의할 수 있습니다.

코사인 거리cosine distance는 동일성과 대칭성은 만족하지만, 삼각부등식을 만족하진 못합니다. 따라서 엄격한 정의에서의 거리라고 할 수 없습니다. 구체적으로 설명하면, 벡터 A와 B에 대해 세 가지 거리 공식은 다음과 같은 증명 과정을 거치게 됩니다.

- **동일성**

  코사인 거리의 정의에 의해 다음과 같은 식을 얻습니다.

  $$\mathrm{dist}(A,B) = 1 - \cos\theta = \frac{\|A\|_2\|B\|_2 - AB}{\|A\|_2\|B\|_2} \tag{2.8}$$

  $\|A\|_2\|B\|_2 - AB \geqslant 0$을 고려했을 때 $\mathrm{dist}(A,B) \geqslant 0$이 항상 성립합니다. 특히,

  $$\mathrm{dist}(A,B) = 0 \Leftrightarrow \|A\|_2\|B\|_2 = AB \Leftrightarrow A = B \tag{2.9}$$

  위와 같은 성질이 있습니다. 따라서 코사인 거리는 동일성을 만족합니다.

- **대칭성**

  코사인 거리의 정의에 의해 다음과 같은 식을 얻습니다.

  $$\mathrm{dist}(A,B) = \frac{\|A\|_2\|B\|_2 - AB}{\|A\|_2\|B\|_2} = \frac{\|B\|_2\|A\|_2 - AB}{\|B\|_2\|A\|_2}$$
  $$= \mathrm{dist}(B,A) \tag{2.10}$$

따라서 코사인 거리는 대칭성을 만족합니다.

- **삼각부등식**

이 성질은 성립하지 않는데, 다음에서는 하나의 반대되는 예를 보여주고 있습니다. $A = (1, 0)$, $B = (1, 1)$, $C = (0, 1)$을 가정한다면,

$$\text{dist}(A,B) = 1 - \frac{\sqrt{2}}{2} \tag{2.11}$$

$$\text{dist}(B,C) = 1 - \frac{\sqrt{2}}{2} \tag{2.12}$$

$$\text{dist}(A,C) = 1 \tag{2.13}$$

위 식과 같이 됩니다. 따라서 다음의 식을 얻을 수 있습니다.

$$\text{dist}(A,B) + \text{dist}(B,C) = 2 - \sqrt{2} < 1 = \text{dist}(A,C) \tag{2.14}$$

만약 인터뷰할 때 긴장하여 이러한 계산이 머릿속에 쉽게 떠오르지 않을 때는 어떻게 해야 할까요? 이때는 코사인 거리와 유클리드 거리의 관계를 생각해 보면 됩니다. 문제 1에서 우리는 단위원unit circle(반지름의 길이가 1인 원을 뜻함)에서 유클리드 거리와 코사인 거리가 다음을 만족한다는 것을 알고 있습니다.

$$\| A - B \| = \sqrt{2(1 - \cos(A,B))} = \sqrt{2\text{dist}(A,B)} \tag{2.15}$$

즉, 다음과 같은 관계가 성립됩니다.

$$\text{dist}(A,B) = \frac{1}{2} \| A - B \|^2 \tag{2.16}$$

이러한 단위원에서 코사인 거리와 유클리드 거리의 범위는 모두 [0, 2]입니다. 유클리드 거리는 우리가 거리를 정의할 때 가장 일반적으로 사용하는 범용적인 척도입니다. 따라서 코사인 거리와 유클리드 거리가 이차 관계를 가지고 있으니 자연스럽게 삼각부등식을 만족시키지 못하게 됩니다. 구체적으로 설명하면, A와 B, B와 C가 아주 가깝다고 가정하고, 유클리드 거리는 매우 작은 u라고 가정해 봅시다. 이때 A, B, C가 원호상에 있다고 하더라도 하나의 직선상에 근사하기 때문에 A와 C의 유클리드 거리는 $2u$에 가까울 것입니다. 따라서 A와 B, B와 C의 코사인 거리는 $u^2/2$가 됩니다.

A와 C의 코사인 거리는 $2u^2$에 가깝게 되고, 이는 A와 B, B와 C의 코사인 거리의 합보다 큽니다.

인터뷰를 하면서 이런 종류의 기초 증명 문제를 만나면 쉽게 당황할 수 있습니다. 예를 들어, 앞서 물어본 문제에서 '거리'에 대한 정의가 명확하게 기억나지 않을 수도 있습니다. 이때는 먼저 면접관과 최대한 많이 소통하면서 거리의 정의에 대한 논의를 시작하는 방식을 택해야 합니다(면접관은 지원자가 얼마나 많은 지식을 보유하고 있는지를 보는 것보다는 지원자의 소통 능력과 분석 능력을 더 주의 깊게 볼 가능성이 높습니다). 완벽한 답을 주기 위해서는 명확한 논리와 엄격한 사고능력을 갖추고 있어야 합니다. 예를 들어, 동일성과 대칭성의 증명 과정에서 모호한 설명을 하거나 얼버무리듯이 대답하면 안 됩니다. 마지막으로, 삼각부등식의 증명/위증 과정에서 애매모호하게 '제 느낌에는…' 식의 커뮤니케이션 방식을 사용하는 것보다는 적극적으로 분석하고 명확한 논리로 유클리드 거리와의 관계를 설명해야 합니다. 설령 틀리더라도 증명하는 과정 자체에 대한 정답보다는 논리적으로 증명하는 자세가 중요하기 때문에 좋은 점수를 받을 가능성이 높습니다.

필자가 가장 처음 코사인 거리가 삼각부등식에 부합하지 않다는 것을 알게 된 것은 드라마 라벨링에 대해 연구할 때였습니다. 이 과정에서 comedy와 funny, 그리고 funny와 happy의 코사인 거리가 0.3 이하로 매우 가깝지만, comedy와 happy의 코사인 거리가 0.7 이상인 점을 발견했습니다. 이러한 현상은 거리의 정의에 부합하지 못하는 것인데, 이 때문에 이런 문제를 면접 문제로 출제하게 된 것입니다.

머신러닝 영역에서 흔히 '거리'라고 불리는 것 중에 거리 공식을 만족시키지 못하는 것은 비단 코사인 거리뿐만이 아닙니다. KL 거리Kullback-Leibler divergence*도 거리 공식을 만족시키지 못하는데, 상대 엔트로피relative entropy라고도 불립니다. 이 개념은 두 분포 사이의 차이를 계산하는 데 사용되는데, 대칭성과 삼각부등식 모두를 만족하지 못합니다.

---

* 옮긴이 'KL 발산' 혹은 '쿨백-라이블러 발산'이라고 부르며, 직관적으로는 두 확률분포 사이의 거리 같은 느낌을 주기 때문에 이 책에서는 '거리'라고 표기하였습니다. 본문에서 설명하는 것처럼 거리의 정의는 만족하지 못합니다.

A/B 테스트의 함정

상황 설명

IT 회사에서 A/B 테스트는 새로운 템플릿, 새로운 기능, 새로운 상품의 유효성과 새로운 알고리즘, 새로운 모델의 성능을 검증하거나, 새로운 디자인에 대한 사용자들의 피드백을 얻고, 업데이트가 사용자 경험에 어떤 영향을 끼치는지를 테스트하는 방법입니다. 머신러닝 영역에서의 A/B 테스트는 모델의 최종 효과를 검증하는 최종 수단입니다.

키워드 A/B 테스트A/B Test / 실험군Experimental Group / 대조군Control Group

질문 1

모델에 대해 충분한 오프라인 평가를 진행하더라도 왜 온라인에서 다시 한번 A/B 테스트를 진행해야 하는 것일까요?

난이도 ★

분석·해답

A/B 테스트를 진행해야 하는 이유는 다음과 같습니다.

❶ 오프라인 평가로는 모델의 과적합 위험을 모두 제거할 수 없습니다. 따라서 오프라인 평가 결과는 온라인 평가 결과를 완전히 대체할 수 없습니다.

❷ 오프라인 평가 환경은 온라인 평가 환경과 같지 않습니다. 일반적으로 오프라인 평가는 온라인 환경에서 일어나는 지연, 데이터 손실, 레이블 손실 등과 같은 상황을 반영하지 못합니다. 따라서 오프라인 평가 결과는 이상적인 엔지니어링 환경에서의 결과라고 생각할 수 있습니다.

❸ 온라인 시스템의 어떤 비즈니스 지표는 오프라인에서 평가하기 어렵습니다. 오프라인 평가는 일반적으로 모델 자체에 대한 평가를 진행할 뿐 모델과 관련 있는 기타 지표, 특히 비즈니스 지표들을 직접적으로 얻진 못합니다. 예를 들어, 새로운 추천 알고리즘을 도입할 때 오프라인 평가에서는 ROC 곡선, P–R 곡선

등의 개선 여부를 확인하는 데 반해, 온라인 모델에서는 해당 추천 알고리즘이 사용자 클릭률, 체류 시간, PV 방문량 등의 변화에 주는 영향을 전반적으로 확인할 수 있습니다. 이러한 변화들은 A/B 테스트를 통해서 전반적으로 평가되어야 합니다.

 ## A/B 테스트는 어떻게 진행해야 하나요?

난이도 ★

분석·해답

A/B 테스트를 진행하는 주요 방법은 사용자에 대한 분할-실행(버킷 테스트) 방법을 사용하는 것입니다. 즉, 사용자를 실험군과 대조군으로 분류하고 실험군의 사용자에게는 새로운 모델을, 대조군의 사용자에게는 기존 모델을 사용합니다. 버킷의 형성 과정에서 샘플의 독립성과 샘플 방식의 무편향성에 각별한 주의를 기울이고, 동일한 사용자가 하나의 버킷으로만 갈 수 있도록 합니다. 그리고 user_id는 랜덤으로 정해야만 샘플의 무편향성을 유지할 수 있습니다.

 ## 실험군과 대조군은 어떻게 분류할까요?

난이도 ★★

H 회사의 데이터 과학자는 '미국 사용자'에 대해 새로운 콘텐츠 추천 모델 A를 적용시켜 보고자 합니다. 현재 모든 사용자에게 적용되고 있는 추천 알고리즘 모델은 B입니다. 정식으로 적용하기 전에 데이터 과학자는 A/B 테스트를 통해 새로운 추천 모델의 효과를 검증해 보고자 합니다. 다음의 세 가지 실험군/대조군 분류 방법 중에 어떤 방법이 정확한 방법인지 알려주세요.

❶ user_id(user_id는 랜덤으로 생성)에 기반하여 끝자리가 홀수인 사용자들에 대해 실험군과 대조군으로 나누고, 실험군에 대해 모델 A를 적용한다. 그리고 대조군에는 모델 B를 적용한다.

❷ user_id 끝자리가 홀수인 미국 사용자들을 실험군으로 두고, 나머지 사용자들은 대조군으로 분류한다.

❸ user_id 끝자리가 홀수인 미국 사용자들을 실험군으로 두고, user_id가 짝수인 사용자들을 대조군으로 나눈다.

분석·해답

위 세 가지 A/B 테스트 방법은 모두 틀렸습니다. 그림 2.4의 벤 다이어그램을 통해 세 가지 분할 방법에 관해 설명해 보겠습니다. 방법 1(그림 2.4(a) 참고)은 미국 사용자를 구별하지 않았습니다. 따라서 실험군과 대조군의 실험 결과가 희석됩니다. 방법 2(그림 2.4(b)를 참고)의 실험군 선택은 틀리지 않았습니다. 하지만 남은 사용자를 대조군으로 분류함으로써 대조군의 결과가 희석되어 버립니다. 방법 3(그림 2.4(c) 참고)의 대조군에도 편차가 존재합니다. 정확한 방법은 모든 미국 사용자를 user_id에 기반해 실험군과 대조군으로 나누고(그림 2.4(d) 참고) 모델 A와 B를 적용하는 것입니다. 이렇게 해야만 모델 A의 효과를 검증할 수 있습니다.

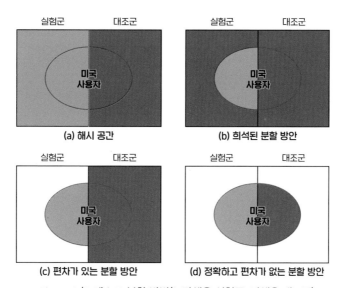

그림 2.4 A/B 테스트 분할 방법(노란색은 실험군, 갈색은 대조군)

모델 평가 방법

상황 설명

머신러닝 프로세스에서 우리는 일반적으로 훈련 세트와 테스트 세트를 구분합니다. 훈련 세트는 모델 훈련에 사용하고, 테스트 세트는 모델 평가에 활용됩니다. 샘플을 구분하고 모델을 검증하는 과정에서 다양한 샘플링 방법과 검증 방법이 존재합니다. 이번 절에서는 지원자의 관련 방법 및 장단점에 대한 이해도를 테스트하고, 여러 문제에서 적절한 평가 방법을 선택할 수 있는지에 대해 평가합니다.

키워드 홀드아웃 검증Holdout Validation / 교차 검증Cross Validation /
부트스트랩Bootstrap / 미적분Calculus

모델 평가 과정에서 사용할 수 있는 검증 방법에는 어떤 것들이 있고, 각 방법의 장단점에 관해 설명해 주세요.

난이도 ★★

분석·해답

● 홀드아웃 방법

홀드아웃Holdout 검증은 가장 간단하고 직접적인 검증 방법입니다. 이 방법은 초기 데이터를 임의로 훈련 데이터와 테스트 데이터로 나눕니다. 예를 들어, 클릭률 예측 모델에서 전체 데이터 세트를 70:30의 비율로 나누고, 70%는 모델 훈련에, 나머지 30%는 모델 검증에 사용합니다. 여기서는 ROC 곡선이나 정확도, 재현율 등의 지표를 활용하여 모델의 성능을 평가합니다.

홀드아웃 검증의 단점은 명확합니다. 테스트 세트에서의 결과는 초기 데이터를 어떻게 분류하느냐에 따라 큰 영향을 받습니다. 이러한 단점 때문에 데이터 과학자들은 교차 검증 방법을 고안하게 되었습니다.

● 교차 검증

k-fold 교차 검증　먼저, 모든 샘플을 k개의 크기가 같은 하위 샘플로 나눕니다. 이 k개의 샘플 세트는 돌아가면서 검정 세트가 됩니다. 이때 나머지 샘플들은 모델 훈련에 사용됩니다. 최종적으로 k번의 평가 지표의 평균값을 최종 평가 지표로 사용합니다. 실무에서는 일반적으로 k의 디폴트 값을 10으로 두고 사용합니다.

LOOCVLeave-One-Out Cross-Validation　매번 하나의 샘플을 남겨 검정 세트로 사용하고, 나머지 샘플들은 모델 훈련에 사용합니다. 샘플의 수가 n이라면 n개의 샘플에 대해서 검증을 진행합니다. 그리고 모든 평가 지표의 평균값을 최종 평가 지표로 사용합니다. 샘플 수가 많은 상황에서 LOOCV 방법은 계산량이 매우 많아지게 됩니다. 사실, LOOCV는 리브-p-아웃 교차 검증Leave-p-Out Cross Validation, 이하 LpOCV의 한 예입니다. LpOCV는 매번 p개의 샘플을 남겨 검정 세트로 사용합니다. n개의 원소 중에서 p개의 원소를 선택하면 C_n^p가지의 가능한 상황이 나옵니다. 따라서 계산 시간이 LOOCV보다 훨씬 더 오래 걸립니다. 이러한 이유로 실무에서 선호되는 검증 방법은 아닙니다.

● 부트스트래핑

홀드아웃 검증과 교차 검증 모두 훈련 세트와 테스트 세트를 분할하는 방법에 기반해 모델 평가를 진행합니다. 하지만 샘플의 규모가 비교적 작을 경우 샘플 세트를 분할하면 훈련 세트의 규모 또한 줄어들 수밖에 없습니다. 잘 알려진 것처럼 데이터 규모는 모델 훈련 효과에 큰 영향을 미칩니다. 그렇다면 훈련 세트 규모를 유지하면서 검증할 수 있는 다른 방법은 없을까요? 부트스트래핑bootstrapping 방법은 이러한 문제를 해결하기 위해 고안된 방법입니다.

부트스트래핑은 총 개수가 n개인 샘플 집합에서 n번의 복원 추출법을 사용하여 n개의 훈련 세트를 얻습니다. n번의 샘플링 과정에서 어떤 샘플은 중복되어 추출되었을 것입니다. 또한, 어떤 샘플은 한 번도 추출되지 않았을 것입니다. 이렇게 추출되지 않은 샘플을 검정 세트로 사용하고 모델에 대한 검증을 진행합니다. 이것이 바로 OOBOut-of-Bag 검증 세트입니다.

질문 2 부트스트래핑 과정 중에서 n개의 샘플에 대해 n번의 샘플링을 하는데, n이 무한대로 커진다면 한 번도 추출되지 않는 데이터의 수는 얼마나 될까요?

난이도 ★★★

분석·해답

하나의 샘플이 한 번의 샘플링 과정에서 추출되지 않을 확률은 $\left(1-\dfrac{1}{n}\right)$입니다. 그리고 n번의 샘플링에서 한 번도 뽑히지 않을 확률은 $\left(1-\dfrac{1}{n}\right)^n$이 됩니다. n이 무한대로 커질 경우 확률은 $\lim\limits_{n\to\infty}\left(1-\dfrac{1}{n}\right)^n$이 됩니다.

$\lim\limits_{n\to\infty}\left(1+\dfrac{1}{n}\right)^n = e$이기 때문에 다음의 식과 같이 됩니다.

$$\lim_{n\to\infty}\left(1-\frac{1}{n}\right)^n = \lim_{n\to\infty}\frac{1}{\left(1+\dfrac{1}{n-1}\right)^n}$$

$$= \frac{1}{\lim\limits_{n\to\infty}\left(1+\dfrac{1}{n-1}\right)^{n-1}} \bullet \frac{1}{\lim\limits_{n\to\infty}\left(1+\dfrac{1}{n-1}\right)}$$

$$= \frac{1}{e} \approx 0.368 \tag{2.17}$$

따라서 샘플 수가 매우 클 경우에 약 36.8%*의 샘플이 한 번도 추출되지 않게 됩니다.

★ 　(옮긴이) 데이터 샘플 수가 많은 데이터 세트에서 부트스트래핑 방법을 사용하면, 문제의 해답처럼 약 36.8% 정도의 샘플을 OOB 검증 세트로 사용할 수 있게 됩니다.

하이퍼파라미터 튜닝

많은 데이터 과학자에게 하이퍼파라미터 튜닝은 매우 골치 아픈 일 중 하나입니다. 경험에 기반해 '합리적인 값'을 설정하는 것 외에 일반적으로 하이퍼파라미터의 최적값을 찾는 방법은 많지 않습니다. 하지만 하이퍼파라미터가 모델 성능에 미치는 영향은 크기 때문에 반드시 잘 다뤄야 합니다. 그렇다면 하이퍼파라미터 튜닝을 잘하기 위한 방법들에는 무엇이 있을까요?

키워드 **하이퍼파라미터 튜닝**Hyperparameter Tuning / **그리드 탐색**Grid Search / **랜덤 탐색**Random Search / **베이지안 최적화 알고리즘**Bayesian Optimization Algorithm

질문 하이퍼파라미터 최적화 방법에 대해 설명해 주세요.

난이도 ★★★

분석·해답

하이퍼파라미터를 최적화하기 위해 일반적으로 그리드 탐색, 랜덤 탐색, 베이지안 최적화 등의 알고리즘을 사용합니다. 구체적인 소개를 하기에 앞서 하이퍼파라미터 탐색 알고리즘이 일반적으로 포함하고 있는 몇 가지 요소에 관해 설명하고자 합니다. 첫 번째는 목적함수objective function입니다. 즉, 목적함수의 함숫값을 최대화(이익, 점수) 또는 최소화(비용, 에러)하여 최적해를 도출하는 문제를 의미합니다. 두 번째는 생성 가능한 신경망의 조합 수 결정을 위해 탐색 영역을 설계하는 탐색search 범위 설정입니다. 세 번째는 성능을 측정하기 위해 하이퍼파라미터를 일정 간격으로 선택하는 탐색 스텝step과 같은 기타 값입니다.

● 그리드 탐색

그리드 탐색Grid Search은 가장 간단하고 광범위하게 사용되는 하이퍼파라미터 탐색 알고리즘입니다. 탐색 범위의 모든 샘플을 대상으로 최적값을 찾는 방법입니다. 만약 탐색 범위를 비교적 크게 설정하고 탐색 스텝을 작게 설정했다면, 그리드 탐색 방법으로 전역 최적해를 찾을 확률이 매우 높아집니다. 그러나 이러한 탐색 방법은 시간과 자원을 많이 사용해야 하고, 튜닝해야 하는 하이퍼파라미터가 많을 경우에는 효율이 매우 떨어지는 단점이 있습니다. 따라서 실무에서 그리드 탐색 방법을 사용할 때는 먼저 비교적 큰 탐색 범위와 탐색 스텝을 설정하여 전역 최적해가 존재할 것 같은 영역을 찾습니다. 그런 다음, 탐색 범위와 스텝을 줄여가며 더 정확한 최적해를 찾아갑니다. 이러한 방법은 소요되는 시간과 계산량을 줄여 줍니다. 그러나 일반적으로 목적함수가 컨벡스convex하지 않기 때문에 전역 최적해를 찾지 못할 가능성도 높습니다.

● 랜덤 탐색

랜덤 탐색Random Search 아이디어는 그리드 탐색과 비슷합니다. 하지만 상한과 하한 사이의 모든 값에 대해 테스트하지 않고, 정해진 범위 내에서 랜덤으로 샘플 포인트를 선택합니다. 이 방법의 이론적 근거는 샘플의 수가 아주 많다면 랜덤 샘플링을 통해서 전역 최적해 혹은 근삿값을 찾을 가능성이 높다는 것입니다. 랜덤 탐색은 일반적으로 그리드 탐색보다 속도가 빠릅니다. 그러나 결과가 최적해임을 보장하지 못한다는 단점이 존재합니다.

● 베이지안 최적화 알고리즘

베이지안 최적화Bayesian Optimization 알고리즘은 앞서 살펴본 그리드 탐색, 랜덤 탐색과 완전히 다른 방법을 사용합니다. 그리드 탐색과 랜덤 탐색은 하나의 새로운 샘플 포인트를 테스트할 때 이전 샘플 포인트의 정보는 무시합니다. 하지만 베이지안 최적화 알고리즘은 이전의 정보들을 충분히 활용합니다. 베이지안 최적화는 미지의 목적함수의 형태를 학습하는 방법을 통해 목적함수를 전역 최적해로 만드는 파라미터를 찾습니다. 이에 대해 더 자세히 설명하겠습니다. 목적함수의 형태를 학습하는 방법은, 먼저 사전분포에 기반하여 하나의 탐색 함수를 가정합니다. 그리고 매번 새로운 샘플링을 사용해 목적함수를 테스트할 때 해당 정보를 사용하여 새로운 목적함수의 사전분포를 업데이트합니다. 마지막으로, 알고리즘은 사후분포를 통해 얻은 전역 최적해가 나타날 가능성이 가장 높은 위치에서 알고리즘을 테스트합니다. 베이지안 최적화 알고리즘에 관해 주의해야 할 점이 하나 있는데, 만약 하나의 국소 최적해를 찾는다면 해당 영역에서 샘플링이 자주 일어날 것이고, 국소 최적해의 함정에 빠질 수 있게 됩니다. 이러한 단점을 보완하기 위해 베이지안 최적화 알고리즘은 탐색과 이용 사이에 하나의 균형점을 찾게 됩니다. '탐색exploration'은 아직 샘플링하지 않은 영역에서 샘플링하는 것이고, '이용exploitation'은 사후분포에 기반해 전역 최적해가 나타날 가능성이 높은 영역에서 샘플링하는 것을 뜻합니다.

잠시 쉬어가기...

구글은 하이퍼파라미터 최적화 알고리즘으로 더 맛있는 쿠키를 굽는다

'하이퍼파라미터 튜닝'과 '쿠키 베이킹'을 한 문장에서 봤을 때 상당한 이질감이 들었을 것입니다. 하지만 자세히 생각해 보면 두 작업 모두 '블랙박스' 같다고 느낄 수 있을 것입니다. 구조가 복잡한 딥러닝 학습 모델은 어떤 면에서는 일종의 '블랙박스'인데, 최적화 목표를 달성하기 위해 계속해서 '하이퍼파라미터 튜닝'을 하여 이 블랙박스를 최적화합니다. 쿠키를 굽는 과정도 사실 이와 비슷한데, 더 맛있는 쿠키를 굽기 위해 파티쉐는 반죽의 숙성 시간, 오븐의 온도, 굽는 시간 등을 조정하는데, 최종적으로 더 맛있어진 쿠키를 보며 도대체 어떤 요소가 더 맛있는 쿠키를 만들어 냈는지 알 수 없는 블랙박스 모델입니다. 따라서 이러한 작업은 하이퍼파라미터 튜닝과 비슷하다고 말할 수 있습니다.

예전에 큰 회사에서 하이퍼파라미터 최적화 문제를 해결하는 가장 좋은 방법은 '대학원생 하강법(대학원생이 수동으로 경사하강법의 파라미터를 조율)'을 사용하는 것이었습니다. 후에 구글에서 이러한 문제를 해결하기 위해 하이퍼파라미터 튜닝 시스템을 만들었고, Google Vizier(구글 비지어)라고 불렀습니다. Google Vizier는 전이학습 아이디어를 사용했는데, 이전 튜닝의 경험을 통해 학습하여 새로운 알고리즘을 위해 최적의 하이퍼파라미터를 제안하는 방법입니다. Google Vizier를 만든 후, 그들의 알고리즘을 테스트하기 위해 구글의 엔지니어들은 구글 사내식당으로 가서 쿠키 레시피와 베이킹 방법을 알려주었습니다. 그리고 계속해서 결과에 대한 맛 테스트를 진행하였습니다. 몇 번의 테스트와 베이킹 방법에 대한 조정 후에 쿠키는 확실히 맛있어졌다고 합니다. 알파고가 최고의 바둑기사들을 이긴 모습을 보고, 전 세계의 요리사들이 Google Vizier 앞에서 벌벌 떠는 날이 올지도 모른다는 생각이 듭니다.

과적합과 과소적합

CHAPTER 2

7

상황 설명

모델 평가와 튜닝 과정에서 우리는 '과적합' 혹은 '과소적합' 상황을 자주 만나게 됩니다. 어떻게 하면 '과적합'과 '과소적합' 현상을 효과적으로 인식하고 목적성 있는 모델 조정을 할 수 있을까요? 이 질문이 바로 머신러닝 모델을 개선하는 핵심 질문입니다. 특히, 실무에서 다양한 방법으로 '과적합'과 '과소적합'의 위험을 줄이는 능력은 데이터 과학자가 필히 갖춰야 할 능력입니다.

키 워 드 과적합Over-Fitting / 과소적합Under-Fitting

질문 1 모델 평가 과정에서 과적합과 과소적합이란 어떤 현상을 뜻하는 것일까요?

난이도 ★

분석·해답

과적합은 모델이 훈련 데이터에 과하게 맞춰진fitting 현상입니다. 이는 평가 지표에 반영되는데, 일반적으로 훈련 세트상에서의 모델 성능은 매우 좋게 나타나지만, 테스트 세트나 새로운 데이터상에서의 성능이 저조합니다. 과소적합은 모델이 훈련이나 예측에서 모두 좋은 성능을 보이지 못하는 현상을 뜻합니다. 그림 2.5는 과적합과 과소적합을 그래프를 통해 설명하고 있습니다.

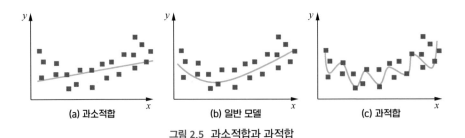

그림 2.5 과소적합과 과적합

과소적합 현상을 보여주는 그림 2.5(a)의 모델은 데이터의 특징을 제대로 잡아내고 있지 못합니다. 반면, 과적합 현상을 보여주는 그림 2.5(c)의 경우는 모델이 지나치게 복잡하여 노이즈 데이터의 특징까지 학습해 모델의 일반화 성능을 저하시킵니다. 이러한 모델은 실제 응용 단계에서 잘못된 예측 결과를 내놓을 가능성이 높습니다.

질문 2 과적합과 과소적합의 위험을 낮출 수 있는 몇 가지 방법에 대해 설명해 주세요. 난이도 ★★

분석·해답

● '과적합' 위험을 낮추는 방법

1 데이터 관점에서 논의를 시작한다면, 더 많은 데이터를 확보하는 것이 과적합 위험을 낮출 수 있는 가장 효과적인 방법입니다 왜냐하면 더 많은 샘플은 모델이 더 많은 유효한 특성을 학습할 수 있도록 하는 동시에 노이즈의 영향을 줄여 주기 때문입니다. 직접적으로 실험에 필요한 데이터를 늘리는 것은 당연히 쉽지 않겠지만, 다른 일정한 규칙을 따라 훈련 데이터를 늘리는 작업은 충분히 가능합니다. 예를 들어, 이미지 분류 문제에서 이미지의 평행 이동, 회전, 수축, 확장 등의 방법으로 데이터 확장을 진행할 수 있습니다. 또는 생성모델generative model을 활용하여 대량의 신규 데이터를 추가하는 방법도 존재합니다.

2 모델의 복잡도를 낮춰 줍니다 데이터가 비교적 적을 경우, 모델이 지나치게 복잡하다면 과적합을 일으킬 확률이 높습니다. 모델의 복잡도를 적당히 낮춰 준다면 모델이 노이즈 데이터에 과도하게 적합되는 것을 방지할 수 있습니다. 예를 들어, 신경망 모델에서 네트워크층이나 뉴런 수를 줄이는 방법을 사용할 수 있습니다. 의사결정 트리의 경우, 나무의 깊이를 줄이고 가지치기를 하는 방법을 사용할 수 있습니다.

3 정규화를 사용합니다 모델의 파라미터에 정규화 항을 추가합니다. 예를 들어, 가중치의 크기를 손실함수에 추가합니다. L2 정규화를 예로 든다면 다음과 같이 나타낼 수 있습니다.

$$C = C_0 + \frac{\lambda}{2n} \cdot \sum_i w_i^2 \tag{2.18}$$

이렇게 한다면 원래의 목적함수 C_0를 최적화하는 동시에 가중치가 너무 커져 과적합 위험이 커지는 것을 어느 정도 제어할 수 있습니다.

4 **앙상블 학습 방법을 사용합니다** 앙상블 학습은 다수의 모델을 합치는 것인데, 단일 모델의 과적합 위험을 낮춰줄 수 있습니다. 예를 들면, 배깅bagging과 같은 방법이 있습니다.

● '과소적합' 위험을 낮추는 방법

1 **새로운 특성을 추가합니다** 특성이 부족하거나 특성과 샘플 레이블의 상관성이 약할 경우 모델이 과소적합을 일으킬 가능성이 큽니다. 일반적으로 '상하 텍스트 특성', 'ID류 특성', '조합 특성' 등* 새로운 특성을 발굴한다면 더 좋은 효과를 얻을 수 있습니다. 딥러닝이 주류가 되는 추세 속에서 많은 딥러닝 모델이 자동으로 이러한 피처 엔지니어링을 완성해 주는 기능을 더했습니다. 인수분해 머신factorization machine, 그래디언트 부스팅 의사결정 트리gradient boosting decision tree, Deep-crossing 등이 모두 이러한 방법에 속합니다.

2 **모델의 복잡도를 증가시킵니다** 간단한 모델은 학습 능력이 비교적 떨어지는데, 모델의 복잡도를 올리는 방법을 통해 더 강한 적합 능력을 더해 줄 수 있습니다. 예를 들어, 선형모델에서 고차원의 항을 더한다거나 신경망 모델에서 네트워크층 수나 뉴런 개수를 늘리는 방법들이 있습니다.

3 **정규화 계수를 줄입니다** 정규화는 과적합을 방지하는 데 사용되는데, 모델이 과소적합 현상을 보인다면 목적성 있게 정규화 계수를 줄여 줘야 합니다.

★ 옮긴이 상하 텍스트 특성은 상하 문맥을 고려한 특성을 뜻하며, ID류 특성이란 고유 키로 자주 사용되는 ID와 같은 고유 특성을 뜻합니다. 정식 용어는 아니기 때문에 개괄적인 뜻만 이해하고 넘어가면 됩니다.

CHAPTER

3

클래식
알고리즘

The Quest for Machine Learning

'초심을 잃지 않아야 성공할 수 있다'는 말이 있습니다. '초심'이란 무엇일까요? 초심은 딥러닝과 인공지능이 범람하는 시대에 데이터와 통계적 방법론에 관한 이전 세대 데이터 과학자들의 지혜에 집중하는 것입니다.

가장 좋은 분류기란 존재하지 않습니다. 단지 가장 적합한 분류기만이 존재할 뿐이죠. 신경망 모델의 눈부신 발전 때문에 전통적인 머신러닝 알고리즘은 딥러닝의 빛에 가려 어둠 속으로 사라지는 듯합니다. 그러나 딥러닝은 데이터 덕분에 발전했습니다. 만약 데이터가 없다면 아무리 정교한 딥러닝 구조라 하더라도 그림의 떡일 뿐입니다. 실무를 하다 보면 라벨링이 명확한 대용량의 데이터가 드물다는 것을 알 수 있습니다. 이때 딥러닝보다는 전통적인 머신러닝 방법들이 유연하게 적용될 수 있습니다.

이번 장에서는 지도학습법에 속하는 몇 가지 전통적인 분류 알고리즘을 소개합니다. 수학적 원리에서 실제 예제 분석까지, 그리고 다시 실무 응용까지 다루면서 독자들을 위해 분류 문제의 역사적 흥망성쇠를 이야기해 보려 합니다. 머신러닝의 기본 모델들을 잘 익혀 두면, 딥러닝을 쉽게 학습할 수 있을 뿐만 아니라 훌륭한 데이터 과학자가 되는 기초를 쌓을 수 있습니다. 특히, 더 많은 수학 모델과 통계이론학의 응용을 배우며 인공지능 시대에 꼭 필요한 원칙과 기본을 파악할 수 있을 것입니다.

서포트 벡터 머신

서포트 벡터 머신Support Vector Machine, SVM은 지도학습 방법 중에서도 가장 뛰어난 알고리즘입니다. 전통적인 머신러닝 방법론을 다루는 대부분의 책에서 소개하는 알고리즘이기도 합니다. SVM에 대해서는 천사와 악마에 관한 일화도 전해집니다.

전설에 따르면 악마와 천사가 게임을 했는데, 악마가 테이블 위에 두 가지 색의 공들을 그림 3.1과 같이 배열해 놓습니다. 그리고 악마는 천사에게 긴 막대 하나로 두 가지 색의 공을 분리하라고 말합니다. 천사는 매우 쉽다고 여기며 그림 3.2와 같이 막대를 내려놓습니다. 하지만 악마가 공을 몇 개 더 추가하면서 그림 3.3처럼 막대기 하나로 분류하기 어려운 문제가 되어 버립니다.

그림 3.1 분류 문제 1   그림 3.2 분류 문제 1의 간단한 해답   그림 3.3 분류 문제 2

천사가 막대 하나로 공을 분류하는 최적의 위치를 찾고, 막대 양쪽의 공들이 막대로부터 최대한 멀리 갈 수 있도록 갈라놓는 것은 그림 3.4의 SVM 방법과 같습니다. SVM 알고리즘에 기반하여 천사가 막대의 위치를 선택한다면, 악마가 조금 전과 같은 방식으로 공을 추가한다고 하더라도 그림 3.5처럼 훌륭하게 공을 분류해 낼 수 있습니다.

그림 3.4 분류 문제 1과 최적해   그림 3.5 분류 문제 1의 최적해가
                                        분류 문제 2번과 같은 상황을 만났을 때

천사가 공 분류 문제를 훌륭하게 해낸 것을 보고 악마는 그림 3.6과 같은 새로운 문제를 냈습니다. 그림과 같이 공이 놓여 있다면 이들을 완벽하게 분류할 수 있는 막대기는 세상에 존재하지 않을 것 같은 느낌입니다. 하지만 천사는 마법을 사용하여 책상에 큰 진동을 줘 공들이 튀어 오르게 만들고, 눈 깜짝할 사이에 한 장의 종이를 두 가지 공 사이에 끼워 넣습니다. 악마의 관점에서 볼 때는 그림 3.8처럼 공들이 하나의 곡선에 의해 분류된 것처럼 보입니다.

그림 3.6 공 분류 문제 3   그림 3.7 고차원 공간에서의 공 분류 문제 3의 해법

그림 3.8 악마의 시각에서 바라보는 공 분류 문제 3

후에 데이터 과학자의 시각에서는 이 공들이 '데이터'에 해당하고, 막대기는 '분류면classifying plane'에 해당합니다. 그리고 마진을 최대로 하는 막대기의 위치 찾는 과정이 '최적화'입니다. 추가로, 책상을 쳐서 공을 공중으로 날아오르게 하는 염력을 '커널 맵kernel map', 공중에서 공 사이로 넣은 종이는 '초평면hyperplane'이 됩니다.

실제 머신러닝 영역에서 SVM은 각 방면의 지식을 포괄하고 있어 면접에서 자주 출제되는 기초 모델 중 하나입니다. 이번 절의 첫 번째 문제는 SVM 모델에 대한 기초 지식을 물어보고, 2~4번 문제에서는 커널함수kernel function의 이해에 대해 질문합니다.

키워드 SVMSupport Vector Machine 모델 / 커널함수Kernel Function / SMOSequential Minimal Optimization 알고리즘

공간상에서 선형분리 가능한 두 점이 각각 SVM이 분리한 초평면상으로 투영된다면, 이 점들의 초평면상의 투영도 선형분리가 가능한가요?

난이도 ★★★

분석·해답

먼저, 문제 중에서 언급한 용어들에 대한 개념부터 살펴봅시다. 선형분리 가능한 두 점이란, 그림 3.9와 같이 하나의 초평면으로 완전히 분리 가능한 두 점을 뜻합니다. 만약 녹색 초평면을 SVM을 통해 계산된 것이라고 가정한다면, 두 점은 완전히 분리 가능합니다(2차원 공간에 대해 초평면은 하나의 직선으로 퇴화됩니다). 여기서 우리가 생각해 봐야 할 것은, 그림 3.10에 보이는 것처럼 두 개의 점을 녹색 평면상으로 투영시키면 분리 직선상의 갈색과 노란색 투영 역시 선형분리가 가능한가에 대한 것입니다.

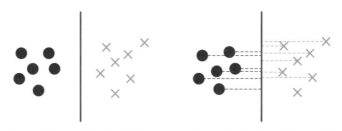

그림 3.9 서포트 벡터 머신 분리 평면   그림 3.10 분리 평면상에 샘플의 투영

위 그림에서 점들이 초평면(녹색 직선)상에 서로 교차하고 있어 선형분리가 불가능하다는 것을 쉽게 확인할 수 있습니다. 간단한 반례를 생각해 봅시다. 2차원 공간에 각각 하나의 클래스에 속하는 두 개의 샘플만 존재한다고 가정합니다. 이때 SVM의 초평면(직선)은 두 샘플 점을 이어 주는 선의 수직선이 됩니다. 이때 두 점의 분리 평면(직선)을 향한 투영은 동일한 점에 위치할 것이기 때문에 자연스럽게 선형분리가 불가능하다는 결론을 얻을 수 있습니다.

이러한 결론을 들었을 때 조금 이해가 안 갈 수 있는데, 2차원 공간이라는 가정에서 고차원 공간으로 논의를 확대해 봅시다.

SVM의 초평면은 서포트 벡터에 의해서만 결정되기 때문에(이 부분은 잠시 후에 증명하겠습니다) 서포트 벡터만을 포함하는 SVM 모델을 가정할 수 있습니다. 여기서는 귀류법*을 사용해 증명하겠습니다. 먼저, 그림 3.11처럼 SVM의 초평면상의 서포트 벡터들의 투영이 여전히 선형분리 가능하다고 가정합니다. 간단한 초등기하학 elementary geometry 지식으로도 그림에서 녹색 실선이 연두색 점선보다 최적해에 가깝다는 사실을 알 수 있습니다. 이는 이전에 녹색 실선 초평면이 최적의 해라고 했던 주장과 모순됩니다. 최적해에 대응하는 녹색 점선을 초평면으로 두 점을 투영했을 때 더 이상 선형 분리가 가능하지 않게 됩니다.

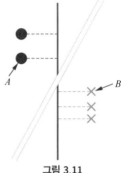

그림 3.11
더욱 최적화된 분류 초평면

우리의 증명은 아직 정밀하지 못합니다. 즉, 우리는 서포트 벡터만 존재하는 상황만을 가정했기 때문에 초평면의 변환 과정에서 서포트 벡터에 변화가 생겨 원래의 서포트 벡터와 비 서포트 벡터에도 변화가 생길 것이라는 우려가 있을 수 있습니다. 그렇다면 SVM의 분류 결과가 서포트 벡터에만 의존한다는 것을 증명해 보겠습니다. SVM 공식 유도에서 KKT 조건은 다음과 같습니다.

$$\nabla_{\omega} L(\omega^*, \beta^*, \alpha^*) = \omega^* - \sum_{i=1}^{N} \alpha_i^* y_i x_i = 0 \tag{3.1}$$

$$\nabla_{\beta} L(\omega^*, \beta^*, \alpha^*) = -\sum_{i=1}^{N} \alpha_i^* y_i = 0 \tag{3.2}$$

$$\alpha_i^* g_i(\omega^*) = 0, \quad i = 1, ..., N \tag{3.3}$$

$$g_i(\omega^*) \leqslant 0, \, i = 1, ..., N \tag{3.4}$$

$$\alpha_i^* \geqslant 0, \quad i = 1, ..., N \tag{3.5}$$

식 3.3과 3.4의 조건을 결합하면, $g_i(\omega^*) < 0$일 때 $\alpha_i^* = 0$이 됨을 쉽게 알 수 있습니다. 이 결과를 라그랑주 쌍대 최적화 문제의 공식과 비교하면 다음과 같이 됩니다.

★　[옮긴이] 수학에서는 흔히 간접적 증명이라고도 부르며, 어떤 명제가 거짓이라고 가정한 후에 모순을 이끌어 내어 가정이 거짓임, 즉 처음의 명제가 참임을 증명하는 방법입니다.

$$L(\omega^*, \alpha^*, \beta^*) = \frac{1}{2}\omega^{*2} + \sum_{i=1}^{N} \alpha_i^* g_i(\omega^*) \qquad (3.6)$$

여기서 다시 다음이 됩니다.

$$g_i(\omega^*) = -y_i(\omega^* \cdot x_i + \beta^*) + 1 \qquad (3.7)$$

여기서 서포트 벡터 외의 다른 계수들은 모두 0이 됨을 발견할 수 있습니다. 따라서 SVM의 분류 결과는 사용하는 서포트 벡터의 분류 결과와 일치한다는 것을 알 수 있고, 이는 SVM의 분류 결과가 서포트 벡터에만 의존한다는 것을 설명합니다. 이것이 바로 SVM이 극도로 높은 효율을 자랑하는 중요한 이유 중 하나입니다. 우리는 임의의 선형분리 가능한 두 점에 대해 그들의 SVM 분류의 초평면상의 투영은 모두 선형분리 불가능하다는 것을 증명했습니다.

사실, 이 문제는 컨벡스 이론 중에 초평면 분리 정리Separating Hyperplane Theorem, SHT를 통해 더 유연하게 해결할 수 있습니다. 초평면 분리 정리는 교차하지 않는 두 컨벡스 세트에 대해 두 컨벡스 세트를 분리하는 하나의 초평면이 존재한다는 내용입니다. 2차원 상황에서는 두 컨벡스 세트 사이에 거리가 가장 짧은 두 점의 연결선의 수직선이 바로 이들을 분리하는 초평면이 됩니다.

먼저, 우리는 해당 정리를 빌려와 선형분리 가능한 두 점에 대해 각자의 컨벡스 헐convex hull을 구해 보겠습니다. SVM으로 구한 초평면이 바로 두 컨벡스 헐에서 거리가 가장 짧은 두 점의 연결선의 수직선이 되는 것을 쉽게 알 수 있습니다. 즉, 2차원 상황에서 묘사된 분리 초평면입니다. 컨벡스 헐의 성질은 비교적 쉽게 알 수 있는데, 컨벡스 헐의 점은 샘플 포인트이거나 두 샘플 포인트의 연결선상에 존재합니다. 따라서 두 컨벡스 헐 사이의 최단 거리에 있는 두 점은 세 가지 상황으로 분리해서 생각할 수 있습니다.

❶ 그림 3.12(a)처럼 두 점이 모두 샘플 포인트일 경우

❷ 그림 3.12(b)처럼 양 변의 점이 모두 샘플 포인트의 연결선상에 놓인 경우

❸ 그림 3.12(c)처럼 한쪽의 점은 샘플 포인트이고 다른 한쪽의 점은 샘플 포인트의 연결선상에 놓인 경우

기하학적으로 분석한다면 어떤 상황에서든 두 점의 투영은 모두 선형분리 가능할 수 없습니다.

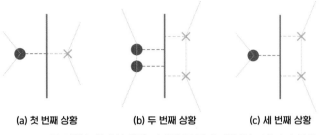

(a) 첫 번째 상황　　**(b) 두 번째 상황**　　**(c) 세 번째 상황**

그림 3.12 두 컨벡스 헐에서 최단 거리의 두 점에 대응하는 세 가지 상황

여기까지 우리는 SVM의 공식 유도와 컨벡스 이론이라는 두 가지 관점에서 문제를 살펴보았습니다. 사실, 머신러닝에서는 이렇게 겉으로 보기에는 별것 아닌 것 같지만, 깊게 파다 보면 이해하기 힘든 결론에 도달하는 경우가 많습니다. 어떤 사소한 문제를 만나더라도 우리는 수학적 원리에서 출발하여 세밀하고 인내심 있게 추론하는 자세가 필요합니다. 특히, 쉬워 보이는 결론에도 합리적인 의심을 가졌을 때 계속해서 머신러닝이라는 높은 산을 오를 수 있을 것입니다.

SVM 훈련오차를 0이 되도록 만드는 파라미터 세트가 존재할까요?

난이도 ★★★

가우스 커널($K(x,z) = e^{-\|x-z\|^2/\gamma^2}$)을 사용하여 훈련된 SVM에 만약 훈련 세트에서 두 개의 점이 동일한 위치에 있지 않을 경우, 파라미터 세트 $\{\alpha_1, ..., \alpha_m, b\}$와 파라미터 γ가 해당 SVM의 훈련오차를 0으로 만든다는 것을 증명하세요.

분석·해답

SVM의 원리에 기반해 우리는 SVM의 예측 공식을 다음과 같이 쓸 수 있습니다.

$$f(x) = \sum_{i=1}^{m} \alpha_i y^{(i)} K(x^{(i)}, x) + b \tag{3.8}$$

여기서 $\{(x^{(1)}, y^{(1)}), \ldots, (x^{(m)}, y^{(m)})\}$은 훈련 샘플이고, $\{\alpha_1, \ldots, \alpha_m, b\}$와 가우스 커널 파라미터 γ는 훈련 샘플의 파라미터입니다. 동일한 위치에 있는 두 점이 존재하지 않기 때문에 임의의 $i \neq j$에 대해 $\|x^{(i)} - x^{(j)}\| \geqslant \varepsilon$이 성립됩니다. 우리는 임의의 i에 대해 $\alpha_i = 1$과 $b = 0$을 고정시키고 파라미터 γ만 남긴다면 다음 식을 얻습니다.

$$
\begin{aligned}
f(x) &= \sum_{i=1}^{m} \alpha_i y^{(i)} K(x^{(i)}, x) + b \\
&= \sum_{i=1}^{m} y^{(i)} K(x^{(i)}, x) \\
&= \sum_{i=1}^{m} y^{(i)} e^{-\|x - x^{(i)}\|^2 / \gamma^2}
\end{aligned}
\tag{3.9}
$$

임의의 $x^{(j)}$를 식 3.9에 대입하면 다음과 같이 전개할 수 있습니다.

$$
f(x^{(j)}) = \sum_{i=1}^{m} y^{(i)} e^{-\|x^{(j)} - x^{(i)}\|^2 / \gamma^2}
\tag{3.10}
$$

$$
f(x^{(j)}) - y^{(j)} = \sum_{i=1, i \neq j}^{m} y^{(i)} e^{-\|x^{(j)} - x^{(i)}\|^2 / \gamma^2}
\tag{3.11}
$$

$$
\| f(x^{(j)}) - y^{(j)} \| \leqslant \sum_{i=1, i \neq j}^{m} e^{-\|x^{(j)} - x^{(i)}\|^2 / \gamma^2}
\tag{3.12}
$$

문제에 의해 $\|x^{(i)} - x^{(j)}\| \geqslant \varepsilon$이 되고, $\gamma = \varepsilon / \sqrt{\log m}$을 취하면 식 3.12는 다음과 같이 다시 작성됩니다.

$$
\begin{aligned}
\| f(x^{(j)}) - y^{(j)} \| &\leqslant \left\| \sum_{i=1, i \neq j}^{m} e^{-\|x^{(j)} - x^{(i)}\|^2 / \gamma^2} \right\| \\
&\leqslant \left\| \sum_{i=1, i \neq j}^{m} e^{-\log m} \right\| = \frac{m-1}{m} < 1
\end{aligned}
\tag{3.13}
$$

따라서 임의의 $x^{(j)}$에 대해 예측 결과 $f(x^{(j)})$와 샘플의 실제 레이블 $y^{(j)}$의 거리는 1보다 작게 됩니다. $y^{(j)} \in \{1, -1\}$이고 훈련 샘플이 양성일 때(즉, $y^{(j)} = 1$일 때) 예측 결과는 $f(x^{(j)}) > 0$이 되고 샘플은 양성으로 예측됩니다. 반대로, 훈련 샘플이 음성일 때(즉, $y^{(j)} = -1$일 때) 예측 결과는 $f(x^{(j)}) > 0$이고 샘플은 음성으로 예측됩니다. 따라서 모든 샘플의 클래스는 정확하게 예측되고 훈련오차는 0이 됩니다.

훈련오차가 0인 SVM 분류기는 반드시 존재할까요?

난이도 ★★★★

2번 문제를 통해 SVM의 훈련오차를 0으로 만드는 파라미터 세트 $\{\alpha_1, ..., \alpha_m, b\}$ 와 가우스 커널 파라미터 γ를 찾았지만, 이 파라미터들이 SVM 조건의 한 가지 해를 반드시 만족시키지 않을 수도 있습니다. 실제 훈련에서 여유 변수slack variable를 추가하지 않은 SVM 모델일 때 얻은 SVM 분류기가 훈련오차를 0으로 만들 수 있는지 보장할 수 있을까요?

분석·해답

2번 문제를 통해 SVM의 훈련오차를 0으로 만드는 파라미터 세트를 찾았습니다. 이번 문제의 목적은 훈련오차를 0으로 만족시키면서 SVM 모델의 하나의 해가 되는 파라미터를 찾는 것입니다.

SVM 모델의 해의 제한 조건 $y^{(j)}f(x^{(j)}) \geq 1$을 생각해 봅시다. 우리는 이미 $y^{(j)} = 1$일 때 $f(x^{(j)}) > 0$이고, $y^{(j)} = -1$일 때 $f(x^{(j)}) < 0$인 파라미터 세트를 찾았습니다. 따라서 $y^{(j)} \cdot f(x^{(j)}) > 0$이 됩니다. 지금은 더 강한 조건을 만족시키는 파라미터 세트를 찾아야 합니다. 즉, $y^{(j)} \cdot f(x^{(j)}) \geq 1$을 만족시켜야 합니다.

$b = 0$을 고정하고, 예측 공식 $f(x) = \sum_{i=1}^{m}\alpha_i y^{(i)} K(x^{(i)}, x)$를 따라 $y^{(j)}f(x^{(j)})$을 전개하면 다음을 얻습니다.

$$
\begin{aligned}
y^{(j)}f(x^{(j)}) &= y^{(j)}\sum_{i=1}^{m}\alpha_i y^{(i)} K(x^{(i)}, x^{(j)}) \\
&= \alpha_j y^{(j)} y^{(j)} K(x^{(j)}, x^{(j)}) + \sum_{i=1, i \neq j}^{m}\alpha_i y^{(i)} y^{(j)} K(x^{(i)}, x^{(j)}) \\
&= \alpha_j + \sum_{i=1, i \neq j}^{m}\alpha_i y^{(i)} y^{(j)} K(x^{(i)}, x^{(j)}).
\end{aligned}
\tag{3.14}
$$

식 3.14를 잘 살펴보면 각 α_j를 최댓값으로 선택하는 동시에 아주 작은 γ를 취해 커널 항인 $K(x^{(i)}, x^{(j)})$를 최소화할 수 있습니다. 따라서 α_j는 위 식에서 절대적으로 주도적인 위치를 차지하게 됩니다. 이를 통해 임의의 j에 대해 $y^{(j)}f(x^{(j)}) > 1$임을 보장할 수 있기 때문에 SVM 해의 조건을 만족시킵니다. 따라서 SVM 최적해 역시 위에서 기술한 조건을 만족시키고, 동시에 모델의 분류오차는 반드시 0이 됩니다.

질문 4 여유 변수를 추가한 SVM의 훈련오차는 0이 될 수 있나요?

난이도 ★★★

실무에서 만약 SMO 알고리즘을 사용하여 여유 변수를 추가한 선형 SVM 모델을 훈련시키고 패널티 요소 C를 임의의 미지 상수unknown constant라고 한다면, 훈련오차가 0인 모델을 얻을 수 있을까요?

분석·해답

SMO 알고리즘을 사용하여 훈련한 선형분류기가 반드시 훈련오차가 0인 모델을 얻는 것은 아닙니다. 이는 우리의 최적화 목표가 변하여 더 이상 훈련오차를 최소화하는 것이 목표가 아니기 때문입니다. 여유 변수를 가진 SVM 모델의 최적화 목적함수는 $C\sum_{i=1}^{m}\xi_i$와 $\frac{1}{2}\|w\|^2$라는 두 가지 항을 갖고 있습니다. 파라미터 C가 비교적 작은 값일 경우 정규화 항이 최적화의 대부분의 비중을 차지하게 됩니다. 이렇게 된다면 훈련오차가 있지만 파라미터가 비교적 작은 것이 더 최적화된 결과가 됩니다. 하나의 간단한 상황은 C가 0이고 w 역시 0일 경우 최적화 목표에 도달할 수 있지만, 훈련오차가 반드시 0이 되지는 않을 것입니다.

잠시 쉬어가기...

SVM의 창시자 블라디미르 배프닉과 그의 유명 동료들

옛말에 끼리끼리 어울린다는 말이 있습니다. 좋은 뜻으로 사용되진 않지만, 머신러닝 분야에 기라성 같은 인물들이 한 연구소 출신이라는 것은 흥미로운 일입니다. 1995년 통계학자 블라디미르 배프닉Vladimir Vapnik과 그의 동료들이 SVM 이론을 만들었을 때, 그가 일하던 벨 연구소에는 머신러닝 분야에 전설적인 인물들이 함께 일했습니다. '인공지능의 삼두마차'라고 불리는 인물 중 두 명인 얀 르쿤Yann LeCun과 요슈아 벤지오Yoshua Bengio, 그리고 확률적 경사하강법의 창시자인 레옹 보투Léon Bottou

가 있었습니다. 이 인물들은 머신러닝뿐만 아니라 최근 뜨거운 관심을 받고 있는 딥러닝 영역에서도 자주 언급되는 인물들입니다. 그 외에 SVM의 창시자인 배프닉의 일대기를 살짝 살펴보면, 매우 파란만장했다는 것을 알 수 있습니다.

> 1936년, 소련에서 태어남
>
> 1958년, 우즈벡 주립대학교 석사 학위 취득
>
> 1964년, 모스크바 제어과학 연구소에서 박사 학위를 받음. 졸업 후 1990년까지 학교에서 재직
>
> 1995년, 런던대학교 컴퓨터 및 통계학 교수로 임용
>
> 1991년~2001년, AT&T 벨 연구소에서 일함. 동료들과 함께 SVM 이론을 발표
>
> 2002년, 뉴저지주 프린스턴의 NEC 연구실에서 일하며 콜럼비아대학교 교수직을 맡음
>
> 2006년, 미국 국가공학한림원 원사가 됨
>
> 2014년, 페이스북 인공지능 연구소에 합류

로지스틱 회귀

CHAPTER 3
2

상황 설명

로지스틱 회귀Logistic Regression는 머신러닝 영역에서 가장 기초적이고 가장 자주 사용하는 모델입니다. 로지스틱 회귀에 대한 지식과 응용은 데이터 과학자가 반드시 숙지해야 할 내용입니다. 병리학적 진단, 은행의 개인 신용평가, 스팸메일 분류 등 로지스틱 회귀는 광범위한 분야에 사용되고 있습니다. 이번 절에서는 로지스틱 회귀모델의 원리에서 출발하여 확장 및 응용까지 다루겠습니다.

키워드 **로지스틱 회귀**Logistic Regression / **선형회귀**Linear Regression / **다중분류**Multilabel Classification / **소프트맥스**Softmax

질문 1 선형회귀와 비교했을 때 로지스틱 회귀의 다른 점은 무엇이 있을까요?

난이도 ★★

분석·해답

로지스틱 회귀라는 이름만 들었을 때는 수학에서의 선형회귀와 비슷하리라 생각하겠지만 본질은 매우 다릅니다.

먼저, 로지스틱 회귀는 주로 분류 문제에 사용되지 회귀 문제를 처리하는 데 사용되지 않습니다. 반면, 선형회귀는 회귀 문제를 처리하는 데 사용되는데, 이것이 두 알고리즘의 본질적인 차이입니다. 로지스틱 회귀에서 종속변수가 취하는 값은 이원분포를 따르고, 모델은 학습하여 $E[y|x;\theta]$을 얻습니다. 즉, 독립변수와 하이퍼파라미터가 주어졌을 때 종속변수의 기댓값을 얻고, 해당 기댓값에 기반하여 분류 문제를 예측합니다. 반면 선형회귀는 $y' = \theta^T x$의 해를 구하는 데 목적이 있고, 이는 우리가 가정하고 있는 실제 관계 $y = \theta^T x + \epsilon$의 근사입니다. 여기서 ϵ는 오차항이고, 우리는 이 근사항을 사용하여 회귀 문제를 풉니다.

분류와 회귀는 머신러닝의 전혀 다른 두 가지 문제입니다. 분류 알고리즘에 속하는 로지스틱 회귀는 역사적인 이유로 이런 이름을 얻게 되었습니다. 이 알고리즘은 통계학자 데이비드 콕스David Cox가 1958년에 쓴 논문 〈이진 수열 중의 회귀분석The regression analysis of binary sequences〉에서 가장 먼저 언급되었습니다. 회귀와 분류에 대한 당시 사람들의 정의는 오늘날과 조금 다른데, 단지 '회귀'라는 이름이 계속해서 사용되어 왔습니다. 로지스틱 회귀 공식을 정리해 보면 다음의 $\log \frac{p}{1-p} = \theta^\mathsf{T} x$를 얻을 수 있는데, 여기서 $p = P(y = 1 \mid x)$는 입력 x가 주어졌을 때 양성 클래스로 예측할 확률을 나타냅니다. 만약 한 사건의 오즈odds를 해당 사건이 발생할 확률과 해당 사건이 발생하지 않을 확률의 비율 $\frac{p}{1-p}$이라고 한다면, 로지스틱 회귀는 '$y = 1 \mid x$'에 대한 이 사건의 로그오즈log odds의 선형회귀입니다. 따라서 '로지스틱 회귀'라는 이름이 계속해서 사용되어 왔습니다.

로지스틱 회귀에 대한 논의에서 우리는 y가 $\frac{p}{1-p}$가 아닌 종속변수라고 간주했는데, 이는 로지스틱 회귀와 선형회귀의 가장 큰 차이를 볼 수 있게 해줍니다. 즉, 로지스틱 회귀에서 종속변수는 이산형이고, 선형회귀에서의 종속변수는 연속형입니다. 그리고 독립변수 x와 하이퍼파라미터 θ가 주어진 상황에서 로지스틱 회귀는 종속변수 y가 이원분포를 따르는 일반화 선형모델Generalized Linear Model의 특수한 경우라고 볼 수 있습니다. 반대로, 최소제곱법을 사용하여 선형회귀의 해를 구할 때, 우리는 독립변수 y가 정규분포를 따른다고 가정합니다.

로지스틱 회귀와 선형회귀 사이에 같은 점이 없진 않습니다. 먼저, 두 알고리즘 모두 최대우도 추정을 사용하여 훈련 세트에 대해 모델링을 합니다. 선형회귀는 최소제곱법을 사용하는데, 독립변수 x와 하이퍼파라미터 θ가 주어졌을 때 종속변수 t가 정규분포를 따른다는 가정하에 최대우도 추정을 사용하여 수식을 간단히 합니다. 로지스틱 회귀는 우도함수 $L(\theta) = \prod_{i=1}^{N} P(y_i \mid x_i; \theta) = \prod_{i=1}^{N} (\pi(x_i))^{y_i} (1 - \pi(x_i))^{1-y_i}$를 학습하여 최적의 파라미터 θ를 얻습니다. 그 외에 두 알고리즘 모두 하이퍼파라미터를 구하는 과정에서 경사하강법을 사용할 수 있는데, 이는 대부분의 지도학습법에서 자주 보이는 공통점입니다.

질문 2 로지스틱 회귀를 사용하여 다중분류 문제를 해결할 때 자주 사용되는 방법은 어떤 것이 있을까요? 각각은 어떤 상황에서 쓰이고, 어떤 관계를 맺고 있을까요? 난이도 ★★★

분석·해답

어떤 방법을 사용하여 다중분류 문제를 해결할 것인지는 구체적인 문제의 정의에 따라야 합니다. 먼저, 만약 하나의 샘플이 하나의 레이블에 대응한다면, 우리는 각 샘플이 서로 다른 레이블에 속할 확률이 기하분포를 따른다고 가정할 수 있고, 소프트맥스 회귀softmax regression를 사용하여 분류를 진행할 수 있습니다.

$$h_\theta(x) = \begin{bmatrix} p(y=1 \mid x; \theta) \\ p(y=2 \mid x; \theta) \\ \vdots \\ p(y=k \mid x; \theta) \end{bmatrix} = \frac{1}{\sum_{j=1}^{k} e^{\theta_j^T x}} \begin{bmatrix} e^{\theta_1^T x} \\ e^{\theta_2^T x} \\ \vdots \\ e^{\theta_k^T x} \end{bmatrix} \tag{3.15}$$

여기서 $\theta_1, \theta_2, ..., \theta_k \in \mathbb{R}^n$은 모델의 파라미터이고, $\dfrac{1}{\sum_{j=1}^{k} e^{\theta_j^T x}}$은 확률의 정규화로 볼 수 있습니다. 논의를 간단하게 하기 위해 $\{\theta_1, \theta_2, ..., \theta_k\}$이 k개 열의 벡터를 순서대로 $n \times k$차원의 행렬로 만들고 θ로 표기하여 모든 파라미터 세트를 나타냅니다. 일반적으로, 소프트맥스 회귀는 장애모수nuisance parameter가 있다는 특징이 있는데, 즉 $\theta_1, \theta_2, ..., \theta_k$에 동시에 하나의 벡터를 더하고 빼더라도 예측 결과가 변하지 않습니다. 특히, 클래스 수가 2일 때 다음이 됩니다.

$$h_\theta(x) = \frac{1}{e^{\theta_1^T x} + e^{\theta_2^T x}} \begin{bmatrix} e^{\theta_1^T x} \\ e^{\theta_2^T x} \end{bmatrix} \tag{3.16}$$

장애모수의 특성을 이용하여 우리는 모든 파라미터에서 θ_1을 뺄 수 있고, 식 3.16은 다음과 같이 바뀝니다.

$$h_\theta(x) = \frac{1}{e^{0 \cdot x} + e^{(\theta_2^T - \theta_1^T)x}} \begin{bmatrix} e^{0 \cdot x} \\ e^{(\theta_2^T - \theta_1^T)x} \end{bmatrix}$$

$$= \begin{bmatrix} \dfrac{1}{1 + e^{\theta^T x}} \\ 1 - \dfrac{1}{1 + e^{\theta^T x}} \end{bmatrix} \tag{3.17}$$

여기서 $\theta = \theta_2 - \theta_1$입니다. 정리 이후의 식은 로지스틱 회귀와 일치합니다. 따라서 소프트맥스 회귀는 사실상 이진분류 로지스틱 회귀의 다중분류에서의 확장이라고 할 수 있습니다.

존재하는 샘플이 여러 개의 레이블에 속하는 상황에서, 우리는 k개의 이진분류 로지스틱 회귀 분류기를 훈련할 수 있습니다. i번째 분류기는 각 샘플이 i번째 클래스에 속할 것인지를 구별하는 데 사용됩니다. 해당 분류기를 훈련할 때 레이블은 'i번째 레이블'과 '비 i번째 레이블' 두 클래스로 다시 정리해야 합니다. 이러한 방법을 통해 각 샘플이 여러 개의 레이블을 가지는 상황까지 해결할 수 있습니다.

의사결정 트리

상황 설명

시간: 오전 8시, 장소: 집

> "딸, 괜찮은 남자가 있는데 한번 만나 볼래?"
>
> "몇 살인데?" "26살"
>
> "잘 생겼어?" "괜찮아. 아주 잘생기진 않았어."
>
> "돈은 잘 벌어?" "평균보다는 높다는데."
>
> "코딩은 할 줄 알아?" "응. 프로그래머라고 하더라고."
>
> "그래, 연락처 줘봐. 시간 되면 한번 만나 볼게."

이는 결혼 적령기에 자식이 있는 집이라면 흔히 할 법한 대화인데, 위 대화 과정이 전통적인 의사결정 트리 분류에 해당합니다. 그림 3.13에 나오는 것처럼 나이, 외모, 연봉 등 속성으로 남자를 만나볼 것인지 안 만날 것인지에 대한 의사결정을 합니다.

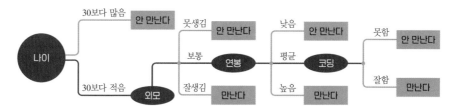

그림 3.13 소개팅 진행 여부에 대한 의사결정 과정

의사결정 트리는 하향식으로 샘플 데이터에 대해 트리 형태의 분류를 진행하며, 노드와 방향성 경계선directed edge으로 구성됩니다. 노드는 내부 노드internal node와 잎 노드leaf node로 나눌 수 있으며, 각 내부 노드는 하나의 특징 혹은 속성을 나타냅니다. 그리고 잎 노드는 클래스를 나타냅니다. 가장 위쪽에 위치한 근 노드root node, 뿌리 노드를 시작으로 모든 샘플을 서로 다른 자식 노드로 분류합니다. 그리고 자식 노드의 특징에 기반하여 계속해서 분할을 진행하고, 분할은 모든 샘플이 어떠한 하나의 클래스(즉, 잎 노드)에 분류될 때까지 진행됩니다.

의사결정 트리는 가장 기초적이고 자주 보이는 지도학습 모델로서 분류 문제와 회귀 문제에서 두루 사용됩니다. 특히, 마케팅과 생물의약 영역에서 자주 사용되는데, 그 이유는 트리 형태의 구조가 마케팅, 질병 진단 상황에서의 의사결정 과정과 매우 유사하기 때문입니다. 의사결정 트리를 앙상블 학습에 응용하고자 하는 아이디어는 랜덤 포레스트random forest와 그래디언트 부스팅 의사결정 트리gradient boosting decision tree 등과 같은 모델을 탄생시켰습니다. 이 모델들에 대한 자세한 내용은 12장에서 소개하겠습니다. 완전히 자란 의사결정 트리 모델은 간단하며, 직관적이고, 설명 가능성interpretability이 뛰어나다는 특징이 있습니다. 그리고 이후에 배울 앙상블 학습의 기초가 되기 때문에 면접 전에 준비를 확실히 하기 바랍니다.

일반적으로 의사결정 트리의 생성 과정은 특징 선택, 트리 구조, 가지치기 등의 세 가지 과정을 포함합니다. 이번 절의 첫 번째 문제에서는 자주 사용하는 의사결정 트리를 비교하고, 두 번째 문제에서는 의사결정 트리에서 사용되는 가지치기 방법에 대해 알아보겠습니다.

키워드 정보 이론Information Theory / 트리 형태의 데이터 구조Tree-based data structure / 최적화 이론Optimization

 질문
1 의사결정 트리에서 사용하는 휴리스틱 함수에는 어떤 것들이 있나요?

난이도 ★★

의사결정 트리의 목적은 데이터 세트에서 서로 다른 특징과 속성에 기반해 트리 형태의 분류 구조를 만드는 것입니다. 우리는 해당 모델이 훈련 데이터에 적합되어 좋은 분류 효과를 내는 동시에 복잡도를 제어하여 모델이 일반화 능력을 갖기를 바랍니다. 한 가지 특정한 문제에 대하여 의사결정 트리는 다양한 선택을 할 수 있는데, 예를 들면 맞선 주선 예제에서 '코딩 능력'을 근 노드에 놓고 생각을 했다면, 그림 3.14와 같은 아주 간단한 트리 구조가 만들어질 것입니다.

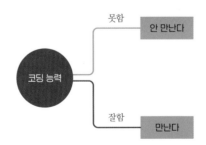

그림 3.14 코딩 능력을 근 노드 속성으로 하는 결정 과정

여러 개의 의사결정 트리 중에서 최적의 트리를 찾는 것은 NP 하드 문제입니다. 실무에서 우리는 휴리스틱heuristic 학습 방법을 이용해 휴리스틱 조건을 만족하는 의사결정 트리를 찾습니다.

자주 사용하는 의사결정 트리 알고리즘에는 ID3, C4.5, CART 등이 있는데, 이들이 사용하는 휴리스틱 함수는 각각 무엇일까요? 그리고 이들 사이에는 어떤 차이점과 연관성이 있을까요?

분석·해답

먼저, 이 의사결정 트리 알고리즘들에서 사용되는 트리 구성에 관한 규칙을 복습해 봅시다.

● ID3 – 최대 정보 이득

샘플 집합 D에 대해 클래스 수가 K인 데이터 세트 D의 경험 엔트로피empirical entropy는 다음과 같이 나타낼 수 있습니다.

$$H(D) = -\sum_{k=1}^{K} \frac{|C_k|}{|D|} \log_2 \frac{|C_k|}{|D|} \tag{3.18}$$

여기서 C_k는 샘플 집합 D에서 k번째 부분 집합을 뜻하고, $|C_k|$는 해당 부분 집합 원소의 개수를 뜻합니다. 그리고 $|D|$는 샘플 집합의 원소 개수를 나타냅니다.

그런 다음, 샘플 집합 D에 대한 어떤 특징 A의 경험조건 엔트로피 $H(D|A)$를 계산하면 다음 식이 됩니다.

$$H(D \mid A) = \sum_{i=1}^{n} \frac{|D_i|}{|D|} H(D_i) = \sum_{i=1}^{n} \frac{|D_i|}{|D|} \left(-\sum_{k=1}^{k} \frac{|D_{ik}|}{|D_i|} \log_2 \frac{|D_{ik}|}{|D_i|} \right) \tag{3.19}$$

여기서 D_i는 D 중 특징 A가 i번째 값을 취하는 부분 샘플 집합을 나타내고, D_{ik}는 D_i 중에서 k 클래스에 속하는 부분 샘플 집합을 나타냅니다. 따라서 정보 이득information gain $g(D, A)$는 양자 사이의 차이로 나타낼 수 있고, 다음을 얻을 수 있습니다.

$$g(D, A) = H(D) - H(D \mid A) \tag{3.20}$$

이러한 정의들은 마치 발음하기 어려운 문장을 말하는 잰말놀이처럼 들릴 수 있기 때문에 간단한 예를 통해 계산 과정을 설명해 보겠습니다. 앞선 예제의 여자분께 총 5명의 소개팅 후보자가 있다고 가정해 봅시다. 그리고 나이는 두 가지 속성('많음', '적음'), 외모는 세 가지 속성('잘생김', '보통', '못생김'), 연봉은 세 가지 속성('높음', '평균', '낮음'), 코딩 능력은 두 가지 속성('잘함', '못함'), 그리고 최종 분류 결과는 두 가지('수락', '거절')가 있다고 가정합니다. 이들에 대한 여성의 주관적인 의견은 표 3.1과 같습니다.

표 3.1 다섯 후보자의 속성과 이들에 대한 여성의 의견

	나이	외모	연봉	코딩 능력	분류 레이블
A군	많음	잘생김	높음	못함	거절
B군	적음	보통	평균	잘함	수락
C군	적음	못생김	높음	못함	거절
D군	적음	보통	높음	잘함	수락
L군	적음	보통	낮음	못함	거절

이 문제 중에서 H(D)는 다음과 같습니다.

$$H(D) = -\frac{3}{5}\log_2 \frac{3}{5} - \frac{2}{5}\log_2 \frac{2}{5} = 0.971$$

식 3.19에 기반해 각 4개 분기 노드의 정보 엔트로피를 다음과 같이 계산할 수 있습니다.

$$H(D\,|\,\text{나이}) = \frac{1}{5}H(\text{많음}) + \frac{4}{5}H(\text{적음})$$

$$= \frac{1}{5}(-0) + \frac{4}{5}\left(-\frac{2}{4}\log_2 \frac{2}{4} - \frac{2}{4}\log_2 \frac{2}{4}\right) = 0.8$$

$$H(D\,|\,\text{외모}) = \frac{1}{5}H(\text{잘생김}) + \frac{3}{5}H(\text{보통}) + \frac{1}{5}H(\text{못생김})$$

$$= 0 + \frac{3}{5}\left(-\frac{2}{3}\log_2 \frac{2}{3} - \frac{1}{3}\log_2 \frac{1}{3}\right) + 0 = 0.551$$

$$H(D \mid 연봉) = \frac{3}{5}H(높음) + \frac{1}{5}H(평균) + \frac{1}{5}H(낮음)$$

$$= \frac{3}{5}\left(-\frac{2}{3}\log_2\frac{2}{3} - \frac{1}{3}\log_2\frac{1}{3}\right) + 0 + 0 = 0.551$$

$$H(D \mid 코딩\ 능력) = \frac{3}{5}H(못함) + \frac{2}{5}H(잘함)$$

$$= \frac{3}{5}(0) + \frac{2}{5}(0) = 0$$

따라서 식 3.20에 기반해 각 특징의 정보 이득을 계산하면 다음과 같습니다.

$$g(D, 나이) = 0.171,\ g(D, 외모) = 0.42$$
$$g(D, 연봉) = 0.42,\ \ g(D, 코딩\ 능력) = 0.971$$

여기서 '코딩 능력'의 정보 이득이 가장 크다는 것을 쉽게 알 수 있습니다. 만약 모든 샘플이 해당 특징에 기반하여 분할된다면, 직접적으로 잎 노드('수락' 혹은 '거절')로 분할되어 한 번에 의사결정 트리를 생성할 수 있습니다. 하지만 실무에서 이렇게 하나의 특징만을 가지고 구조를 완성하는 경우는 잘 없고, 경험 엔트로피가 0이 아닌 클래스에서 계속해서 생성해 나가야 합니다.

● C4.5 – 최대 정보 이득비

데이터 세트 D에 대한 특징 A의 정보 이득비information gain ratio는 다음과 같이 정의됩니다.

$$g_R(D, A) = \frac{g(D, A)}{H_A(D)} \tag{3.21}$$

여기서 식 3.22는 데이터 세트 D의 A에 관한 엔트로피 값입니다.

$$H_A(D) = -\sum_{i=1}^{n} \frac{|D_i|}{|D|} \log_2 \frac{|D_i|}{|D|} \tag{3.22}$$

식 3.22는 데이터 세트 D의 A에 관한 엔트로피 값입니다. 상기 문제에 대해 식 3.22에 기반해 데이터 세트의 각 특징의 대한 엔트로피 값을 구할 수 있습니다.

$$H_{\text{외모}}(D) = -\frac{1}{5}\log_2\frac{1}{5} - \frac{3}{5}\log_2\frac{3}{5} - \frac{1}{5}\log_2\frac{1}{5} = 1.371$$

$$H_{\text{나이}}(D) = -\frac{1}{5}\log_2\frac{1}{5} - \frac{4}{5}\log_2\frac{4}{5} = 0.722$$

$$H_{\text{연봉}}(D) = -\frac{3}{5}\log_2\frac{3}{5} - \frac{1}{5}\log_2\frac{1}{5} - \frac{1}{5}\log_2\frac{1}{5} = 1.371$$

$$H_{\text{코딩 능력}}(D) = -\frac{3}{5}\log_2\frac{3}{5} - \frac{2}{5}\log_2\frac{2}{5} = 0.971$$

따라서 식 3.21에 기반해 각 특징의 정보 이득비를 계산하면 다음과 같습니다.

$$g_R(D, \text{나이}) = 0.236, \ g_R(D, \text{외모}) = 0.402$$
$$g_R(D, \text{연봉}) = 0.402, \ g_R(D, \text{코딩 능력}) = 1$$

정보 이득비가 가장 큰 특징은 여전히 '코딩 능력'입니다. 하지만 정보 이득비를 사용했을 때, 특징 '나이'에 대응하는 지표는 상승하였고, 반면 특징 '외모'와 '연봉'은 하락했습니다.

● CART – 최대 지니 계수

지니Gini는 데이터의 순도를 나타냅니다. 정보 엔트로피의 함의와 비슷한데, 다음과 같이 정의됩니다.

$$\text{Gini}(D) = 1 - \sum_{k=1}^{n}\left(\frac{|C_k|}{|D|}\right)^2 \tag{3.23}$$

CART는 매 회 반복마다 지니 계수가 가장 작은 특징과 그에 대응하는 최적의 분리점segmentation point을 선택하여 분류를 진행합니다. ID3나 C4.5와 다른 점은 CART는 한 그루의 이진 트리binary tree라는 사실입니다. CART는 이진 분할 방법을 사용하고, 단계마다 데이터를 특징 A의 값에 따라 둘로 나누어 각각을 좌우 하위 트리sub-tree로 보냅니다. 특징 A의 지니 계수는 다음과 같이 정의할 수 있습니다.

$$\text{Gini}(D \mid A) = \sum_{i=1}^{n}\frac{|D_i|}{|D|}\text{Gini}(D_i) \tag{3.24}$$

같은 예제를 사용하여 CART 분류 규칙을 사용하면, 식 3.24에 기반하여 각 특징의 지니 계수를 계산할 수 있습니다.

$$\text{Gini}(D|\text{나이} = \text{많음}) = 0.4 \qquad \text{Gini}(D|\text{나이} = \text{적음}) = 0.4$$

$$\text{Gini}(D|\text{외모} = \text{잘생김}) = 0.4 \qquad \text{Gini}(D|\text{외모} = \text{못생김}) = 0.4$$

$$\text{Gini}(D|\text{코딩 능력} = \text{잘함}) = 0 \qquad \text{Gini}(D|\text{코딩 능력} = \text{못함}) = 0$$

$$\text{Gini}(D|\text{연봉} = \text{높음}) = 0.47 \qquad \text{Gini}(D|\text{연봉} = \text{중간}) = 0.3$$

$$\text{Gini}(D|\text{연봉} = \text{낮음}) = 0.4$$

'나이', '외모', '연봉', '코딩 능력'의 네 가지 특징 중에서 '코딩 능력'의 지니 계수가 0으로 가장 작은 것을 한눈에 알 수 있습니다. 따라서 특징 '코딩 능력'을 최적의 특징으로 선택하고, '코딩 능력 = 잘함'을 최적의 분리점으로 설정합니다. 이러한 분리 방식을 따라 근 노드에서 두 개의 잎 노드를 바로 생성할 수 있으며, 이때 지니 계수는 0이 되며 의사결정 트리 생성을 완료하게 됩니다.

같은 예제(데이터)를 기반으로 세 가지 의사결정 트리의 생성 원칙을 알아봤습니다. 이들은 서로 비슷하지만 다소 다른 결과를 내놓았는데, 이를 통해 3자 사이의 차이점을 쉽게 분석할 수 있습니다.

먼저, ID3는 정보 이득을 평가 기준으로 채택했는데, '코딩 능력' 외에도 취할 수 있는 값이 많은 특성을 선택하는 경향이 있습니다. 왜냐하면 정보 이득이 반영하는 것은 일정한 조건이 정해진 후 불확실성이 감소하는 정도이기 때문입니다. 특성에 값이 다양하다는 것은 불확실성이 높다는 뜻이고, 조건 엔트로피가 작을수록 정보 이득이 커진다는 것을 뜻합니다. 하지만 실무 중에서는 단점으로 작용하는데, 예를 들어 'DNA'라는 특성을 포함했을 경우, 개인마다 DNA는 모두 다르기 때문에 ID3 알고리즘을 사용한다면 'DNA' 특성의 조건 엔트로피는 0이 됩니다. 하지만 이러한 분류는 일반화 능력이 매우 약합니다. 따라서 C4.5는 ID3에 대해 최적화를 진행한 것인데, 정보 이득비를 사용함으로써 어느 정도는 값이 많은 특성에 대해 패널티를 부여하여 ID3에서처럼 과대적합된 특성이 나타나는 것을 방지하고 의사결정 트리의 일반화 성능을 향상시킵니다.

두 번째로, 샘플 유형의 관점에서 봤을 때 ID3는 이산형 변수밖에 처리하지 못하지만, C4.5와 CART는 연속형 변수까지 처리할 수 있습니다. C4.5가 연속형 변수를 다룰 때, 데이터를 정렬한 후 클래스가 다른 분할선을 분기점으로 설정합니다. 그리고 분기점을 기반으로 연속 속성을 부울Boolean 형태로 변환하여 연속형 변수를 다수의 구간을 가진 이산형 변수로 만듭니다. CART 알고리즘은 트리를 구성하는 과정에서 특성에 대해 이진 분할을 진행하기 때문에 연속형 변수에 직접 사용할 수 있습니다.

마지막으로, 응용적 관점에서 봤을 때 ID3와 C4.5는 분류 문제에만 사용할 수 있지만, CARTClassification and Regression Tree 알고리즘은 이름에서 알 수 있듯이 분류 문제뿐만 아니라 회귀 문제에서도 사용이 가능합니다(회귀 트리에서는 최소제곱오차를 사용합니다).

그 외에도 디테일한 구현 부분, 최적화 과정 등의 관점에서 바라보아도 세 종류의 의사결정 트리는 차이점이 존재합니다. 예를 들어,

❶ ID3는 샘플 특성의 손실값에 민감하지만 C4.5와 CART는 서로 다른 방식으로 손실값에 대한 처리가 가능합니다.

❷ ID3와 C4.5는 각 노드에서 다수의 가지branch를 생성할 수 있고, 각 특성은 층 사이에서 중복되어 활용될 수 없습니다. 반면, CART는 각 노드가 이진 가지만 칠 수 있고, 최종적으로 이진 트리를 얻게 되어 각 특성은 중복 사용이 가능합니다.

❸ ID3와 C4.5는 가지치기를 통해 트리의 정확성과 일반화 능력 사이의 밸런스를 조정할 수 있습니다. 그러나 CART는 모든 데이터를 사용하여 가능한 트리 구조를 모두 만들어 비교를 진행합니다.

이상으로 우리는 구조, 응용, 현실적인 관점에서 세 가지 전통적인 의사결정 트리 모델인 ID3, C4.5, CART를 비교했습니다. 이들의 차이와 연관성을 종합해 보면 매우 간단한 것 같지만, 실제 응용 단계에서는 많은 경험을 바탕으로 유연성 있게 활용하는 방법에 대해 배워야 할 것입니다.

의사결정 트리에 대한 가지치기는 어떻게 진행할까요?

완전히 다 자란 의사결정 트리는 과적합이라는 심각한 문제를 만나게 됩니다. 만일 우리가 정말로 DNA라는 특성을 고려해야 한다면, 개인마다 다른 DNA를 갖고 있기 때문에 완전히 다 자란 의사결정 트리에 대응하는 각 잎 노드는 하나의 샘플만을 갖게 될 것입니다. 이런 현상이 바로 의사결정 트리의 과적합입니다. 이러한 트리를 이용해 예측을 진행한다면 테스트 데이터에서 매우 저조한 효과를 볼 것이고, 따라서 우리는 가지치기를 통해 가지와 잎들을 쳐내고 모델의 일반화 능력을 향상해야 합니다.

일반적으로 의사결정 트리에서 사용하는 가지치기는 두 종류가 있습니다. 바로 사전 가지치기pre-pruning와 사후 가지치기post-pruning입니다. 이 두 방법은 어떻게 실행하는 것일까요? 그리고 각 방법의 장단점은 무엇일까요?

분석·해답

사전 가지치기는 의사결정 트리를 생성하는 과정에서 미리 트리가 자라는 것을 멈추는 것입니다. 반대로, 사후 가지치기는 이미 생성된 의사결정 트리에 대해 가지치기를 해서 간략한 버전의 의사결정 트리를 만듭니다.

● 사전 가지치기

사전 가지치기pre-pruning의 핵심 아이디어는 노드가 확장되기 전에 미리 현재의 분할이 모델의 일반화 성능을 향상시킬 수 있는지를 계산하여, 만일 성능 향상을 가져오지 못한다면 트리를 키우지 않는 것입니다. 이때 하나의 노드에 서로 다른 클래스에 속하는 샘플들이 동시에 존재한다면 다수결 원칙으로 판단하여 해당 노드의 속성을 결정합니다. 사전 가지치기를 통해 '언제 의사결정 트리의 성장을 멈추는가'에 대해서는 다음과 같은 몇 가지 방법이 존재합니다.

❶ 트리가 일정한 깊이에 도달하면 성장을 멈춥니다.

❷ 노드의 샘플 수가 어떤 임곗값보다 작아지면 성장을 멈춥니다.

❸ 매번의 분할이 테스트 세트의 정확도 향상에 미치는 영향을 계산하여 일정한 임곗값보다 작아지면 성장을 멈춥니다.

사전 가지치기 아이디어는 계산이 간단하고 매우 효율적이라는 특징이 있습니다. 따라서 대규모 데이터를 가진 문제에 적용하기 적합합니다. 그러나 의사결정 트리의 성장을 멈추는 방법과 시기 등은 데이터나 문제에 따라 큰 차이를 보이기 때문에 일정한 경험적 판단이 있어야 한다는 단점이 있습니다. 그리고 사전 가지치기*는 과소적합 위험이 존재하는데, 현재의 분할이 검정 데이터에서의 정확도를 저하시킨다 하더라도 계속해서 분할을 진행했을 때 정확성이 높아지는 경우도 배제할 수 없기 때문입니다.

● 사후 가지치기

사후 가지치기post-pruning의 핵심 아이디어는 완전히 자란 의사결정 트리의 가장 하단부터 시작하여 상향식으로 가지치기 여부를 결정하는 것입니다. 가지치기 과정은 하위 트리를 잘라내고 잎 노드를 사용하여 대체하는 것인데, 해당 노드의 클래스는 다수결 원칙으로 판단합니다. 사후 가지치기도 검정 데이터에서의 정확도를 기반으로 판단을 진행할 수 있는데, 만약 가지치기 후에 정확도가 향상된다면 가지치기를 진행합니다. 사전 가지치기와 비교한다면, 사후 가지치기는 일반적으로 더 높은 일반화 성능을 가진 모델을 얻을 수 있다는 장점이 있지만, 동시에 계산 시간이 오래 걸린다는 단점도 있습니다.

자주 사용하는 사후 가지치기 방법에는 Reduced Error Pruning(REP), Pessimistic Error Pruning(PEP), Cost Complexity Pruning(CCP), Minimum Error Pruning(MEP), Critical Value Pruning(CVP), Optimal Pruning(OPP) 등이 있습니다. 이런 가지치기 방법들은 각각 장단점이 있는데, 서로 다른 최적화 관점에 초점을 맞추고 있습니다. 이번 절에서는 CART에서 사용하는 CCP 방법을 소개하겠습니다.

CCP는 주로 다음의 두 단계 과정을 포함하고 있습니다.

★ 　옮긴이　 근시안적인 방법으로, 그리디(greedy) 방식이라고도 불립니다.

❶ 완전한 의사결정 트리 T_0에서 시작해 하나의 하위 트리 수열 $\{T_0, T_1, T_2, ..., T_n\}$ 을 생성합니다. 여기서 T_{i+1}은 T_i로부터 생성된 것이고, T_n은 트리의 근 노드입니다.

❷ 하위 트리 수열 중 실제 오차에 기반해 최적의 의사결정 트리를 선택합니다.

단계 ❶은 T_0부터 시작하여 T_i에서 훈련 데이터 세트 집합에 관해 오차 증가가 가장 작은 가지를 잘라내어 T_{i+1}을 얻습니다. 구체적으로 설명하면, 하나의 트리인 T가 노드 t에서 가지치기를 할 때 오차 증가는 $R(t) - R(T_t)$로 표현할 수 있습니다. 여기서 $R(t)$는 가지치기 후에 해당 노드의 오차를 나타내고, $R(T_t)$는 가지치기를 하지 않은 하위 트리 T_t의 오차를 나타냅니다. 복잡도 요소를 고려하여, 우리는 $|L(T_t)|$로 하위 트리 T_t의 잎 노드 개수를 나타냅니다. 그러면 트리를 노드 t에서 가지치기를 한 후의 오차 증가율은 다음과 같이 나타낼 수 있습니다.

$$\alpha = \frac{R(t) - R(T_t)}{|L(T_t)| - 1} \tag{3.25}$$

T_i를 얻은 후 우리는 각 단계에서 α가 가장 작은 노드를 선택하여 상응하는 가지치기를 진행합니다.

간단한 예제를 통해 하위 트리 수열을 생성하는 방법을 설명하겠습니다. 앞서 묘사했던 소개팅 주선 문제를 가져와 설명하자면, 이번엔 여자가 80명의 남자에 대해 '수락' 혹은 '거절'이라는 분류를 진행해야 합니다. 모종의 규칙에 의해 그림 3.15와 같은 CART 의사결정 트리 T_0를 얻었다고 가정해 봅시다. 이때 우리가 고려해야 할 내부 노드는 5개인데, 각각 다음과 같습니다.

$$\alpha(t_0) = \frac{25 - 5}{6 - 1} = 4$$

$$\alpha(t_1) = \frac{10 - (1 + 2 + 0 + 0)}{4 - 1} = 2.33$$

$$\alpha(t_2) = \frac{5 - (1 + 1)}{2 - 1} = 3$$

$$\alpha(t_3) = \frac{4 - (1 + 2)}{2 - 1} = 1$$

$$\alpha(t_4) = \frac{4 - 0}{2 - 1} = 4$$

위 식에서 $\alpha(t_3)$가 가장 작은 것을 알 수 있는데, 따라서 t_3에 대해 가지치기를 진행하여 그림 3.16과 같은 새로운 하위 트리 T_1을 얻습니다.

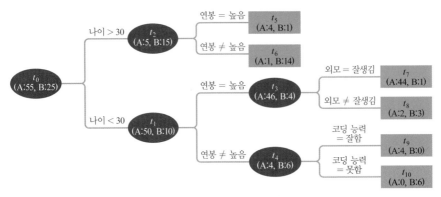

그림 3.15 초기 의사결정 트리 T_0

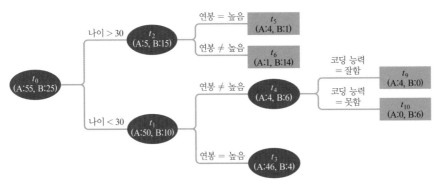

그림 3.16 초기 의사결정 트리 T_0의 t_3 노드에서 가지치기하여 얻은 새로운 하위 트리 T_1

그리고 계속해서 모든 노드에 대응하는 오차 증가율을 계산하면 각각 $\alpha(t_1) = 3$, $\alpha(t_2) = 3$, $\alpha(t_4) = 4$가 됩니다. 따라서 그림 3.17처럼 t_1에 대해 가지치기를 진행하여 T_2를 얻습니다. 이때는 $\alpha(t_0) = 6.5$, $\alpha(t_2) = 3$이 되어 t_2를 선택해 가지치기를 하여 T_3를 얻습니다. 결국, 하나의 내부 노드만 남게 되는데, 이것이 근 노드가 되어 T_4를 얻게 됩니다.

단계 ❷에서 우리는 하위 트리 수열 중에서 실제 오차가 가장 작은 의사결정 트리를 선택했습니다. CCP에서는 두 가지 방법을 자주 사용하는데, 첫 번째는 독립적으로 가지치기를 한 데이터 세트에 기반한 방법인데, 이 방법은 REP와 유사합니다. 하지만 하위 트리 수열 $\{T_0, T_1, T_2, ..., T_n\}$에서만 최적의 의사결정 트리를 선택해야 하기 때문에 REP처럼 모든 가능한 하위 트리에서 최적해를 찾지는 못합니다. 따라서 성능이 다소 부족한 면이 있습니다. 두 번째 방법은 교차 검증 중 가장 많이 사용되는 K겹 교차 검증K-fold cross validation에 기반을 둔 방법입니다. 이 방법은 데이터 세트를 k개로 나누고, 앞 $k-1$개를 사용해 의사결정 트리를 생성하는 동시에 가장 마지막 데이터 세트를 최적의 가지치기 트리를 선택하는 데 사용합니다. N번을 반복하여 N개의 하위 트리 중에서 최적의 하위 트리를 선택합니다.

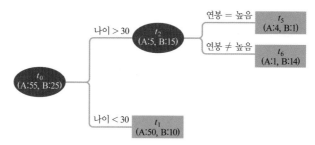

그림 3.17 T_1에 대해 t_1 노드에서 가지치기를 한 후 얻은 새로운 하위 트리 T_2

CCP가 교차 검증 전략을 사용할 때 별도의 테스트 데이터 세트가 필요하지 않고 정밀도도 REP와 비슷하지만, 생성된 트리의 복잡도는 낮게 나타납니다. 그러나 알고리즘의 복잡도 관점에서 보면 하위 트리 수열을 생성하는 시간 복잡도와 기존의 의사결정 트리의 잎 노드가 아닌 노드의 개수가 이차 관계를 갖습니다. 따라서 REP, PEP, MEP 등 선형 복잡도의 사후 가지치기 방법과 비교했을 때 시간적인 소모가 큰 편입니다.

가지치기 과정은 의사결정 트리 모델에서 아주 중요한 위치를 차지하고 있습니다. 많은 연구에서 가지치기가 트리의 생성 과정보다 더 관건이라고 밝혀냈습니다. 서로 다른 분할 기준으로 생성된 과적합 의사결정 트리가 가지치기 이후 가장 중요한 분할 속성을 보존하여 최종적인 성능에서 큰 차이가 없게 됩니다. 가지치기 방법의 이론을 이해하면 실무에서 여러 데이터 유형, 규모에 근거하여 어떤 종류의 의사결정 트리 혹은 가지치기 전략을 사용할 것인지도 알 수 있습니다. 따라서 문제에 대한 유연한 접근이 가능하며 최적의 선택을 할 가능성이 커집니다.

잠시 쉬어가기...

오컴의 면도날(Occam's Razor 혹은 Ockham's Razor)

14세기, 논리학자이자 프란체스코 수도사인 윌리엄 오컴William of Occam은 오컴의 면도날 법칙을 고안했습니다. 이 법칙에 대한 간단한 설명은 '같은 현상을 설명하는 두 개의 주장이 있다면 간단한 쪽을 선택하라'는 뜻이고, '사고 절약의 원리'라고도 부릅니다.

많은 사람이 오컴의 면도날 법칙을 잘못 이해해서 '간단한 것이 효율적이다'라는 결론을 이야기하는데, 오컴의 면도날 법칙은 '간단한' 이론이 '정확한' 이론이라고 주장한 적이 없습니다. 구체적으로 이야기하자면, '두 개의 설명력과 예측력이 완전히 같은 가설이 있으면 우리는 비교적 간단한 가설을 토대로 논의해야 한다'라는 뜻입니다.

오컴의 면도날 법칙의 아이디어는 머신러닝에서 과적합을 제거하려는 아이디어와 일맥상통합니다. 특히, 의사결정 트리 가지치기 과정에서 우리는 예측력을 감소하지 않는 동시에 더욱 간단한 모델로 기존의 복잡한 모델을 대체하려 합니다. ID3 의사결정 트리 알고리즘 계산 과정에서, 알고리즘 창시자인 로스 퀸란Ross Quinlan 역시 오컴의 면도날 아이디어를 참고하였습니다. 비슷한 사상은 신경망의 드롭아웃dropout 방법에서도 볼 수 있는데, 우리는 모델의 복잡도를 낮춰 모델의 일반화 성능을 향상하고자 하는 데 목적이 있습니다.

엄격히 말하면, 오컴의 면도날 법칙은 법칙 혹은 정리라기보다는 일종의 문제를 사고하는 방식입니다. 실무에서 만약 간단한 방법과 복잡한 방법이 동일한 효과를 낸다면, 우리는 당연히 간단한 방법을 선택해야 할 것입니다. 왜냐하면 간단한 방법이 우연히 일치할 가능성이 더 작아 사물의 본질적인 규칙을 더 잘 반영할 것이기 때문입니다.

CHAPTER

4

차원축소

The Quest for Machine Learning

우주는 시간과 공간의 총합입니다. 시간은 1차원이지만, 공간은 정해진 이론이 없습니다. 끈 이론string theory에 따르면 9차원이라고 하고, 호킹이 인정한 M 이론은 10차원이라고 주장합니다. 그들은 인간이 인지할 수 있는 3차원 외의 차원은 모두 아주 작은 공간 내에 말려 있다고 설명합니다. 사실, 이 이야기를 꺼낸 이유는 여러분에게 우주의 신비에 관해 설명하거나 인생의 본질에 관해 설명하려는 것이 아닙니다. 단지 이번 장의 주제인 차원축소에 관해 이야기하고 싶어 꺼낸 것입니다.

머신러닝에서 사용하는 데이터의 차원수와 현실 세계의 공간 차원수의 본질은 같습니다. 머신러닝에서 데이터는 벡터 형식으로 표현되어 모델 훈련에 입력됩니다. 하지만 모두가 알고 있듯이, 차원 벡터에 대해 처리를 하거나 분석을 할 때 극도로 높은 시스템 자원을 사용해야 하며, 심지어 차원의 저주에 걸리기도 합니다. 따라서 차원축소를 해야 하는데, 즉 저차원의 벡터로 기존의 고차원 특징을 표현하는 것이 중요합니다. 자주 사용되는 차원축소 방법으로는 주성분분석, 선형판별분석, 아이소맵Isomap, Locally Linear Embedding LLE, Laplacian Eigenmaps, Locality Preserving Projection LPP 등이 있습니다. 이번 장에서는 독자들이 차원축소에 대한 기본적인 아이디어를 이해할 수 있도록 비교적 전통적인 방법인 주성분분석과 선형판별분석을 소개하고 비교해 보겠습니다.

PCA 최대분산 이론

상황 설명

우리는 기존 데이터에 대해 피처 추출을 하다가 가끔 비교적 고차원의 특성 벡터를 얻게 됩니다. 이러한 벡터가 있는 고차원 공간에는 매우 많은 노이즈와 필요 없는 잉여 성분을 포함하고 있습니다. 우리는 차원축소를 통해 데이터 내부의 특징을 찾아 특성의 표현 능력을 향상해 훈련 복잡도를 낮추고자 합니다. 주성분분석$_{PCA}$은 차원축소에서 가장 전통적인 방법으로, 오늘날까지 약 100년의 역사를 자랑합니다. PCA는 일종의 선형, 비지도, 전역적인 차원축소 알고리즘으로 인터뷰 단골 문제입니다.

키워드 **PCA**Principal Components Analysis / **선형대수**Linear Algebra

질문 **주성분은 어떻게 정의할까요? 이 정의에서 출발하여 주성분을 추출하는 목적을 달성하기 위해 어떻게 목적함수를 설계해야 할까요? 해당 목적함수로 어떻게 PCA 문제의 해를 구할 수 있을까요?** 난이도 ★★

분석·해답

PCA의 목표는 데이터의 주성분을 찾고, 주성분을 이용하여 기존 데이터의 특징을 찾아 차원축소 목적을 달성하는 것입니다. 간단한 예를 들겠습니다. 3차원 공간에 일련의 데이터 포인트가 있고, 이 포인트들은 원점을 지나는 평면에 분포하고 있다고 가정해 봅시다. 만약 우리가 자연좌표계 x, y, z 세 축을 이용하여 데이터를 표현한다면, 바로 3차원을 사용해야 할 것입니다. 하지만 실제로 해당 포인트는 하나의 2차원 평면에만 나타납니다. 만약 우리가 좌표계를 회전 변환하여 데이터가 존재하는 평면과 x, y 평면을 합친다면, 우리는 x', y' 두 개의 차원으로 원래 데이터를 표현할 수 있고 아무런 손실도 발생하지 않은 채 차원축소를 완성할 수 있습니다. 두 개의 축 x', y'가 포함하고 있는 정보가 바로 우리가 찾는 주성분입니다.

하지만 고차원 공간에서는 이런 간단한 예제와 같이 데이터의 분포를 직관적으로 생각해 낼 수 없습니다. 그리고 정확하게 주성분에 대응하는 축을 찾는 것은 더 어려울 것입니다. 그림 4.1과 같은 가장 간단한 2차원 데이터를 통해 PCA가 어떻게 계산되는 것인지 알아보겠습니다.

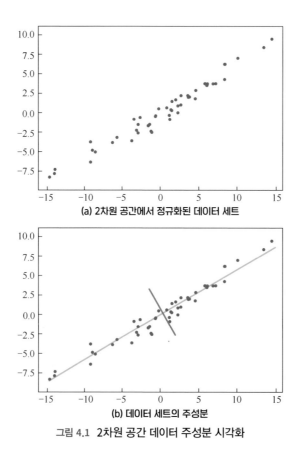

(a) 2차원 공간에서 정규화된 데이터 세트

(b) 데이터 세트의 주성분

그림 4.1 2차원 공간 데이터 주성분 시각화

그림 4.1(a)는 2차원 공간에서 정규화된 데이터 세트인데, 우리는 쉽게 주성분이 위치한 축의 대략적인 방향을 찾을 수 있습니다. 즉, 그림 4.1(b)의 노란색 선이 위치한 축입니다. 노란색 선이 위치한 축에 데이터 분포가 더 분산되어 있는 것을 확인할 수 있는데, 이는 데이터가 이 방향에서 분산이 더 크다는 것을 의미합니다. 신호처리 영역에서 우리는 신호가 비교적 큰 분산을 가지고 있고, 노이즈는 비교적 작은 분산을 가지고 있다고 여깁니다. 신호와 노이즈의 비율을 S/N비

Signal-Noise ratio라 부릅니다. S/N비가 클수록 데이터의 질이 좋다는 뜻이고, S/N비가 낮을수록 데이터의 질이 낮다는 것을 의미합니다. 따라서 우리는 PCA의 목표를 쉽게 생각해낼 수가 있습니다. 즉, 투영 분산의 최대화인데, 축에 투영된 데이터의 분산을 최대화하는 것이라고 생각하면 됩니다.

주어진 데이터 $\{v_1, v_2, ..., v_n\}$에 대해 모든 벡터가 열 벡터이고 정규화 후에 $\{x_1, x_2, ..., x_n\} = \{v_1 - \mu, v_2 - \mu, ..., v_n - \mu\}$으로 표현하며, $\mu = \frac{1}{n}\sum_{i=1}^{n} v_i$이라고 가정합니다. 우리는 벡터의 내적이 기하학적으로 첫 번째 벡터를 두 번째 벡터상에 투영한 길이라는 것을 알고 있습니다. 따라서 $\boldsymbol{\omega}$(단위방향벡터)상의 벡터 x_i의 투영 좌표는 $(x_i, \boldsymbol{\omega}) = x_i^{\mathsf{T}}\boldsymbol{\omega}$으로 표현할 수 있습니다. 그러므로 목적은 투영 방향 $\boldsymbol{\omega}$를 찾아 $\boldsymbol{\omega}$상의 $x_1, x_2, ..., x_n$의 투영 분산을 최대화하는 것입니다. 투영 후에 평균값은 $\mathbf{0}$이라는 것을 쉽게 알 수 있는데($\mu' = \frac{1}{n}\sum_{i=1}^{n} x_i^{\mathsf{T}}\boldsymbol{\omega} = \left(\frac{1}{n}\sum_{i=1}^{n} x_i^{\mathsf{T}}\right)\boldsymbol{\omega} = 0$이기 때문입니다. 이는 우리가 정규화한 의도입니다), 따라서 투영 후에 분산은 다음과 같이 나타낼 수 있습니다.

$$
\begin{aligned}
D(x) &= \frac{1}{n}\sum_{i=1}^{n}(x_i^{\mathsf{T}}\boldsymbol{\omega})^2 = \frac{1}{n}\sum_{i=1}^{n}(x_i^{\mathsf{T}}\boldsymbol{\omega})^{\mathsf{T}}(x_i^{\mathsf{T}}\boldsymbol{\omega}) \\
&= \frac{1}{n}\sum_{i=1}^{n}\boldsymbol{\omega}^{\mathsf{T}} x_i\, x_i^{\mathsf{T}}\boldsymbol{\omega} \\
&= \boldsymbol{\omega}^{\mathsf{T}}\left(\frac{1}{n}\sum_{i=1}^{n} x_i\, x_i^{\mathsf{T}}\right)\boldsymbol{\omega}
\end{aligned}
\tag{4.1}
$$

자세히 보면, $\boldsymbol{\omega}$은 샘플의 공분산행렬이라는 것을 알 수 있는데, 우리는 이를 Σ로 표기합니다. 그 외에도 $\boldsymbol{\omega}$는 단위방향벡터이기 때문에 $\left(\frac{1}{n}\sum_{i=1}^{n}\boldsymbol{\omega}^{\mathsf{T}} x_i\, x_i^{\mathsf{T}}\boldsymbol{\omega}\right)$이 됩니다. 따라서 우리는 최대화 문제를 풀어야 하는데, 다음과 같이 나타낼 수 있습니다. $\boldsymbol{\omega}^{\mathsf{T}}\boldsymbol{\omega} = 1$

$$
\begin{cases}
\max\{\boldsymbol{\omega}^{\mathsf{T}}\Sigma\boldsymbol{\omega}\} \\
s.t. \quad \boldsymbol{\omega}^{\mathsf{T}}\boldsymbol{\omega} = 1
\end{cases}
\tag{4.2}
$$

라그랑주 승수를 사용하고 $\boldsymbol{\omega}$를 구하고 0으로 둔다면, $\Sigma\boldsymbol{\omega} = \lambda\boldsymbol{\omega}$을 구할 수 있습니다. 이때 다음과 같이 됩니다.

$$D(x) = \omega^{\mathrm{T}} \Sigma \omega = \lambda \omega^{\mathrm{T}} \omega = \lambda \tag{4.3}$$

선형대수가 익숙한 독자라면 원래 x 투영 후의 분산이 바로 공분산행렬의 고윳값이라는 것을 알 수 있습니다. 우리가 찾는 최대의 분산도 사실 공분산행렬의 최대 고윳값을 찾는 것과 같고, 최대 투영 방향은 최대 고윳값에 대응하는 고유벡터와 같습니다. 두 번째 주성분 방향은 최대 주성분 투영 방향과 직각으로 교차하는 곳에 위치하고 있습니다. 이는 두 번째 큰 고윳값에 대응하는 고유벡터입니다. 여기까지 우리는 PCA의 해를 구하는 방법에 대해 알아보았습니다. 정리하면 다음과 같습니다.

❶ 샘플 데이터를 정규화 처리한다.

❷ 샘플의 공분산행렬을 구한다.

❸ 공분산행렬에 대해 고윳값 분해를 하고, 고윳값을 큰 값부터 작은 값으로 순서대로 배열한다.

❹ 고윳값이 큰 순서로 d번째까지의 고윳값에 대응하는 고유벡터 $\omega_1, \omega_2, ..., \omega_d$를 취해 식 4.4와 같이 n차원 샘플을 d차원으로 매핑한다.

$$x_i' = \begin{bmatrix} \omega_1^{\mathrm{T}} x_i \\ \omega_2^{\mathrm{T}} x_i \\ \vdots \\ \omega_d^{\mathrm{T}} x_i \end{bmatrix} \tag{4.4}$$

새로운 x_j'의 d번째 차원은 d번째 주성분 ω_d 방향을 향하는 x_i의 투영입니다. 가장 큰 d개의 고윳값에 대응하는 고유벡터를 선택하여 분산이 비교적 작은 특성(노이즈)을 버리고 각 n차원 열 벡터를 d차원 열 벡터 x'로 매핑시킵니다. 차원축소 후에 정보 점유 비율을 정의하면 다음과 같습니다.

$$\eta = \sqrt{\frac{\sum_{i=1}^{d} \lambda_i^2}{\sum_{i=1}^{n} \lambda_i^2}} \,. \tag{4.5}$$

우리는 투영 분산을 최대화하려는 관점에서 PCA의 원리, 목적함수, 그리고 해를 구하는 방법을 살펴보았습니다. 사실, PCA는 다른 접근법으로도 분석할 수 있는데, 예를 들면 최소회귀오차 관점에서도 새로운 목적함수를 얻을 수 있습니다. 하지만 최종적으로 해당 방법의 원리와 솔루션이 본문에서 살펴봤던 것과 같다는 것을 발견할 수 있을 것입니다. 그 외에도 PCA는 일종의 선형 차원축소 방법이기 때문에 전통적이지만 어느 정도 한계성도 존재합니다. 우리는 커널 방법을 활용해 PCA를 커널 주성분분석$_{KPCA}$으로 확장할 수 있으며, 매니폴드 차원축소 방법을 사용할 수도 있습니다. 예를 들면, 아이소맵, Locally Linear Embedding, Laplacian Eigenmaps와 같은 방법들이 있습니다. PCA를 통해 효과를 보지 못하는 복잡한 데이터 세트에 대해서는 비선형 차원축소 방법을 사용하는 것이 좋습니다.

PCA 최소제곱오차 이론

이전 절에서는 최대분산의 시각에서 PCA의 원리, 목적함수, 그리고 해를 구하는 방법까지 설명했습니다. 이번 절에서는 최소제곱오차 아이디어로 PCA를 해석해 보겠습니다.

키워드 선형대수Linear Algebra / 최소제곱법Method of least squares

질문 **PCA의 해는 사실 최적의 투영 방향, 즉 하나의 직선을 찾는 것인데, 이는 선형회귀 문제의 목적과 일치합니다. 그렇다면 회귀의 시각에서 PCA의 목적을 정의하고 문제의 해를 구하는 방법이 있을까요?** 난이도 ★★

분석·해답

분석을 위해 다시 한번 그림 4.2와 같은 2차원 공간에서의 샘플을 가정해 봅시다. 앞 절에서는 샘플이 투영된 후 분산을 최대화하는 직선을 얻었습니다. 직선을 찾는 아이디어에서 출발하면 선형회귀 문제를 쉽게 생각해 낼 수 있습니다. 선형회귀의 목표도 샘플을 더 잘 적합할 수 있는 하나의 직선을 찾는 것입니다. 만약 이러한 시각에서 PCA를 정의한다면, 해당 문제를 하나의 회귀 문제로 전환해서 생각할 수 있을 것입니다.

이러한 아이디어의 연장선에서 생각한다면, 고차원 공간에서 우리가 찾으려 하는 것은 샘플과의 거리 제곱합이 가장 작은 d차원의 초평면이 됩니다. $d = 1$인 경우엔 초평면은 직선이 됩니다. 즉, 샘플을 최적 직선에 투영했을 때, 최소화하는 것은 그림 4.3에 나오는 모든 샘플에서 직선까지 거리의 제곱의 합이 됩니다.

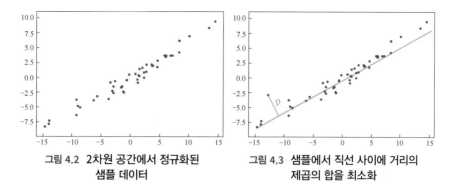

그림 4.2 2차원 공간에서 정규화된
샘플 데이터

그림 4.3 샘플에서 직선 사이에 거리의
제곱의 합을 최소화

데이터 세트의 각 점 $\boldsymbol{x}_k$에서 d차원 초평면 $\boldsymbol{D}$ 사이의 거리는 다음 식으로 나타낼 수 있습니다.

$$\text{distance}(\boldsymbol{x}_k, \boldsymbol{D}) = \|\ \boldsymbol{x}_k - \widetilde{\boldsymbol{x}_k}\ \|_2 \tag{4.6}$$

여기서 $\widetilde{\boldsymbol{x}_k}$는 초평면 $\boldsymbol{D}$상에 있는 $\boldsymbol{x}_k$의 투영벡터projection vector를 나타냅니다. 만약 해당 초평면이 d개의 직교기저orthogonal basis $\{\boldsymbol{\omega}_1, \boldsymbol{\omega}_2, \ldots, \boldsymbol{\omega}_d\}$으로 구성되어 있다면, 선형대수 이론에 따라 $\widetilde{\boldsymbol{x}_k}$는 다음과 같이 표현될 수 있습니다.

$$\widetilde{\boldsymbol{x}_k} = \sum_{i=1}^{d} (\boldsymbol{\omega}_i^{\mathrm{T}} \boldsymbol{x}_k) \boldsymbol{\omega}_i \tag{4.7}$$

여기서 $\boldsymbol{\omega}_i^{\mathrm{T}} \boldsymbol{x}_k$는 $\boldsymbol{x}_k$가 $\boldsymbol{\omega}_i$ 방향으로 투영된 길이를 뜻합니다. 따라서 $\widetilde{\boldsymbol{x}_k}$는 사실상 $\boldsymbol{W}$라는 직교기저 하에 $\boldsymbol{x}_k$의 좌표를 뜻합니다. 따라서 PCA의 최적화 목표는 다음과 같이 작성될 수 있습니다.

$$\begin{cases} \underset{\boldsymbol{\omega}_1, \ldots, \boldsymbol{\omega}_d}{\arg \min} \sum_{k=1}^{n} \|\ \boldsymbol{x}_k - \widetilde{\boldsymbol{x}_k}\ \|_2^2 \\ s.t. \underset{\forall\, i, j}{\ \ \boldsymbol{\omega}_i^{\mathrm{T}} \boldsymbol{\omega}_j} = \delta_{ij} = \begin{cases} 1, i = j \\ 0, i \neq j \end{cases} \end{cases} \tag{4.8}$$

벡터 내적의 성질에 따라 우리는 $\boldsymbol{x}_k^{\mathrm{T}} \widetilde{\boldsymbol{x}_k} = \widetilde{\boldsymbol{x}_k}^{\mathrm{T}} \boldsymbol{x}_k$임을 알 수 있습니다. 따라서 식 4.8의 각 거리를 전개하면 다음을 얻습니다.

$$\|\boldsymbol{x}_k - \widetilde{\boldsymbol{x}_k}\|_2^2 = (\boldsymbol{x}_k - \widetilde{\boldsymbol{x}_k})^\mathrm{T}(\boldsymbol{x}_k - \widetilde{\boldsymbol{x}_k})$$

$$= \boldsymbol{x}_k^\mathrm{T}\boldsymbol{x}_k - \boldsymbol{x}_k^\mathrm{T}\widetilde{\boldsymbol{x}_k} - \widetilde{\boldsymbol{x}_k}^\mathrm{T}\boldsymbol{x}_k + \widetilde{\boldsymbol{x}_k}^\mathrm{T}\widetilde{\boldsymbol{x}_k}$$

$$= \boldsymbol{x}_k^\mathrm{T}\boldsymbol{x}_k - 2\boldsymbol{x}_k^\mathrm{T}\widetilde{\boldsymbol{x}_k} + \widetilde{\boldsymbol{x}_k}^\mathrm{T}\widetilde{\boldsymbol{x}_k} \qquad (4.9)$$

여기서 첫 번째 항 $\boldsymbol{x}_k^\mathrm{T}\boldsymbol{x}_k$과 선택한 $\boldsymbol{W}$는 무관하며, 하나의 상수입니다. 식 4.7을 식 4.9의 두 번째 항과 세 번째 항에 대입하면 아래 두 식을 얻습니다.

$$\boldsymbol{x}_k^\mathrm{T}\widetilde{\boldsymbol{x}_k} = \boldsymbol{x}_k^\mathrm{T}\sum_{i=1}^d(\boldsymbol{\omega}_i^\mathrm{T}\boldsymbol{x}_k)\boldsymbol{\omega}_i$$

$$= \sum_{i=1}^d(\boldsymbol{\omega}_i^\mathrm{T}\boldsymbol{x}_k)\boldsymbol{x}_k^\mathrm{T}\boldsymbol{\omega}_i$$

$$= \sum_{i=1}^d\boldsymbol{\omega}_i^\mathrm{T}\boldsymbol{x}_k\boldsymbol{x}_k^\mathrm{T}\boldsymbol{\omega}_i \qquad (4.10)$$

$$\widetilde{\boldsymbol{x}_k}^\mathrm{T}\widetilde{\boldsymbol{x}_k} = \left(\sum_{i=1}^d(\boldsymbol{\omega}_i^\mathrm{T}\boldsymbol{x}_k)\boldsymbol{\omega}_i\right)^\mathrm{T}\left(\sum_{j=1}^d(\boldsymbol{\omega}_j^\mathrm{T}\boldsymbol{x}_k)\boldsymbol{\omega}_j\right)$$

$$= \sum_{i=1}^d\sum_{j=1}^d((\boldsymbol{\omega}_i^\mathrm{T}\boldsymbol{x}_k)\boldsymbol{\omega}_i)^\mathrm{T}((\boldsymbol{\omega}_j^\mathrm{T}\boldsymbol{x}_k)\boldsymbol{\omega}_j) \qquad (4.11)$$

주의해야 할 점은 $\boldsymbol{\omega}_i^\mathrm{T}\boldsymbol{x}_k$와 $\boldsymbol{\omega}_j^\mathrm{T}\boldsymbol{x}_k$는 투영 길이를 뜻하며, 모두 숫자입니다. 그리고 $i \neq j$일 때 $\boldsymbol{\omega}_i^\mathrm{T}\boldsymbol{\omega}_j = 0$이 됩니다. 따라서 식 4.11의 교차항 중에서 d항만 남게 됩니다.

$$\widetilde{\boldsymbol{x}_k}^\mathrm{T}\widetilde{\boldsymbol{x}_k} = \sum_{i=1}^d((\boldsymbol{\omega}_i^\mathrm{T}\boldsymbol{x}_k)\boldsymbol{\omega}_i)^\mathrm{T}((\boldsymbol{\omega}_i^\mathrm{T}\boldsymbol{x}_k)\boldsymbol{\omega}_i) = \sum_{i=1}^d(\boldsymbol{\omega}_i^\mathrm{T}\boldsymbol{x}_k)(\boldsymbol{\omega}_i^\mathrm{T}\boldsymbol{x}_k)$$

$$= \sum_{i=1}^d(\boldsymbol{\omega}_i^\mathrm{T}\boldsymbol{x}_k)(\boldsymbol{x}_k^\mathrm{T}\boldsymbol{\omega}_i) = \sum_{i=1}^d\boldsymbol{\omega}_i^\mathrm{T}\boldsymbol{x}_k\boldsymbol{x}_k^\mathrm{T}\boldsymbol{\omega}_i \qquad (4.12)$$

$\sum_{i=1}^d\boldsymbol{\omega}_i^\mathrm{T}\boldsymbol{x}_k\boldsymbol{x}_k^\mathrm{T}\boldsymbol{\omega}_i$은 사실상 행렬 $\boldsymbol{W}^\mathrm{T}\boldsymbol{x}_k\boldsymbol{x}_k^\mathrm{T}\boldsymbol{W}$의 대각합(대각선 원소의 합)입니다. 따라서 식 4.9를 계속해서 간단히 하면 다음을 얻습니다.

$$\boldsymbol{x}_k - \widetilde{\boldsymbol{x}_k}\|_2^2 = -\sum_{i=1}^d\boldsymbol{\omega}_i^\mathrm{T}\boldsymbol{x}_k\boldsymbol{x}_k^\mathrm{T}\boldsymbol{\omega}_i + \boldsymbol{x}_k^\mathrm{T}\boldsymbol{x}_i$$

$$= -tr(\boldsymbol{W}^\mathrm{T}\boldsymbol{x}_k\boldsymbol{x}_k^\mathrm{T}\boldsymbol{W}) + \boldsymbol{x}_k^\mathrm{T}\boldsymbol{x} \qquad (4.13)$$

그러므로 식 4.8은 다음과 같이 쓸 수 있습니다.

$$\arg \min_{\boldsymbol{W}} \sum_{k=1}^{n} \| \boldsymbol{x}_k - \widetilde{\boldsymbol{x}_k} \|_2^2 = \sum_{k=1}^{n} (-tr(\boldsymbol{W}^{\mathrm{T}} \boldsymbol{x}_k \boldsymbol{x}_k^{\mathrm{T}} \boldsymbol{W}) + \boldsymbol{x}_k^{\mathrm{T}} \boldsymbol{x}_k)$$

$$= -\sum_{k=1}^{n} tr(\boldsymbol{W}^{\mathrm{T}} \boldsymbol{x}_k \boldsymbol{x}_k^{\mathrm{T}} \boldsymbol{W}) + C \tag{4.14}$$

행렬의 곱셈 성질 $\sum_{k} \boldsymbol{x}_k \boldsymbol{x}_k^{\mathrm{T}} = \boldsymbol{X}\boldsymbol{X}^{\mathrm{T}}$에 따라 $\arg \max_{\boldsymbol{W}} \sum_{k=1}^{n} tr(\boldsymbol{W}^{\mathrm{T}} \boldsymbol{x}_k \boldsymbol{x}_k^{\mathrm{T}} \boldsymbol{W})$으로 최적화 문제를 전환할 수 있습니다. 이는 제약조건이 있는 최적화 문제constrained optimization problem(식 4.15)와 같습니다.

$$\begin{cases} \arg \max_{\boldsymbol{W}} tr(\boldsymbol{W}^{\mathrm{T}} \boldsymbol{X}\boldsymbol{X}^{\mathrm{T}} \boldsymbol{W}) \\ s.t. \quad \boldsymbol{W}^{\mathrm{T}}\boldsymbol{W} = I \end{cases} \tag{4.15}$$

만약 $\boldsymbol{W}$ 중의 d개 기저 $\boldsymbol{\omega}_1, \boldsymbol{\omega}_1, ..., \boldsymbol{\omega}_d$의 해를 차례대로 구한다면, 최대분산 이론 방법과 완전히 똑같다는 것을 발견할 수 있습니다. 예를 들어, $d = 1$일 경우 우리가 푸는 문제는 다음이 됩니다.

$$\begin{cases} \arg \max_{\boldsymbol{\omega}} \boldsymbol{\omega}^{\mathrm{T}} \boldsymbol{X}\boldsymbol{X}^{\mathrm{T}} \boldsymbol{\omega} \\ s.t. \quad \boldsymbol{\omega}^{\mathrm{T}}\boldsymbol{\omega} = 1 \end{cases} \tag{4.16}$$

최적 직선 ω와 최대분산 방법으로 구하는 최적 투영 방향은 일치합니다. 즉, 공분산행렬의 최대 고윳값에 대응하는 고유벡터입니다. 다른 점은 공분산행렬 Σ의 하나의 배수라는 것과 상수 $\sum_{k=1}^{n} \boldsymbol{x}_k^{\mathrm{T}} \boldsymbol{x}_k$의 편차인데, 이는 최댓값을 최적화하는 데 별다른 영향을 미치지 못합니다.

요약·응용

우리는 최소제곱오차의 관점에서 PCA의 원리, 목적함수, 그리고 해를 구하는 방법을 살펴보았습니다. 이 방법은 최대분산 접근법과 방법은 다르지만 결과는 같다는 것을 쉽게 알 수 있습니다. 서로 다른 목적함수에서 시작하여 동일한 솔루션을 얻은 것입니다.

CHAPTER 4

3 선형판별분석

상황 설명

선형판별분석Linear Discriminant Analysis, LDA은 지도학습 알고리즘의 일종이자 동시에 자주 사용되는 차원축소 알고리즘 중 하나입니다. 선형판별분석은 1936년 로널드Ronal Fisher가 고안한 방법으로, 어떤 자료에서는 피셔 LDAFisher's Linear Discriminant Analysis라고도 부릅니다. LDA는 현재 머신러닝, 데이터 마이닝 영역에서 가장 전통적이면서 인기 있는 알고리즘입니다.

PCA와 비교했을 때 LDA는 지도 기능이 있는 차원축소 알고리즘이라고 볼 수 있습니다. PCA에서 알고리즘은 데이터의 레이블(클래스)을 고려하지 않고 단지 데이터를 분산이 비교적 큰 방향으로 투영projection할 뿐입니다.

만약 그림 4.4와 같이 서로 다른 색으로 두 개의 클래스 C_1과 C_2를 나타내었다고 가정해 봅시다. PCA 알고리즘에 의하면, 데이터를 분산이 가장 큰 방향(y축 방향)으로 투영합니다. 그러나 두 개의 서로 다른 클래스 C_1과 C_2의 데이터가 완전히 섞여 구별하기 힘들게 됩니다. 따라서 PCA 알고리즘을 사용하여 차원축소 후 다시 분류하면 효과가 매우 저조합니다. 그러나 LDA 알고리즘을 사용한다면 데이터는 x축 방향으로 투영됩니다. 그렇다면 LDA 알고리즘은 어떤 방법을 통해 이러한 결과를 얻게 된 것일까요?

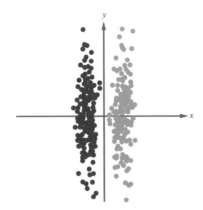

그림 4.4 두 가지 서로 다른 클래스를 가진 데이터

키워드 선형대수Linear Algebra / LDALinear Discriminant Analysis

레이블이 있는 데이터의 차원축소 과정에서 레이블 정보를 잃지 않게 하려면 어떤 목적함수를 설정해야 할까요? 그리고 해당 목표를 달성하기 위해 어떻게 해를 구해야 할까요?

난이도 ★★

분석·해탑

LDA는 분류를 위한 알고리즘이기 때문에 투영 방향 $\boldsymbol{\omega}$만 찾아낸다면 투영 후의 샘플이 최대한 기존 클래스에 맞게 분류되도록 만듭니다. 간단한 이진분류 문제로 이야기를 시작해 봅시다. 먼저, 서로 다른 두 클래스 C_1과 C_2에 속하는 샘플이 있고, 두 클래스의 평균은 각각 $\boldsymbol{\mu}_1 = \dfrac{1}{N_1} \sum_{x \in C_1} \boldsymbol{x}$과 $\boldsymbol{\mu}_2 = \dfrac{1}{N_2} \sum_{x \in C_2} \boldsymbol{x}$이라고 가정합니다. 우리는 투영 후 두 클래스 사이의 거리가 최대한 먼 벡터를 찾아야 하는데, 거리는 다음과 같이 표현합니다.

$$D(C_1, C_2) = \| \widetilde{\boldsymbol{\mu}}_1 - \widetilde{\boldsymbol{\mu}}_2 \|_2^2 \tag{4.17}$$

여기서 $\widetilde{\boldsymbol{\mu}}_1$, $\widetilde{\boldsymbol{\mu}}_2$는 $\boldsymbol{\omega}$ 방향에 있는 두 클래스 중심의 투영벡터를 나타냅니다. 각각 $\widetilde{\boldsymbol{\mu}}_1 = \boldsymbol{\omega}^{\mathrm{T}} \boldsymbol{\mu}_1$, $\widetilde{\boldsymbol{\mu}}_2 = \boldsymbol{\omega}^{\mathrm{T}} \boldsymbol{\mu}_2$이 되기 때문에 최적화해야 하는 문제는 다음과 같이 정의됩니다.

$$\begin{cases} \max_{\boldsymbol{\omega}} \| \boldsymbol{\omega}^{\mathrm{T}} (\boldsymbol{\mu}_1 - \boldsymbol{\mu}_2) \|_2^2 \\ s.t. \quad \boldsymbol{\omega}^{\mathrm{T}} \boldsymbol{\omega} = 1 \end{cases} \tag{4.18}$$

$\boldsymbol{\omega}$ 방향과 $(\boldsymbol{\mu}_1 - \boldsymbol{\mu}_2)$가 일치할 경우는 해당 거리가 최댓값을 가진다는 사실을 쉽게 알 수 있는데, 만약 그림 4.5(a)에 있는 노란색과 갈색의 두 클래스 샘플에 대해 차원축소를 했을 때, 두 클래스 투영 중심 거리를 최대화하는 원칙을 따랐다면 샘플은 아래의 검은 선상에 투영될 것입니다. 그러나 선형분리 가능한 두 클래스 샘플임에도 불구하고 투영 후에 겹치는 현상이 발생하여 만족스럽지 못한 결과를 얻었습니다.

우리는 투영 후의 결과가 그림 4.5(b)와 같기를 바랄 것입니다. 투영 후에 두 클래스 중심의 거리가 조금 줄어들긴 했지만, 투영 후 샘플의 구분성은 확실히 향상되었습니다.

두 투영 방식의 차이를 자세히 관찰하면, 마치 그림 4.5(b)에서 각 클래스의 투영 후 샘플 분포가 더 집중되어 보인다는 것을 알 수 있는데, 이를 조금 더 수학적인 언어로 표현한다면 각 클래스의 내부 분산이 좌측 그림보다 작아졌다는 것을 알 수 있습니다. 이것이 바로 LDA의 핵심 아이디어인데, 즉 '클래스 사이의 거리를 최대화하는 동시에 클래스 내의 거리를 최소화하는 것입니다.

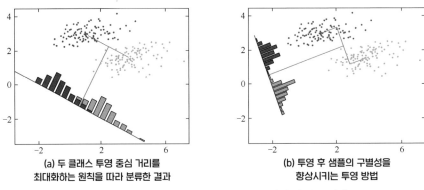

(a) 두 클래스 투영 중심 거리를
최대화하는 원칙을 따라 분류한 결과

(b) 투영 후 샘플의 구별성을
향상시키는 투영 방법

그림 4.5 두 가지 서로 다른 투영 방법과 투영 후의 분류 결과

앞서 우리는 클래스 사이의 거리를 최대화하는 투영 방식에 대해 배웠습니다. 이번에는 동시에 클래스 내 분산을 최적화하는 방식을 알아보겠습니다. 우리는 먼저 모든 데이터 세트의 클래스 내 분산을 각 클래스의 분산의 합이라고 정의하고, 목적함수를 클래스 사이와 클래스 내의 거리의 비율로 설정하겠습니다. 따라서 우리는 아래 식을 최대화하면 됩니다.

$$\max_{\boldsymbol{\omega}} J(\boldsymbol{\omega}) = \frac{\| \boldsymbol{\omega}^{\mathrm{T}} (\boldsymbol{\mu}_1 - \boldsymbol{\mu}_2) \|_2^2}{D_1 + D_2} \tag{4.19}$$

여기서 $\boldsymbol{\omega}$는 단위벡터이고, D_1, D_2는 각각 두 클래스의 투영 후 분산을 뜻합니다.

$$D_1 = \sum_{\boldsymbol{x} \in C_1} (\boldsymbol{\omega}^{\mathrm{T}} \boldsymbol{x} - \boldsymbol{\omega}^{\mathrm{T}} \boldsymbol{\mu}_1)^2 = \sum_{\boldsymbol{x} \in C_1} \boldsymbol{\omega}^{\mathrm{T}} (\boldsymbol{x} - \boldsymbol{\mu}_1)(\boldsymbol{x} - \boldsymbol{\mu}_1)^{\mathrm{T}} \boldsymbol{\omega} \tag{4.20}$$

$$D_2 = \sum_{\boldsymbol{x} \in C_2} \boldsymbol{\omega}^{\mathrm{T}} (\boldsymbol{x} - \boldsymbol{\mu}_2)(\boldsymbol{x} - \boldsymbol{\mu}_2)^{\mathrm{T}} \boldsymbol{\omega} \tag{4.21}$$

따라서 $J(\boldsymbol{\omega})$는 다음과 같이 나타낼 수 있습니다.

$$J(\boldsymbol{\omega}) = \frac{\boldsymbol{\omega}^{\mathrm{T}}(\boldsymbol{\mu}_1 - \boldsymbol{\mu}_2)(\boldsymbol{\mu}_1 - \boldsymbol{\mu}_2)^{\mathrm{T}}\boldsymbol{\omega}}{\sum_{x \in C_i}\boldsymbol{\omega}^{\mathrm{T}}(\boldsymbol{x} - \boldsymbol{\mu}_i)(\boldsymbol{x} - \boldsymbol{\mu}_i)^{\mathrm{T}}\boldsymbol{\omega}} \tag{4.22}$$

클래스 사이의 산포행렬between-class scatter matrix(집단 간 산포행렬)을 $\boldsymbol{S}_B = (\boldsymbol{\mu}_1 - \boldsymbol{\mu}_2)$ $(\boldsymbol{\mu}_1 - \boldsymbol{\mu}_2)^{\mathrm{T}}$으로 정의하고, 클래스 내의 산포행렬within-class scatter matrix(집단 내 산포행렬)을 $\boldsymbol{S}_w = \sum_{x \in C_i}(\boldsymbol{x} - \boldsymbol{\mu}_i)(\boldsymbol{x} - \boldsymbol{\mu}_i)^{\mathrm{T}}$으로 정의하면, 식 4.22는 다음과 같아집니다.

$$J(\boldsymbol{\omega}) = \frac{\boldsymbol{\omega}^{\mathrm{T}}\boldsymbol{S}_B\boldsymbol{\omega}}{\boldsymbol{\omega}^{\mathrm{T}}\boldsymbol{S}_w\boldsymbol{\omega}} \tag{4.23}$$

여기서 $J(\boldsymbol{\omega})$만 최대화하면 되는데, $\boldsymbol{\omega}$를 미분한 값이 0이 되는 지점에서 최댓값을 가집니다.

$$\frac{\partial J(\boldsymbol{\omega})}{\partial \boldsymbol{\omega}} = \frac{\left(\dfrac{\partial \boldsymbol{\omega}^{\mathrm{T}}\boldsymbol{S}_B\boldsymbol{\omega}}{\partial \boldsymbol{\omega}}\boldsymbol{\omega}^{\mathrm{T}}\boldsymbol{S}_w\boldsymbol{\omega} - \dfrac{\partial \boldsymbol{\omega}^{\mathrm{T}}\boldsymbol{S}_w\boldsymbol{\omega}}{\partial \boldsymbol{\omega}}\boldsymbol{\omega}^{\mathrm{T}}\boldsymbol{S}_B\boldsymbol{\omega}\right)}{(\boldsymbol{\omega}^{\mathrm{T}}\boldsymbol{S}_w\boldsymbol{\omega})^2} = 0 \tag{4.24}$$

따라서 다음 식을 얻습니다.

$$(\boldsymbol{\omega}^{\mathrm{T}}\boldsymbol{S}_w\boldsymbol{\omega})\boldsymbol{S}_B\boldsymbol{\omega} = (\boldsymbol{\omega}^{\mathrm{T}}\boldsymbol{S}_B\boldsymbol{\omega})\boldsymbol{S}_w\boldsymbol{\omega} \tag{4.25}$$

간략화한 이진분류 문제에서 $\boldsymbol{\omega}^{\mathrm{T}}\boldsymbol{S}_w\boldsymbol{\omega}$와 $\boldsymbol{\omega}^{\mathrm{T}}\boldsymbol{S}_B\boldsymbol{\omega}$는 두 수이기 때문에 우리는 $\lambda = J(\boldsymbol{\omega}) = \dfrac{\boldsymbol{\omega}^{\mathrm{T}}\boldsymbol{S}_B\boldsymbol{\omega}}{\boldsymbol{\omega}^{\mathrm{T}}\boldsymbol{S}_w\boldsymbol{\omega}}$이라 가정하고 식 4.25를 다음과 같은 형식으로 사용할 수 있습니다.

$$\boldsymbol{S}_B\boldsymbol{\omega} = \lambda\boldsymbol{S}_w\boldsymbol{\omega} \tag{4.26}$$

식을 정리하면 다음을 얻습니다.

$$\boldsymbol{S}_w^{-1}\boldsymbol{S}_B\boldsymbol{\omega} = \lambda\boldsymbol{\omega} \tag{4.27}$$

우리는 여기서 최대화 목표가 하나의 행렬의 고윳값에 대응한다는 것을 알 수 있습니다. 따라서 LDA 차원축소는 행렬 고윳값 벡터를 구하는 문제로 귀결됩니다. $J(\boldsymbol{\omega})$

가 바로 행렬 $S_w^{-1}S_B$ 최대 고윳값에 대응하고, 투영 방향은 해당 고윳값에 대응하는 고윳값 벡터가 됩니다.

이러한 이진분류 문제에서 $S_B = (\mu_1 - \mu_2)(\mu_1 - \mu_2)^\mathsf{T}$이기 때문에 $S_B\omega$의 방향은 $(\mu_1 - \mu_2)$와 항상 일치합니다. 만약 ω의 방향만 고려하고 길이를 고려하지 않는다면 $\omega = S_w^{-1}(\mu_1 - \mu_2)$을 얻게 됩니다. 바꿔 이야기하면, 우리는 샘플의 평균값과 클래스 내의 분산만 구하면 최적의 투영 방향 ω를 구할 수 있다는 뜻입니다. 이것이 피셔가 1936년에 고안한 선형판별분석입니다.

요약·응용

여기까지 우리는 '클래스 사이의 거리를 최대화하는 동시에 클래스 내의 거리를 최소화'한다는 아이디어에서 시작하여 LDA의 최적화 목표와 해를 구하는 방법에 대해 살펴보았습니다. 피셔 LDA는 PCA와 비교했을 때 클래스 정보를 포함하고 있는 데이터에 대한 차원축소 처리가 뛰어납니다. 그러나 피셔 LDA는 데이터 분포에 대한 아주 강한 가정을 하고 있습니다. 예를 들어, 각 클래스가 모두 가우스 분포Gaussian distribution이고 각 클래스의 공분산covariance이 같다는 등의 가정이 있습니다. 현실에서 이러한 조건을 완전히 만족시키는 경우는 흔히 볼 수 없지만, 차원축소 방법에 있어서 LDA의 유효성은 이미 증명이 되었습니다. 주요한 이유는 선형모델이 노이즈noise에 대해 비교적 좋은 강건성robustness을 보이기 때문입니다. 그러나 모델이 지나치게 간단하여 표현 능력에 한계가 있다는 단점이 있습니다. 이러한 단점을 보완하기 위해서는 커널 LDAkernel LDA와 같은 방법으로 비교적 복잡한 분포를 가진 데이터를 처리해야 합니다.

선형판별분석과 주성분분석

CHAPTER 4

상황 설명

같은 선형 차원축소 방법이지만 PCA는 비지도unsupervised 차원축소 알고리즘인 반면, LDA는 지도supervised 차원축소 알고리즘입니다. 따라서 원리와 응용 두 측면에서 두 알고리즘은 큰 차이점이 존재하지만, 두 방법 모두 수학적 방법론에서 시작했기 때문에 공통적인 특성도 존재함을 쉽게 알 수 있습니다.

키워드   선형대수Linear Algebra / PCAPrincipal Components Analysis / LDALinear Discriminant Analysis

질문 **LDA와 PCA는 전통적인 차원축소 알고리즘입니다. 응용적 관점에서 이들 원리의 같고 다름을 분석해 보세요. 수학적 관점과 목적함수에 대해 두 차원축소 알고리즘은 어떤 차이점과 연관성이 있는지 설명해 보세요.**

난이도 ★★

분석·해답

먼저, LDA를 다중 클래스를 가진 고차원의 상황으로 확장해 봅시다. 이는 문제 1에서 PCA로 해를 구했던 문제입니다. N개의 클래스가 있다고 가정하고, 최종적으로 특성 차원을 d차원으로 축소시키는 것이 목표입니다. 따라서 우리는 d차원의 투영 초평면 $W = \{\boldsymbol{\omega}_1, \boldsymbol{\omega}_2, \ldots, \boldsymbol{\omega}_d\}$를 찾아 투영 후 샘플이 LDA의 목표 '클래스 사이 거리의 최대화와 클래스 내의 거리의 최소화'를 달성하도록 해야 합니다.

앞서 살펴봤던 두 개의 산포행렬scatter matrix을 다시 생각해 보면, 클래스 내의 산포행렬 $S_w = \sum_{x \in C_i} (x - \mu_i)(x - \mu_i)^\mathrm{T}$은 클래스가 N까지 증가하더라도 정의를 만족하지만, 이진분류 문제에서의 클래스 사이의 산포행렬 $S_b = (\mu_1 - \mu_2)(\mu_1 - \mu_2)^\mathrm{T}$은

클래스가 증가하면 원래 정의를 만족시킬 수 없습니다. 그림 4.6은 세 가지 샘플의 분포 현황을 보여줍니다. 여기서 $\boldsymbol{\mu}_1$, $\boldsymbol{\mu}_2$, $\boldsymbol{\mu}_3$은 각각 갈색, 녹색, 노란색 세 가지 클래스의 중심을 뜻합니다. $\boldsymbol{\mu}$는 세 중심 사이의 평균값(즉, 전체 샘플의 중심)을 나타내고, $\boldsymbol{S}_{wi}$는 i번째 클래스 내 산포도를 나타냅니다. 우리는 새로운 행렬 $\boldsymbol{S}_t$를 정의하여 전역 산포도를 나타내고, 이를 전역 산포행렬global scatter matrix이라고 칭합니다.

$$S_t = \sum_{i=1}^{n} (x_i - \mu)(x_i - \mu)^{\mathsf{T}} \tag{4.28}$$

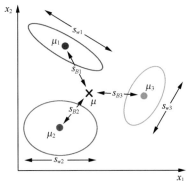

그림 4.6 세 가지 클래스의 분포

만약 전역 산포도를 클래스 내의 산포도와 클래스 사이의 산포도의 합으로 정의한다면, $\boldsymbol{S}_t = \boldsymbol{S}_b + \boldsymbol{S}_w$이 됩니다. 그러면 클래스 사이의 산포도 행렬은 다음과 같이 나타낼 수 있습니다.

$$
\begin{aligned}
S_b &= S_t - S_w \\
&= \sum_{i=1}^{n} (x_i - \mu)(x_i - \mu)^{\mathsf{T}} - \sum_{x \in C_i} (x - \mu_i)(x - \mu_i)^{\mathsf{T}} \\
&= \sum_{j=1}^{N} \left(\sum_{x \in C_j} (x - \mu)(x - \mu)^{\mathsf{T}} - \sum_{x \in C_j} (x - \mu_j)(x - \mu_j)^{\mathsf{T}} \right) \\
&= \sum_{j=1}^{N} m_j (\mu_j - \mu)(\mu_j - \mu)^{\mathsf{T}}
\end{aligned}
\tag{4.29}
$$

여기서 $\boldsymbol{m}_j$는 j번째 클래스의 샘플 개수이고, N은 총 클래스의 개수입니다. 식 4.29를 통해 클래스 사이의 산포도는 각 클래스 중심에서 전역 중심으로의 일종의 가중

거리weighted distance라는 것을 알 수 있습니다. 우리가 클래스 사이의 산포도를 최대화하는 것은 사실상 각 클래스의 중심이 투영 후 전역 중심의 투영에서 최대한 멀어지도록 최적화하는 것입니다.

LDA 원리에 기반해 우리는 최대화 목표를 다음과 같이 정의할 수 있습니다.

$$J(W) = \frac{tr(W^{\mathrm{T}} S_b W)}{tr(W^{\mathrm{T}} S_w W)} \tag{4.30}$$

여기서 W는 구해야 하는 투영 초평면을 나타내고, $W^{\mathrm{T}} W = I$입니다. 문제 2와 문제 3에서의 부분 결론을 활용하면, 우리는 $J(W)$의 최대화가 다음 고윳값을 찾는 문제에 대응한다는 것을 유도할 수 있습니다.

$$S_b \boldsymbol{\omega} = \lambda S_w \boldsymbol{\omega} \tag{4.31}$$

최적의 투영 평면 $W = \{\boldsymbol{\omega}_1, \boldsymbol{\omega}_2, ..., \boldsymbol{\omega}_d\}$을 찾는 것, 즉 $S_w^{-1} S_b$ 행렬 고윳값의 앞에서 d번째까지 큰 값에 대응하는 고유벡터로 구성된 행렬을 찾는 것은 원래의 특성 공간을 새로운 d차원 공간으로 투영하는 것입니다. 여기까지 우리는 PCA와 과정은 비슷하지만 다중 클래스 레이블을 포함하는 고차원 데이터에서의 LDA 해를 구하는 방법에 대해 알아보았습니다.

❶ 데이터에 있는 각 클래스 샘플의 평균벡터 $\boldsymbol{\mu}_j$와 전체 데이터의 평균벡터 $\boldsymbol{\mu}$를 구합니다.

❷ 클래스 내의 산포행렬 S_w와 전역 산포행렬 S_t를 구해 클래스 사이의 산포행렬 $S_b = S_t - S_w$을 구합니다.

❸ 행렬 $S_w^{-1} S_b$에 대해 고윳값 분해eigen decomposition를 진행하고, 고윳값을 큰 값부터 작은 값 순서대로 배열합니다.

❹ d번째로 큰 고윳값들에 대응하는 고유벡터 $\boldsymbol{\omega}_1, \boldsymbol{\omega}_2, ..., \boldsymbol{\omega}_d$를 취해 아래 정사영*을 통해 n차원 샘플을 d차원으로 정사영합니다.

★ [옮긴이] 직교 투영(orthogonal projection)을 뜻하며, '수직으로 투영된 그림자'로 설명되기도 합니다.

$$x_i' = \begin{bmatrix} \boldsymbol{\omega}_1^{\mathrm{T}} \boldsymbol{x}_i \\ \boldsymbol{\omega}_2^{\mathrm{T}} \boldsymbol{x}_i \\ \vdots \\ \boldsymbol{\omega}_d^{\mathrm{T}} \boldsymbol{x}_i \end{bmatrix} \tag{4.32}$$

PCA와 LDA 두 종류의 차원축소 방법으로 해를 구하는 과정을 살펴보았는데, 이들 사이에는 확실히 유사성이 많이 보입니다. 하지만 대응하는 원리 자체는 다소 차이가 있습니다.

먼저 목적부터 살펴보면, PCA가 선택하는 것은 투영 후 데이터 분산을 가장 크게 만드는 방향입니다. PCA는 비지도학습법이기 때문에 분산이 클수록 정보량이 많다고 가정하고, 주성분으로 원래 데이터에서 별 필요가 없는 잉여 차원들을 제거하여 차원축소 목적을 달성합니다. 반면, LDA는 투영 후 클래스 내의 분산이 작으면서 클래스 사이의 분산은 큰 방향을 선택합니다. LDA는 클래스 레이블 정보를 사용하게 되는데, 데이터 중에서 판별성을 가진 차원을 찾기 위해 원래 데이터를 해당 방향으로 투영한 후 서로 다른 클래스를 최대한 구별하려고 합니다.

간단한 음성인식 영역에서의 예를 하나 들어 보겠습니다. 주파수에서 사람의 음성신호를 추출하고 싶다면, 먼저 PCA를 사용해 차원을 낮추고 고정주파수(분산이 비교적 작은)를 가진 배경 잡음을 거르면 됩니다. 하지만 만약 우리의 목적이 소리가 어떤 사람에게 속하는지를 알고 싶은 것이라면, LDA를 사용하여 데이터에 대한 차원축소를 진행해 각 사람의 음성신호에 차별성이 있도록 해야 합니다.

그 외에 안면인식 영역에서도 PCA와 LDA는 모두 빈번하게 사용됩니다. PCA에 기반한 안면인식 방법을 Eigenface* 방법이라고도 부릅니다. 이 방법은 사람의 얼굴 이미지를 행을 기준으로 전개하여 고차원의 벡터를 만듭니다. 그리고 다수의 얼굴 고윳값의 공분산행렬에 대해 고윳값 분해를 합니다. 여기서 비교적 큰 고윳값에 대

★ 옮긴이 EigenFace는 얼굴 이미지에 대한 고유벡터의 집합이라고 볼 수 있습니다. 사람의 얼굴 이미지를 데이터화하면 각각의 얼굴마다 값(고윳값)이 있고, 그 값에 따라서 각각의 방향(고유벡터)이 있습니다. 즉, 비슷하게 생긴 사람들 사이의 EigenFace 값이 비슷하게 되어 얼굴을 구별할 수 있게 되는 것입니다.

응하는 고유벡터는 사람의 얼굴과 비슷한 형태를 보이고 있기 때문에 고유얼굴이라고 칭합니다. 〈Eigenface for Recognition〉 논문에서는 그림 4.7처럼 사람의 얼굴을 7개의 고유얼굴으로 표현했습니다. 이는 65,536차원의 이미지 특징을 순식간에 7차원으로 줄여 차원축소 후의 공간에서 안면인식을 진행합니다. 그러나 PCA를 이용해 차원축소를 했을 경우에 일반적으로 남게 되는 것은 최적의 묘사특징(주성분)이지 분류특징은 아닙니다. 만약 우리가 안면인식의 효과를 더 높이려면 LDA 방법을 사용하여 데이터에 대해 차원축소를 진행한 후, 서로 다른 얼굴의 투영 후 특성에 차별성을 갖도록 해야 합니다.

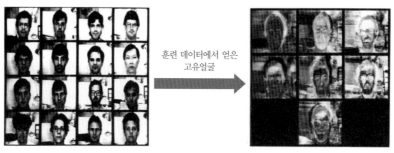

그림 4.7 PCA 차원축소 방법에 기반해 얻은 7개의 고유얼굴

응용의 관점에서 본다면 우리는 하나의 기본 원칙을 세울 수 있습니다. 바로 비지도 문제에 대해서는 PCA를 사용하여 차원축소를 하고, 지도 문제에 대해서는 LDA를 사용하는 것입니다.

요약·응용

여기까지 우리는 수학 원리, 최적화 목표, 그리고 현장 응용의 관점에서 두 전통적인 선형 차원축소 방법인 PCA와 LDA를 비교해 보았습니다. 비선형 데이터에 대해서는 커널 투영 방법을 사용하여 해당 알고리즘들을 확장하여 더 좋은 차원축소 효과를 낼 수 있습니다. 앞서 소개한 고유얼굴에 관심이 있는 독자라면 Eigenface 논문[4]을 통해 차원축소 알고리즘의 실제 응용에 대해서 더 자세히 이해하는 것도 좋을 것입니다.

비지도학습

The Quest for Machine Learning

우리는 실무 중에서 알고리즘에 대량의 특성feature, 피처 데이터를 넣고 학습을 통해 데이터에 존재하는 모종의 공통적인 특성이나 구조, 혹은 데이터 사이에 존재하는 모종의 관계를 얻기 위한 문제들을 만나게 됩니다. 예를 들면, 유튜브 같은 콘텐츠 플랫폼에서 사용자의 시청 패턴에 따라 세그먼트를 나눠 서로 다른 추천 정책을 세운다든가, 혹은 동영상 재생 버퍼링 시간과 사용자의 탈퇴 행위 사이에 관계를 찾는 문제가 있습니다. 우리는 이러한 문제를 '비지도학습' 문제라 부릅니다. 비지도학습은 지도학습처럼 모종의 출력 결과를 예측하지 않습니다. 지도학습과 비교하면, 비지도학습은 입력 데이터에 레이블 정보가 없어 알고리즘 모델을 통해 데이터에 존재하는 구조나 패턴을 찾아야 합니다. 비지도학습은 주로 두 종류의 학습 방법이 있는데, 바로 데이터 클러스터링과 특성 변수 관계 탐색입니다. 여기서 클러스터링 알고리즘은 여러 번의 반복을 통해 데이터의 최적 분할을 진행하는 방법이고, 특성 변수 관계 탐색은 각종 연관성 분석 방법을 통해 변수 사이의 관계를 찾는 것입니다.

k평균 클러스터링

CHAPTER 5

1

상황 설명

서포트 벡터 머신, 로지스틱 회귀, 의사결정 트리 등 전통적인 머신러닝 알고리즘은 분류 문제에 사용되어 왔습니다. 즉, 클래스가 주어진 (정답이 주어진) 샘플에 대해 어떤 종류의 분류기를 훈련해 새로운 샘플에 대한 분류가 가능하도록 만듭니다. 분류 문제와 다르게, 클러스터링은 사전에 샘플이 어느 클래스에 속하는지 알 수 없는 상황에서 진행되며, 데이터 사이에 내재된 관계를 통해 같은 클래스에 속한 샘플들의 유사도를 높게 만드는 몇 개의 클래스로 분류합니다. 그림 5.1은 2차원 공간에서 클러스터링을 진행하는 그림입니다. 그림 5.1(a)는 공간에서 모든 샘플의 분포를 나타내고, 그림 5.1(b)는 클러스터링 결과를 나타냅니다(서로 다른 색이 각 클래스를 나타냅니다).

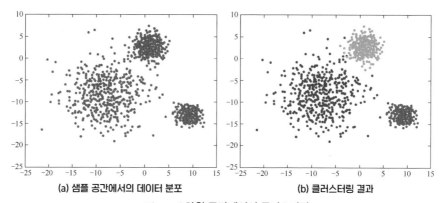

(a) 샘플 공간에서의 데이터 분포　　　　　(b) 클러스터링 결과

그림 5.1　2차원 공간에서의 클러스터링

분류 문제는 지도학습 범주에 속합니다. 그러나 클러스터링은 비지도학습 범주에 속합니다. K평균 클러스터링K-Means Clustering은 가장 기초적이고 가장 자주 사용하는 클러스터링 알고리즘입니다. 이 알고리즘의 기본 아이디어는 재귀적인 방식으로 K개의 군집cluster을 찾는 분할 방안을 통해 클러스터링 결과에 대응하는 비용함수cost function를 가장 작게 만드는 것입니다. 특히, 비용함수는 각 샘플에서 해당 샘플이 속하는 군집의 중심점까지 거리의 오차제곱합으로 정의할 수 있습니다.

$$J(c, \mu) = \sum_{i=1}^{M} \| x_i - \mu_{c_i} \|^2 \tag{5.1}$$

앞의 식에서 x_i는 i번째 샘플을 나타내고, c_i는 x_i가 속하는 군집을, μ_{c_i}는 군집에 대응하는 중심점을, 그리고 M은 총 샘플 수를 나타냅니다.

 키워드 **K평균 클러스터링 알고리즘**K-means Clustering Algorithm /
ISODATA 알고리즘 Iterative Self-Organizing Data Analysis Techniques /
EM 알고리즘 Expectation-Maximization Algorithm

질문 1 K평균 알고리즘이 작동하는 방법에 대해 구체적으로 설명해 주세요. 난이도 ★★

분석·해답

K평균 클러스터링의 핵심 목표는 주어진 데이터 세트를 K개의 군집으로 분할하고, 각 데이터에 대응하는 군집 중심점을 찾는 것입니다. 알고리즘의 구체적인 계산 방법은 다음과 같습니다.

❶ 데이터 전처리를 합니다. 예를 들면, 정규화나 특이점outlier 제거 등이 있습니다.

❷ 랜덤으로 K개의 군집 중심을 선택하고 $\mu_1^{(0)}, \mu_2^{(0)}, \ldots, \mu_K^{(0)}$으로 표기합니다.

❸ 비용함수를 정의합니다. $J(c, \mu) = \min_{\mu} \min_{c} \sum_{i=1}^{M} \| x_i - \mu_{c_i} \|^2$

❹ 반복 횟수 $t = 0, 1, 2, \ldots$를 지정합니다. 그리고 아래 과정이 J에 수렴할 때까지 반복합니다.

- 각 샘플 x_i에 대해 거리가 가장 가까운 군집에 배정

$$c_i^{(t)} \leftarrow \underset{k}{\mathrm{argmin}} \| x_i - \mu_k^{(t)} \|^2 \tag{5.2}$$

- 각 군집 k에 대해 해당 군집의 중심을 다시 계산

$$\mu_k^{(t+1)} \leftarrow \underset{\mu}{\mathrm{argmin}} \sum_{i:c_i^{(t)}=k} \| x_i - \mu \|^2 \tag{5.3}$$

K평균 알고리즘은 반복할 때마다 현재 J가 최솟값에 도달하지 못했다고 가정합니다. 그러면 먼저 군집 중심 $\{\mu_k\}$을 고정하고, 각 샘플이 속한 클래스 c_i를 조정하여 J 함수를 감소시킵니다. 그리고 $\{c_j\}$를 고정하고, 군집 중심 $\{\mu_k\}$를 조정하여 J를

감소시킵니다. 이 두 과정이 교대하며 순환되고, K는 단조감소합니다. K가 최솟값에 도달하면 $\{\mu_k\}$와 $\{c_i\}$는 동시에 수렴합니다.

그림 5.2는 K평균 알고리즘의 반복 과정에 대한 묘사입니다. 먼저, 그림 5.2(a)와 같이 2차원 공간상에 샘플이 주어집니다. 직관적으로 이 샘플들은 두 분류로 나뉠 수 있을 것 같습니다. 이어서 두 중심점을 초기 설정합니다(그림 5.2(b)의 갈색과 노란색 × 표시는 중심점을 나타냄). 그리고 중심점의 위치에 기반해 각 샘플이 속하는 군집을 계산합니다(그림 5.2(c)에서 서로 다른 색으로 표시함). 그다음 각 군집 내의 모든 샘플의 평균값을 계산하여 새로운 중심 위치를 계산합니다(그림 5.2(d)를 참고). 그림 5.2(e)와 그림 5.2(f)는 한 번의 반복을 거친 결과를 보여줍니다. 두 번의 반복 계산을 거친 후 알고리즘이 기본적으로 수렴하는 것을 확인할 수 있습니다.

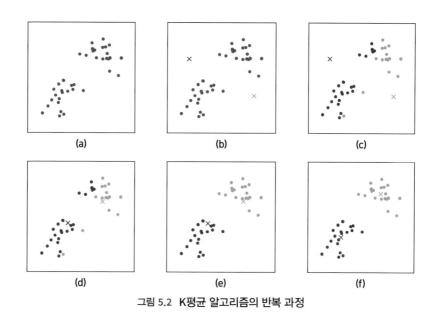

그림 5.2 **K평균 알고리즘의 반복 과정**

K평균 알고리즘의 장단점은 무엇인가요? 알고리즘을 튜닝하는 방법에는 어떤 것들이 있나요?

난이도 ★★★

분석·해답

K평균 알고리즘에는 몇 가지 단점이 존재합니다. 예를 들어, 초깃값과 특이점의 영향을 받아 결과가 불안정해지고 전역 최적해가 아닌 국소 최적해에 수렴하게 되는 경우가 많이 발생합니다. 그래서 데이터 군집 분포 차이가 비교적 큰 상황에 적합하지 않아(예를 들면, 하나의 클래스 내의 샘플 수가 다른 클래스 내의 샘플 수의 100배인 경우) 이산분류 문제에는 잘 사용되지 않습니다. 하지만 이러한 단점이 K평균 알고리즘의 장점을 가릴 수는 없습니다. K평균 클러스터링의 장점은 매우 명확한데, 대규모 데이터 세트에서 K평균 클러스터링 알고리즘은 상대적으로 유연하고 효과적입니다. 이 알고리즘의 계산 복잡도는 $O(NKt)$로 선형에 가깝습니다. 여기서 N은 데이터 대상의 수를, K는 군집 수를, t는 반복 횟수를 뜻합니다. 알고리즘이 전역 최적해에 도달하지 못하고 국소 최적해에 도달한다고 해도, 일반적인 상황에서 도달한 국소 최적해 역시 결과가 훌륭하다는 것을 경험적으로 발견할 수 있을 것입니다.

일반적으로 K평균 알고리즘 튜닝에서는 다음의 세 가지 방법을 자주 사용합니다.

1 데이터 정규화 및 특이점 처리

K평균 클러스터링은 본질적으로 유클리드 거리 척도에 기반한 데이터 분할 방법입니다. 평균값과 분산이 큰 차원이 데이터 군집 결과에 큰 영향을 미치기 때문에 데이터의 정규화나 단위를 통일하지 않는다면 직접 계산하여 비교하기 어렵습니다. 그리고 특이점이나 소량의 노이즈 데이터 역시 평균값에 비교적 큰 영향을 주어 중심이 한쪽으로 치우치게 만들 수 있습니다. 따라서 K평균 클러스터링 알고리즘을 사용하기 전에 데이터에 대한 전처리를 하는 것은 매우 중요합니다.

2 합리적인 *K*값 선택

*K*값의 선택은 K평균 클러스터링의 가장 큰 문제 중 하나이자 K평균 클러스터링 알고리즘의 주요 단점이기도 합니다. 우리는 실행 가능한practicable 방법을 동원해 이런 단점을 보완하거나 최대한 합리적으로 *K*값을 찾아야 합니다. 하지만 *K*값의 선

택은 일반적으로 경험이나 반복적인 실험 결과에 기반하는 경우가 많습니다. 예를 들어, 엘보우 방법Elbow method을 통해 서로 다른 K값을 시도하며 K값에 대응하는 손실함수를 꺾은선으로 그립니다. 그리고 그림 5.3처럼 x축을 K의 값으로, y축을 오차제곱합으로 정의되는 손실함수로 나타냅니다.

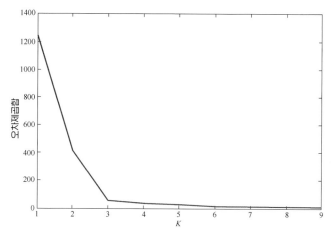

그림 5.3 K평균 알고리즘에서의 K값 선택: 엘보우 방법

그림을 통해 K값이 클수록 거리가 작아진다는 것을 알 수 있습니다. 그리고 $K = 3$ 일 때 사람의 팔꿈치처럼 꺾이는 부분이 생깁니다. $K \in (1, 3)$일 때 곡선은 급격히 하강하고, $K > 3$일 때 곡선이 안정적으로 변합니다. 엘보우 방법은 이렇게 꺾이는 부분(전환점)을 K의 최적값으로 설정합니다.

엘보우 방법은 경험적인 방법이기 때문에 자동화되어 있지 않다는 단점이 있습니다. 따라서 연구자들은 다른 선진적인 방법을 고안해 냈는데, 그중 비교적 유명한 방법 으로는 Gap Statistic 방법[5]이 있습니다. Gap Statistic 방법의 장점은 육안으로 판별 할 필요가 없고 최대의 Gap Statistic에 대응하는 K값만 찾으면 끝난다는 것입니다. 따라서 해당 방법은 작업량이 많은 과제에서 자주 사용됩니다. 위에서 사용했던 손 실함수를 계속 사용한다면, K개의 군집으로 분할할 때 대응하는 손실함수는 D_k라 고 설정합니다. Gap Statistic은 다음과 같이 정의됩니다.

$$\text{Gap}(K) = E(\log D_k) - \log D_k \tag{5.4}$$

여기서 $E(\log D_k)$는 $\log D_k$의 기댓값이며, 일반적으로 몬테카를로 방법_{Monte Carlo}

~~method~~method으로 생성됩니다. 우리는 샘플이 속한 영역 내에서 균일분포에 따라 원본 샘플 데이터와 크기가 같은 랜덤 샘플을 생성하고, 이에 대해 K평균을 내어 D_k를 얻습니다. 몇 차례 반복하면 $E(\log D_k)$의 근삿값을 얻을 수 있습니다. 그렇다면 Gap(K)는 어떤 물리적 함의(숨은 뜻)를 가질까요? 이는 랜덤 샘플의 손실과 실제 샘플의 손실 사이의 차이라고 볼 수 있습니다. 실제 샘플에 대응하는 최적의 군집 수를 K라고 한다면, 실제 샘플의 손실은 상대적으로 작을 것입니다. 랜덤 샘플 손실과 실제 샘플 손실의 차이 역시 최솟값에 도달할 것이며, 따라서 Gap(K)가 최댓값을 갖는 K값을 취하는 것이 바로 최적의 군집 수입니다. 그림 5.4는 식 5.4를 따라 $K = 1, 2, \ldots, 9$에 대응하는 Gap Statistic을 계산한 것입니다. 그림에서 볼 수 있듯이, $K = 3$일 때 Gap(K)의 값이 가장 크기 때문에 최적의 군집 수는 3이 됩니다.

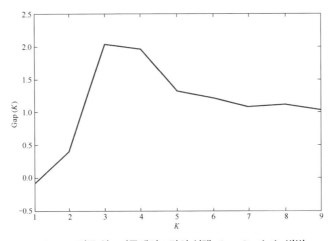

그림 5.4 **K평균 알고리즘에서 *K*값의 선택: Gap Statistic 방법**

③ 커널함수 활용

커널함수를 사용하는 것도 시도해 볼 만한 방법입니다. 전통적인 유클리드 거리 척도 방식은 K평균 알고리즘이 본질적으로 각 군집 데이터에 대해 사전확률을 가정하고, 구형 혹은 고차원 구형 분포가 나타날 것이라 가정하는데, 이러한 분포는 실생활 중에서 자주 보이진 않습니다. 넌컨벡스_{non-convex} 데이터 분포 모양일 때 커널함수를 통해 최적화를 해야 할 필요가 있습니다. 이때 알고리즘을 커널 K군집 알고리즘이라고 부르는데, 커널 클러스터링 방법의 한 종류입니다[6]. 커널 클러스터링 방법의 핵심 아이디어는 비선형 투영을 통해 입력 공간의 데이터 포인트를 고차원의 특성 공간으로 투영시키고, 새로운 특성 공간에서 클러스터링하는 것입니다. 비선형 투영은 데이터 포인트의 선형분리 가능 확률을 증가시켜 전통적인 클러스터링 알고리즘이 효과가 없는 상황에서 커널함수를 사용함으로써 인해 정확한 분류 결과를 얻을 수 있게 만들어 줍니다.

질문 3 K평균 알고리즘의 단점을 개선한 모델은 어떤 것들이 있을까요?

난이도 ★★★

분석·해답

K평균 알고리즘의 주요 단점은 다음과 같습니다.

❶ 사람이 사전에 초기 K값을 지정해 주어야 합니다. 그리고 해당 값이 실제 데이터 분포와 다를 가능성이 있습니다.

❷ K평균값은 국소 최적해에만 수렴하고, 효과는 초깃값에 영향을 많이 받습니다.

❸ 특이점 데이터의 영향을 많이 받습니다.

❹ 샘플 포인트는 하나의 군집에만 분류될 수 있습니다.

● K-means++ 알고리즘

K평균 알고리즘에 대한 개선 방법 중에서 초깃값 선택에 대한 개선은 매우 중요한 부분입니다. 이러한 알고리즘 중에서 영향력이 가장 큰 알고리즘은 K-means++ 알고리즘입니다. 원래 K평균 알고리즘은 시작할 때 데이터 세트 중에서 임의로 K개의 샘플을 군집 중심으로 설정합니다. 반면, K-means++는 다음과 같은 아이디어로 K개 군집 중심을 설정합니다. 만약 이미 n개의 초기 군집 중심을 선택했다고 가정한다면($0 < n < K$), $n + 1$번째 군집 중심을 선택할 때 현재 n개 군집 중심에서 거리가 먼 샘플이 선택될 확률을 높게 만듭니다. 첫 번째 군집 중심($n = 1$)을 선택할 때는 동일하게 임의적으로 선택합니다. 이러한 방법 매우 직관적인데, 단순하게

생각해 보면 군집 중심은 서로 거리가 멀수록 좋기 때문입니다. 초깃값을 선택한 후 K-means++의 진행 방법은 K평균 알고리즘과 동일합니다.

● ISODATA 알고리즘

K값의 크기가 불명확할 때는 ISODATA 알고리즘을 사용하면 됩니다. ISODATA의 정식 명칭은 Iterative Self-Organizing Data Analysis Technique Algorithm입니다. K 평균 알고리즘에서 군집 개수 K의 값은 사람이 사전에 정의해야 하며, 계산 중에는 변경할 수 없습니다. 하지만 고차원의 대용량 데이터를 만났을 때 K의 크기를 예측 하기가 어려운 경우가 많습니다. ISODATA 알고리즘은 이런 문제에 대한 개선 방안 인데, 아이디어가 매우 직관적입니다. 모 클래스에 속하는 샘플 수가 작아지면 해당 클래스를 삭제하고, 모 클래스에 속하는 샘플 수가 많아지거나 분산 정도가 비교 적 크다면 해당 클래스를 두 개의 하위 클래스로 나누는 것이 핵심 아이디어입니다. ISODATA 알고리즘은 K평균 알고리즘을 기반으로 두 가지 단계를 더합니다. 첫 번 째는 분열입니다. 즉, 군집 중심 수를 늘리는 것입니다. 두 번째는 합병인데, 군집 중 심 수를 줄이는 방법입니다. ISODATA 알고리즘은 비교적 자주 사용되지만, 단점은 지정해야 할 파라미터 수가 비교적 많다는 점입니다. 참고용 군집 개수 K_0뿐만 아니 라 임곗값 3개를 추가 설정해야 합니다. 이어서 ISODATA 알고리즘에 각 입력 파라 미터를 살펴보겠습니다.

[1] **예상되는 군집 중심 개수 K**   ISODATA 계산 과정에서 군집 중심 수는 변할 수 있습니다. K_0는 데이터 과학자가 지정하는 참고치reference value인데, 해당 알고리즘 의 군집 중심 개수의 변동 범위가 참고치에 의해 정해집니다. 조금 더 자세히 설명 하면, 최종적으로 출력되는 군집 중심 개수는 일반적으로 K_0의 절반에서 두 배 사 이입니다.

[2] **각 클래스에 포함되어야 하는 최소한의 샘플 개수 N_{min}**   만약 분열 후 어떤 하위 클래스에 포함되는 샘플 개수가 해당 임곗값보다 작다면 해당 클래스에 대해 분열 작업을 진행하지 않습니다.

[3] **최대분산 시그마sigma**   클래스 내 샘플의 분산 정도를 제어하기 위해 사용됩니다. 샘플의 분산 정도가 임계치를 넘어가고 [2]번을 만족한다면, 분열 작업을 진행합니다.

④ 두 군집 중심 사이에 가질 수 있는 최소한의 거리 D_{min} 만약 두 클래스가 매우 가깝게 위치한다면(즉, 두 클래스의 군집 중심 사이의 거리가 매우 짧다면), 해당 임곗값보다 작을 경우 두 클래스에 대해 합병 작업을 진행합니다.

만약 샘플을 단일한 클래스에 분류하는 것이 목적이 아니라면, 퍼지 군집Fuzzy C-means 알고리즘을 사용하거나 가우스 혼합 모델을 사용합니다. 가우스 혼합 모델에 대해서는 다음 절에서 상세히 설명하겠습니다.

K평균 알고리즘의 수렴성에 대해 증명하세요.

난이도 ★★★★

분석·해답

먼저, 우리는 K평균 클러스터링의 재귀적 계산법이 사실 일종의 기댓값 최대화 알고리즘Expectation-Maximization algorithm이라는 것을 알아야 합니다. 앞으로는 간단하게 EM 알고리즘이라고 부르겠습니다. EM 알고리즘은 확률 모형에 관측할 수 없는 은닉변수가 있는 경우의 파라미터 예측 문제를 해결합니다. 만약 m개의 관찰 샘플이 있고 모델의 파라미터를 θ라고 한다면, 로그우도함수log-likelihood function를 최대화하는 식은 다음과 같이 쓸 수 있습니다.

$$\theta = \underset{\theta}{\mathrm{argmax}} \sum_{i=1}^{m} \log P(x^{(i)} \mid \theta) \tag{5.5}$$

확률 모형에 관측할 수 없는 은닉변수가 있을 때 파라미터의 최대우도 추정은 다음과 같이 변합니다.

$$\theta = \underset{\theta}{\mathrm{argmax}} \sum_{i=1}^{m} \log \sum_{z^{(i)}} P(x^{(i)}, z^{(i)} \mid \theta) \tag{5.6}$$

$z^{(i)}$를 알 수 없기 때문에 직접적으로 최대우도 추정을 통해 파라미터를 구할 수 없습니다. 이때 EM 알고리즘을 사용하여 해를 구합니다. 만약 $z^{(i)}$에 대응하는 분포가 $Q_i(z^{(i)})$이고 $\sum_{z^{(i)}} Q_i(z^{(i)}) = 1$을 만족한다고 가정한다면, 젠센 부등식Jensen's inequality을

사용하여 다음을 얻을 수 있습니다.

$$\sum_{i=1}^{m}\log\sum_{z^{(i)}}P(x^{(i)},z^{(i)}\mid\theta)=\sum_{i=1}^{m}\log\sum_{z^{(i)}}Q_i(z^{(i)})\frac{P(x^{(i)},z^{(i)}\mid\theta)}{Q_i(z^{(i)})}$$

$$\geqslant\sum_{i=1}^{m}\sum_{z^{(i)}}Q_i(z^{(i)})\log\frac{P(x^{(i)},z^{(i)}\mid\theta)}{Q_i(z^{(i)})} \tag{5.7}$$

위 식에의 등호가 성립하기 위해서는 $\frac{P(x^{(i)},z^{(i)}\mid\theta)}{Q_i(z^{(i)})}=c$를 만족해야 하는데, 여기서 c는 상수이고, $\sum_{z^{(i)}}Q_i(z^{(i)})=1$을 만족합니다. 따라서 $Q_i(z^{(i)})=\frac{P(x^{(i)},z^{(i)}\mid\theta)}{\sum_{z^{(i)}}P(x^{(i)},z^{(i)}\mid\theta)}=$ $P(z^{(i)}|x^{(i)},\ \theta)$가 되며, 부등식 우측 함수를 $r(x|\theta)$로 나타낼 수 있습니다. 부등식이 성립할 때, 이는 마치 최적화하는 함수의 하계lower bound의 근사치를 찾는 것과 같습니다. 그리고 해당 하계를 최대화함으로써 최적화 함수를 더 나은 방향으로 개선해 가는 것입니다.

그림 5.5는 θ가 1차원인 경우의 예제입니다. 여기서 보라색 곡선은 최적화 함수를 나타내며, $f(\theta)$로 표기합니다. 최적화 과정은 $f(\theta)$를 최대화하는 θ를 찾는 것입니다. 현재 θ값에 따라(그림에서 녹색 선의 위치) $Q_i(z^{(i)})=P(z^{(i)}|x^{(i)},\ \theta)$을 계산할 수 있습니다. 이때 부등식 우측의 함수($r(x|\theta)$로 나타냄)는 그림에서 파란색 선이 나타내는 것처럼 최적화 함수의 하계를 보여줍니다. 여기서 두 곡선의 θ값은 같습니다. 이어서 $r(x|\theta)$를 최대화하는 θ'를 찾습니다. 즉, 그림에서 빨간색에 해당하는 위치입니다. 이때 $f(\theta')$의 값은 $f(\theta)$의 값(녹색 위치)보다 향상되었습니다. 따라서 $f(\theta')\geqslant r(x|\theta)$ $=f(\theta)$을 증명할 수 있고, 함수는 단조함수입니다. 그리고 $P(x^{(i)},z^{(i)}|\theta)\in(0,\ 1)$ 이기 때문에 함수는 유계함수bounded function입니다. 함수가 단조함수이고 유계함수이면 반드시 수렴한다는 성질에 기반해, EM 알고리즘의 수렴성은 증명될 수 있습니다. 하지만 EM 알고리즘은 국소 최적해에 수렴하는 것까지만 보장합니다. 그림 5.5를 예로 든다면, 함수가 넌컨벡스non-convex일 경우에 좌측 구역에서 시작했다면, 우측 구역에 있는 최고점(최적해)에 도달하지 못할 것입니다.

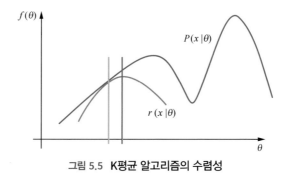

그림 5.5 **K평균 알고리즘의 수렴성**

따라서 EM 알고리즘의 프레임은 다음과 같이 정리할 수 있습니다.

❶ **E단계** 은닉변수의 기댓값을 계산

$$Q_i(z^{(i)}) = P(z^{(i)}|x^{(i)}, \theta) \tag{5.8}$$

❷ **M단계** 최대화

$$\theta = \underset{\theta}{\mathrm{argmax}} \sum_{i=1}^{m} \sum_{z^{(i)}} Q_i(z^{(i)}) \log \frac{P(x^{(i)}, z^{(i)}|\theta)}{Q_i(z^{(i)})} \tag{5.9}$$

이 두 단계를 수렴할 때까지 번갈아 가며 진행합니다.

이제 K평균 알고리즘과 EM 알고리즘의 관계에 대해 설명하는 부분만 남았습니다. K평균 알고리즘은 EM 알고리즘을 사용하여 이하 은닉변수의 최대우도 문제를 푸는 것과 동일합니다.

$$P(x, z \mid \mu_1, \mu_2, \dots, \mu_k) \propto \begin{cases} \exp(-\|x-\mu_z\|_2^2), & \|x-\mu_z\|_2 = \min_k \|x-\mu_k\|_2 \\ 0, & \|x-\mu_z\|_2 > \min_k \|x-\mu_k\|_2 \end{cases} \tag{5.10}$$

여기서 $z \in \{1, 2, \dots, k\}$는 모델의 은닉변수입니다. 직관적으로 이해하면, k번째 군집 중심점 μ_k로부터 샘플 x까지의 거리가 가장 가까울 때 확률은 $\exp(-\|x-\mu_z\|_2^2)$에 정비례하고, 아니라면 0이 됩니다. E단계에서 다음을 계산하면,

$$Q_i(z^{(i)}) = P(z^{(i)} \mid x^{(i)}, \mu_1, \mu_2, \dots, \mu_k) \propto \begin{cases} 1, & \|x^{(i)}-\mu_{z^{(i)}}\|_2 = \min_k \|x-\mu_k\|_2 \\ 0, & \|x^{(i)}-\mu_{z^{(i)}}\|_2 > \min_k \|x-\mu_k\|_2 \end{cases} \tag{5.11}$$

이는 K평균 알고리즘에서 각 샘플 $x^{(i)}$에 대해 가장 가까운 군집 $z^{(i)}$를 찾는 것과 같습니다.

M단계에서 최적의 파라미터 $\{\mu_1, \mu_2, ..., \mu_k\}$를 찾으면 우도함수를 최대화할 수 있습니다.

$$\theta = \underset{\theta}{\arg\max} \sum_{i=1}^{m} \sum_{z^{(i)}} Q_i(z^{(i)}) \log \frac{P(x^{(i)}, z^{(i)} | \theta)}{Q_i(z^{(i)})} \tag{5.12}$$

이를 전개하면 다음을 얻을 수 있습니다.

$$\sum_{i=1}^{m} \sum_{z^{(i)}} Q_i(z^{(i)}) \log \frac{P(x^{(i)}, z^{(i)} | \theta)}{Q_i(z^{(i)})} = \text{const} - \sum_{i=1}^{m} \| x^{(i)} - \mu_{z^{(i)}} \|^2 \tag{5.13}$$

따라서 이와 같은 과정은 최적의 중심점 $\mu_1, \mu_2, ..., \mu_k$를 찾고 손실함수 $\sum_{i=1}^{m} \| x^{(i)} - \mu_{z^{(i)}} \|^2$을 최소화하는 것과 동일하며, 이때 각 샘플 $x^{(i)}$에 대응하는 군집 $z^{(i)}$가 이미 정해지는데, 따라서 각 군집 k에 대응하는 최적 중심 점 μ_k는 해당 군집의 모든 샘플의 평균을 통해 계산됩니다. 이는 K평균 알고리즘에서 계산 당시 군집의 배치에 따라 군집 중심을 갱신하는 절차와 같습니다.

2 가우스 혼합 모델

상황 설명

가우스 혼합 모델Gaussian Mixture Model, GMM은 자주 사용되는 군집 알고리즘 중 하나입니다. K평균 알고리즘과 유사한데, 동일하게 EM 알고리즘을 사용하여 반복적으로 계산합니다. 가우스 혼합 모델은 각 군집의 데이터가 가우스 분포(또는 정규분포)에 부합하고, 데이터에 나타나는 분포가 각 군집의 가우스 분포를 겹친 결과라고 가정합니다.

그림 5.6은 데이터 분포 예제입니다. 만약 하나의 가우스 분포로 그림의 데이터를 적합fitting한 다면, 그림에 나타난 타원은 가우스 분포의 표준편차 두 배에 대응하는 타원이 됩니다. 직관적으로 보면, 그림의 데이터는 두 개의 군집으로 나뉠 수 있기 때문에 하나의 가우스 분포로 적합시키는 것은 합리적이지 않습니다. 따라서 여러 개의 가우스 분포를 겹쳐 데이터 적합을 진행하는 것이 필요합니다. 그림 5.7은 두 개의 가우스 분포를 겹쳐 적합하여 얻은 결과를 보여주고 있습니다. 이 간단한 예제가 바로 가우스 혼합 모델을 설명하고 있으며, 즉 다수의 가우스 분포 함수의 선형 조합으로 데이터를 적합하는 것입니다. 이론상으로 가우스 혼합 모델은 어떤 형태의 분포라도 적합시킬 수 있습니다.

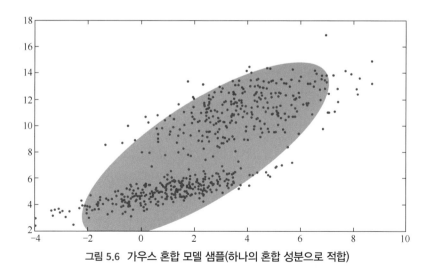

그림 5.6 가우스 혼합 모델 샘플(하나의 혼합 성분으로 적합)

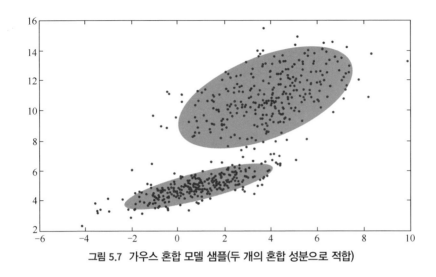

그림 5.7 가우스 혼합 모델 샘플(두 개의 혼합 성분으로 적합)

 키워드 가우스 분포Gaussian Distribution / 가우스 혼합 모델Gaussian Mixture Model /
EM 알고리즘Expectation-Maximization Algorithm

질문 가우스 혼합 모델의 핵심 아이디어는
무엇인가요? 알고리즘은 어떻게 반복적으로
계산되나요?

난이도 ★★

분석·해답

독자들은 가우스 분포Gaussian distribution에 대해 꽤 익숙할 것입니다. 일반적으로 사
람의 키나 시험 점수 등의 분포가 가우스 분포를 따릅니다. 따라서 각종 데이터를
연구할 때 동일한 종류의 데이터는 가우스 분포를 따를 것이라 가정하는 것은 자연
스럽고 합리적인 아이디어입니다. 데이터가 다수의 클래스에 속하거나 데이터를 여
러 개의 군집으로 분할하려고 할 때 서로 다른 군집 내의 데이터는 서로 다른 가우
스 분포를 따를 것이라 가정할 수 있습니다. 이런 가정을 바탕으로 한 클러스터링
알고리즘을 가우스 혼합 모델Gaussian Mixture Model이라고 부릅니다.

가우스 혼합 모델의 핵심 아이디어는 데이터가 다수의 가우스 분포로부터 생성된
것이라고 가정하는 것입니다. 이러한 가설하에서 각 하위 모델은 모두 표준 가우스

모델이고, 평균값 μ_i, 분산 Σ_i은 모두 계산해야 하는 파라미터입니다. 이외에 각 하위 모델은 모두 파라미터 π_i를 가지는데, 가중치 혹은 데이터를 생성할 확률이라고 이해할 수 있습니다. 가우스 혼합 모델의 공식은 다음과 같습니다.

$$p(x) = \sum_{i=1}^{K} \pi_i N(x \mid \mu_i, \Sigma_i) \tag{5.14}$$

가우스 혼합 모델은 일종의 생성모델generative model입니다. 데이터 생성 과정은 다음과 같이 이해할 수 있습니다. 먼저, 두 개의 1차원 표준 가우스 분포를 따르는 하위 모델 $N(0, 1)$과 $N(5, 1)$이 존재하는 가장 단순한 상황을 가정하고, 각 가중치를 0.7과 0.3으로 설정합니다. 그러면 첫 번째 데이터 포인트를 생성할 때 가중치 비율에 따라 임의로 하나의 분포를 선택합니다. 예를 들어, 첫 번째 가우스 분포를 선택하고 $N(0, 1)$에 따라 (예를 들면) 0.5와 같이 첫 번째 포인트 하나를 생성합니다. 두 번째 데이터 포인트를 생성할 때도 마찬가지로 두 번째 가우스 분포 $N(5, 1)$을 임의로 선택하고 두 번째 데이터 포인트 4.7을 생성합니다. 이렇게 반복하여 모든 데이터 포인트를 생성합니다.

그러나 일반적으로 우리는 가우스 혼합 모델의 파라미터를 직접적으로 얻을 수 없습니다. 일련의 데이터 포인트를 관찰하여 클래스 수 K를 얻은 후에 최적의 K개 가우스 하위 모델을 구해야 합니다. 따라서 가우스 혼합 모델의 계산은 최적의 평균값 μ, 분산 Σ, 가중치 π를 찾는 작업이 되고, 이러한 종류의 문제들은 일반적으로 최대우도 추정을 통해 해를 구할 수 있습니다. 안타까운 점은, 해당 문제에서 직접적으로 최대우도 추정을 사용했을 때 하나의 복잡한 넌컨벡스 함수를 얻고, 목적함수는 합의 지수가 됩니다. 따라서 이를 전개하고 편미분하기 어렵습니다.

이러한 상황에서는 이전 절에서 소개한 EM 알고리즘Expectation–Maximization algorithm 구조를 사용하여 최적화 문제를 풀 수 있습니다. EM 알고리즘은 목적함수를 최적화할 때, 먼저 하나의 변수를 고정하고 전체 함수를 컨벡스 최적화 함수로 변환해 미분하여 최적값을 얻을 수 있도록 만듭니다. 그리고 최적 파라미터 통해 고정된 변수를 업데이트하고 다음 사이클로 넘어갑니다. 가우스 혼합 모델에 대한 구체적인 EM 알고리즘 반복 과정은 다음과 같습니다.

❶ E단계 현재 파라미터를 기반으로 각 포인트가 어떤 하위 모델에 의해 생성될 확률을 계산합니다.

❷ M단계 E단계를 통해 계산된 확률을 사용하여 각 하위 모델의 평균, 분산, 가중치를 업데이트합니다.

다시 말해, 우리는 최적의 K개 가우스 분포가 가지고 있는 3개의 파라미터를 알지 못하고, 각 데이터 포인트가 어떤 가우스 분포에 의해 생성된 것인지도 알지 못합니다. 따라서 매번 반복할 때 가우스 분포를 고정하고 각 데이터 포인트가 각 가우스 분포에 의해 생성될 확률을 얻습니다. 그리고서 해당 생성확률을 고정시키고 데이터 포인트와 생성확률을 기반으로 새로운 가우스 분포를 얻습니다. 이런 과정을 순환하며 파라미터가 더 이상 변화하지 않거나 변화가 매우 작을 경우 비교적 합리적인 가우스 분포를 얻게 됩니다.

가우스 혼합 모델과 K평균 알고리즘의 공통점은 이들 모두 클러스터링 알고리즘으로 사용할 수 있다는 점입니다. 그리고 K값은 모두 지정해 주어야 하며, EM 알고리즘을 사용하여 해를 구할 수 있으며, 국소 최적해에만 수렴한다는 공통점도 있습니다. 하지만 K평균 알고리즘과 비교했을 때 가우스 혼합 모델의 장점은 샘플이 어떤 클래스에 속할 확률이 얼마인지 알 수 있다는 것입니다. 따라서 클러스터링 문제뿐만 아니라 확률밀도의 계산에도 활용되며, 새로운 샘플 포인트를 생성할 때도 사용됩니다.

자기 조직화 지도

상황 설명

자기 조직화 지도Self-Organizing Map, 이하 SOM는 중요한 비지도학습 방법이며, 클러스터링, 고차원 시각화, 데이터 압축, 특성 추출 등 다양한 용도로 사용됩니다. 딥러닝이 유행하는 최근 시기에도 SOM을 논하는 것은 매우 의미 있는 일입니다. 왜냐하면 SOM은 인간 두뇌 뉴런의 신호처리 기재를 융합한 독특한 구조적 특징을 가지기 때문입니다. 이 모델은 1981년에 핀란드 헬싱키대학교 튜보 코호넨Teuvo Kohonen 교수가 고안했기 때문에 코호넨Kohonen 네트워크라고도 불립니다.

키워드 자기 조직화 지도Self-Organizing Map, SOM

SOM 알고리즘에 대해 설명해 보세요. SOM과 K평균 알고리즘은 어떤 차이점이 있나요?

난이도 ★★★

분석·해답

생물학 연구를 통해 인간 뇌의 감각 인지 통로상에서 뉴런이 순서대로 배열되어 있다는 것이 밝혀졌습니다. 동시에 대뇌 피질은 외부 특정 시공간 정보에 대해 특정 구역이 흥분하고 비슷한 종류의 외부 정보가 입력되면 이에 대응하는 구역이 연속적으로 흥분하게 됩니다. 예를 들면, 망막 중에 많은 특정한 세포가 특정한 이미지에 대해서만 민감한데, 망막 중에 여러 수신 단위receive unit가 동시에 특정한 자극을 받았을 때 대뇌 피질의 특정 뉴런을 흥분시키고, 입력된 유형이 비슷할 때 이에 대응하는 흥분 뉴런도 비슷해집니다. 또한, 청각에 대한 뉴런의 배열 구조와 주파수의 관계는 매우 밀접합니다. 어떤 주파수에 대해 특정한 뉴런은 최대 응답을 가지고, 근접한 이웃 뉴런은 비교적 비슷한 주파수 특징을 가지고 있습니다. 그리고 거리가 먼 뉴런 사이에 주파수 특징 차이는 비교적 큰 편입니다. 대뇌 피질에서 뉴런의 이러한 응답 특징은 선천적으로 배치된 것이 아닌 후천적인 학습을 통해 자기 조직화되어 형성된 것입니다.

생물 신경 시스템에는 일종의 측방억제lateral inhibition 현상이 존재하는데, 즉 하나의 신경세포가 흥분한 후 주위에 다른 신경세포에 억제 작용을 가하는 것입니다. 이러한 종류의 억제 작용은 신경세포 사이에 경쟁을 일으켜 승자와 패자를 만듭니다. 표현 형식은 승리한 신경세포는 흥분하게 되고, 패배한 신경세포는 억제되는 식입니다. SOM은 바로 이러한 생물 신경 시스템 기능을 모방하여 만들어진, 일종의 인공 신경망이라고 할 수 있습니다.

본질적으로 SOM은 입력층과 출력층(경쟁층), 두 개의 층으로 구성된 신경망neural network입니다. 입력층은 외부 입력 신호를 감지하는 망막을 모방하였고, 출력층은 이에 응답하는 대뇌 피질을 모방하였습니다. 출력층의 뉴런 개수는 일반적으로 군집의 수와 같습니다. 즉, 클러스터링해야 하는 클래스를 대표합니다. 훈련할 때는 '경쟁학습' 방식을 선택하여 각 입력 샘플에서의 모든 가중치와 유클리드 거리를 계산하여 최소가 되는 가장 적합한 노드를 찾습니다. 이를 활성화 노드라고 부릅니다(또는 winning neuron이라고 부릅니다). 그런 다음, 확률적 경사하강법Stochastic Gradient Descent, 이하 SGD을 사용하여 활성화 노드의 파라미터를 갱신합니다. 동시에 활성화 노드와 인접한 점dot도 이들의 거리에 기반해 적절하게 파라미터를 갱신합니다. 이러한 경쟁은 뉴런 사이에 횡방향 억제 연결(네거티브 피드백)을 통해 실현됩니다. SOM의 출력층 노드는 위상 관계topological relation를 갖습니다. 만약 1차원 모델을 원한다면 은닉 노드는 '1차원 직선'일 수 있고, 2차원의 위상 관계를 원한다면 그림 5.8에 나타나는 것처럼 하나의 '2차원 평면'을 형성합니다. 당연히 '3차원 격자 배열'과 같은 더 높은 차원의 위상 관계도 존재하지만 자주 볼 수는 없습니다.

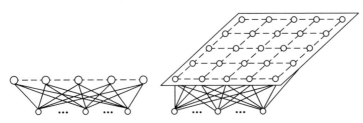

그림 5.8 SOM의 두 가지 네트워크 구조

입력 공간을 D차원이라고 가정하면 입력 형식은 $x = \{x_i, i = 1, \ldots, D\}$가 되고, 입력 단위 i와 뉴런 j 사이 계산층의 연결 가중은 $w = \{w_{i,j}, j = 1, \ldots, N, i = 1, \ldots, D\}$가 됩니다. 여기서 N은 총 뉴런의 개수입니다. SOM의 자기 조직화 과정은 다음과 같은 몇 단계의 과정으로 정리할 수 있습니다.

❶ **초기화**   모든 연결 가중*은 아주 작은** 임의의 값으로 초기화한다.

❷ **경쟁**   뉴런은 각 입력 형식의 판별 함숫값을 계산하고 최소 판별 함숫값을 가진 특정한 뉴런을 승자로 결정합니다. 여기서 각 뉴런 j의 판별 함수는 $d_j(x) = \sum_{i=1}^{D} (x_i - w_{i,j})^2$ 입니다.

❸ **협력**   승리한 뉴런 $I(x)$는 흥분 뉴런의 위상 이웃 영역의 공간 위치를 결정합니다. 활성화 노드 $I(x)$가 정해진 다음, 해당 노드와 인접한 노드를 갱신합니다. 갱신 정도에 대한 계산 공식은 다음과 같습니다.

$$T_{j,I(x)}(t) = \exp\left(-\frac{S_{j,I(x)}^2}{2\sigma(t)^2}\right)$$

여기서 S_{ij}는 경쟁층 뉴런 i와 j 사이의 거리를 나타내고, $\sigma(t) = \sigma_0 \exp\left(-\frac{t}{\tau_\sigma}\right)$ 시간이 흐름에 따라 감쇠합니다. 간단히 말해, 근접한 노드의 거리가 멀면 멀수록 갱신의 정도는 더 큰 정도로 디스카운트discount됩니다.

❹ **적응**   흥분 뉴런과 관련 있는 연결 가중을 적당히 조절하여 다음 식을 구합니다. $\Delta w_{ji} = \eta(t) \cdot T_{j,I(x)}(t) \cdot (x_i - w_{ji})$. 여기서 시간에 기반한 학습률은 $\eta(t) = \eta_0 \exp\left(-\frac{t}{\tau_\eta}\right)$으로 정의됩니다.

❺ **반복**   특성 투영이 안정적일 때까지 계속해서 ❷번 단계로 돌아가 상기 과정을 반복합니다. 반복이 완료된 후, 각 샘플에서 활성화된 뉴런이 바로 해당 샘플에 대응하는 클래스가 됩니다.

★ 　옮긴이 가중치 행렬
★★ 　옮긴이 일반적으로 0보다 크고 1보다 작은 값

SOM은 투영의 순서를 유지하는 특징이 있는데, 임의 차원의 입력 형식을 출력층에서 1차원 혹은 2차원 도형으로 투영해 위상 구조를 유지할 수 있습니다. 이러한 위상 투영은 '출력층 뉴런의 공간 위치를 입력 공간의 특정 영역 특징에 대응'하도록 만듭니다. 해당 학습 과정을 통해 각 학습 가중치 갱신의 효과는 승리한 뉴런과 그 이웃의 가중치 벡터 w_i를 입력벡터 x로 이동시키는 것과 같다는 것을 알 수 있고, 동시에 해당 과정의 반복을 통해 네트워크의 위상적 순서가 유지됨을 알 수 있습니다.

SOM에서 승리한 뉴런은 관련 있는 각 가중치를 경쟁하기 좋은 방향으로 조정하는데, 즉 승자 뉴런을 중심으로 하여 이웃하는 뉴런에 흥분성 측방 피드백을 표현하지만, 먼 이웃 뉴런에게는 억제성 측방 피드백을 표현합니다. 근접한 이웃은 서로 격려하지만, 먼 이웃은 서로 억제합니다. 근접 이웃과 먼 이웃은 모두 일정한 범위가 있고, 더 먼 이웃 뉴런은 약한 격려 작용이 표현됩니다. 이러한 상호작용 방식은 곡선으로 시각화될 수 있는데, 그림 5.9에 보이는 것처럼 멕시코 전통 모자인 '솜브레로sombrero'처럼 생겼습니다.

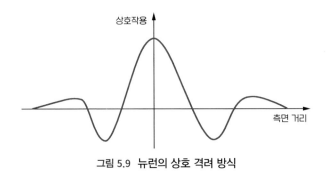

그림 5.9 뉴런의 상호 격려 방식

SOM과 K평균 알고리즘의 차이는 다음과 같습니다.

❶ K평균 알고리즘은 사전에 군집 개수(K의 값)를 설정해야 하지만, SOM은 그럴 필요가 없습니다. 은닉층 중 어떤 노드는 해당 노드에 속하는 어떠한 입력 데이터도 없을 가능성이 있기 때문에 실제 군집 수는 뉴런의 수보다 적을 수 있습니다. 그러나 K평균 알고리즘은 K값 설정에 큰 영향을 받습니다.

❷ K평균 알고리즘은 각 입력 데이터와 가장 유사한 클래스를 찾은 후에 해당 클래스에 파라미터만을 갱신할 수 있습니다. 반면, SOM은 근접 노드를 갱신할 수 있습니다. 따라서 K평균 알고리즘은 노이즈 데이터noise data의 영향을 비교적 많이 받지만, SOM의 정확성이 (인접 노드를 갱신했기 때문에) K평균 알고리즘보다 낮을 수 있습니다.

❸ K평균 알고리즘과 비교하면, SOM은 시각화하기 좋고 비교적 우아한 위상 관계 그래프를 얻을 수도 있습니다.

질문 2 SOM은 어떻게 설계해야 할까요? 그리고 네트워크 훈련 파라미터는 어떻게 설정해야 할까요?

난이도 ★★★

분석·해답

● 출력층 뉴런 수를 설정

출력층 뉴런 수와 훈련 세트 샘플의 클래스 수는 관련이 있습니다. 클래스 수가 명확하지 않다면 최대한 많은 노드 수를 설정하는 것이 좋습니다. 그래야만 샘플의 위상 구조를 비교적 잘 투영할 수 있기 때문입니다. 분류를 너무 자세히 하면 출력 노드를 줄이도록 합니다. 이렇게 하면 갱신되지 않는 가중치의 '죽은 노드'가 나오게 되는데, 일반적으로 가중치를 새로 초기화하는 방법을 통해 해결합니다.

● 출력층 노드의 배열을 설정

출력층 노드 배열을 어떤 식으로 만들 것인지는 실제 응용 요구에 따라 다른데, 배열 형식은 최대한 실제 문제의 물리적 의미를 직관적으로 반영할 수 있도록 만들어야 합니다. 예를 들어, 일반적인 분류 문제에서 하나의 출력 노드는 하나의 패턴만을 나타낼 수 있는데, 대표적인 1차원 직선은 구조가 간단하고 의미가 명확합니다. 색 공간 혹은 여행자 루트 패턴* 같은 문제는 2차원 평면이 비교적 직관적입니다.

★　옮긴이 the tourist route system을 뜻합니다.

● 가중치 초기화

임의로 초기화를 할 수 있지만, 최대한 가중치의 초기 위치를 입력 샘플의 대략적인 분포 구역과 충분히 중첩될 수 있도록 만들어 대량으로 초기 '죽은 노드가' 대량으로 생기는 것을 방지합니다. 가장 간단하고 실행하기 쉬운 방법은 훈련 세트에서 임의로 m개 입력 샘플을 뽑아 초기 가중치로 설정하는 것입니다.

● 위상 영역 설계

위상 영역의 설계 원칙은 영역을 계속해서 축소하는 것인데, 이렇게 해야 출력 평면 상에 인접한 뉴런에 대응하는 가중치 벡터 사이에 차이가 생기는 동시에 유사성도 생기기 때문입니다. 따라서 승자 노드가 어떤 종류의 패턴에 가장 큰 반응을 할 때, 해당 영역 노드 역시 비교적 큰 반응을 생성하게 됩니다. 영역의 형태는 정사각형, 육각형 혹은 마름모가 될 수 있습니다. 우세 영역의 크기는 영역의 반지름으로 표현되고, 일반적으로 경험에 의해 선택됩니다.

● 학습률 설정

학습률은 하나의 단조감소 함수이며, 위상 영역의 갱신과 결합하여 생각할 수도 있고 분리하여 생각할 수도 있습니다. 훈련을 시작할 때 학습률은 비교적 큰 값으로 선택하고, 이후에 비교적 빠른 속도로 낮춰 최대한 빠르게 입력벡터의 대략적인 구조를 파악할 수 있도록 합니다. 그런 다음, 학습률이 비교적 작은 값에서 0으로 떨어질 때 입력 공간 샘플 분포 구조에 맞는 가중치를 정밀하게 조정할 수 있게 됩니다.

클러스터링
알고리즘 평가

상황 설명

사람은 매우 뛰어난 귀납적 사고능력을 갖췄습니다. 즉, 파편화된 사실 혹은 데이터에서 보편적인 규칙을 찾아 논리적인 결론에 도달하는 작업을 잘합니다. 사용자가 동영상을 보는 행위를 예로 들면, 많은 직관적인 귀납 방식이 존재할 수 있습니다. 예를 들어, 선호 콘텐츠 관점에서 보면 만화, 드라마, 판타지 영화 등으로 나눌 수 있고, 자주 사용하는 기기 관점에서 보면 노트북, 핸드폰, 태블릿 PC 등으로 나눌 수 있습니다. 또한, 사용 시간대 관점에서 보면 저녁, 오후, 매일, 주말마다 보는 사용자로 나눌 수 있을 것입니다. 모든 사용자를 효과적으로 분류할 수 있다면 사용자를 더 깊이 이해하고 더 적합한 콘텐츠를 추천하는 데 중요한 역할을 할 것입니다. 하지만 이러한 문제를 머신러닝으로 처리하기 위해서는 관측 데이터의 라벨 혹은 분류 정보가 없기 때문에 알고리즘 모델을 통해 데이터 내에 존재하는 구조와 패턴을 찾아야 합니다.

키워드 데이터 군집 Data Clustering /
클러스터링 알고리즘 평가 지표 Evaluation Metrics for Clustering

 질문 외부 라벨(정답) 데이터가 없다고 가정한다면 어떻게 두 클러스터링 알고리즘을 비교할 수 있을까요?

난이도 ★★★

분석·해답

상황 설명 중에서 묘사한 예제는 전통적인 클러스터링 문제입니다. 여기서 확인할 수 있는 것은 데이터의 클러스터링은 실제 목적에 따라 다르고, 동시에 데이터의 특성 척도와 데이터 유사도 평가 방법에 영향을 받는다는 것입니다. 지도학습과 비교해 보면, 비지도학습은 일반적으로 라벨링된 데이터가 없고, 모델, 알고리즘의 설계가 최종 출력과 모델의 성능에 직접적인 영향을 미칩니다. 서로 다른 클러스터링 알고리즘의 성능을 비교하기 위해서 우리는 먼저 자주 보이는 데이터 군집의 특징을 알아야 합니다.

- **중심에 의해 정의되는 데이터 군집** 이러한 데이터 세트는 구형 분포spherical distribution를 따르는 경향이 있습니다. 일반적으로 중심은 무게중심center of mass 으로 정의되는데, 즉 데이터 군집의 모든 샘플 포인트의 평균값입니다. 세트 내의 데이터에서 중심까지의 거리가 다른 군집 중심 대비 짧습니다.

- **밀도에 의해 정의되는 데이터 군집** 이러한 데이터 세트는 주변의 데이터와 명확히 다른 밀도 혹은 희소한 패턴을 보입니다. 데이터 군집이 불규칙하거나 서로 감겨 있는 패턴을 보이고, 노이즈 데이터와 특이점이 있을 경우 밀도에 기반한 군집 정의를 사용합니다.

- **연결에 의해 정의되는 데이터 군집** 이러한 데이터 세트는 데이터 포인트 사이에 연결 관계가 있어 모든 데이터 군집을 구조 그래프로 나타낼 수 있습니다. 이러한 정의는 불규칙한 형태나 서로 감겨 있는 데이터 군집 형태에 효과적입니다.

- **개념에 의해 정의되는 데이터 군집** 이러한 데이터 집합에서는 모든 데이터 포인트가 모종의 공통 특성을 갖습니다.

데이터와 요구의 다양성 때문에 모든 데이터 유형, 데이터 군집 혹은 응용 환경에 통용되는 알고리즘은 존재하지 않습니다. 따라서 각각의 상황에 따라 다른 평가 방법 혹은 척도 기준이 필요합니다. 예를 들어, K평균 클러스터링은 오차제곱합sum of squares error으로 평가할 수 있지만, 밀도에 기반한 데이터 군집은 구형이 아닐 수 있기 때문에 오차제곱합을 사용할 수 없을 수도 있습니다. 많은 상황에서 클러스터링 알고리즘 결과의 좋고 나쁨은 주관적 해석에 의존합니다. 그렇다 하더라도 클러스터링 알고리즘의 평가는 필요하고 클러스터링 분석에서 매우 중요한 부분 중 하나입니다.

클러스터링 평가의 주요 임무는 데이터 세트에서 클러스터링에 대한 타당성을 고려하는 것과 클러스터링 결과의 질quality에 대한 계산을 하는 것입니다. 이러한 틀에서 해당 과정은 세 가지 작은 임무task로 분리될 수 있습니다.

1 **클러스터링 경향성 측정** 이 단계는 데이터 분포 중에 비-임의성 군집 구조가 존재하는지를 테스트하는 것입니다. 만약 데이터가 기본적으로 랜덤이라면, 클러스터링 결과는 아무런 의미가 없을 것입니다. 우리는 클러스터링 오차가 클러스터링 개수가 늘어남에 따라 단조 변화하는지를 관찰합니다. 만약 데이터가 기본적으로 랜덤이라면 비-임의성 군집 구조가 존재하지 않을 것이고, 따라서 클러스터링 오차는 클러스터링 수가 늘어남에 따라 큰 변화의 폭을 보이지 않을 것이기에 데이터의 실제 군집에 대응하는 적합한 K를 찾지 못할 것입니다.

그 외에도 홉킨스 통계Hopkins Statistic를 사용하여 공간상 데이터의 랜덤성을 판단할 수 있습니다.[7] 먼저 모든 데이터에서 랜덤으로 n개를 찾아 $p_1, p_2, ..., p_n$와 같이 나타냅니다. 각 포인트 p_i에 대해 샘플 공간에서 가장 가까운 곳에 위치한 포인트와의 거리 x_i를 계산하여 얻은 거리 벡터를 $x_1, x_2, ..., x_n$로 나타냅니다. 그런 다음, 샘플이 취할 수 있는 값 범위 내에서 랜덤으로 n개의 포인트를 생성하고 $q_1, q_2, ..., q_n$로 표기합니다. 랜덤으로 생성된 각 포인트에 대해 가장 가까운 곳에 있는 샘플 포인트를 찾고 이들 사이의 거리를 계산하여 $y_1, y_2, ..., y_n$를 얻습니다. 홉킨스 통계량 H는 다음과 같이 나타낼 수 있습니다.

$$H = \frac{\sum_{i=1}^{n} y_i}{\sum_{i=1}^{n} x_i + \sum_{i=1}^{n} y_i}$$

(5.15)

만약 샘플이 랜덤 분포에 가깝다면 $\sum_{i=1}^{n} x_i$와 $\sum_{i=1}^{n} y_i$의 값은 비교적 비슷할 것입니다. 즉, H의 값이 0.5에 가까워집니다. 만약 클러스터링 경향성이 명확하다면, 랜덤으로 생성된 샘플 포인트 거리는 실제 데이터 포인트의 거리보다 클 것입니다.

즉, $\sum_{i=1}^{n} y_i \gg \sum_{i=1}^{n} x_i$이 되고, H의 값은 1에 가까울 것입니다.

2 **데이터 군집 수 판단** 클러스터링 경향성을 측정한 후, 우리는 실제 데이터 분포와 가장 유사한 군집 수를 찾고 이에 기반하여 클러스터링 결과의 질을 판단해야 합니다. 데이터 군집 수를 결정하는 방법은 많은데, 예를 들면 엘보우 방법Elbow method과 **Gap Statistic** 방법 등이 있습니다. 한 가지 설명해야 할 것은 평가에 사용하는 최

적의 데이터 군집 수는 프로그램이 출력한 군집 수와 다를 수 있다는 것입니다. 예를 들어, 어떤 클러스터링 알고리즘은 자동으로 데이터의 군집 수를 결정하는데, 이는 우리가 다른 방법을 통해 결정한 최적의 데이터 군집 수와 다를 수 있습니다.

3 **클러스터링 품질 측정**　사전에 설정한 군집 개수가 같더라도 클러스터링 알고리즘에 따라 서로 다른 결과를 얻습니다. 어떤 클러스터링 결과가 더 품질이 좋은지 어떻게 측정할 수 있을까요? 비지도 상황에서 우리는 군집이 분리된 상황과 군집이 모여 있는 상황을 통해 클러스터링 효과를 평가할 수 있습니다. 평가 지표를 정의하는 것은 지원자의 실질적인 문제 해결 능력과 분석 능력을 보여줄 수 있습니다. 사실 측정 지표에는 매우 많은 종류가 있는데, 자주 보이는 측정 지표를 소개하겠습니다. 더 많은 지표에 대해서는 관련 문헌을 읽어 보기 바랍니다[8].

- **실루엣 계수**Silhouette Coefficient　하나의 포인트 P가 주어졌을 때 해당 포인트의 실루엣 계수는 다음과 같이 정의됩니다.

$$s(p) = \frac{b(p) - a(p)}{\max\{a(p), b(p)\}} \qquad (5.16)$$

여기서 $a(p)$는 포인트 p와 동일한 군집의 다른 포인트 p' 사이의 평균 거리입니다. $b(p)$는 포인트 p와 다른 군집의 포인트 사이의 최소 평균 거리(만약 다른 군집이 n개가 있다고 한다면, 포인트 p와 가장 가까운 클러스터 내의 포인트와 해당 포인트와의 평균 거리만을 계산합니다)입니다. $a(p)$는 p가 속한 군집에서 데이터가 밀집한 정도를 반영하고, $b(p)$는 해당 군집과 기타 인접한 군집과 떨어진 정도를 반영합니다. 따라서 $b(p)$가 클수록 $a(p)$는 작고, 대응하는 군집 품질이 좋습니다. 따라서 우리는 모든 포인트에 대응하는 실루엣 계수 $s(p)$의 평균값으로 클러스터링 결과의 품질을 측정할 수 있습니다.

- **평균제곱근 표준편차**Root Mean Square Standard Deviation, RMSSTD　클러스터링 결과의 동질성, 즉 밀집 정도를 평가하는 데 사용되며, 다음과 같은 식으로 정의됩니다.

$$RMSSTD = \left\{ \frac{\sum_i \sum_{x \in C_i} \| x - c_i \|^2}{P \sum_i (n_i - 1)} \right\}^{\frac{1}{2}} \qquad (5.17)$$

여기서 C_i는 i번째 군집을 나타내고, c_i는 해당 군집의 중심을 나타냅니다. $x \in C_i$는 i번째 군집에 속한 하나의 샘플 포인트를 나타내고, n_i는 i번째 군집의 샘플 수를 나타내며, P는 샘플 포인트에 대응하는 벡터 차원수입니다. 분모는 포인트의 차원수 P에 대한 패널티를 부여하는데, 차원이 높을수록 전체 거리 제곱 값은 커집니다. $\sum_i (n_i - 1) = n - NC$에서 n은 총 샘플 포인트의 수를 나타내고, NC는 군집 수를 나타냅니다. 일반적으로 $NC \ll n$이고, 따라서 $\sum_i (n_i - 1)$의 값은 총 포인트 수에 근접한 상수가 됩니다. 종합하면, RMSSTD는 정규화가 반영된 표준편차라고 볼 수 있습니다.

- **R스퀘어**R-Square   군집 사이의 차이 정도를 측정할 수 있으며, 다음 식으로 정의됩니다.

$$RS = \frac{\sum_{x \in D} \| x - c \|^2 - \sum_i \sum_{x \in C_i} \| x - c_i \|^2}{\sum_{x \in D} \| x - c \|^2} \tag{5.18}$$

여기서 D는 모든 데이터 세트를, c는 데이터 세트 D의 중심점을 나타냅니다. 따라서 $\sum_{x \in D} \| x - c \|^2$은 데이터 세트 D를 단일한 군집으로 봤을 때의 오차제곱합입니다. 위에서 설명한 RMSSTD의 정의와 유사한데, $\sum_i \sum_{x \in C_i} \| x - c_i \|^2$은 데이터 세트를 클러스터링한 후의 오차제곱합입니다. 따라서 R스퀘어는 클러스터링 이후의 결과와 클러스터링 이전의 결과 사이의 비교이며, 대응하는 오차제곱합 지표의 개선 정도를 나타냅니다.

- **개선된 Hubert Γ 통계량**   데이터 쌍의 불일치성을 이용하여 군집의 차이를 평가할 수 있습니다. 개선된 Hubert Γ 통계량은 다음과 같이 정의됩니다.

$$\Gamma = \frac{2}{n(n-1)} \sum_{x \in D} \sum_{y \in D} d(x, y) d_{x \in C_i, y \in C_j}(c_i, c_j) \tag{5.19}$$

식 5.19에서 $d(x, y)$는 데이터 포인트 x에서 y 사이의 거리를 나타내고, $d_{x \in C_i, y \in C_j}(c_i, c_j)$는 데이터 포인트 x가 속한 군집 중심 c_i와 데이터 포인트 y가 속한 군집 중심 c_j 사이의 거리입니다. $\frac{n(n-1)}{2}$는 모든 (x, y)가 일치하는 개수를 나타내고, 따라서 해당 지표는 각 포인트 쌍의 합에 대해 정규화 처리를 한 것과 같습니다. 이상적인 상황에서는 각 포인트 쌍 (x, y)에 대해 $d(x, y)$가 작을수록 대응하는 $d_{x \in C_i, y \in C_j}(c_i, c_j)$ 역시 작아야 합니다(특히, 이들이 같은 군집에 속할 때 $d_{x \in C_i, y \in C_j}(c_i, c_j) = 0$가 됩니다). 반대로, $d(x, y)$가 커질수록 $d_{x \in C_i, y \in C_j}(c_i, c_j)$의 값도 커져야 하고, 따라서 Γ값이 커지는 것은 군집의 결과와 샘플의 원래 거리가 일치하며, 즉 군집 품질이 높다는 것을 설명합니다.

이 외에도 더 합리적으로 서로 다른 클러스터링 알고리즘의 성능을 평가하기 위해 인위적으로 서로 다른 유형의 데이터 세트를 만드는 방법도 필요합니다. 자주 보이는 예제들은 그림 5.10~14에 설명되어 있습니다.

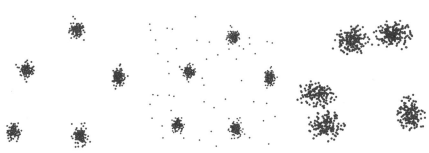

그림 5.10 군집 클래스가 늘어남에 따라 군집 오차가 단조 변화하는지 살펴본다

그림 5.11 실제 군집 결과에 대한 군집 오차의 영향을 살펴본다

그림 5.12 이웃 데이터 군집의 클러스터링 정확성을 살펴본다

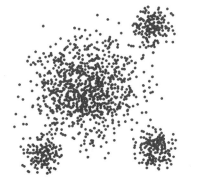

그림 5.13 데이터 밀도에 비교적 큰 차이가 있는 데이터 군집의 클러스터링 효과를 살펴본다

그림 5.14 샘플 수가 비교적 큰 차이를 가진 데이터 군집의 클러스터링 효과를 살펴본다

확률 그래프 모델

The Quest for Machine Learning

하나의 단어로 확률 그래프 모델Probabilistic Graphical Model을 설명하라고 한다면, 저는 '우아함'이라고 답할 것입니다. 우리는 데이터를 통해 숨겨진 지식을 얻을 수 있기를 바랍니다. 확률 그래프 모델은 관측 노드로 관측한 데이터를 표현하고, 은닉 노드로 잠재적인 지식을 표현합니다. 그리고 에지edge, 변 혹은 모서리를 통해 지식과 데이터 사이의 상호관계를 나타내며, 이러한 관계도에 기반해 확률분포를 얻어 매우 '우아하게' 문제를 해결합니다.

확률 그래프에서 노드는 은닉 노드와 관측 노드로 나눌 수 있고, 에지는 방향이 있는 에지와 방향이 없는 에지로 나눌 수 있습니다. 확률론의 관점에서 노드는 랜덤변수에 대응하고, 에지는 랜덤변수의 상관계수에 대응합니다. 여기서 방향이 있는 에지는 단방향 의존을, 방향이 없는 에지는 상호의존 관계를 나타냅니다.

확률 그래프 모델에는 베이지안 네트워크Bayesian Network와 마르코프 네트워크Markov Network, 두 가지 큰 종류가 있습니다. 베이지안 네트워크는 유방향 그래프 구조로 표현되고, 마르코프 네트워크는 무방향 그래프 네트워크 구조로 표현됩니다. 더 세분화하면, 확률 그래프 모델에는 나이브 베이즈 모델, 최대 엔트로피 모델, 은닉 마르코프 모델, 랜덤 필드, 토픽 모델 등이 있으며, 다양한 상황에서 많이 활용되고 있습니다.

1 확률 그래프 모델의 결합확률분포

(상황 설명)

확률 그래프 모델에서 가장 '멋진' 부분은 바로 간단한 그래프 형식으로 확률 생성 관계를 표현할 수 있다는 점입니다. 확률 그래프를 통해 확률분포를 환원하는 것은 확률 그래프 모델의 중요한 기능일 뿐만 아니라 확률 그래프 모델을 이해하기 위한 척도가 됩니다. 이번 절에서는 지원자가 베이지안 네트워크와 마르코프 네트워크의 확률 그래프, 결합확률분포를 그릴 수 있는지에 대해 테스트합니다.

키워드   확률 그래프 모델Probabilistic Graphical Model /
베이지안 네트워크Bayesian Network /
마르코프 네트워크Markov Network(마르코프 랜덤 필드Markov Random Field라고도 한다)

 질문
1 그림 6.1(a)에서의 베이지안 네트워크의 결합확률분포 식을 작성해 주세요.

난이도 ★

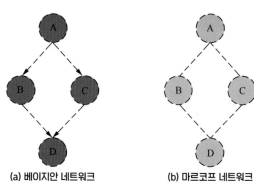

(a) 베이지안 네트워크   (b) 마르코프 네트워크

그림 6.1 확률 그래프 모델

그림에서 볼 수 있듯이, A의 조건이 주어졌을 때 B와 C는 조건독립입니다. 조건확률의 정의에 의해 다음을 얻을 수 있습니다.

$$P(C \mid A, B) = \frac{P(B, C \mid A)}{P(B|A)} = \frac{P(B|A)P(C|A)}{P(B|A)}$$
$$= P(C \mid A) \tag{6.1}$$

같은 이유로, B와 C의 조건이 주어졌을 때 A와 D는 조건독립이며, 다음 식을 얻을 수 있습니다.

$$P(D|A, B, C) = \frac{P(A, D|B, C)}{P(A|B, C)} = \frac{P(A|B, C)P(D|B, C)}{P(A|B, C)}$$
$$= P(D \mid B, C) \tag{6.2}$$

식 6.1과 식 6.2를 통해 결합확률 식 6.3을 얻을 수 있습니다.

$$P(A,B,C,D)=P(A)P(B|A)P(C|A,B)P(D|A,B,C)$$
$$=P(A)P(B|A)P(C|A)P(D|B,C) \tag{6.3}$$

질문 2 그림 6.1(b)에서의 마르코프 네트워크의 결합확률분포 식을 작성해 주세요.

난이도 ★

마르코프 네트워크에서 결합확률분포의 정의는 다음과 같습니다.

$$P(x) = \frac{1}{Z} \prod_{Q \in C} \varphi_Q(x_Q) \tag{6.4}$$

여기서 C는 그래프에서 가장 큰 클리크clique로 구성된 집합을 나타내고, $Z = \sum_{x} \prod_{Q \in C} \varphi_Q(x_Q)$는 정규화 팩터factor로 $P(x)$가 정확히 정의된 확률임을 보증하는 역할을 합니다. φ_Q는 클리크 Q에 대응하는 포텐셜 함수potential function입니다.

포텐셜 함수는 음수가 아니며, 확률이 비교적 큰 변수에서 비교적 큰 값을 얻습니다. 예를 들어, 지수함수 식 6.5에서 식 6.6과 같은 식을 가집니다.

$$\varphi_Q(x_Q) = e^{-H_Q(x_Q)} \tag{6.5}$$

$$H_Q(x_Q) = \sum_{u,v \in Q, u \neq v} \alpha_{u,v} x_u x_v + \sum_{v \in Q} \beta_v x_v \tag{6.6}$$

그래프에 모든 노드 $x = \{x_1, x_2, ..., x_n\}$로 구성된 하나의 하위 집합에 대해, 만약 해당 하위 집합 내의 임의의 두 점 사이에 연결된 에지가 있다면 해당 하위 집합에 모든 노드는 하나의 클리크를 형성합니다. 만약 해당 하위 집합에 임의의 다른 노드를 추가한다면 클리크를 형성할 수 없습니다. 따라서 이러한 하위 집합은 하나의 최대 클리크maximal clique를 형성하게 됩니다.

그림 6.1이 나타내고 있는 네트워크 구조에서, (A, B), (A, C), (B, D), (C, D)가 모두 클리크임을 알 수 있습니다. 동시에 이들은 모두 최대 클리크입니다. 따라서 결합확률분포는 다음과 같이 나타낼 수 있습니다.

$$P(A,B,C,D) = \frac{1}{Z} \varphi_1(A,B) \varphi_2(A,C) \varphi_3(B,D) \varphi_4(C,D) \tag{6.7}$$

만약 식 6.5에 정의한 지수함수를 포텐셜 함수로 설정한다면 다음을 얻을 수 있고,

$$H(A,B,C,D) = \alpha_1 AB + \alpha_2 AC + \alpha_3 BD + \alpha_4 CD + \beta_1 A + \beta_2 B + \beta_3 C + \beta_4 D \tag{6.8}$$

따라서 다음이 됩니다.

$$P(A,B,C,D) = \frac{1}{Z} e^{-H(A,B,C,D)} \tag{6.9}$$

확률 그래프 표현

상황 설명

앞 절에서는 확률 그래프를 통해 모델의 결합확률분포를 계산하는 능력에 대해 테스트했습니다. 이번 절에서는 반대로 지원자가 모델의 확률 그래프 표현에 익숙한지를 알아볼 것입니다.

키워드 **나이브 베이즈 모델**Naïve Bayes Model /
확률 그래프 모델 Probabilistic Graphical Model /
최대 엔트로피 모델 Maximum Entropy Model

질문 **1**

나이브 베이즈 모델의 원리에 관해 설명하고 확률 그래프 모델로 표현해 보세요.

난이도 ★★

분석·해답

나이브 베이즈 모델Naïve Bayes Model은 지정된 샘플이 특정한 클래스에 속할 확률 $P(y_i|x)$를 예측하여 해당 샘플이 속할 클래스를 예측합니다. 즉, 다음과 같습니다.

$$y = \max_{y_i} P(y_i \mid x) \tag{6.10}$$

$P(y_i|x)$는 다음과 같은 식으로 작성될 수 있습니다.

$$P(y_i|x) = \frac{P(x|y_i)P(y_i)}{P(x)} \tag{6.11}$$

여기서 $x = (x_1, x_2, ..., x_n)$는 샘플에 대응하는 특징 벡터이고, $P(x)$는 샘플의 사전 확률입니다. 특정 샘플 x와 임의의 클래스 y_i에 대해 $P(x)$의 값은 동일하고, $P(y_i|x)$의 값의 상대적 크기에 영향을 주지 않습니다. 따라서 계산 중에 무시해도 상관없습니다. 특징 $x_1, x_2, ..., x_n$가 서로 독립이라고 가정하면 다음을 얻을 수 있습니다.

$$P(y_i|x) \propto P(x|y_i)P(y_i) = P(x_1|y_i)P(x_2|y_i)\cdots P(x_n|y_i)P(y_i) \qquad (6.12)$$

여기서 $P(x_1|y_i)$, $P(x_2|y_i)$, $\ldots$, $P(x_n|y_i)$와 $P(y_i)$는 훈련 샘플 통계를 통해 얻을 수 있습니다. 사후 확률 $P(x_j|y_i)$의 값이 분류 결과를 결정하고, 임의의 특징 x_j는 y_i의 값에 따라 영향을 받는다는 것을 확인할 수 있습니다. 따라서 확률 그래프 모델은 그림 6.2와 같이 나타낼 수 있습니다.

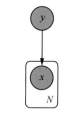

그림 6.2 나이브 베이즈 모델의 확률 그래프 모델

주의해야 할 것은 그림 6.2의 표현은 판 표기법plate notation입니다. 판 표기법은 일종의 간결한 확률 그래프 모델 표현 방법입니다. 만약 변수 y가 동시에 N개의 x_1, x_2, ..., x_N 변수에 대해 영향을 준다면, 그림 6.2와 같은 간략한 형태로 나타낼 수 있습니다.

최대 엔트로피 모델의 원리에 관해 설명하고 확률 그래프 모델로 표현해 보세요.

난이도 ★★

분석·해답

정보는 사람들이 사물을 이해하는 것에 대한 불확실성 감소 혹은 해소를 뜻하며, 엔트로피는 불확실성의 척도입니다. 엔트로피가 클수록 불확실성이 커집니다. 최대 엔트로피 원리는 확률모델 학습의 원칙 중 하나이며, 핵심 아이디어는 제약 조건을 만족하는 모델 집합에서 엔트로피가 가장 큰 모델을 선택하는 것인데, 즉 불확실성이 최대인 모델을 뜻합니다. 평상시 생활 중에 우리는 자기도 모르게 최대 엔트로피 준칙을 사용하고 있습니다. 예를 들어, 흔히들 계란을 한 바구니에 담지 말라고 하는데, 사건이 불확실성을 가질 경우 우리는 해당 사건의 다양한 가능성을 시도하여 위험을 낮추는 경향이 있습니다. 동시에, 사건 배후의 모종의 규율을 알고 난 후에 제약을 추가하여 규율에 어긋나는 상황을 배제시키고, 남은 가능성 중에서 엔트로피를 최대로 하는 결정을 찾아갑니다.

이산 랜덤변수 x의 분포가 $P(x)$라 가정한다면, 분포 P에 관한 엔트로피는 다음과 같이 정의됩니다.

$$H(P) = -\sum_x P(x) \log P(x) \tag{6.13}$$

위 식을 통해 x가 균등분포를 따를 때 엔트로피가 최대가 됨을 알 수 있습니다. 즉, 불확실성이 최고로 높다는 것을 뜻합니다.

이산 랜덤변수 x와 y상의 조건확률분포 $P(y|x)$가 주어졌을 때, 조건확률분포의 조건 엔트로피는 다음과 같이 정의됩니다.

$$H(P) = -\sum_{x,y} \tilde{P}(x) P(y \mid x) \log P(y \mid x) \tag{6.14}$$

여기서 $\tilde{P}(x)$는 훈련 데이터 샘플의 경험 분포인데, 즉 x의 각 값이 샘플 중에 출현하는 빈도를 통계 낸 것입니다.

최대 엔트로피 모델은 적합한 분포 $P(y|x)$를 학습하여 조건 엔트로피 $H(P)$의 값을 최대로 만듭니다. 훈련 데이터 세트에 대해 아무것도 알지 못하는 상황에서 최대 엔트로피 모델은 $P(y|x)$가 균등분포를 따른다고 가정합니다. 그렇다면 훈련 데이터 세트가 있는 상황에서는 어떻게 될까요? 우리는 훈련 데이터를 통해 어떠한 규율(패턴)을 찾아 불확실성을 제거하고 싶어 합니다. 바로 이때 우리는 특성함수feature function $f(x, y)$를 사용합니다. 특성함수 f는 입력 x와 출력 y 사이의 규율을 설명하고 있습니다. 예를 들어, $x = y$일 때 $f(x, y)$는 비교적 큰 정수와 같습니다. 학습된 모델 $P(y|x)$이 훈련 데이터 중의 규율(특징)을 정확하게 포착하게 만들기 위해, 하나의 제약을 추가하여 경험 분포 $f(x, y)$에 관한 특징 함수 $\tilde{P}(x, y)$의 기댓값과 모델 $P(y|x)$와 경험분포의 기댓값에 관한 값이 같아지도록 만듭니다. 즉, 다음과 같은 식이 됩니다.

$$E_{\tilde{P}}(f) = E_P(f) \tag{6.15}$$

여기서 경험분포 $\tilde{P}(x, y)$에 관한 특성함수 $f(x, y)$의 기댓값 계산 공식은 다음과 같습니다.

$$E_{\tilde{P}}(f) = \sum_{x,y} \tilde{P}(x,y) f(x,y) \tag{6.16}$$

모델 $P(y|x)$와 경험분포 $\tilde{P}(x)$에 관한 $f(x,y)$의 개댓값 계산 공식은 다음과 같습니다.

$$E_P(f) = \sum_{x,y} \tilde{P}(x) P(y \mid x) f(x,y) \tag{6.17}$$

종합해 보면, 훈련 데이터 세트 $T = \{(x_1, y_1), (x_2, y_2), ..., (x_N, y_N)\}$와 M개의 특성 함수 $\{f_i(x, y), i = 1, 2, ..., M\}$가 주어졌을 때 최대 엔트로피 모델의 학습은 다음 최적화 문제를 제약하는 것과 동일합니다.

$$\max_P H(P) = -\sum_{x,y} \tilde{P}(x) P(y \mid x) \log P(y \mid x)$$
$$s.t., \ E_{\tilde{P}}(f_i) = E_P(f_i), \forall i = 1, 2, ..., M$$
$$\sum_y P(y \mid x) = 1 \tag{6.18}$$

해를 구해 얻은 최대 엔트로피 모델의 표현 형식은 다음과 같습니다.

$$P_w(y \mid x) = \frac{1}{Z} \exp\left(\sum_{i=1}^{M} w_i f_i(x,y) \right) \tag{6.19}$$

최종적으로, 최대 엔트로피 모델은 최적의 파라미터 w를 학습하여 $P_w(y|x)$를 최대화하는 것입니다.

확률 그래프 모델의 관점에서 이해하면, 우리는 $P_w(y|x)$의 표현 형식이 포텐셜 함수가 지수 함수인 마르코프 네트워크와 매우 유사하다는 것을 알 수 있습니다. 여기서 변수 x와 y는 그림 6.3과 같은 최대 클리크를 구성합니다.

그림 6.3 **최대 엔트로피 모델의 확률 그래프 모델**

생성모델과 판별모델

상황 설명

생성모델과 판별모델의 차이는 머신러닝 영역에서 가장 중요한 기초 지식이자 면접에 자주 등장하는 문제이기도 합니다. 하지만 정확히 이 둘을 구별하는 것은 결코 쉽지 않습니다. 이번 절에서는 두 모델을 정확히 구별하는 법에 대해 알아봅니다.

키워드 생성모델Generative Model / 판별모델Discriminative Model

질문 자주 보이는 확률 그래프 모델 중에는 어떤 생성모델과 판별모델이 있나요?

난이도 ★★★

분석·해답

이 문제에 대해 정확한 답변을 하기 위해서, 먼저 생성모델generative model과 판별모델discriminative model의 차이에 대해 정확히 알아야 합니다. 관측 가능한 변수 집합 X와 예측해야 하는 변수 집합 Y, 그리고 기타 변수 집합 Z가 있다고 가정해 봅시다. 생성모델은 결합확률분포 $P(X, Y, Z)$에 대해 모델링하고, 관측 집합 X의 조건이 주어졌을 때 주변분포marginal distribution 계산을 통해 변수 집합 Y를 추측합니다. 즉, 다음이 됩니다.

$$P(Y \mid X) = \frac{P(X,Y)}{P(X)} = \frac{\sum_Z P(X,Y,Z)}{\sum_{Y,Z} P(X,Y,Z)} \tag{6.20}$$

판별모델은 직접적으로 조건확률분포 $P(Y, Z|X)$를 모델링하고, 이와는 무관한 변수 Z를 제거해 변수 집합 Y를 예측합니다. 즉, 다음이 됩니다.

$$P(Y \mid X) = \sum_Z P(Y, Z \mid X) \tag{6.21}$$

자주 사용하는 확률 그래프 모델에는 나이브 베이즈, 최대 엔트로피 모델, 베이지안 네트워크, 은닉 마르코프 모델, 조건 랜덤 필드, pLSA, LDA 등이 있습니다. 앞의 해설에 따라 우리는 나이브 베이즈, 베이지안 네트워크, pLSA, LDA 등의 모델이 모두 먼저 결합확률분포를 모델링하고 주변분포를 계산하는 방식을 통해 변수의 예측값을 얻기 때문에 생성모델에 속한다는 것을 알 수 있습니다. 반대로, 최대 엔트로피 모델은 직접적으로 조건확률분포를 모델링하기 때문에 판별모델에 속합니다. 은닉 마르코프 모델과 조건 랜덤 필드 모델은 시퀀스 데이터에 대해 모델링하는 방법이기 때문에 이후 절에서 다시 상세하게 소개하겠습니다. 여기서 은닉 마르코프 모델은 생성모델에 속하고, 조건 랜덤 필드 모델은 판별모델에 속합니다.

CHAPTER 6

4 마르코프 모델

상황 설명

마르코프 모델을 소개하기 전에 먼저 마르코프 과정을 설명하겠습니다. 마르코프 과정은 과거에 의존하지 않는 랜덤 과정입니다. 하나의 랜덤 과정을 가정하고, t_n시간의 상태 x_n의 조건분포가 한 단계 이전의 상태 x_{n-1}와 관련이 있다면(즉, $P(x_n|x_1, x_2, ..., x_{n-1}) = P(x_n|x_{n-1})$이라면), 이러한 과정을 마르코프 과정이라 부릅니다. 시간과 상태의 값이 모두 이산값인 마르코프 과정을 그림 6.4에 나오는 마르코프 체인이라고도 부릅니다.

그림 6.4 마르코프 체인

은닉 마르코프 모델은 미지의 파라미터(은닉 상태)를 포함하는 마르코프 체인을 모델링하여 생성된 모델이며, 그림 6.5와 같습니다. 간단한 마르코프 모델에서 모든 상태는 관측자에게 관측 가능합니다. 따라서 마르코프 모델에서는 상태 사이의 전이확률만을 포함하고 있습니다. 그러나 은닉 마르코프 모델에서 은닉 상태 x_i는 관측자가 확인할 수 없기 때문에 관측자가 관측할 수 있는 것은 각 은닉 상태 x_i에 대응하는 출력 y_i뿐입니다. 그리고 관측 상태 y_i의 확률분포는 대응하는 은닉 상태 x_i에 의해 결정됩니다. 은닉 마르코프 모델에서 파라미터에는 은닉 상태 사이의 전이확률, 은닉 상태에서 관측 상태까지 오는 출력확률, 은닉 상태 x가 취할 수 있는 값의 공간, 관측 상태 y가 취할 수 있는 값의 공간, 그리고 초기 상태의 확률분포가 있습니다.

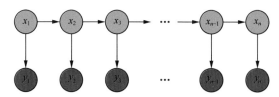

그림 6.5 은닉 마르코프 모델

키워드 마르코프 모델Markov Model / 은닉 마르코프 모델Hidden Markov Model

단어 분할 문제에서 은닉 마르코프 모델을
사용하여 모델링하고 훈련하는 방법에 대해
설명해 주세요. 난이도 ★★★

분석·해답

간단한 예제를 통해 은닉 마르코프 모델의 모델링 과정을 알아봅시다.

만약 3개의 서로 다른 조롱박이 있고, 각 조롱박 안에는 좋은 약과 나쁜 약이 몇 개씩 들어 있다고 가정해 봅시다. 3개의 조롱박에서 다음과 같은 규칙을 따라 약을 꺼냅니다.

❶ 랜덤으로 조롱박 하나를 선택합니다.

❷ 조롱박 안에서 약 하나를 꺼냅니다. 그리고 좋은 약인지 나쁜 약인지 기록한 후 다시 넣습니다.

❸ 현재 고른 조롱박에서 일정한 확률에 따라 다음 조롱박 선택으로 넘어갑니다.

❹ 과정 ❷와 ❸을 반복합니다.

모든 과정 중에서 우리는 매번 어떤 조롱박을 선택할지 알 수 없습니다. 은닉 마르코프 모델로 위 과정을 묘사하자면, 은닉 상태가 바로 선택한 조롱박이고, 은닉 상태에서 취할 수 있는 값의 공간은 {조롱박 1, 조롱박 2, 조롱박 3}이 됩니다. 관측 상태에서 취할 수 있는 값의 공간은 {좋은 약, 나쁜 약}이며, 초기 상태의 확률분포는 첫 번째 단계에서 랜덤으로 조롱박을 선택한 확률분포가 됩니다. 은닉 상태의 전이확률은 현재 고른 조롱박에서 다음 조롱박 선택으로 넘어가는 확률이고, 은닉 상태에서 관측 상태까지의 출력확률은 각 조롱박 안에 좋은 약과 나쁜 약이 들어 있을 확률입니다. 기록한 약의 순서는 관측 상태의 수열이고, 매번 선택된 조롱박의 순서는 은닉 상태의 수열입니다.

은닉 마르코프 모델은 확률 계산 문제, 예측 문제, 학습 문제 이렇게 세 가지 기본 문제로 구성됩니다.

❶ **확률 계산 문제** 모델의 모든 파라미터를 알고 있을 때 관측 수열 Y의 출현 빈도를 계산하는데, 전방-후방 알고리즘forward-backward algorithm을 사용하여 해를 구합니다.

❷ **예측 문제** 모델의 모든 파라미터와 관측 수열 Y를 알고 있을 때 최대 가능성을 가진 은닉 상태 수열 X를 계산합니다. 전통적인 동적 프로그래밍 알고리즘 중 하나인 비터비 알고리즘Viterbi Algorithm을 사용하여 가장 가능성 있는 상태 수열을 구할 수 있습니다.

❸ **학습 문제** 관측 수열 Y를 알고 있을 때 해당 관측 수열 확률을 최대로 하는 모델 파라미터를 구합니다. 파라미터에는 은닉 상태 수열, 은닉 상태 사이의 전이 확률분포와 은닉 상태에서 관측 상태로 가는 확률분포가 포함됩니다. 바움-웰치Baum-Welch 알고리즘을 사용하여 파라미터 학습을 할 수 있는데, 바움-웰치 알고리즘은 EM 알고리즘의 특별한 예입니다.

위에서 언급한 문제와 알고리즘에 대해 더 자세한 설명은 생략하겠습니다. 관심 있는 독자들은 좋은 자료가 많으니 관련 자료를 참고해 주세요. 우리는 다시 원래 문제로 돌아가겠습니다. 은닉 마르코프 모델은 일반적으로 수열 레이블링 문제를 해결하기 위해 사용되는데, 따라서 단어 분할 문제를 수열 레이블링 문제로 전환해 모델링할 수 있습니다. 예를 들어, 구절 중 각 단어에 대해 다음과 같이 라벨링할 수 있는데, B로 단어의 첫 번째 글자를, E로 단어의 마지막 글자를, 그리고 M으로 단어의 중간 글자를, S로 단일 글자 단어One-Word Verb를 나타낸다면, 은닉 상태에서 취할 수 있는 값은 $\{B, E, M, S\}$가 됩니다. 동시에 은닉 상태의 전이확률에 대해 사전 지식을 제공할 수 있는데, B와 M 뒤에는 M 혹은 E만 올 수 있고, S와 E 뒤에는 B 혹은 S만 올 수 있습니다. 그리고 각 글자는 모델에서의 관측 상태이고, 취할 수 있는 값의 공간은 언어 자료에 있는 모든 단어입니다. 모델링 후, 언어 자료를 사용한 훈련은 지도 훈련과 비지도 훈련으로 나눌 수 있습니다. 지도 훈련은 언어 자료에 대해 레이블링을 합니다. 이는 경험에 기반해 언어 자료의 모든 은닉 상태 정보를 얻어 간단한 계산법으로 모델 중의 확률분포에 대해 최대우도를 계산한 것과 같습니다. 비지도 훈련은 앞에서 언급한 바움-웰치 알고리즘을 사용할 수 있는데, 은닉 상태 수열과 모델에 대응하는 확률분포를 동시에 최적화합니다.

최대 엔트로피 마르코프 모델에서 레이블 편향 문제가 생기는 이유는 무엇일까요? 이 문제에 대한 해결 방안은 무엇인가요?

난이도 ★★★★

분석·해답

은닉 마르코프 모델 등 시퀀스 레이블 문제를 해결하는 모델은 종종 레이블에 대해 독립성 가설을 세웁니다. 은닉 마르코프 모델을 통해 레이블 편향 문제Label Bias Problem에 대해 소개하겠습니다.

은닉 마르코프 모델에서 은닉 상태(즉, 시퀀스 레이블 문제 중에서의 레이블) x_i의 상태가 마르코프 과정을 만족하고, t 시점의 상태 x_t의 조건분포는 오직 전 단계의 상태 x_{t-1}와 연관이 있다고 가정합니다(즉, $P(x_t | x_1, x_2, ..., x_{t-1}) = P(x_t | x_{t-1})$). 동시에 은닉 마르코프 모델은 관측 시퀀스 중에 각 상태가 대응하는 은닉 상태 $P(y_t | x_1, x_2, ..., x_n, y_i, y_2, ..., y_{t-1}, y_{t+1}, ...) = P(y_t | x_t)$에 의해 결정된다고 가정합니다. 은닉 마르코프 모델을 모델링할 때는 은닉 상태 사이의 전이확률과 은닉 상태에서 관측 상태까지의 출력확률을 고려해야 합니다.

시퀀스 레이블 문제에서 은닉 상태(레이블)는 단일 관측 상태와 관련 있을 뿐만 아니라 관측 수열의 길이나 상하 문장의 정보와도 연관이 있습니다. 예를 들어, 단어 속성 레이블 문제에서 하나의 단어가 동사 혹사 명사로 레이블되었다면, 자기 자신과 이전 단어의 레이블뿐만 아니라 상하 문장에서의 다른 단어들과도 연관되어 있을 것입니다. 따라서 그림 6.6과 같은 최대 엔트로피 마르코프 모델Maximum Entropy Markov Model, MEMM이 고안되었습니다. 최대 엔트로피 마르코프 모델을 모델링할 때 은닉 마르코프 모델에서 관측 상태가 서로 독립적이라는 가설을 제외했습니다. 그리고 전체 관측 시퀀스를 고려하여 더 강력한 표현 능력을 얻을 수 있게 되었습니다. 또한, 은닉 마르코프 모델은 일종의 은닉 상태 시퀀스와 관측 상태 시퀀스에 대한 결합 확률 $P(x, y)$에 대해 모델링하는 생성모델인 데 반해, 최대 엔트로피 마르코프 모델은 직접적으로 레이블의 사후 확률 $P(y | x)$를 모델링하는 판별모델입니다.

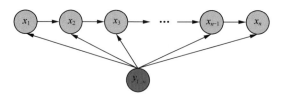

그림 6.6 **최대 엔트로피 마르코프 모델**

최대 엔트로피 마르코프 모델은 다음과 같이 모델링할 수 있습니다.

$$p(x_{1\cdots n}|y_{1\cdots n}) = \prod_{i=1}^{n} p(x_i \mid x_{i-1}, y_{1\cdots n}) \qquad (6.22)$$

여기서 $p(x_i \mid x_{i-1}, y_{1\cdots n})$는 국소적 정규화를 진행하는데, 즉 x_i의 모든 값을 일일이 세어 합을 구한 후 확률을 계산합니다. 계산 공식은 다음과 같습니다.

$$p(x_i|x_{i-1}, y_{1\cdots n}) = \frac{\exp(F(x_i, x_{i-1}, y_{1\cdots n}))}{Z(x_{i-1}, y_{1\cdots n})} \qquad (6.23)$$

여기서 Z는 정규화 팩터입니다.

$$Z(x_{i-1}, y_{1\cdots n}) = \sum_{x_i} \exp(F(x_i, x_{i-1}, y_{1\cdots n})) \qquad (6.24)$$

여기서 $F(x_i, x_{i-1}, y_{1\cdots n})$는 $x_i, x_{i-1}, y_{1\cdots n}$ 등 모든 특성의 중첩 선형 결합입니다.

최대 엔트로피 마르코프 모델에는 그림 6.7과 같은 레이블 편향 문제가 존재합니다. 상태 1은 상태 2로 전이되는 경향을 보이고, 상태 2는 자기 자신인 상태 2로 전이되는 경향을 보입니다. 하지만 실제 계산으로 얻는 최대 확률 경로는 1 -> 1 -> 1 -> 1 이며, 그림 6.8에 보이는 것과 같이 상태 1에서 상태 2로 전이되지 않습니다. 이는 상태 2에서 전이될 가능성이 있는 상태는 1, 2, 3, 4, 5 다섯 가지가 있는데, 확률이 가능한 상태들에 대해 모두 분산되어 있습니다. 하지만 상태 1에서 전이되는 가능성이 있는 상태는 확률이 더욱 집중되어 상태 1과 상태 2만 존재합니다. 국소적 정규화 영향으로 인해 은닉 상태가 후속 가능 상태가 더욱 적은 상태로 전이하는 경향을 보이는데, 이는 전체 사후확률을 향상시키기 위함입니다. 이것이 바로 레이블 편향 문제입니다.

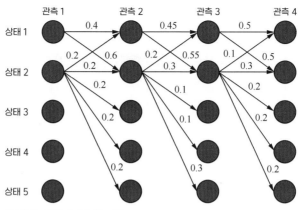

국소적 전이확률이 나타내는 것은:
- 상태 1은 대부분 쉽게 상태 2로 넘어감
- 상태 2는 쉽게 상태 2에 머물러 있음

그림 6.7 최대 엔트로피 마르코프 모델 예시

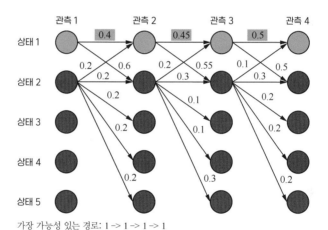

가장 가능성 있는 경로: 1 -> 1 -> 1 -> 1

그림 6.8 레이블 편향

조건 랜덤 필드Conditional Random Field, CRF는 최대 엔트로피 마르코프 모델에 기반하여 그림 6.9와 같이 전역 정규화를 진행한 알고리즘입니다.

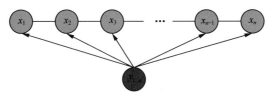

그림 6.9 조건 랜덤 필드

조건 랜덤 필드 모델링은 다음과 같이 할 수 있습니다.

$$p(x_{1\cdots n}|y_{1\cdots n}) = \frac{1}{Z(y_{1\cdots n})} \prod_{i=1}^{n} \exp(F(x_i, x_{i-1}, y_{1\cdots n})) \qquad (6.25)$$

여기서 정규화 팩터 $Z(y_{1\cdots n})$는 전역 범위에 대한 정규화이며, 모든 은닉 상태 시퀀스 $x_{1\cdots n}$의 모든 가능성을 일일이 계산하여 국소적 정규화가 일으킬 수 있는 레이블 편향 문제를 해결했습니다.

잠시 쉬어가기...

베이지안 이론과 '하나님의 존재'

한 세기를 관통하고 있는 베이지안 학파와 빈도주의 학파 사이의 논쟁은 통계학이나 머신러닝을 배우는 학생들에게는 익숙한 내용입니다. 하지만 베이지안 이론의 기원을 거슬러 올라가 보면 재미있는 이야기가 하나 숨어 있는데, 그것은 바로 베이지안 이론이 처음 나왔을 때 그 목적이 '신의 존재'를 증명하기 위함이었다는 사실입니다.

18세기에 활동했던 베이즈의 원래 직업은 잉글랜드 장로회의 목사였습니다. 1763년, 베이즈는 <An Essay towards solving a Problem in the Doctrine of Chances>라는 제목의 논문을 발표하고 베이지안 통계 이론의 기초를 다졌습니다. 이 논문에서 베이즈는 문제 해결을 위한 새로운 프레임을 제시했는데, 바로 계속해서 증가하는 정보와 경험을 사용해 미지의 진리에 근사하거나 혹은 이해할 수 있다고 말하며, 계산 방법까지 설명했습니다. 그러나 베이즈가 관심이 있었던 원래 문제는 인간이 세상의 경험과 현실 세계의 증거를 가지고 신의 존재를 증명할 수 있을까에 대한 것이었습니다.

사실, 17세기~18세기에는 수학자, 물리학자, 철학자의 연구물들이 모두 신학과 깊은 관계가 있었습니다. 1687년, 세상을 놀라게 했던 아이작 뉴턴의 저작 《Principles of

Natural Philosophy Mathematica》에서도 뉴턴은 많은 장을 이 책을 쓴 이유를 설명하는 데 할애했는데, 그것은 바로 하나님이 어떻게 세상을 만들었는지, 혹은 하나님은 어떤 규칙에 기반해 세상을 만들었는지 탐구하기 위함이었습니다. 뉴턴은 신실한 신교도였는데, 많은 사람이 뉴턴은 말년에 종교를 가졌다고 주장했지만, 이는 틀린 이야기입니다. 뉴턴은 어릴 때부터 하나님을 믿었습니다. 그는 이 책에서 고전 기하학을 사용해 미적분을 설명하기도 했습니다. 이것으로 볼 때 고대 그리스 수학자들은 수학으로 세상을 탐구했지만, 뉴턴은 고대 그리스 수학자들처럼 수학으로 하나님을 탐구하려고 했던 것 같습니다.

길은 달라도 이르는 곳은 같다고, 이유야 어쨌든 베이즈와 뉴턴 모두 최종적으로는 자신의 분야에서 전 인류의 발전을 위한 걸출한 공헌을 했습니다. 그리고 이로 인해 '신'에 대한 인류의 인식 방법도 점점 이성적으로 변했습니다.

5 토픽 모델

상황 설명

BOWBag of Words 혹은 N-gram 모델에 기반한 텍스트 표현 모델은 명확한 단점이 있습니다. 바로 두 개의 서로 다른 단어 혹은 단어 그룹이 같은 토픽(주제)을 갖고 있을 경우 분별이 힘들다는 점입니다. 따라서 같은 토픽을 가진 단어나 단어 그룹을 동일 차원으로 투영할 수 있는 기술이 필요한데, 이러한 필요에 의해 토픽 모델이 생겨났습니다. 토픽 모델은 일종의 특수한 확률 그래프 모델입니다. 우리가 어떻게 같은 토픽을 가진 두 단어를 구별하는지 생각해 봅시다. 이 두 단어는 높은 확률로 동시에 한 문장에서 출현할 것입니다. 다른 말로, 하나의 토픽이 주어졌을 때 두 단어의 생성확률은 모두 비교적 높을 것이고, 다른 관련성이 비교적 낮은 단어들의 생성확률은 낮을 것입니다. K개의 토픽이 있다고 가정한다면, 우리는 임의의 문장에 대해 K차원의 토픽 벡터로 표현합니다. 여기서 벡터의 각 차원은 하나의 토픽을 나타내고, 가중치는 해당 문장이 특정 토픽에 속할 확률을 나타냅니다. 토픽 모델로 해결하고자 하는 일은 텍스트 라이브러리에서 대표성이 있는 토픽을 찾아내고(각 토픽에서 단어의 분포를 얻을 수 있음), 각 문장이 어떤 토픽에 대응하는지 계산하는 것입니다.

키워드 PLSAProbabilistic Latent Semantic Analysis / LDALatent Dirichlet Allocation

자주 사용하는 토픽 모델에는 어떤 것들이 있나요? 토픽 모델과 그 원리에 대해 설명해 주세요.

난이도 ★★

분석·해답

● PLSA

PLSAProbabilistic Latent Semantic Analysis는 생성모델을 사용해 텍스트 생성 과정을 모델링합니다. K개의 토픽과 M편의 문장이 있다고 가정해 봅시다. 말뭉치corpus에서 임의의 문장 d에 대해 N개의 단어가 있다고 가정한다면, 각 단어에 대해 우리는 하나의 주제 z를 선택하고 현재 토픽에 기반하여 단어 w를 생성합니다. 그림 6.10이

PLSA의 그래프 모델입니다.

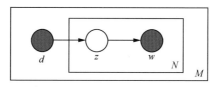

그림 6.10 **PLSA 그래프 모델**

토픽 z와 단어 w를 생성하는 과정은 하나의 정해진 확률분포를 따릅니다. 문장 d 에서 토픽 z를 생성할 확률을 $p(z|d)$라고 설정하면, 토픽이 정해진 조건하에서 단어 w를 생성할 확률은 $p(w|z)$가 됩니다. 따라서 문장 d가 주어졌을 때 단어 w의 생성 확률은 $p(w|d) = \sum_z p(w|z,d)p(z|d)$으로 나타낼 수 있습니다. 토픽 z가 주어진 조건하에서 단어 w의 생성확률은 특정한 문장과 무관하기 때문에 공식을 다음과 같이 단순화할 수 있습니다. $p(w|d) = \sum_z p(w|z)p(z|d)$. 모든 말뭉치 중에서 텍스트 생성확률은 우도함수로 표현할 수 있습니다.

$$L = \prod_m^M \prod_n^N p(d_m, w_n)^{c(d_m, w_n)} \tag{6.26}$$

여기서 $p(d_m, w_n)$는 m번째 문장 d_m에서 단어 w_n이 출현할 확률이며, 기호 표현 형식은 바뀌었지만 위에서 언급된 $p(w|d)$와 같은 의미를 가집니다. $c(d_m, w_n)$는 m번째 문장 d_m에서 단어 w_n의 출현 횟수입니다.

따라서 로그우도함수log-likelihood function는 다음과 같이 쓸 수 있습니다.

$$l = \sum_m^M \sum_n^N c(d_m, w_n) \log p(d_m, w_n)$$

$$= \sum_m^M \sum_n^N c(d_m, w_n) \log \sum_k^K p(d_m)p(z_k|d_m)p(w_n|z_k) \tag{6.27}$$

위 공식 중에 문장에서 정의된 토픽 분포 $p(z_k|d_m)$와 주제에서 정의된 단어 분포 $p(w_n|z_k)$는 계산해야 하는 파라미터입니다. 우리는 최적의 파라미터를 찾아 모든 말뭉치의 로그우도함수를 최대화해야 합니다. 파라미터에 포함된 z_k는 은닉변수

(즉, 직접적으로 관측이 불가능한 변수)이고, 따라서 최대우도 추정을 사용할 수 없기 때문에 EM 알고리즘을 사용하여 해를 구합니다.

● LDA

LDALatent Dirichlet Allocation, 잠재 디리클레 할당는 PLSA의 베이지안 버전이라고 볼 수 있습니다. 텍스트 생성 과정이 PLSA와 거의 비슷하지만, 차이점은 토픽 분포와 단어 분포에 각각 두 개의 디리클레 사전분포Dirichlet Prior Distribution를 더했다는 점입니다. 왜 디리클레 사전분포를 추가해야 할까요? 이에 대한 논의는 빈도주의 학파와 베이지안 학파의 차이에서 시작합니다. PLSA는 빈도주의 학파의 아이디어를 사용해 각 문장에 대응하는 주제 분포 $p(z_k \mid d_m)$와 각 주제에 대응하는 단어 분포 $p(w_n \mid z_k)$를 정해진 미지의 상수로 보고 해를 구합니다. 그러나 LDA는 베이지안 학파의 아이디어를 사용해, 계산해야 할 파라미터(토픽 분포와 단어 분포)를 고정된 상수로 보지 않고 일정한 분포를 따르는 랜덤변수라 생각합니다. 베이지안 학파는 이 분포는 일정한 사전확률분포(즉, 디리클레 분포)를 따르고, 샘플 정보가 들어오면 사전분포를 수정하여 사후분포를 얻을 수 있다고 주장합니다. LDA가 디리클레 분포를 사전분포로 선택한 이유는 디리클레 분포가 다항식 분포의 켤레 사전분포conjugate prior distribution이며, 사후 확률도 디리클레 분포를 따르는 계산의 편의성 때문입니다. 그림 6.11은 LDA의 그래프 모델을 보여주고 있습니다. 여기서 α와 β는 각각 사람이 사전에 설정하는 디리클레 분포의 하이퍼파라미터hyperparameter입니다.

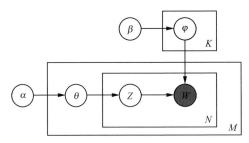

그림 6.11 LDA 그래프 모델

말뭉치의 생성 과정은 텍스트 라이브러리의 각 문서 d에 대해 다음과 같은 절차를 따라 진행됩니다.

❶ 하이퍼파라미터가 α인 디리클레 분포에서 샘플링하여 문서 d_i의 토픽 분포 θ_i를 생성합니다.

❷ 문서 d_i에서의 각 하나의 단어에 대해 다음 세 가지를 진행합니다.

- 대표 토픽의 다항식 분포 θ_i에서 샘플링하여 그에 대응하는 토픽 z_{ij}를 생성합니다.
- 하이퍼파라미터가 β인 디리클레 분포에서 샘플링하여 주제 z_{ij}에 대응하는 단어 분포 $\Psi_{z_{ij}}$를 생성합니다.
- 대표 단어의 다항식 분포 $\Psi_{z_{ij}}$에서 샘플링하여 단어 w_{ij}를 생성합니다.

우리는 토픽 분포 θ_i와 단어 분포 $\Psi_{z_{ij}}$의 기댓값을 구해야 하는데, 깁스 샘플링Gibbs sampling* 방법을 통해 구할 수가 있습니다. 먼저, 랜덤으로 각 단어의 주제를 정하고, 나머지 변수를 고정한 상황에서 전이확률에 기반해 각 단어의 새로운 토픽을 샘플링(생성)합니다. 각 단어에 대한 전이확률은 '문장 중의 모든 단어와 자신을 제외한 다른 모든 단어의 토픽이 정해진 조건에서 해당 단어가 각 새로운 주제에 대응하는 확률로 이해할 수 있습니다. 마지막으로, 반복 과정을 거치며 우리는 수렴 후의 샘플링 결과에 기반해 토픽 분포와 단어 분포의 기댓값을 계산해 낼 수 있습니다.

질문 2 LDA 모델의 토픽 개수는 어떻게 정해야 할까요?

난이도 ★★

분석·해답

LDA에서 토픽의 개수 K는 사전에 지정해 줘야 하는 하이퍼파라미터입니다. 모델의 하이퍼파라미터 선택에 대해, 실전에서 일반적으로 사용하는 방법은 모든 데이터 세트를 훈련 세트, 검증 세트, 테스트 세트 세 가지로 나눈 후 검증 세트를 사용해 하이퍼파라미터를 선택하는 방법입니다. 예를 들어, LDA의 토픽 개수를 정할 때 우리는 랜덤으로 60%의 문서로 구성된 훈련 세트를 선택하고, 나머지 20%는 검증

★ 옮긴이 정확히는 나머지 변수를 고정시킨 채 한 변수만을 변화시키고, 불필요한 일부 변수를 샘플링에서 제외하는 collapsed Gibbs sampling입니다.

세트로, 그리고 20%는 테스트 세트로 나눌 수 있습니다. 그리고 훈련 시에 다양한 조합의 하이퍼파라미터값을 실험하고 검증 세트에 적용하여 결괏값이 가장 좋은 하이퍼파라미터를 선택합니다. 최종적으로 검증 세트에서 효과가 좋았던 하이터파라미터 조합과 그에 대응하는 모델을 선택하여 테스트 세트에서 테스트합니다.

검증 세트와 테스트 세트에서 LDA 모델의 효과를 측정하기 위해서 우리는 적합한 평가 지표를 찾아야 하는데, 일반적으로 자주 사용하는 지표는 펄플렉서티perplexity* 입니다. 문서 세트 D에서 모델의 혼잡도는 다음과 같이 정의됩니다.

$$\text{perplexity}(D) = \exp\left\{ -\frac{\sum_{d=1}^{M} \log p(\boldsymbol{w}_d)}{\sum_{d=1}^{M} N_d} \right\} \tag{6.28}$$

여기서 M은 총 문서의 수를 나타내고, w_d는 문서 d 중 단어로 구성된 bag-of-words 벡터를, $p(w_d)$는 모델이 예측하는 문서 d의 생성확률을, 그리고 N_d는 문서 d 중의 총 단어 수를 나타냅니다.

시작할 때 토픽 개수가 많아지면서 훈련 세트와 검증 세트에서의 모델의 펄플렉서티(혼잡도)는 낮아지게 됩니다. 그러나 토픽 개수가 충분히 많을 때는 과적합이 발생하여 훈련 세트의 펄플렉서티 지표는 계속해서 감소하지만, 검증 세트에서는 증가하게 됩니다. 이때 검증 세트 펄플렉서티의 극솟값에 대응하는 토픽 개수를 하이퍼파라미터로 지정하면 됩니다. 실전에서 펄플렉서티의 극솟값은 토픽 개수가 매우 클 때 나타나게 되는데, 그러나 실제 응용 단계에서 지나치게 큰 토픽 수를 사용할 수는 없습니다. 이런 경우에는 실제 응용에 적합한 정도의 토픽 수 범위에서 선택하는 것이 중요한데, 예를 들어 합리적 범위 내에서 펄플렉서티 감소가 느려지는 때(터닝 포인트)를 선택할 수 있습니다.

그 외 다른 방법으로는 LDA를 기반으로 계측 디리클레 과정Hierarchical Dirichlet Process, HDP을 더해 일종의 비모수non-parametric 토픽 모델인 HDP-LDA를 사용하는

★ 옮긴이 '혼잡도', '당황한 정도'라고 번역하기보다는 '펄플렉서티'를 많이 사용합니다.

것입니다. 비모수 토픽 모델의 장점은 사전에 토픽 개수를 지정할 필요가 없고, 문서 수가 변화함에 따라 모델이 자동으로 토픽 개수를 조정한다는 점입니다. 그러나 LDA를 기반으로 HDP를 합쳤을 때 전체 확률 그래프 모델이 더 복잡해져 훈련 속도가 느려집니다. 그래서 실제 응용 단계에서 많이 선호하지 않는다는 단점이 있습니다.

 질문 3 어떻게 토픽 모델을 사용하여 추천 시스템의 콜드 스타트 문제를 풀 수 있나요?   난이도 ★★★

분석·해답

조금 더 자세히 문제를 설명할 필요가 있어 보입니다. 추천 시스템에서 콜드 스타트 문제는 대규모 사용자 데이터가 없는 상황에서 사용자 개인화 추천을 진행해야 하는 문제인데, 해당 목적에는 클릭률Click-Through Rate, CTR과 전환율Conversion Rate 증가, 사용자 경험 최적화(사용자 사용 시간, 잔존율 등) 등이 있습니다. 콜드 스타트cold-start 문제는 일반적으로 사용자 콜드 스타트, 상품 콜드 스타트, 시스템 콜드 스타트의 세 가지로 나눌 수 있습니다. 사용자 콜드 스타트는 예전에 어떠한 (플랫폼에서 클릭을 하거나 접속을 한) 행위도 없거나 행위가 매우 적은(로그 데이터가 부족한) 신규 사용자에게 추천을 해야 하는 문제를 뜻합니다. 상품 콜드 스타트는 새롭게 런칭한 상품 혹은 영화(이때 관련된 평점이나 사용자 행위 데이터가 없음)에 대해 잠재적 흥미를 느낀 사용자를 찾아주는 문제를 뜻합니다. 시스템 콜드 스타트는 새롭게 개발한 웹사이트나 플랫폼 디자인에 관한 개인화 추천 문제입니다.

콜드 스타트 문제를 해결하기 위해서는 일반적으로 콘텐츠 기반의 추천을 많이 사용합니다. Hulu에서 사용자 콜드 스타트 문제를 해결하기 위해 사용한 방법을 예로 들면, 먼저 사용자의 등록 정보(나이, 성별, 취미 등), 관련 검색어 혹은 다른 플랫폼에서 얻은 정보(예를 들면, 사용자가 페이스북 ID를 통해 등록했을 경우는 페이스북의 정보, 페이스북에서의 친구와의 관계나 평점 등)를 활용하여 사용자가 관심을 가질 만한 토픽을 추측합니다. 사용자가 관심을 보일 만한 토픽을 얻은 후, 해당 사용자와 흥미 토픽이 비슷한 다른 사용자들을 찾을 수 있게 되고, 이들의 로그 기록을 통해 사용자가 관심을 가질 만한 영화를 추천합니다. 이와 비슷하게, 상품 콜드 스타트 문제에서도 우리는 영화의 감독, 배우, 장르, 관련어 등의 정보로 해당 영화가 속할 만한 토픽을 추측할 수 있습니다. 그런 다음, 토픽 벡터를 기반으로 유사한 영화를 찾고, 새로운 영화를 이전에 해당 토픽의 영화를 좋아했던 사용자에게 추천합니다. 토픽 모델(PLSA, LDA 등)을 사용하여 사용자와 영화의 토픽을 얻을 수 있습니다. 사용자를 예로 들면, 각 사용자를 토픽 모델 중의 하나의 문서로 보고 사용자에 대응하는 특성을 문서 중의 단어로 간주합니다. 토픽 모델 학습 후에 공통적으로 자주 출현하는 특성을 동일한 토픽에 대응하도록 하고, 동시에 각 사용자는 상응하는 토픽 분포를 얻게 됩니다. 각 영화의 토픽 분포 역시 이와 유사한 방법으로 얻을 수 있습니다.

그렇다면 콜드 스타트 문제는 어떻게 해결해야 할까요? 먼저, 각 사용자와 영화에 대응하는 토픽 벡터를 얻고, 사용자 토픽과 영화 토픽 사이의 선호도를 알아야 합니다. 즉, 어떤 토픽의 사용자가 어떤 토픽의 영화를 좋아할지에 대해 알아야 합니다. 시스템에 어떠한 데이터도 없다면 우리는 사전 지식을 통해 토픽을 지정합니다. 일반적으로 토픽의 개수는 그리 많지 않기 때문에 시스템이 업데이트되면 데이터를 얻을 수 있게 되어 토픽 사이의 선호도에 대해 비교적 정확한 예측을 할 수 있게 됩니다.

CHAPTER

7

최적화
알고리즘

The Quest for Machine Learning

최적화는 응용수학의 한 분야입니다. 또한. 머신러닝의 핵심 구성 부분이기도 합니다. 실제로 '머신러닝 알고리즘 = 모델 표현 + 모델 평가 + 최적화 알고리즘'으로 봐도 무방합니다. 여기서 최적화 알고리즘이 하는 일은 모델 표현 공간에서 모델 평가 지표를 최적으로 하는 모델을 선택하는 것입니다. 서로 다른 최적화 알고리즘에 따라 대응하는 모델 표현과 평가 지표는 다를 수 있습니다. 예를 들어, 전통적인 서포트 벡터 머신의 모델 표현과 평가 지표는 각각 선형분류 모델과 최대 마진입니다. 반면, 로지스틱 회귀의 모델 표현과 평가 지표는 각각 선형분리 모델과 크로스 엔트로피입니다.

빅데이터와 딥러닝의 발전으로 인해 실제 응용 환경에서 직면한 문제는 대부분 대규모, 고차원의 넌컨벡스 최적화 문제들인데, 이는 데이터와 컨벡스 최적화 이론에 기반한 전통적인 방법에 큰 도전입니다. 새로운 환경에서 사용할 수 있는, 고효율의 정확한 최적화 알고리즘 설계는 근래 들어 가장 활발한 연구 주제가 되었습니다. 최적화는 매우 오래된 학문이지만, 현재 딥러닝에 사용되는 최적화 알고리즘 중에는 Adam과 같이 최근에 고안된 것들이 많습니다.

머신러닝 도구 대부분은 자주 사용하는 최적화 알고리즘을 내재하고 있어서 실제 응용 단계에서는 코드 몇 줄이면 최적화 알고리즘을 자유롭게 사용할 수 있습니다. 하지만 최적화 알고리즘이 머신러닝에서 중요한 역할을 담당하고 있기 때문에 최적화 알고리즘의 원리를 이해하는 것은 데이터 과학자의 필수 스킬입니다.

지도학습에서의 손실함수

(상황 설명)

머신러닝 알고리즘의 관건은 모델 평가인데, 손실함수*는 모델의 평가 지표를 정의합니다. 손실함수 없이는 모델 파라미터를 구할 수 없다고 할 수 있습니다. 서로 다른 손실함수에 따라 최적화 난이도가 다르고, 최종적으로 얻는 모델 파라미터도 다릅니다. 따라서 구체적인 문제에 따라 적합한 손실함수를 선택해야 합니다.

키워드 **손실함수**Loss Function

 질문 **지도학습법에서 사용하는 손실함수는 어떤 것들이 있나요? 예제와 함께 설명하고 각 손실함수의 특징도 함께 말해 주세요.** 난이도 ★

(분석·해답)

지도학습법 중에서 손실함수는 모델과 훈련 샘플의 적합 정도를 보여줍니다. 훈련 샘플의 형식이 (x_i, y_i)라고 가정하면, 여기서 $x_i \in X$는 i번째 샘플 포인트의 특성을 나타내고, $y_i \in Y$는 해당 샘플 포인트의 레이블을 나타냅니다. 파라미터가 θ인 모델은 함수 $f(\cdot, \theta): X \rightarrow Y$으로 표현할 수 있습니다. i번째 샘플 포인트에 관한 모델의 출력은 $f(x_i, \theta)$입니다. 모델 출력과 샘플 레이블의 적합 정도를 나타내기 위해 손실함수 $L(\cdot, \cdot): Y \times Y \rightarrow \mathbb{R}_{\geqslant 0}$을 정의하면, $L(f(x_i, \theta), y_i)$이 작을수록 모델이 해당 샘플 포인트에서 잘 적합되었다는 것을 뜻합니다.

이진분류 문제 $Y = \{1, -1\}$에 대해, 우리는 $L(f(x_i, \theta), y_i)$을 만들고 싶어 합니다. 가장 자연스러운 손실함수는 0-1 손실, 즉 다음과 같습니다.

★ 옮긴이 손실함수는 loss function 혹은 cost function이라고 부르며, error function으로 불리기도 합니다. 각 용어의 정의를 자세히 뜯어보면 미묘한 차이가 있습니다만, 일반적으로는 같은 뜻으로 사용됩니다.

$$L_{0-1}(f, y) = 1_{fy \leq 0} \tag{7.1}$$

여기서 1_P는 지시함수indicator function이고, P가 참True일 때만 1의 값을 가지고, 아니라면 0의 값을 가지게 됩니다. 이 손실함수는 분류의 오차율을 직관적으로 나타낼수 있지만, 넌컨벡스non-convex, 매끄럽지 못한non-smooth 특성 때문에 알고리즘을 직접적으로 해당 함수에 대해 최적화하기는 힘듭니다. 0-1 손실함수의 대체 손실함수로는 힌지Hinge 손실함수가 있습니다.

$$L_{\text{hinge}}(f, y) = \max\{0, 1 - fy\} \tag{7.2}$$

힌지 손실함수는 상대적으로 타이트한 0-1 손실함수의 컨벡스 상계upper bound이며, $fy \geq 1$일 때 해당 함수는 어떠한 패널티도 주지 않습니다. 힌지 손실함수는 $fy = 1$일 때 미분할 수 없으며, 따라서 경사하강법을 사용하지 못하는 대신에 Subgradient Descent Method*를 사용합니다. 0-1 손실의 다른 대체 손실함수로는 로지스틱Logistic 손실함수가 있습니다.

$$L_{\text{logistic}}(f, y) = \log_2(1 + \exp(-fy)) \tag{7.3}$$

로지스틱 손실함수 역시 0-1 손실함수의 컨벡스 상계이며, 모든 곳이 매끄럽다는 smooth 특징이 있습니다. 따라서 경사하강법을 사용할 수 있습니다. 그러나 로지스틱 손실함수는 모든 샘플 포인트에 대해 패널티를 주기 때문에 특이점에 상대적으로 더 민감합니다. 예측값이 $f \in [-1, 1]$일 때 자주 사용하는 다른 대체 손실함수는 크로스 엔트로피Cross Entropy 손실함수입니다.

$$L_{\text{cross entropy}}(f, y) = -\log_2\left(\frac{1 + fy}{2}\right) \tag{7.4}$$

크로스 엔트로피 손실함수 역시 0-1 손실함수의 매끄러운 컨벡스 상계입니다. 이 네 가지 손실함수의 곡선 그래프를 그려 보면 그림 7.1과 같습니다.

★ 옮긴이 원문 그대로 옮겨오긴 했지만, 일반적으로 Subgradient Method라고 부릅니다. 엄밀히 말해, Subgradient Method는 Descent Method가 아닙니다. 미분할 수 없는 컨벡스 함수(nondifferentiable convex function)를 최소화(minimize)할 때 사용합니다.

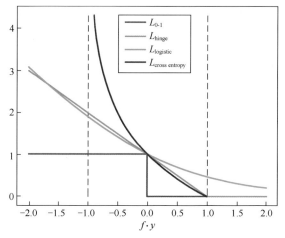

그림 7.1 이진분류 문제의 손실함수

회귀 문제 $Y = \mathbb{R}$에 대해, 우리가 $f(x_i, \theta) \approx y_i$을 만들고자 할 때 가장 자주 사용하는 손실함수는 다음과 같은 제곱 손실함수Quadratic Loss Function입니다.

$$L_{\text{square}}(f, y) = (f - y)^2 \tag{7.5}$$

제곱 손실함수는 매끄러운 함수이고, 경사하강법을 사용해 최적화할 수 있습니다. 그러나 예측값 거리가 실제 거리와 멀수록 제곱 손실함수의 패널티 정도가 커지면서 특이점에 비교적 민감합니다. 이 문제를 해결하기 위해 절댓값 손실함수를 사용합니다.

$$L_{\text{absolute}}(f, y) = | f - y | \tag{7.6}$$

절댓값 손실함수는 중간값 회귀를 하는 것과 마찬가지인데, 평균(값) 회귀의 제곱 손실함수와 비교했을 때 절대 손실함수는 특이점에 비교적 견고robust합니다. 그러나 절대 손실함수는 $f = y$에서 미분할 수 없습니다. 미분 가능성과 특이점에 대한 견고한 정도를 종합적으로 고려했을 때 후버Huber 손실함수를 사용할 수도 있습니다.

$$L_{\text{Huber}}(f, y) = \begin{cases} (f - y)^2, & | f - y | \leqslant \delta \\ 2\delta | f - y | - \delta^2, & | f - y | > \delta \end{cases} \tag{7.7}$$

후버 손실함수는 $|f - y|$가 비교적 작을 때 제곱 손실을 사용하고, $|f - y|$가 비교적 클 때는 선형 손실을 사용하여 미분할 수 있게 되고, 또한 특이점에 대해 견고합니다. 이 세 가지 손실함수의 곡선 그래프는 그림 7.2에서 확인할 수 있습니다.

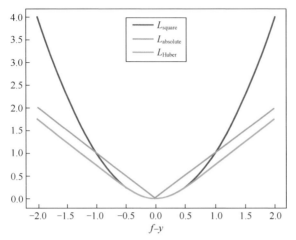

그림 7.2 회귀 문제의 손실함수

손실함수의 종류는 아직도 많이 남아 있지만, 본문에서는 간략하게 자주 사용하는 손실함수에 대해서만 소개하고 넘어가겠습니다. 실제 응용에서는 특정한 문제와 모델에 대해 적합한 손실함수를 선택하고, 구체적으로 해당 손실함수의 장단점을 분석할 수 있어야 합니다.

상황 설명

대부분 머신러닝 모델의 파라미터 계산 문제는 최적화 문제로 귀결될 수 있습니다. 서로 다른 머신러닝 모델마다 손실함수가 다르고 대응하는 최적화 문제도 다릅니다. 최적화 문제의 형식과 특징에 대한 이해는 우리가 더 효과적으로 문제를 풀고 모델 파라미터를 얻어 원하는 학습 목표에 도달할 수 있도록 도와줄 것입니다.

키 워 드   컨벡스 최적화Convex Optimization

 질문 머신러닝에서의 최적화 문제에서 어떤 컨벡스 최적화 문제와 넌컨벡스 최적화 문제가 존재할까요? 예를 들어 설명해 보세요. 난이도 ★★

분석·해답

이 문제에 답하기 위해서는 먼저 컨벡스 함수convex function가 무엇인지 알아야 합니다. 정의에 의해, 함수 $L(\cdot)$가 컨벡스 함수라면 정의역 중에 임의의 두 점 x, y와 임의의 실수 $\lambda \in [0, 1]$가 다음 식을 만족해야 합니다.

$$L(\lambda x + (1-\lambda)y) \leqslant \lambda L(x) + (1-\lambda)L(y) \tag{7.8}$$

위 부등식에 대한 직관적인 해석은 그림 7.3과 같이 컨벡스 함수 곡면상의 임의의 두 점을 연결한 직선상의 임의의 한 점이 해당 함수 곡면 아래에 위치할 수 없음을 뜻합니다.

위 부등식은 그림 7.3을 통해 보다 직관적으로 해석할 수 있습니다. 그림처럼 컨벡스 함수 곡면 위의 임의의 두 점을 직선으로 연결했을 때, 이 직선 위의 임의의 점은 해당 컨벡스 함수 아래에 위치하지 않음을 뜻합니다.

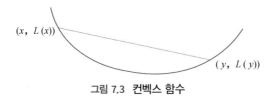

그림 7.3 컨벡스 함수

자주 사용하는 머신러닝 모델인 로지스틱 회귀모델에 대응하는 최적화 문제가 바로 컨벡스 최적화 문제입니다. 이진분류 문제 $Y = \{1, -1\}$에 대해 모델 파라미터가 θ라고 가정한다면, 로지스틱 회귀의 최적화 문제는 다음과 같이 정의됩니다.

$$\min_\theta L(\theta) = \sum_{i=1}^{n} \log(1 + \exp(-y_i \theta^T x_i)) \tag{7.9}$$

목적함수의 이차 헤시안Hessian 행렬을 계산해 컨벡스 성질을 검증할 수 있습니다.

$$L_i(\theta) = \log(1 + \exp(-y_i \theta^T x_i)) \tag{7.10}$$

해당 함수에 대해 1차 미분을 하면 다음을 얻게 됩니다.

$$\begin{aligned}
\nabla L_i(\theta) &= \frac{1}{1 + \exp(-y_i \theta^T x_i)} \exp(-y_i \theta^T x_i) \cdot (-y_i x_i) \\
&= \frac{-y_i x_i}{1 + \exp(y_i \theta^T x_i)}
\end{aligned} \tag{7.11}$$

계속해서 미분하면 함수의 헤시안 행렬을 얻게 됩니다.

$$\begin{aligned}
\nabla^2 L_i(\theta) &= \frac{y_i x_i \cdot \exp(y_i \theta^T x_i) \cdot y_i x_i^T}{(1 + \exp(y_i \theta^T x_i))^2} \\
&= \frac{\exp(y_i \theta^T x_i)}{(1 + \exp(y_i \theta^T x_i))^2} x_i x_i^T
\end{aligned} \tag{7.12}$$

해당 행렬은 양의 준정부호positive semi-definite* 성질 $\nabla^2 L_i(\theta) \succeq 0$ 을 만족하기 때문에 $\nabla^2 L(\theta) = \sum_{i=1}^{n} \nabla^2 L_i(\theta) \succeq 0$이 되고, 함수 $L(\,\cdot\,)$는 컨벡스 함수가 됩니다.[9] 컨벡스

★ 옮긴이 모든 고윳값이 음수가 아닌 경우(즉, 0이 아닌 모든 벡터 x에 대해 $x \times Mx \geq 0$인 경우) M은 양의 준정부호 행렬입니다.

최적화 문제에 대해 모든 국소 최솟값은 전역 최솟값이고, 따라서 이러한 문제는 일반적으로 비교적 쉽게 풀 수 있는 문제로 간주됩니다.

다른 한편으로, 주성분분석PCA에서의 최적화 문제는 넌컨벡스 최적화 문제입니다. $X = [x_1, ..., x_n]$를 데이터 정규화를 거친 행렬이라고 한다면, 주성분분석의 최적화 문제는 다음과 같습니다.

$$\min_{VV^{\mathrm{T}}=I_k} L(V) = \| X - V^{\mathrm{T}}VX \|_{\mathrm{F}}^2 \tag{7.13}$$

컨벡스 함수의 정의를 통해 해당 최적화 문제의 목적함수가 넌컨벡스 함수라는 것을 검증할 수 있습니다. V^*를 최적화 문제의 전역 최솟값이라고 한다면, $-V^*$는 해당 문제의 국소 최적값이고, 다음과 같이 됩니다.

$$L\left(\frac{1}{2}V^* + \frac{1}{2}(-V^*)\right) = L(0) = \| X \|_{\mathrm{F}}^2 > \| X - V^{*\mathrm{T}}V^*X \|_{\mathrm{F}}^2$$
$$= \frac{1}{2}L(V^*) + \frac{1}{2}L(-V^*) \tag{7.14}$$

이는 컨벡스 함수의 정의를 만족하지 못하기 때문에 주성분분석의 최적화 문제는 넌컨벡스 문제가 됩니다. 일반적으로 넌컨벡스 문제는 풀기 어려운 문제로 간주되지만, SVD*를 사용하여 주성분분석의 전역 최솟값을 구할 수 있기 때문에 주성분분석은 예외입니다.

요약·응용

위에서 소개한 예제 외에 기타 다른 컨벡스 최적화 문제의 예는 서포트 벡터 머신, 선형회귀 등과 같은 선형모델이 있고, 넌컨벡스 문제의 예로는 행렬 인수분해matrix factorization, 딥러닝 모델 등이 있습니다.

★　옮긴이 특잇값 분해(SVD)는 고윳값 분해(eigen-decomposition)처럼 행렬을 대각화하는 한 방법입니다.

전통적인
최적화 알고리즘

상황 설명

서로 다른 최적화 문제와 응용 상황에 대해 연구자들은 다양한 종류의 알고리즘을 고안해 냈습니다. 그리고 이 영역은 엄격한 이론이 뒷받침되는, '최적화'라 불리는 하나의 연구 영역으로 자리 잡게 됩니다. 다양한 알고리즘 중에서도 전통적인 최적화 알고리즘에 대해서는 잘 이해해야 합니다. 이들의 응용 상황까지 이해한다면 새로운 최적화 문제를 만났을 때 해결할 수 있는 사고력을 더해 줄 것입니다.

키워드 미적분Calculus / 선형대수Linear Algebra / 컨벡스 최적화Convex Optimization

 질문 ## 제약 조건이 없는 최적화 문제에서의 최적화
방법에는 어떤 것들이 있을까요? 난이도 ★★

다음과 같은 제약 조건이 없는 최적화 문제가 여러분 앞에 놓여 있다고 가정해 봅시다.

$$\min_{\theta} L(\theta)$$

여기서 목적함수 $L(\,\cdot\,)$는 매끄러운 함수입니다. 그렇다면 이 문제를 해결할 수 있는 최적화 알고리즘에는 어떤 것들이 있을까요? 이들은 각각 어떤 상황에서 사용될 수 있나요?

분석·해답

전통적인 최적화 알고리즘은 직접법direct method과 반복법iterative method의 두 가지로 나눌 수 있습니다.

직접법은 이름에서 알 수 있듯이, 직접적으로 최적화 문제의 최적해를 구할 수 있는 방법입니다. 이 방법은 듣기에는 매우 대단해 보이지만 만능은 아닙니다. 직접법은 목적함수가 다음 두 조건을 만족해야 합니다. 첫 번째 조건은 $L(\cdot)$가 컨벡스 함수이어야 합니다. 만약 $L(\cdot)$가 컨벡스 함수라면, θ^*는 최적해의 필요충분조건은 $L(\cdot)$가 θ^*에서 경사가 0일 때, 즉 다음과 같습니다.

$$\nabla L(\theta^*) = 0 \tag{7.15}$$

따라서 직접적으로 θ^*를 구하기 위해서 두 번째 조건인 '닫힌 형식의 해closed-form solution'이어야 합니다. 동시에 위 두 가지 조건을 만족하는 전형적인 모델에는 능형회귀ridge regression*가 있습니다. 이 알고리즘의 목적함수는 다음과 같습니다.

$$L(\theta) = \| X\theta - y \|_2^2 + \lambda \| \theta \|_2^2 \tag{7.16}$$

조금 유도해 보면 최적해가 다음임을 알 수 있습니다.

$$\theta^* = (X^\mathsf{T} X + \lambda I)^{-1} X^\mathsf{T} y \tag{7.17}$$

직접법은 두 가지 조건을 만족시켜야 하기 때문에 응용 범위에 제한이 있습니다. 따라서 많은 실전 문제에서는 반복법을 사용합니다. 반복법Iterative Method은 반복적으로 최적해에 대한 계산 값을 수정하는 것을 뜻합니다. 만약 현재 최적해의 예측값이 θ라고 가정한다면, 구하고자 하는 최적화 문제는 다음 식을 통해 더 좋은 예측값 $\theta_{t+1} = \theta_t + \delta_t$을 구하는 것이 됩니다.

$$\delta_t = \arg\min_{\delta} L(\theta_t + \delta) \tag{7.18}$$

반복법은 일차 방법과 이차 방법 두 가지로 나눌 수 있습니다. 일차 방법은 함수 $L(\theta_t + \delta)$에 대해 일차 테일러 전개를 하여 다음 근사식을 얻는 것입니다.

$$L(\theta_t + \delta) \approx L(\theta_t) + \nabla L(\theta_t)^\mathsf{T} \delta \tag{7.19}$$

해당 근사식은 δ가 비교적 작은 수일 때 정확하기 때문에 δ를 구할 때 정규항 L_2를 더합니다.

★ 　옮긴이 　능형 회귀는 영어 발음 그대로 '릿지 회귀'라고도 부릅니다.

$$\delta_t = \arg\min_\delta \left(L(\theta_t) + \nabla L(\theta_t)^{\mathrm{T}} \delta + \frac{1}{2\alpha} \| \delta \|_2^2 \right)$$
$$= -\alpha \nabla L(\theta_t) \tag{7.20}$$

따라서 일차 방법의 반복 공식은 다음과 같습니다.

$$\theta_{t+1} = \theta_t - \alpha \nabla L(\theta_t) \tag{7.21}$$

여기서 α를 학습률learning rate이라고 부릅니다. 일차 방법은 경사하강법이라고도 부릅니다. 경사란, 바로 목적함수의 일차 정보를 뜻합니다.

이차 방법이란, 함수 $L(\theta_t + \delta)$에 대해 이차 테일러 전개를 하여 근사식 7.22를 얻고,

$$L(\theta_t + \delta) \approx L(\theta_t) + \nabla L(\theta_t)^{\mathrm{T}} \delta + \frac{1}{2} \delta^{\mathrm{T}} \nabla^2 L(\theta_t) \delta \tag{7.22}$$

여기서 $\nabla^2 L(\theta_t)$는 θ_t에서 함수 L의 헤시안Hessian 행렬입니다. 근사최적화 문제 식 7.23의 해를 구하면 이차 방법의 반복 공식인 식 7.24를 얻을 수 있습니다.

$$\delta_t = \arg\min_\delta \left(L(\theta_t) + \nabla L(\theta_t)^{\mathrm{T}} \delta + \frac{1}{2} \delta^{\mathrm{T}} \nabla^2 L(\theta_t) \delta \right)$$
$$= -\nabla^2 L(\theta_t)^{-1} \nabla L(\theta_t) \tag{7.23}$$
$$\theta_{t+1} = \theta_t - \nabla^2 L(\theta_t)^{-1} \nabla L(\theta_t) \tag{7.24}$$

이차 방법은 뉴턴법Newton's method이라고도 부릅니다. 헤시안 행렬은 바로 목적함수의 이차 정보입니다. 이차 방법의 수렴 속도는 일차 방법보다 빠르지만, 고차원일 경우 헤시안 행렬의 역 계산 복잡도가 너무 커지고, 목적함수가 넌컨벡스일 경우 이차 방법은 안장점saddle point에 수렴할 가능성이 높습니다.

요약·응용

러시아의 저명한 수학자 유리 네스테로프Yurii Nesterov는 1983년에 새로운 알고리즘을 고안해 냈습니다[10]. 이 알고리즘의 수렴 속도는 일차법first-order method 수렴 속도의 이론계에 도달했습니다. 이차법second-order method 행렬의 역을 구하는 계산의 복잡도가 과도하게 높은 문제에

대해서는 1970년에 찰스 조지 브로이든Charles George Broyden, 로저 플레처Roger Fletcher, 도널드 골드팝Donald Goldfarb, 그리고 데이빗 샤노David Shanno 각자가 모두 독립적으로 후에 BFGS라고 불리게 되는 알고리즘을 만들었습니다[11-14]. 그리고 1989년에는 저용량 버전인 L-BFGS 알고리즘으로 확장되었습니다[15].

잠시 쉬어가기...

빠른 역제곱근(Fast Inverse Square Root)

1990년대에 퀘이크(시리즈)라는 불가사의한 게임 하나가 출시되었습니다. 탄탄한 스토리 설정과 (당시 기준으로) 화려한 그래픽 외에도 이 게임은 뛰어난 운영 효율로 많은 호평을 받았습니다. 그 당시의 컴퓨터는 성능이 그리 좋지 못했는데, 대부분의 컴퓨터에서는 만화영화 한 편을 재생하는 것도 기적이었습니다. 그런데 퀘이크는 대부분의 컴퓨터에서 할 수 있었습니다.

2005년에 이르러 퀘이크 엔진Quake Engine의 소스가 공개되면서 퀘이크 시리즈의 비밀이 밝혀졌습니다. 코드 중에는 많은 사람이 '신의 코드'라고 칭하는 알고리즘들이 많이 들어 있었는데, 정말 변태스러운 고성능에 컴퓨터의 성능을 '쥐어 짜내는' 코드들로 가득해 1990년대 3D 게임의 전설로 불리고 있습니다. 이런 알고리즘들 중에 오늘 소개할 알고리즘은 빠른 역제곱근Fast Inverse Square Root입니다.

3D 그림을 그릴 때 역제곱근$\left(\dfrac{1}{\sqrt{x}}\right)$는 매우 중요한 연산입니다. 왜냐하면 컴퓨터가 벡터의 방향벡터를 구하기 위해 많은 계산을 해야 하기 때문입니다.

$$\frac{(v_x, v_y, v_z)}{\sqrt{v_x^2 + v_y^2 + v_z^2}} \tag{7.25}$$

여기서 역제곱근의 계산이 나오는데, 가장 번거로운 부분이기도 합니다. 만약 이 부분에서 최적화를 할 수 있다면, 효율이 극대화될 수 있을 것입니다. 먼저 퀘이크 코드에 있는 역제곱근 알고리즘 부분을 함께 살펴봅시다.

```
float Q_rsqrt( float number )
{
    long i;
    float x2, y;
    const float threehalfs = 1.5F;
```

```
x2 = number * 0.5F;
y = number;
i = * ( long * ) &y;  // evil floating point bit level hacking
i = 0x5f3759df - ( i >> 1 );
// 이 코드에 사용되는 상수 0x5f3759df는 그 의미를 즉시 파악하기 어렵기 때문에
//    이 알고리즘의 매직 넘버라고 불린다.
y = * ( float * ) &i;
y = y * ( threehalfs - ( x2 * y * y ) );      // 1st iteration
// y = y * ( threehalfs - ( x2 * y * y ) );   // 2nd iteration,
                                               this can be removed

return y;
}
```

코드를 보면 알고리즘 마지막 부분에 두 개의 같은 코드가 들어가 있음을 알 수 있습니다. 아마도 어떤 수에 대해 모종의 반복 계산을 한 것으로 보입니다. 여기서 두 번째 반복은 주석으로 처리되었는데, 결과상으로 두 번째 반복의 의미가 그리 크지 않았던 것 같습니다. 이는 한 번의 반복 결과가 허용오차 범위에 들어온다는 것을 뜻합니다. 이러한 특성은 뉴턴법Newton's method을 떠올리게 합니다.

뉴턴법은 자주 사용되는 방정식 수치 해를 구하는 방법입니다. 구체적으로는 다음과 같습니다. 어떤 구간 I에 $f(x)$가 연속적이고, 미분 가능하고, 유일한 영점 x_0이 있다면, 임의의 $x_1 \in I$을 취해 $x_{n+1} = x_n - \dfrac{f(x_n)}{f'(x_n)}$을 반복해 $\lim\limits_{n} x_n \to x_0$을 찾습니다. 뉴턴법을 사용해 계속 반복하면 해의 임의 정확도까지 근사할 수 있습니다. 그럼, 한번 $\dfrac{1}{\sqrt{a}}$의 반복 식을 써봅시다. 먼저 $f(x) = \dfrac{1}{x^2} - a$로 두면 다음과 같이 됩니다.

$$x_{n+1} = x_n - \frac{f(x_n)}{f'(x_n)} = x_n - \frac{\dfrac{1}{x_n^2} - a}{\dfrac{-2}{x_n^3}}$$

$$= \frac{3}{2}x_n - \frac{a \cdot x_n^3}{2} = x_n \left(1.5 - \frac{a}{2}x_n^2 \right) \tag{7.26}$$

x_{n+1}과 x_n을 y로 치환하고 $\dfrac{a}{2}$를 x_2로 치환하면, 알고리즘의 마지막 스텝이 동일하다는 것을 발견할 수 있습니다. 따라서 우리는 퀘이크 코드의 역제곱근 계산 방법에서 뉴턴법을 사용했음을 알 수 있습니다.

CHAPTER 7

4 경사하강법 검증 방법

상황 설명

경사하강법을 사용하여 최적화 문제를 풀 때 가장 중요한 작업은 바로 목적함수의 기울기gradient 의 계산입니다. 딥러닝과 같은 비교적 복잡한 머신러닝 학습 모델에서 목적함수의 기울기 공식 역시 매우 복잡하고 틀리기 쉽습니다. 따라서 실제 응용에서 기울기를 계산하는 코드를 작성한 후 코드를 검증하는 작업이 필요합니다.

키 워 드 **미적분**Calculus / **선형대수**Linear Algebra

 질문

목적함수 기울기의 계산에 대한 검증은 어떻게 진행할까요?

난이도 ★★★

최적화 문제 $\min_{\theta \in \mathbb{R}^n} L(\theta)$이 주어졌을 때, 이미 코드를 사용하여 목적함수의 값과 목적함수의 경사를 구하는 기능을 구현했다고 가정해 봅시다. 그렇다면 어떤 방법을 사용하여 코드가 잘 작성되었는지 검증할 수 있을까요?

분석·해답

기울기의 정의에 의해 목적함수의 기울기는 다음과 같습니다.

$$\nabla L(\theta) = \left[\frac{\partial L(\theta)}{\partial \theta_1}, \cdots, \frac{\partial L(\theta)}{\partial \theta_n} \right]^{\mathrm{T}} \tag{7.27}$$

여기서 임의의 $i = 1, 2, \ldots, n$에 대해 기울기의 i번째 원소는 다음과 같이 정의됩니다.

$$\frac{\partial L(\theta)}{\partial \theta_i} = \lim_{h \to 0} \frac{L(\theta + he_i) - L(\theta - he_i)}{2h} \tag{7.28}$$

여기서 e_i는 단위벡터이고, 차원수와 θ는 같습니다. 그리고 i번째 위치에서 값이 1이며, 다른 위치에서의 값은 0이 됩니다. 따라서 h를 비교적 작은 수(예를 들면, 10^{-7})를 취한다면 다음과 같은 식을 얻을 수 있고,

$$\frac{\partial L(\theta)}{\partial \theta_i} \approx \frac{L(\theta + he_i) - L(\theta - he_i)}{2h} \tag{7.29}$$

식 7.29의 좌변은 목적함수 기울기의 i번째 컴포넌트가 되며, 우변은 목적함수의 값과만 관련 있고 이 둘은 근사적으로 같습니다.

테일러 전개를 이용해 해당 근사오차를 계산해 보겠습니다.

$$\tilde{L}(x) = L(\theta + xe_i) \tag{7.30}$$

단변량 함수 식 7.30에서 테일러 전개와 라그랑주 나머지remainder 공식에 의하면 식 7.30은 다음과 같이 정리됩니다.

$$L(\theta + he_i) = \tilde{L}(h) = \tilde{L}(0) + \tilde{L}'(0)h + \frac{1}{2}\tilde{L}''(0)h^2 + \frac{1}{6}\tilde{L}^{(3)}(p_i)h^3 \tag{7.31}$$

여기서 $p_i \in (0, h)$입니다.

$$L(\theta - he_i) = \tilde{L}(-h) = \tilde{L}(0) - \tilde{L}'(0)h + \frac{1}{2}\tilde{L}''(0)h^2 - \frac{1}{6}\tilde{L}^{(3)}(q_i)h^3 \tag{7.32}$$

이와 유사하게, 식 7.32에서 $q_i \in (-h, 0)$입니다. 두 식을 서로 빼고 등호 양변을 동시에 $2h$로 나눕니다.

$$\tilde{L}'(0) = \frac{\partial L(\theta)}{\partial \theta_i} \tag{7.33}$$

그리고 식 7.33이기 때문에 식 7.31~7.33에 기반해 다음을 얻을 수 있습니다.

$$\frac{L(\theta + he_i) - L(\theta - he_i)}{2h} = \frac{\partial L(\theta)}{\partial \theta_i} + \frac{1}{12}\left(\tilde{L}^{(3)}(p_i) + \tilde{L}^{(3)}(q_i)\right)h^2 \tag{7.34}$$

여기서 h가 충분히 작을 때, p_i과 q_i은 모두 0에 가깝게 되어 h^2 앞의 계수를 상수 M으로 간주해도 됩니다. 따라서 근사식의 오차는 다음과 같습니다.

$$\left| \frac{L(\theta + he_i) - L(\theta - he_i)}{2h} - \frac{\partial L(\theta)}{\partial \theta_i} \right| \approx Mh^2 \tag{7.35}$$

따라서 우리는 h가 비교적 작을 때 h를 원래 크기에서 10^{-1}배 할 때마다 근사오차 또한 원래 크기의 10^{-2}배가 됨을 알 수 있습니다. 즉, 근사오차는 h의 고위의 무한소 infinitesimal of higher order입니다.

실제 응용 단계에서 우리는 θ를 임의로 초기화하고 비교적 작은 값의 h를 취해 $i = 1, 2, ..., n$에 대해 차례대로 다음 식의 성립 여부를 검증합니다.

$$\left| \frac{L(\theta + he_i) - L(\theta - he_i)}{2h} - \frac{\partial L(\theta)}{\partial \theta_i} \right| \leqslant h \tag{7.36}$$

만약 어떠한 첨자 i에 대해 해당 부등식이 성립하지 않을 때에는 다음의 두 가지 원인이 이유가 됩니다.

❶ 해당 첨자에 대응하는 M이 너무 크기 때문에

❷ 해당 기울기 컴포넌트 계산이 부정확하기 때문에

이때 θ를 고정하고 h를 원래의 10^{-1}로 줄여 첨자 i에 대응하는 근사오차를 계산하고, 만약 근사오차가 원래의 10^{-2}로 줄어든다면 첫 번째 원인일 가능성이 높기 때문에 더 작은 h를 선택하여 한 번 더 검증을 합니다. 그렇지 않다면 두 번째 원인일 가능성이 높기 때문에 코드에 문제가 없는지 한 번 더 검증합니다.

5 확률적 경사하강법

상황 설명

경사하강법처럼 전통적인 최적화 방법은 매번 반복할 때마다 모든 훈련 데이터를 사용해야 하는데, 이는 대규모 데이터를 사용한 최적화 문제에는 적절하지 못합니다. 이러한 문제점을 극복하기 위해 머신러닝, 특히 딥러닝에 대한 지식이 필요합니다.

키워드 **확률적 경사하강법**Stochastic Gradient Descent /
전통적인 최적화 방법 Traditional Optimization Methods

질문 훈련 데이터 크기가 매우 큰 상황에서 전통적인 경사하강법을 사용한다면 어떤 문제가 생길까요? 이에 대한 개선 방안은 무엇인가요?

난이도 ★

분석·해답

머신러닝 최적화 문제의 목적함수는 일반적으로 다음과 같이 나타낼 수 있습니다.

$$L(\theta) = \mathbb{E}_{(x,y) \sim P_{\text{data}}} L(f(x,\theta), y) \tag{7.37}$$

여기서 θ는 최적화해야 하는 모델 파라미터를 나타내고, x는 모델 입력input, $f(x, \theta)$는 모델의 실제 출력, 그리고 y는 모델의 목적 출력을 나타냅니다. 함수 L은 데이터 (x, y)에서의 모델의 손실을 나타내고, P_{data}는 데이터 분포를, E는 기댓값을 나타냅니다. 따라서 $L(\theta)$은 파라미터가 θ가 될 때 모든 데이터에서의 모델의 평균손실을 표현합니다. 우리는 평균손실을 최소로 하는 모델 파라미터를 찾아야 하는데, 이는 최적화 문제의 해를 구하는 것과 동일합니다.

$$\theta^* = \arg \min L(\theta) \tag{7.38}$$

전통적인 경사하강법은 모든 훈련 데이터 세트의 평균손실을 사용하여 목적함수에 근사하게 되는데, 즉 다음의 식과 같습니다.

$$L(\theta) = \frac{1}{M} \sum_{i=1}^{M} L(f(x_i, \theta), y_i) \tag{7.39}$$

$$\nabla L(\theta) = \frac{1}{M} \sum_{i=1}^{M} \nabla L(f(x_i, \theta), y_i) \tag{7.40}$$

여기서 M은 훈련 데이터의 개수를 나타냅니다. 모델 파라미터의 업데이트 공식은 다음과 같습니다.

$$\theta_{t+1} = \theta_t - \alpha \nabla L(\theta_t) \tag{7.41}$$

따라서 전통적인 경사하강법은 매번 모델 파라미터를 업데이트할 때마다 모든 훈련 데이터를 사용해야 합니다. M이 너무 많다면 계산량도 그만큼 많아져서 계산 시간이 길어지므로 실제 응용 환경에서 적용하기 힘든 경우가 있습니다.

이런 문제를 해결하기 위해 나온 것이 바로 확률적 경사하강법Stochastic Gradient Descent, SGD입니다. 이 방법은 단일 훈련 데이터의 손실을 사용해 평균손실에 근사합니다. 즉, 다음과 같습니다.

$$L(\theta; x_i, y_i) = L(f(x_i, \theta), y_i) \tag{7.42}$$

$$\nabla L(\theta; x_i, y_i) = \nabla L(f(x_i, \theta), y_i) \tag{7.43}$$

따라서 확률적 경사하강법은 단일 훈련 데이터를 사용하여 모델 파라미터에 대해 한차례 업데이트를 하기 때문에 수렴 속도가 높아집니다. 이 방법은 데이터가 끊임없이 추가되는 온라인 플랫폼 환경에 잘 맞습니다.

확률적 경사의 분산을 줄여 반복 계산을 더 안정적으로 수행하기 위해, 그리고 고도로 최적화된 행렬 연산을 충분히 활용하기 위해서는 실제 응용 중에서 여러 개의 데이터를 동시에 처리하게 되는데, 이런 방법을 미니배치 경사하강법Mini-Batch Gradient Descent이라고 부릅니다. 만약 동시에 m개의 훈련 데이터 $\{(x_{i_1}, y_{i_1}), ..., (x_{i_m}, y_{i_m})\}$를 처리해야 한다면, 목적함수와 경사는 다음과 같습니다.

$$L(\theta) = \frac{1}{m} \sum_{j=1}^{m} L(f(x_{i_j}, \theta), y_{i_j}) \tag{7.44}$$

$$\nabla L(\theta) = \frac{1}{m} \sum_{j=1}^{m} \nabla L(f(x_{i_j}, \theta), y_{i_j}) \tag{7.45}$$

미니배치 경사하강법 사용에 대해서 다음의 세 가지 사항을 주의해야 합니다.

❶ 어떻게 파라미터 m을 선택할 것인가? 서로 다른 응용 환경에서의 최적의 m은 다르기 때문에 튜닝을 통해 선택해야 합니다. 일반적으로 m은 2의 거듭제곱을 사용해야 행렬 연산을 충분히 이용할 수 있으므로 32, 64, 128, 256 등과 같은 2의 거듭제곱 중에서 최적의 값을 선택합니다.

❷ 어떻게 m개의 훈련 데이터를 선택할 것인가? 데이터의 특정 순서가 알고리즘 수렴에 영향을 주는 것을 피하기 위해 일반적으로 매번 훈련 데이터를 사용하기 전에 훈련 데이터를 랜덤으로 배열하는 작업을 진행합니다. 그리고 매번 반복 시에 순서에 따라 m개의 훈련 데이터를 뽑아 모든 데이터를 사용할 때까지 반복합니다.

❸ 학습률 α는 어떻게 선택할 것인가? 수렴 속도를 높이고 정확도를 높이기 위해 일반적으로 학습률을 감쇠시키는 방안을 사용합니다. 제일 처음 시작할 때는 비교적 큰 학습률을 사용하다가 오차 곡선이 정체기에 들어서면 학습률을 감소시켜 더 정밀한 튜닝을 합니다. 최적의 학습 속도는 정밀한 튜닝을 통해서만 최적화될 수 있습니다.

위 내용을 종합하면, 일반적으로 훈련 데이터 규모가 크다면 미니배치 경사하강법을 사용하여 문제를 해결합니다. 매번 모델 파라미터를 업데이트할 때 m개의 훈련 데이터만 처리하면 됩니다. 여기서 m은 총 데이터 개수 M보다 훨씬 작은 상수이며, 이는 훈련 과정을 빠르게 만들어 줍니다.

기울기 연산자 ∇의 발음

고등수학을 배운 분이라면 기울기 연산자 ∇에 대해 낯설지 않을 것입니다. 그런데 이 기호는 어떻게 읽어야 할까요? ∇ 기호는 1837년에 아일랜드 물리학자이자 수학자인 해밀턴_{W.R. Hamilton}(해밀턴대학을 세우고 사원수를 고안했던 대가)이 가장 먼저 고안했지만, ∇ 기호를 어떻게 읽어야 할지에 대해서는 설명이 없었습니다.

1884년에 이르러 물리학자 윌리엄 톰슨_{William Thomson}(열역학의 아버지)이 기울기에 대해 연구할 때 이 기호를 어떻게 읽어야 할지 몰라 골머리를 앓았습니다. 당시 톰슨 교수는 미국 존스 홉킨스_{Johns Hopkins University, JHU}에서 강의를 하고 있었는데, 결국 알렉산더 그레이엄 벨_{Alexander Graham Bell}(전화 발명)에게 편지를 써 물어보기까지 합니다.

벨은 답장에 그가 어렸을 때 그의 학교 선배였던 제임스 글러크 맥스웰_{James Clerk Maxwell}(전자기학의 창시자)이 ∇의 재미있는 발음을 발명했다고 알려준 적이 있는데, 바로 나블라_{nabla}입니다. nabla는 외형이 역삼각형처럼 생긴 히브리어의 하프를 뜻합니다.

1870년, 맥스웰의 어린 시절 친구인 물리학자 피터 거스리 테이트_{Peter Guthrie Tait}(사원수에 관해 뛰어난 업적을 남긴 물리학자)는 해밀턴의 사원수를 연구하던 중 많은 곳에서 ∇ 기호를 사용했습니다. 따라서 맥스웰은 테이트에게 편지를 써 다음과 같이 제안했습니다. "친애하는 테이트, 만약 페니키아의 왕자 카드모스가 페니키아의 교수들에게 이 기호를 어떻게 읽느냐고 물어본다면, 그들은 분명히 이 기호는 나블라라고 읽는다고 말할 걸세." 1871년, 맥스웰은 다시 편지를 써 테이트에게 "아직도 나블라 하프를 연구하고 있는가?"라고 물어보기도 합니다. 게다가, 자작시까지 써서 함께 보냈는데, 시의 제목이 'To the Chief Musician upon Nabla'였습니다.

확률적 경사하강법의 가속

상황 설명

딥러닝에서의 최적화 방법에 대해 이야기할 때 사람들이 가장 먼저 떠올리는 것은 아마도 확률적 경사하강법일 것입니다. 그러나 확률적 경사하강법은 만능 열쇠가 아닙니다. 가끔은 독이 되는 경우도 존재합니다. 딥러닝 네트워크를 설계할 때, 만약 확률적 경사하강법을 사용하여 모델 훈련을 하는 방법밖에 알지 못한다면 비교적 좋은 결과를 얻지 못했을 때 쉽게 포기하고 말 것입니다. 그러나 훈련 성능이 좋지 못한 진짜 원인은 모델의 문제가 아니라, 확률적 경사하강법이 최적화 과정이 제대로 작동하지 않았기 때문일 수도 있습니다.

키워드 경사하강법Gradient Descent / 확률적 경사하강법Stochastic Gradient Descent

질문 1 확률적 경사하강법이 효과를 상실하게 되는 원인 — 돌을 더듬어 가며 산을 내려오다.

난이도 ★★

딥러닝 학습에서 가장 자주 사용하는 최적화 방법은 확률적 경사하강법입니다. 그러나 확률적 경사하강법은 가끔 효과를 상실하게 되어 만족할 만한 훈련 결과를 주지 못하는 경우도 발생합니다. 그 이유는 무엇일까요?

분석·해답

이 문제에 대한 답을 하기 위해서는 먼저 경사하강법을 설명할 때 자주 사용하는 비유를 소개하겠습니다. 시력이 좋지 못한 사람(혹은 맹인)이 산을 내려가는 비유는 경사하강법을 설명하기 위해 자주 사용하는 비유인데, 이는 자기 위치에서 발 밑의 경사만을 의지해서 기울기가 아래로 향하는 쪽으로만 걸어가야 하기 때문입니다. 하지만 돌이 많아 경사를 잘 파악할 수 없다면 정확성이 떨어질 것이고, 내리막이라고 생각했던 곳이 사실은 내리막이 아닌 경우도 자주 만나게 될 것입니다. 이런 상황이라면 산을 내려가는 데 많은 시간을 소모할 수밖에 없고, 산을 내려갈 수 있다는 장담도 할 수 없습니다.

이와 유사하게, 배치 경사하강법Batch Gradient Descent, BGD은 시력이 좋지 못한 상태에서 비교적 정상적인 산을 내려가는 것과 같고, 확률적 경사하강법은 맹인이 돌이 많은 산을 내려가는 것과 같습니다. 그렇다면 두 방법에 대해 더 자세히 알아보겠습니다.

배치 경사하강법은 모든 데이터 세트 $\{x_i, y_i\}_{i=1}^{n}$에서 정확한 경사를 계산합니다. 즉, 다음과 같습니다.

$$\sum_{i=1}^{n} \nabla_{\theta} f(\theta; x_i, y_i) + \nabla_{\theta} \phi(\theta) \tag{7.46}$$

여기서 $f(\theta; x_i, y_i)$는 각 샘플 (x_i, y_i)의 손실함수를 뜻하며, $\phi(\theta)$는 정규항을 나타냅니다.

확률적 경사하강법은 단일 샘플을 사용하여 현재 위치한 경사를 계산합니다. 즉, 다음과 같습니다.

$$\nabla_{\theta} f(\theta; x_i, y_i) + \nabla_{\theta} \phi(\theta) \tag{7.47}$$

정확한 기울기를 얻기 위해서 배치 경사하강법은 각 스텝마다 모든 훈련 데이터를 계산에 사용하기 때문에 계산 시간과 메모리 소모가 매우 큽니다. 따라서 대규모 데이터를 사용하는 환경에 적합하지 않습니다. 이와 반대로, 확률적 경사하강법은 기울기 정확성을 조금 포기하고 각 스텝마다 하나의 (혹은 소량의) 샘플만을 기울기 계산에 사용하기 때문에 계산 속도가 빠르고 메모리 소모가 적다는 장점이 있습니다. 하지만 각 스텝마다 얻을 수 있는 정보가 제한적이기 때문에 확률적 경사하강법은 기울기 계산에 편차가 생겨 목적함수 곡선 수렴을 불안정하게 만들고 비교적 큰 기복(파동)을 수반합니다. 심지어 가끔 수렴하지 못하는 상황도 발생하고는 합니다. 그림 7.4는 두 가지 방법의 최적화 과정 중 파라미터 궤적을 보여주고 있습니다. 배치 경사하강법은 비교적 안정적으로 최저점에 접근해 가지만, 확률적 경사하강법의 파라미터 궤적은 구불구불하고 복잡하게 최저점에 근접해 갑니다.

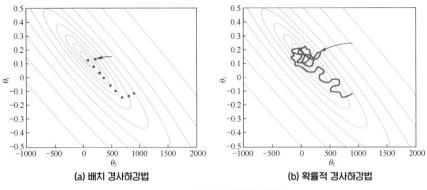

(a) 배치 경사하강법　　　　　(b) 확률적 경사하강법

그림 7.4 파라미터 최적화 궤적

더 나아가 어떤 사람들은 딥러닝 최적화 문제는 원래 매우 어렵고 너무 많은 국소 최적해local minimum의 함정에 빠질 위험이 있다고 말합니다. 이는 틀린 말은 아닙니다. 이러한 함정은 확률적 경사하강법과 배치 경사하강법에 보편적으로 존재하고 있습니다. 그러나 확률적 경사하강법에서 가장 경계해야 할 것은 국소 최적해가 아닌 골짜기valley와 안장점saddle point 두 종류의 지형입니다. 골짜기는 이름에서 알 수 있듯이, 산 사이에 좁고 긴 길이 있고 좌우 양변이 절벽으로 된 형태입니다. 안장점의 형태는 말의 안장 모양처럼 한 방향에서는 위로 치솟아 있고, 다른 한 방향에서는 아래로 쳐져 있으며, 중심 구역은 수평에 가까운 평지 형태를 띠고 있습니다. 그렇다면 확률적 경사하강법을 사용할 때 왜 이 두 지형을 가장 조심해야 하는 것일까요? 골짜기에서 정확한 기울기 방향은 산길을 따라 아래로 향하는 것인데, 약간의 기울기만 있어도 산 절벽을 만나기 쉽습니다. 따라서 개략적인 기울기 계산은 양산 절벽 사이에서 계속해서 왔다 갔다만 하게 만들며, 아래 방향으로 신속하게 내려갈 수 없게 만들어 수렴이 불안정하고 속도를 느리게 만듭니다.* 안장점에서 확률적 경사하강법은 평지를 지나게 됩니다(이러한 지형을 고원plateau이라고 부릅니다). 눈을 가리고 발이 땅에 닿는 경사에 관한 감각만으로 산을 내려간다고 상상해 보면, 기울기가 매우 명확할 때는 쉽게 나아갈 방향을 결정할 수 있지만, 기울기가 뚜렷하지 않은 경우에는 나아갈 방향을 잃게 됩니다. 이와 마찬가지로, 경사가 0에 가까운 구

★　옮긴이 진동(oscillation) 현상이라고도 부릅니다.

역에서 확률적 경사하강법은 기울기의 미세한 변화를 감지하기 힘들어 계산을 멈추는 결과를 가져오게 됩니다.

 ## 해결 방법 – 관성 보존과 환경 감지

난이도 ★★★

확률적 경사하강법을 개선하기 위해 어떤 방법들이 연구되었나요? 어떤 개선된 방법들이 있고 그들의 특징이 무엇인지 설명해 주세요.

분석·해답

간단하게 말해 확률적 경사하강법은 반복적으로 파라미터를 갱신하는데, 반복은 현재 위치에 기반하여 진행하고 어떤 방향을 따라 한 걸음 나아가 다음 위치로 이동합니다. 그리고 해당 위치에서 위 과정을 반복하여 최저점까지 이동합니다. 확률적 경사하강법의 갱신 공식은 다음과 같이 표현될 수 있습니다.

$$\theta_{t+1} = \theta_t - \eta g_t \tag{7.48}$$

여기서 현재 계산된 음의 기울기는 $-g_t$이며, 스텝의 방향을 나타냅니다. 학습률 η은 보폭을 제어합니다. 개선된 확률적 경사하강법 역시 이 업데이트 공식에 기반합니다.

● 모멘텀 방법

확률적 경사하강법이 골짜기에서 진동하듯이 왔다 갔다 하는 문제와 안장점에서 멈추는 문제를 해결하기 위해 간단한 사유 실험을 해봅시다. 작고 둥글게 만 종이(이하 종이 뭉치)가 골짜기와 안장점에서 운동하는 궤적을 상상해 봅시다. 종이 뭉치는 산골짜기에서 중력의 작용을 받아 산길로 굴러가다 양변의 불규칙한 산 절벽을 만나 부딪히게 될 것입니다. 질량이 작기 때문에 산 절벽의 탄력을 받아 한쪽 절벽에서 다른 쪽 절벽으로 왔다 갔다 튕겨 나가며 아래로 내려갈 것입니다. 만약 종이 뭉치가 안장점의 평탄한 지형으로 온다면, 여전히 작은 질량 때문에 속도는 아주 빠르게 0이 될 것입니다. 이러한 내용은 확률적 경사하강법이 만나게 되는 문제들을 이해하기 쉽도록 설명한 것입니다. 종이 뭉치를 포환(철로 만든 공)으로 바꾼다면, 산

길을 따라 내려가면서 주변의 영향을 덜 받아 궤적이 안정적이고 곧게 될 것입니다. 안장점에 중심 부분에 도달했을 경우에도 관성의 작용으로 계속해서 가던 방향으로 나아갈 것이기 때문에 평탄한 함정을 빠져나갈 가능성이 커집니다. 이렇게 모멘텀 방법을 더한 모델 파라미터 반복 공식은 다음과 같습니다.

$$v_t = \gamma v_{t-1} + \eta g_t \tag{7.49}$$

$$\theta_{t+1} = \theta_t - v_t \tag{7.50}$$

더 자세히 설명하면, 전진 스텝 v_t는 두 부분으로 구성되어 있습니다. 하나는 학습률 η과 현재 계산된 경사 g의 곱이고, 다른 하나는 감쇠하는 이전 스텝 v_{t-1}입니다. 여기서 관성은 이전 스텝 정보를 다시 사용하는 부분에 해당됩니다. 중학교 물리 지식을 되새겨 본다면, 현재 기울기는 현재 시간에 힘을 받아 생기는 가속도라고 볼 수 있으며, 이전 스텝은 이전 시간의 속도에 해당한다고 볼 수 있습니다. 그리고 현재 스텝은 현재 시간의 속도라고 볼 수 있습니다. 현재 시간의 속도를 계산하기 위해서 이전 시간의 속도와 현재 가속도의 공통 작용의 결과를 고려해야 하는데, 따라서 v_t는 g_t뿐만 아니라 v_{t-1}와 g_t에 직접적으로 연관이 있습니다. 그리고 감쇠 계수 γ는 저항력의 역할을 합니다.

중학교 물리 시간에 배운 바로는 관성의 물리량은 모멘텀입니다. 이는 알고리즘 이름의 유래이기도 합니다. 산골짜기를 따라 내려가는 포환은 기울기를 따라 내려가는 힘과 좌우의 산 절벽에 부딪히는 탄력을 받게 됩니다. 아래로 향하는 힘은 안정적이고, 변하지 않고 생산되는 모멘텀은 계속해서 누적되어 속도는 갈수록 빨라집니다. 좌우 탄력은 끊임없이 전환되며, 모멘텀 누적의 결과는 서로의 힘을 상쇄하여 자연스럽게 포환의 흔들림이 약해집니다. 따라서 확률적 경사하강법과 비교했을 때, 모멘텀 방법은 그림 7.5처럼 수렴 속도가 더 빠르고 수렴 곡선도 더 안정적으로 됩니다.

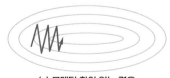

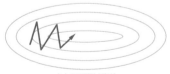

(a) 모멘텀 항이 없는 경우   (b) 모멘텀 방법

그림 7.5 **확률적 경사하강법에서의 모멘텀 항**

● AdaGrad 방법

관성은 기존(역사) 정보에 의해 얻어집니다. 그렇다면 기존의 스텝에서 앞으로 나아갈 힘을 얻는 방법 외에 다른 얻을 수 있는 것이 존재할까요? 우리는 주변 환경에 대한 감각과 지각을 통해 무언가를 얻을 수 있기를 기대합니다. 즉, 눈을 가린 상태에서 앞선 몇 번의 걸음의 느낌으로 일정한 정보를 판단할 수 있을 것입니다. 예를 들면, 나아가는 방향이 울퉁불퉁하거나 혹은 평평하다는 느낌을 받을 수 있을 것입니다.

확률적 경사하강법이 환경에 대해 감지한다는 것은, 파라미터 공간에서 서로 다른 파라미터의 경험성 판단에 근거하여 자기적응적self-adapting으로 파라미터의 학습률을 결정한다는 것과 서로 다른 파라미터의 보폭 업데이트는 다르다는 것을 뜻합니다. 예를 들어, 텍스트 처리 문제에서 단어 임베딩 모델의 파라미터를 훈련할 때 어떤 단어 혹은 단어 그룹은 출현 빈도가 높고 어떤 단어 혹은 단어 그룹은 출현 빈도가 극도로 낮을 것입니다. 데이터의 희소성은 관련 파라미터 기울기의 희소성을 초래해 출현 빈도가 낮은 단어 혹은 단어 그룹의 파라미터의 기울기는 대다수 상황에서 0이 되어 버릴 것이고, 따라서 해당 파라미터의 업데이트 빈도는 매우 낮을 것입니다. 응용 단계에서 우리는 업데이트 빈도가 낮은 파라미터는 상대적으로 큰 보폭으로 업데이트하기를 원하고, 반대로 업데이트 빈도가 높은 파라미터의 보폭은 줄이기를 바랄 것입니다. AdaGrad 방법은 '기존 기울기의 제곱합'을 사용하여 서로 다른 파라미터의 경사의 희소성을 평가하는데, 값이 작을수록 더 희소하다는 것을 뜻합니다. 구체적인 업데이트 공식은 다음과 같습니다.

$$\theta_{t+1,i} = \theta_{t,i} - \frac{\eta}{\sqrt{\sum_{k=0}^{t} g_{k,i}^2 + \epsilon}} g_{t,i} \tag{7.51}$$

여기서 $\theta_{t+1,i}$는 $(t+1)$일 때 파라미터 벡터 θ_{t+1}의 i번째 파라미터를 뜻하고, $g_{k,i}$는 k일 때 기울기 벡터 g_k의 i번째 차원(방향)을 뜻합니다. 이 외에도 분모에서 합을 구하는 형식은 어닐링annealing 과정을 나타냅니다. 이는 많은 최적화 기술 중에서도 자주 사용되는 전략으로, 시간의 변화에 따라 학습률 $\frac{\eta}{\sqrt{\sum_{k=0}^{t} g_{k,i}^2 + \epsilon}}$을 갈수록 작게 만들어 알고리즘이 최종적으로 수렴할 수 있게 만들어 줍니다.

● Adam 방법

Adam 방법은 관성 유지와 환경 감지의 두 가지 장점을 합친 방법입니다. 먼저, 기울기의 일차 모멘트first moment(과거 기울기와 현재 기울기의 평균)를 기록하는데, 이는 관성 유지 특성을 구현합니다. 동시에, Adam은 AdaGrad 방법과 유사하게 기울기의 이차 모멘트second moment(과거 기울기의 제곱과 현재 기울기의 제곱 사이의 평균)를 기록하는데, 이는 환경 감지 능력을 나타냅니다. 즉, 서로 다른 파라미터를 위한 자기적응적*인 학습률이 생성됩니다.

일차 모멘트와 이차 모멘트는 슬라이딩 윈도우sliding window 내에서 평균을 구하는 아이디어를 이용해 융합됩니다. 즉, 현재 기울기와 최근 시간 내의 기울기의 평균값, 긴 시간대에서의 기울기가 현재 평균값에 공헌한 정도는 지수적 감쇠 형태를 띠게 됩니다. 더 자세히 설명하면, 일차 모멘트와 이차 모멘트는 지수 감쇠 평균exponential decay average 기술을 사용하는데, 계산 공식은 다음과 같습니다.

$$m_t = \beta_1 m_{t-1} + (1 - \beta_1) g_t \tag{7.52}$$

$$v_t = \beta_2 v_{t-1} + (1 - \beta_2) g_t^2 \tag{7.53}$$

여기서 β_1, β_2는 감쇠 계수이고, m_t은 일차 모멘트, v_t는 이차 모멘트입니다.

일차 모멘트와 이차 모멘트는 어떻게 이해해야 할까요? 일차 모멘트는 $\mathbb{E}[g_t]$를 계산하는 것과 같습니다. 현재 기울기 g_t는 랜덤 샘플링을 통해 얻은 예측 결과이기 때문에 해당 결과의 통계적 의미의 기댓값에 초점을 맞추게 됩니다. 이차 모멘트는 $\mathbb{E}[g_t^2]$를 계산하는 것과 같습니다. 이는 AdaGrad 방법과 다른데, 처음 시작부터 현재까지의 g_t^2의 합이 아니라 기댓값을 나타냅니다. 물리적 의미에서는 $\|m_t\|$가 크고 v_t가 클 때 기울기가 크고 안정적인데, 이는 큰 경사를 만났을 때 나아가는 방향이 명확하다는 것을 나타냅니다. $\|m_t\|$가 0에 가까워지고 v_t가 클 경우 기울기는 불안정합니다. 이는 산골짜기를 만났을 때 쉽게 튕기며 흔들리는 것을 뜻합니다. $\|m_t\|$가 크고 v_t가 0에 가까워지는 경우는 발생하지 않습니다. $\|m_t\|$가 0에 가까워지고 v_t가

★ 　[옮긴이]　adaptive moment estimation에서 adaptive를 뜻합니다.

0에 가까워지는 경우에는 기울기가 0에 가까워지기 때문에 국소 최저점에 도착하거나, 기울기가 없는 곳을 지나갈 경우에는 평원plateau 지형에 빠질 가능성도 있습니다. 그 외에도 Adam 방법은 초깃값이 0일 경우 m_t, v_t의 바이어스 교정도 고려하고 있습니다. Adam의 업데이트 공식은 다음과 같습니다.

$$\theta_{t+1} = \theta_t - \frac{\eta \cdot \hat{m}_t}{\sqrt{\hat{v}_t + \epsilon}} \tag{7.54}$$

여기서 $\hat{m}_t = \dfrac{m_t}{1 - \beta_1^t}$, $\hat{v}_t = \dfrac{v_t}{1 - \beta_2^t}$ 입니다.

요약·응용

위에서 설명한 세 종류의 확률적 경사하강법 외에도 다른 여러 방법이 존재합니다.

❶ **Nesterov Accelerated Gradient*** 이 방법은 모멘텀 방법을 확장해 관성 방향을 따라 미래 위치에 대한 기울기를 계산합니다. '예측치lookahead gradient'를 사용하도록 설계되었기 때문에 알고리즘은 전방 환경에 대한 예측 판단 능력을 갖게 됩니다.

❷ **AdaDelta와 RMSProp** 이 두 알고리즘은 모두 AdaGrad 알고리즘에 대한 개선 방법이며 매우 유사합니다. AdaGrad 방법은 모든 이전 기울기의 제곱합의 루트를 분모로 설정하는데, 분모가 시간이 지날수록 단조 증가해 학습률이 급격하게 감쇠하게 됩니다. 이런 현상을 방지하기 위해 AdaDelta와 RMSProp은 지수 감쇠 평균exponential decay average**이라는 계산 방법을 사용합니다. 즉, 이전 기울기의 평균으로 이들의 합을 대체합니다.

❸ **AdaMax** 이 방법은 Adam 방법을 바탕으로 합니다. 기울기 제곱에 대한 처리를 지수 감쇠 평균이 아닌 지수 감쇠 최댓값으로 대체합니다.

❹ **Nadam** 이 방법은 Adam의 Nesterov Accelerated Gradient 버전이라고 할 수 있습니다.

---

* [옮긴이] 네스테로프 가속 그래디언트. 일반적으로 줄여서 NAG라고 한다. 기본적인 모멘텀 방식은 이동을 중지해야 하는 지점에 도달해도 모멘텀에 의해 해당 지점을 지나칠 수 있기 때문에 이러한 문제를 개선하고자 고안된 알고리즘입니다.

** [옮긴이] 기울기(gradient) 제곱의 지수 이동 평균을 뜻합니다. RMSProp의 경우는 최근 변화량에 더 높은 가중치를 줍니다.

L1 정규화와 희소성

(상황 설명)

'L1 정규화와 희소성'에 관한 문제는 데이터 과학자 면접에서 자주 출제되는 문제입니다. 이 문제는 지원자들의 머신러닝 모델에 대해서 관련 있는 각각의 디테일한 부분에 대한 이해 정도를 테스트하기 좋습니다. 많은 지원자가 이 문제에 대해 대략적인 이해는 하고 있지만, 깊고 뚜렷한 해답을 내놓기는 쉽지 않은 일입니다. 우리는 여러 관점에서 이 문제에 대한 해답을 찾아 나갈 것입니다.

정식으로 시작하기 전에 이 문제에 대해 조금 더 설명하겠습니다. 머신러닝을 배운 지 얼마 되지 않은 사람들은 아마도 문제 자체에 대한 궁금증이 있을 것입니다. 왜 모델 파라미터가 희소성을 가지길 바랄까요? 희소성이란, 쉽게 말해 모델의 많은 파라미터가 0이 되는 상황입니다. 이는 모델에 대해 특징 선택feature selection을 하여 비교적 중요한 특징만을 남겨둔 것과 같습니다. 이렇게 함으로써 모델의 일반화 성능이 높아지고 과적합 위험을 낮출 수 있습니다. 실제 응용에서 머신러닝 모델의 인풋은 쉽게 천 단위, 만 단위로 넘어가기 때문에 희소성이 더욱 중요해집니다. 아무도 높은 차원의 특징을 모두 사용하고 싶어 하지는 않을 것입니다. 만약 분별력 없이 모든 차원을 사용한다면 온라인 시스템을 맡고 있는 동료들이 당신을 찾아올지도 모릅니다. 온라인 환경에서는 시간이 중요하기 때문에 아무리 좋은 분산형 컴퓨팅 시스템을 갖추고 있더라도 특징을 줄이는 것이 좋은 방안일 것입니다. 그래서 면접관이 해당 문제를 지원자들에게 물어보는 것입니다. 이제 이 문제가 면접의 단골 문제가 된 이유를 알았으니 다시 본론으로 돌아가 L1 정규화가 희소해를 만들어 낼 수 있는 이유에 대해 알아봅시다.

키워드   미적분Calculus / 선형대수Linear Algebra

L1 정규화를 사용해 모델 파라미터에 희소성을 갖게 할 수 있는 원리는 무엇인가요? 난이도 ★★★

분석·해답

● 관점 1: 해 공간 형태

머신러닝 교과서로 인정받는 책의 해석이 아무래도 가장 권위적이고 직관적일 것입니다[16]. 지원자들의 해답도 책 내용에 기반한 경우가 많습니다. 2차원의 경우에 그림 7.6과 같이 노란색 부분은 L2와 L1 정규화 제약조건을 더한 해 공간solution space을 뜻하고, 초록색 등고선은 컨벡스 최적화 문제에서 목적함수의 등고선을 나타냅니다. 그림을 통해 알 수 있는 것은 L2 정규항 제약이 있는 해 공간은 원형이고, L1 정규항 제약이 있는 해 공간은 다변형이라는 것입니다. 다변형의 해 공간은 모서리와 등고선이 만나 희소해를 만들어 낼 수 있습니다.

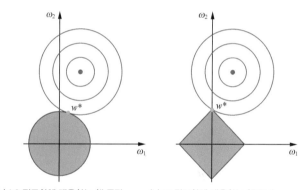

(a) L2 정규화에 대응하는 해 공간   (b) L1 정규화에 대응하는 해 공간

그림 7.6 L2 정규화 제약과 L1 정규화 제약

위 설명은 의심의 여지 없이 정확하지만, 충분히 구체적이지는 못합니다. 많은 지원자가 대답을 너무 개괄적으로 하여 중요한 문제를 간과하는 경향이 있습니다. 예를 들어, 왜 정규항을 더하는 것이 해 공간 제약을 정의하는 것인지, 또 왜 L1과 L2의 해 공간이 다른지 등의 문제에 대해 면접관이 깊게 물어본다면 상당수의 지원자는 만족할 만한 대답을 하지 못합니다. 사실, 이 질문은 KKT 조건Karush-Kuhn-Tucker Conditions을 통해 설명할 수 있습니다.

사실, '정규항을 가진'과 '제약 조건을 가진'은 같은 의미입니다. 제약 w의 가능한 값 공간value space에서 과적합을 방지하기 위해 우리는 이 최적화 문제에 제약을 더하는데, 바로 w의 L2 노름의 제곱이 m보다 크지 못하게 하는 것입니다.

$$\begin{cases} \min \sum_{i=1}^{N} (y_i - w^{\mathrm{T}} x_i)^2 \\ s.t. \quad \| w \|_2^2 \leqslant m \end{cases} \tag{7.55}$$

제약 조건을 가진 컨벡스 최적화 문제의 해를 구하기 위해서 라그랑주 함수Lagrangian function를 사용합니다.

$$\sum_{i=1}^{N} (y_i - w^{\mathrm{T}} x_i)^2 + \lambda(\| w \|_2^2 - m) \tag{7.56}$$

만약 w^*와 λ^*가 각각 원 문제와 쌍대 문제의 최적해라고 한다면, KKT 조건에 따라 다음 식을 만족합니다.

$$\begin{cases} 0 = \nabla_w \left(\sum_{i=1}^{N} (y_i - w^{*\mathrm{T}} x_i)^2 + \lambda^* (\| w^* \|_2^2 - m) \right) \\ 0 \leqslant \lambda^* \end{cases} \tag{7.57}$$

자세히 살펴보면, 첫 번째 식의 w^*는 L2 정규항을 갖는 최적화 문제의 최적해의 조건임을 알 수 있습니다. 그리고 λ^*는 바로 L2 정규항 앞의 정규화 파라미터입니다.

다시 원래 문제로 살펴보면 더 명확해집니다. L2 정규화는 파라미터를 위해 하나의 둥근 해 공간을 정의한 것과 같습니다(왜냐하면 L2 노름이 m보다 작다는 것을 보장하기 때문입니다). 그리고 L1 정규화는 파라미터를 위해 하나의 마름모 모양의 해 공간을 정의한 것과 같습니다. 만약 원 문제의 목적함수의 최적해가 해 공간 내에 있지 않다면, 제약조건에서의 최적해는 해 공간의 경계상에 있을 것이고, L1처럼 확실한 마름모 형태의 해 공간에서는 더 쉽게 목적함수 등고선이 모서리에 부딪혀 희소해를 만들어 낼 것입니다.

● 관점 2: 함수 중첩

이번에는 더 직관적인 그래프를 통해 L1이 희소성을 만들어 내는 현상을 설명할 것입니다. 그림 7.7처럼 1차원 상황만을 고려할 텐데, 다차원 상황 역시 유사할 것입니다. 갈색선이 원래의 목적함수 $L(w)$의 곡선 그래프라고 가정한다면, 최저점은 파란색 점이 있는 곳이 될 것입니다. 그리고 대응하는 w^* 값은 0이 아닙니다.

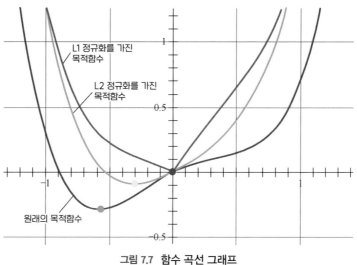

그림 7.7 함수 곡선 그래프

먼저, L2 정규화 항을 더한 경우를 고려하면 목적함수는 $L(w) + Cw^2$이 되고, 함수 곡선은 노란 선으로 나타낼 수 있습니다. 이때 최저점은 노란색 점이 있는 곳이 되고, 대응하는 w^*의 절댓값은 줄어들지만 여전히 0은 아닙니다.

그런 다음, L1 정규화 항을 더하면 목적함수는 $L(w) + C|w|$로 변합니다. 여기서 함수 곡선은 초록색입니다. 이때 최솟값은 빨간 점에 위치하고, 대응하는 w는 0이 되어 희소성을 만들어 냅니다.

위 현상이 나타나는 원인은 매우 직관적인데, L1 정규항을 추가한 후에 정규항을 가진 목적함수를 미분하면 정규화 부분에 생성된 도함수는 원점 좌측 부분에서는 $-C$, 원점 우측 부분에서는 C입니다. 따라서 원래의 목적함수의 도함수의 절댓값이 C보다 작으면 정규항을 가진 목적함수는 원점 좌측 부분에서 계속해서 감소하게

됩니다. 그리고 원점 우측 부분은 시종일관 증가하게 됩니다. 이와 반대로, L2 정규
항의 원점에서의 도함수는 0입니다. 원래 목적함수의 원점에서의 도함수가 0이 아
니라면 최솟값 지점은 원점에 있을 수 없고, 따라서 L2는 w 절댓값을 줄이는 작용
만 하지 해 공간의 희소성에는 아무런 영향을 주지 못합니다.

일부 온라인 경사하강법 알고리즘에서 절단 경사법을 사용하여 희소성을 만들어
내고는 하는데, 이는 L1 정규항이 희소성을 만들어 내는 원리와 유사합니다.

● 관점 3: 베이지안 사전분포

베이지안의 관점에서 L1 정규화와 L2 정규화를 이해해 보면, L1 정규화는 모델 파
라미터 w에 대해 라플라스 사전분포Laplace prior를 사용하고, L2 정규화는 가우스
사전분포를 사용하는 것과 같다고 보는 것입니다. 그리고 라플라스 사전분포는 파
라미터를 0으로 만들 가능성이 더 높습니다.

그림 7.8은 가우스 분포의 곡선 그래프입니다. 그림에서 알 수 있는 것은 가우스 분
포가 극점(0인 지점)에서 평활하다는 것인데, 이는 가우스 사전분포는 w가 극점일 때
주위에서 서로 다른 값을 취할 가능성이 비슷하다고 여긴다는 것을 뜻합니다. 이것
이 바로 L2 정규화에서 w가 0에 가까워지지만 0과 같을 수 없는 이유입니다.

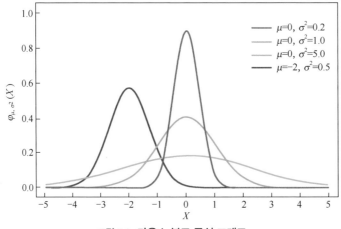

그림 7.8 가우스 분포 곡선 그래프

이와는 반대로, 그림 7.9는 라플라스 분포의 곡선 그래프입니다. 라플라스 분포는 극점(0인 지점)이 뾰족한 산봉우리 모양입니다. 따라서 라플라스 사전분포에서 파라미터 w가 0이 될 확률이 더 높습니다. 여기서는 L1과 L2 정규화 각각이 라플라스 사전분포와 가우스 사전분포에 대응하는 부분에 대한 상세한 설명은 생략하겠습니다.

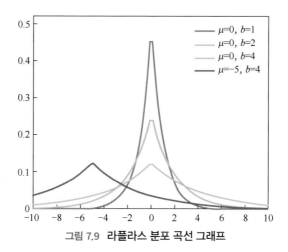

그림 7.9 **라플라스 분포 곡선 그래프**

CHAPTER

8

샘플링

The Quest for Machine Learning

'나뭇잎 하나가 떨어지는 것을 보고 가을이 다가옴을 알다'라는 말이 있는데, 이는 샘플링의 아이디어를 담고 있습니다. 샘플링은 이름에서 알 수 있듯이 특정한 확률분포에서 상응하는 샘플 포인트를 추출하는 과정입니다. 샘플링은 머신러닝에서 매우 중요하게 사용되고 있는데, 복잡한 분포를 간단한 이산 샘플 포인트로 나타낼 수도 있고, 리샘플링resampling을 사용하여 샘플 집합을 조정해 후기 모델 학습에 더 적절하게 만들 수 있기도 하고, 확률적 시뮬레이션을 통해 복잡한 모델의 근사해를 구하거나 추론을 진행할 수 있습니다. 그 밖에도 샘플링은 데이터 시각화 방면에도 다양하게 활용되고 있으며, 사람들이 빠르고 직관적으로 데이터의 구조와 특성을 이해할 수 있도록 돕습니다.

많은 프로그래밍 언어에는 균일분포, 가우스 분포 등 몇 가지 간단한 분포를 직접 구현할 수 있는 샘플링 함수들이 내재되어 있습니다. 그러나 간단한 분포라 하더라도 샘플링 과정이 명백한 것은 아니므로 잘 설계해야 합니다. 비교적 복잡한 분포들은 샘플링 함수가 없는 경우가 많기 때문에 다른 더 복잡한 샘플링 방법을 사용해야 합니다. 따라서 샘플링 방법에 대해서는 잘 알고 있어야 합니다.

이번 장에서는 일련의 문제들과 해답을 통해 샘플링과 관련된 지식을 배울 것입니다. 샘플링의 역할, 자주 사용하는 샘플링 방법, 특정 분포나 모델에서의 샘플링, 그리고 응용까지 다룰 것입니다.

샘플링의 역할

상황 설명

샘플링은 특정한 확률분포에 대응하는 샘플 포인트를 추출하는 것입니다. 그렇다면 추출된 샘플은 어떻게 사용될까요? 혹은 왜 샘플링을 해야 할까요? 샘플링을 통해 해결할 수 있는 문제는 무엇인가요?

키워드 샘플링Sampling / 머신러닝Machine Learning / 확률과 통계Probability and Statistics

질문 머신러닝에서 샘플링이 어떻게 활용되는지 설명해 보세요.

난이도 ★★

분석·해답

샘플링은 본질적으로 임의 현상에 대한 모의실험(혹은 시뮬레이션)인데, 주어진 확률분포에 기반해 대응하는 랜덤 사건을 만들어 내는 것입니다. 샘플링은 랜덤 사건과 해당 사건의 생성 과정에 대해 더 직관적인 이해를 제공합니다. 예를 들어, 이항분포에 대한 샘플링을 통해 '동전을 던졌을 때 앞면이 나오거나 뒷면이 나오는' 랜덤 사건에 대해 시뮬레이션할 수 있습니다. 더 나아가, 여러 번 동전을 던졌을 때 나오는 결과의 순서도 시뮬레이션할 수 있고, 혹은 여러 번 동전을 던진 후 앞면이 나오는 빈도도 계산할 수 있습니다.

다른 한편으로는 샘플링으로 얻은 샘플 집합은 일종의 비모수non-parametric 모델이라 간주할 수 있습니다. 즉, 비교적 적은 양의 샘플 포인트(경험 분포)를 사용하여 전체 분포에 근사하고, 전체 분포에서의 불확실성을 묘사합니다. 이런 관점에서 설명하면 샘플링은 사실 일종의 정보에 대한 차원축소라고 볼 수 있는데, 문제를 간단하게 만들어 주는 역할을 합니다. 예를 들어, 대개는 머신러닝 모델을 훈련할 때 최적화 대상은 전체 분포에서의 모델의 기대 손실(기대 위험)이지만, 전체 분포는 무한대의 샘플 포인트를 포함할 수 있기 때문에 데이터 수집과 저장에 대한 비용이 너무 많이 들어 훈련할 때 모든 샘플을 사용한다는 것은 불가능에 가깝습니다. 따라서 일반적으로 전체 분포에서 훈련 세트training set라고 부르는 하나의 샘플 집합을 추출해 전체 분포에 근사하는 데 사용됩니다. 모델을 훈련할 때는 훈련 세트에서의 손실함수(경험 위험)가 최소화되게 하는 것이 일반적입니다. 이와 같은 원리로, 모델을 평가할 때는 다른 샘플 집합(테스트 세트)에서의 모델 성능을 살펴봅니다. 이러한 정보 차원축소의 특성은 샘플링이 데이터 시각화 방면에서도 많이 응용되고 있는 이유이기도 합니다. 샘플링을 통해 사람들은 더 빠르고 직관적으로 전체 분포에서의 데이터 구조와 특성을 이해할 수 있습니다.

현재 데이터 세트에 대해 리샘플링resampling을 진행하면 이미 보유한 데이터 세트를 충분히 이용하고 더 많은 정보를 얻을 수 있습니다. 예를 들면, 부트스트래핑 bootstrapping과 잭나이프jack knife 방법을 사용하여 통계량의 편차, 분산 등을 계산할 수 있습니다. 이 외에도 리샘플링 테크닉을 사용하여 특정한 정보를 보존하는(또는 목적 정보가 유실되지 않는) 동시에 계획적으로 샘플의 분포를 수정하여 추후 모델의 훈련과 학습에 적합하게 만들 수 있습니다. 한 예로, 리샘플링을 사용하여 분류 모델의 훈련 데이터 불균형 문제를 해결할 수 있습니다.

그 외에도 많은 모델이 복잡한 구조와 은닉변수 포함 여부 등의 원인 때문에 해를 구하는 공식이 비교적 복잡하고 명확한 해석 해가 없어서 정확한 해를 구하거나 추론할 수 없습니다. 이러한 상황에서는 샘플링 방법을 이용하여 랜덤 시뮬레이션을 진행해 복잡한 모델에 대한 근사해를 구하거나 추론을 할 수 있습니다. 이 경우 일반적으로 특정한 분포에서 어떤 함수의 적분이나 기댓값, 또는 주어진 데이터에서 어떤 랜덤변수나 파라미터의 사후분포 등을 구하는 문제로 전환됩니다. 예를 들어, 잠재 디리클레 할당Latent Dirichlet Allocation, LDA과 딥 볼츠만 머신Deep Boltzmann Machines, DBM의 해를 구하는 과정에는 은닉변수를 포함하고 있기 때문에 직접적으로 계산하기가 비교적 어렵습니다. 이때 깁스 샘플링Gibbs sampling을 사용하여 은닉변수의 분포에 대해 샘플링을 할 수 있습니다. 베이지안 모델에 대해서는 은닉변수와 파라미터 변수를 함께 두고 이들의 결합분포에 대해 샘플링을 할 수도 있습니다.

주의해야 할 점은, 결정론적인deterministic 근사해를 구하는 방법과는 달리(예를 들면, 변분 베이지안 방법, 기대 전파 등) 샘플링에 기반한 랜덤 시뮬레이션은 수치형 근사해를 구하는 방법이라는 점입니다.

요약·응용

이 외에도 샘플링은 머신러닝에서 다양하게 응용되고 있습니다. 실제 면접에서 지원자는 몇 가지 자주 응용되는 상황만 언급한 후 비교적 익숙한 응용 상황에 대해 구체적으로 이야기하면 됩니다. 예를 들어, 어떻게 부트스트래핑이나 잭 나이프 방법을 통해 통계 편차, 분산 등을 계산할 수 있는지에 관해서 물어볼 것입니다. 잠재 디리클레 모델과 딥 볼츠만 머신이 구체적으로 어떻게 깁스 샘플링을 사용하여 해를 구할 수 있는지, 또는 모델의 해를 구할 때 마르코프 몬테카를로 샘플링 방법은 자주 사용되는 EM 알고리즘, 변분추론 방법 등과 어떤 연관성이나 차이점이 있는지에 대해서도 물어볼 수 있습니다.

CHAPTER 8 · 2

균등분포의 난수

상황 설명

균등분포는 전체 샘플 공간에서 각 샘플 포인트에 대응하는 확률(밀도) 모두가 같은 것을 뜻합니다. 샘플 공간이 연속적인지 여부에 따라 이산균등분포discrete uniform distribution와 연속균등분포continuous uniform distribution로 분류됩니다. 균등분포는 가장 간단한 확률분포라고 볼 수 있습니다. 균등분포에서의 샘플링, 즉 균등분포 난수를 생성하는 것은 거의 모든 샘플링 알고리즘에서 사용하는 기본 작업입니다. 그러나 이렇게 간단한 분포임에도 샘플링 과정은 쉽지 않을 수 있기 때문에 세심한 전략이 필요합니다.

키 워 드　확률과 통계Probability and Statistics　/　선형 합동Lenear Congruence

 질문 **어떻게 프로그래밍을 통해 균등분포 난수 생성기를 만들 수 있을까요?**

난이도 ★

분석·해답

먼저 명확히 해야 할 점은, 컴퓨터 프로그래밍은 모두 결정론적deterministic이기 때문에 진정한 의미에서의 완전 균등분포 난수를 생성할 수 없고 오직 의사pseudo 난수만 생성할 수 있습니다(의사 난수는 이러한 숫자들이 결정론적인 프로그래밍에 의해 생성되었지만 근사적인 랜덤성 테스트를 통과할 수 있다는 것을 뜻함)*. 이 밖에도 컴퓨터의 저장 공간과 계산 단위가 이산 상태 값만 처리할 수 있기 때문에 연속균등분포 난수도 생성할 수 없으며, 이산분포를 통해 연속분포에 근사할 수 있습니다(아주 큰 이산 공간을 사용하여 충분한 정확도를 제공 가능).

★　옮긴이 의사 난수는 주파수 노이즈나 방사능 계수와 같이 실제 랜덤한 값이 아니라 수학적으로 생성한 수열 값의 일부이지만, 일반적인 방법으로는 예측하기 쉽지 않아 랜덤성을 인정할 수 있는 값을 말합니다.

일반적으로 선형 합동 생성기linear congruential generator를 통해 이산균등분포 의사 난수를 생성하는데, 계산 공식은 다음과 같습니다.

$$x_{t+1} \equiv a \cdot x_t + c \,(\mathrm{mod}\ m) \tag{8.1}$$

현재 생성된 난수 x_t에 기반해 적절한 변환을 진행하여 다음 난수 x_{t+1}을 생성합니다. 초깃값 x_0를 랜덤 시드random seed라고 부릅니다. 식 8.1에서 구간 $[0, m-1]$ 사이의 랜덤 정수를 얻을 수 있습니다. 만약 구간 $[0, 1]$에서의 연속균등분포 난수를 얻고 싶다면, m을 x_t로 나누면 됩니다.

선형 합동 생성기를 통해 얻은 난수는 서로 독립적이지 않습니다(다음번의 난수는 현재 난수에 근거해 생성됨). 그 외에 식 8.1에 따르면 해당 알고리즘은 최대 m개의 서로 다른 난수만 생성할 수 있고, 해당 알고리즘은 최대 m개의 서로 다른 난수만 생성할 수 있습니다. 그리고 특정한 시드seed에 대해 많은 숫자들이 추출(샘플링)되지 못하며, 순환 주기 또한 m에 도달하지 못합니다. 따라서 좋은 선형 합동 난수 생성기는 해당 순환 주기를 최대한 m에 가깝게 해야 하며, 이를 위해 적합한 곱셈 인자 multiplication factor a와 모듈 m을 주의를 기울여 선택해야 합니다. 구체적인 구현에는 여러 버전이 존재하는데, gcc에서 사용한 glibc 버전은 다음과 같습니다.

$$\begin{cases} m = 2^{31} - 1 \\ a = 1103515245 \\ c = 12345 \end{cases}$$

사실, 컴퓨터 프로그래밍으로 구현한 난수 생성기로 생성한 것은 임의라는 말 그대로 전혀 예측할 수 없는 랜덤값은 아닙니다. 진정한 난수는 자연계의 물리 현상에만 존재합니다. 예를 들면, 방사성 물질의 붕괴, 온도, 기류의 랜덤 움직임 등이 있습니다. 어떤 웹사이트(https://random.org)는 대자연의 랜덤 현상에 기반한 랜덤 생성기를 제공하고 있는데, 관심 있는 독자들은 한번 방문하여 시험해 보길 바랍니다. 그림 8.1은 대기 중의 잡음으로 생성한 난수인데, 이것이야말로 진정한 난수 생성기라고 할 수 있겠습니다.

그림 8.1 번개가 대기 중의 노이즈를 만들고 있다

면접관이 선형 합동법에 대해 더 깊은 질문을 할 가능성이 있습니다. 예를 들면, 선형 합동법에서 랜덤 시드를 선택하는 방법, 혹은 고차원의 샘플이나 대량의 샘플을 생성하고 싶을 때 선형 합동법에 나타나는 문제점, 그리고 위에서 설명한 선형 합동 생성기를 통해 얻은 수열이 균일 분포에 근사할 수 있다는 증명 등에 대해 질문할 수 있습니다.

자주 사용하는 샘플링 방법

상황 설명

하나의 랜덤변수에 대해 일반적으로 확률밀도함수를 사용해 해당 변수의 확률분포 특성을 나타냅니다. 구체적으로 말해, 하나의 랜덤 변숫값이 주어졌을 때 확률밀도함수에 기반해 해당 값에 대응하는 확률(밀도)을 계산할 수 있습니다. 반대로, 확률밀도함수에 기반해 제공되는 확률분포 정보를 통해 하나의 랜덤 변숫값을 생성할 수 있는데, 이것이 바로 샘플링입니다. 따라서 어떤 의미에서는 샘플링이란 확률밀도함수를 역으로 응용한 것입니다. 확률밀도함수에 기반해 샘플 포인트에 대응하는 확률값을 계산하는 것과 다르게, 샘플링 과정은 직접적이지 않기 때문에 일반적으로 샘플링되는 분포의 구체적인 특징을 기반으로 적합한 샘플링 전략을 선택해야 합니다.

키워드 역변환 샘플링Inverse Sampling / 기각 샘플링Rejection Sampling / 중요도 샘플링Importance Sampling

 질문 특정한 분포에 대해 설계된 샘플링 방법 외에 알고 있는 샘플링 방법이나 샘플링 전략에는 어떤 것들이 있는지, 그리고 그들의 주요 아이디어와 구체적인 진행 과정을 설명해 주세요.

난이도 ★★★

분석·해답

거의 모든 샘플링 방법이 균등분포 난수를 기본 프로세스로 설정합니다. 균등분포 난수는 일반적으로 선형 합동법을 사용하여 생성되는데, 앞 절에서 설명했기 때문에 자세한 내용은 생략합니다.* 먼저, 이미 [0, 1]의 균등분포 난수를 생성할 수 있

★ 　[옮긴이] 반면, 선형 합동법은 주기가 짧고 단순하며 범주가 정해져 있어 잘 사용되지 않고, 메르센 트위스터(Mersenne twister)를 쓰는 것이 일반적이라는 의견도 존재합니다.

다고 가정합니다. 어떠한 간단한 분포에 대해 균등 샘플링을 확장한 방법을 사용해 직접 샘플을 생성할 수 있는데, 예를 들면 유한이산분포는 룰렛 휠roulette wheel 알고리즘을 사용해 샘플링할 수 있습니다. 그러나 많은 분포에 대해서 직접 샘플링하기가 쉽지 않은데, 이때 함수 변환법을 고려할 수 있습니다. 일반적으로, 만약 랜덤변수 x와 u에 변환 관계 $u = \varphi(x)$가 존재한다면, 이들의 확률밀도함수는 다음의 관계를 가집니다.

$$p(u)|\,\varphi'(x)\,|=p(x) \tag{8.2}$$

따라서 만약 목표분포target distribution $p(x)$에서 x를 샘플링하기 어렵다면, 변환 수식 $u = \varphi(x)$을 만들고 변환 후의 분포 $p(u)$에서 u를 샘플링하면 쉬워집니다. 이렇게 먼저 u에 대해 샘플링을 하고 역함수 $x = \varphi^{-1}(u)$를 통해 간접적으로 x를 얻을 수 있습니다. 만약 고차원 공간의 랜덤벡터라면 $\varphi'(x)$는 야코비안 행렬식입니다.

특히, 함수 변환법에서 만약 변환 관계 $\varphi(\,\bullet\,)$가 x의 누적분포함수라면, 소위 역변환 샘플링Inverse Transform Sampling을 얻을 수 있습니다. 그리고 샘플링하려는 목표분포의 확률밀도함수가 $p(x)$라고 가정한다면, 누적분포함수는 다음과 같습니다.

$$u = \Phi(x) = \int_{-\infty}^{x} p(t)\mathrm{d}t \tag{8.3}$$

따라서 역변환 샘플링 방법은 다음 과정을 따라 진행됩니다.

❶ 균등분포 $U(0, 1)$에서 하나의 난수 u_i를 생성한다.

❷ $x_i = \Phi^{-1}(u_i)$을 계산한다. 여기서 $\Phi^{-1}(\,\bullet\,)$는 누적분포함수의 역함수다.

식 8.2와 식 8.3에 기반해 위 샘플링 과정을 통해 얻은 x_i는 $p(x)$ 분포를 따릅니다. 그림 8.2는 역변환 샘플링 방법의 그래프입니다.

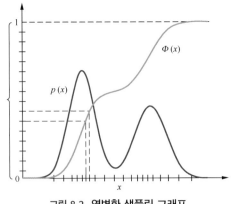

그림 8.2 역변환 샘플링 그래프

만약 샘플링하려는 목표분포의 누적분포함수의 역함수를 구할 수 없거나 계산하기 쉽지 않다면, 역변환 샘플링 방법은 적합하지 않습니다. 이때 쉽게 샘플링할 수 있는 참고분포를 만들어, 먼저 참고분포에 대해 샘플링을 진행하여 얻은 샘플에 대해 후처리 과정을 거쳐 최종 샘플이 목표분포를 따르도록 만듭니다. 자주 보이는 방법으로는 기각 샘플링rejection sampling, 중요도 샘플링importance sampling이 있습니다. 여기서 두 가지 샘플링 방법에 대해 간단히 소개하겠습니다.

기각 샘플링은 채택/기각 샘플링acceptance-rejection sampling이라고도 불립니다. 목표분포 $p(x)$에 대해 쉽게 샘플링할 수 있는 참고분포 $q(x)$를 선택해 임의의 x에 대한 $p(x) \leq M \cdot q(x)$이 되도록 합니다. 즉, 다음의 과정을 통해 샘플링할 수 있습니다.

❶ 참고분포 $q(x)$에서 랜덤으로 하나의 샘플 x_i를 추출

❷ 균등분포 $U(0, 1)$에서 하나의 난수 u_i 생성

❸ 만약 $u_i < \dfrac{p(x_i)}{M\,q(x_i)}$이라면 샘플 x_i를 수락. 반대의 경우에 기각하고 다시 새로운 샘플 x_i가 수락될 때까지 ❶~❸을 반복

간단한 유도를 통해 최종적으로 얻게 되는 x_i는 목표분포 $p(x)$를 따른다는 것을 알 수 있습니다. 그림 8.3(a)처럼 기각 샘플링의 관건은 목표분포 $p(x)$를 위해 적합한 덮개 함수envelope function $M \cdot q(x)$를 선택하는 것입니다. 덮개 함수가 좁을수록 매번 샘플링할 때마다 샘플이 수락될 확률이 커지고 샘플링 효율이 높아집니다. 실제 응용 과정에서 가끔 해석적 식analytic expression $q(x)$를 찾기 힘들 때가 있는데, 샘플링 효율을 유지하기 위해 적응적 기각 샘플링adaptive rejection sampling을 사용할 수 있습니다. 즉, 목표분포가 로그오목함수logarithm concave function일 때 조각적 선형함수piecewise linear function를 이용해 그림 8.3(b)와 같이 목표분포의 로그 $\ln p(x)$를 덮습니다.

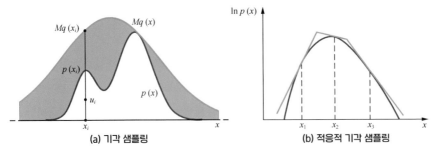

(a) 기각 샘플링   (b) 적응적 기각 샘플링

그림 8.3 기각 샘플링 그래프

사실, 샘플링의 최종 목표는 샘플을 얻기 위한 것이 아니라 변숫값 예측 등 후속 작업을 하기 위한 전처리 과정인 경우가 많습니다. 이는 하나의 함수 기댓값을 구하는 형식으로 표현되는 일이 많습니다. 중요도 샘플링은 목표분포 $p(x)$의 함수 $f(x)$의 적분(함수 기댓값)을 계산할 때 사용됩니다. 즉, 다음의 식과 같이 나타낼 수 있습니다.

$$E[f] = \int f(x)p(x)\mathrm{d}x \qquad (8.4)$$

비교적 추출하기 쉬운 참고분포 $q(x)$를 찾고 $w(x) = \dfrac{p(x)}{q(x)}$이 되게 하면 다음의 식을 얻을 수 있습니다.

$$E[f] = \int f(x)w(x)q(x)\mathrm{d}x \qquad (8.5)$$

여기서 $w(x)$는 샘플 x의 중요도 가중치로 간주합니다. 따라서 참고분포 $q(x)$에서 N개 샘플 $\{x_i\}$을 추출하고 다음의 공식으로 $E[f]$를 계산합니다.

$$E[f] \approx \hat{E}_N[f] = \sum_{i=1}^{N} f(x_i)w(x_i) \qquad (8.6)$$

그림 8.4는 중요도 샘플링의 그래프입니다. 만약 함수 적분을 계산하지 않아도 되고 목표분포 $p(x)$로부터 몇 개의 샘플만 추출하려 한다면, 중요도 리샘플링Sampling-Importance Re-Sampling, SIR을 사용합니다. 먼저, 참고분포 $q(x)$에서 N개의 샘플 $\{x_i\}$를 추출하고 이들에 대응하는 중요도 가중치 $\{w(x_i)\}$를 따라 해당 샘플에 대해 리샘플링을 진행하면(유한이산분포finite discrete distribution에 대한 간단한 샘플링입니다), 최종적으로 얻는 샘플은 목표분포 $p(x)$를 따르게 됩니다.

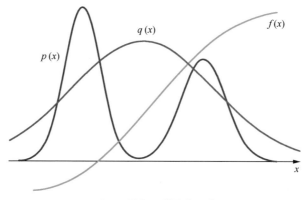

그림 8.4 중요도 샘플링 그래프

실제 응용 환경이 만약 고차원 공간의 랜덤벡터라면, 기각 샘플링과 중요도 샘플링은 적합한 참고분포를 쉽게 찾을 수 없기 때문에 샘플링 효율이 떨어집니다(샘플의 수락 확률이 낮고, 중요도 가중치가 작음). 이런 상황에는 마르코프 체인 몬테카를로 Markov Chain Monte Carlo 샘플링 방법을 사용하면 되는데, 자주 사용하는 샘플링 방법으로는 메트로폴리스–헤이스팅스 샘플링Metropolis-Hastings sampling과 깁스 샘플링 Gibbs sampling이 있습니다. 이 부분에 대해서는 이번 장 5절에서 다시 다룰 예정이므로 더는 설명하진 않겠습니다.

⬡ **요약·응용**

위 문제에서 우리는 몇 가지 자주 사용하는 샘플링 알고리즘에 대해서만 간단한 소개를 했습니다. 실제 면접에서 면접관은 지원자에게 익숙한 샘플링 방법을 골라 해당 알고리즘에 대한 이론 증명, 장단점, 적용 등에 대해 깊게 물어볼 확률이 높습니다. 예를 들면, 왜 기각 샘플링이나 중요도 샘플링은 고차원 공간에서의 효율이 낮아 사용할 수 없는지?* 혹은 하나의 불규칙한 다변형 중에서 하나의 점을 추출하는 방법은 어떤 것이 있는지? 등에 관해 물어볼 수 있습니다.

★ 옮긴이 고차원에서는 표본의 기각률이 높기 때문에 기각 샘플링 방법을 사용하기 힘듭니다.

가우스 분포 샘플링

상황 설명

가우스 분포Gaussian distribution 또는 정규분포normal distribution는 수학, 물리, 엔지니어링 영역에서 매우 중요한 확률분포입니다. 실제 적용 단계에서 가우스 분포 샘플링을 사용하게 되는 경우가 많습니다. 비록 많은 프로그래밍 언어에서 함수를 조정해 가우스 분포 난수를 생성하는 기능을 제공하고 있지만, 자세한 알고리즘까지 알 수 있다면 확률과 통계 지식에 대한 이해를 더 깊이 할 수 있습니다. 그 외에도 가우스 분포의 샘플링 방법은 여러 가지가 있는데, 서로 다른 샘플링 방법과 그 성능을 비교할 수 있다면 면접 시 더 좋은 인상을 줄 수 있습니다.

키워드   가우스 분포Gaussian Distribution / 박스-뮬러 알고리즘Box-Muller Algorithm /
기각 샘플링Rejection Sampling

 질문 ## 가우스 분포에서의 샘플링에 대해 설명해 주세요.

난이도 ★★★

분석·해답

먼저, 랜덤변수 z가 표준정규분포 $N(0, 1)$을 따른다고 가정한다면 다음 식과 같이 나타낼 수 있습니다.

$$x=\sigma \cdot z+\mu \qquad (8.7)$$

x는 평균값이 μ, 분산이 σ^2인 가우스 분포 $N(\mu, \sigma^2)$를 따릅니다. 따라서 임의의 가우스 분포는 모두 표준정규분포를 길게 늘어뜨리거나 평행 이동하여 얻을 수 있습니다. 따라서 여기서는 표준정규분포의 샘플링만 고려하면 됩니다. 자주 사용하는 샘플링 방법으로는 역변환 방법, 기각 샘플링, 중요도 샘플링, 마르코프 체인 몬테 카를로 샘플링 등이 있습니다. 그럼, 구체적으로 어떻게 가우스 분포에 대한 샘플링을 진행할까요?

만약 역변환법을 상용한다면 기본적인 단계는 다음과 같을 것입니다.

❶ [0, 1]의 균등분포 난수 u를 생성한다.

❷ $z = \sqrt{2}\text{erf}^{-1}(2u-1)$이 되게 하고, z는 표준정규분포를 따른다. 여기서 $\text{erf}(\,\cdot\,)$는 가우스 오차함수이며, 표준정규분포의 누적분포함수를 간단하게 평행 이동해서 늘린 변환된 형태입니다. 정의는 다음과 같습니다.

$$\text{erf}(x) = \frac{2}{\sqrt{\pi}} \int_0^x e^{-t^2} \, dt \tag{8.8}$$

위에서 설명한 역변환법은 $\text{erf}(x)$의 역함수를 구해야 하는데, 이것은 기본함수elementary function가 아니며 양적해explicit solution가 없기 때문에 계산하기 비교적 번거롭습니다. 따라서 이러한 비-기본함수non-elementary function의 역함수를 구하는 것을 피하기 위해 박스-뮬러Box-Muller 알고리즘은 다음과 같은 해결 방안을 제시하고 있습니다. 단일 가우스 분포의 누적분포함수의 역은 구하기 힘드니 두 개의 독립적인 가우스 분포의 결합분포를 구해 보자는 아이디어입니다. 만일 x, y가 두 개의 표준정규분포를 따르는 독립 랜덤변수라고 가정한다면, 이들의 결합확률밀도는 다음과 같을 것입니다.

$$p(x, y) = \frac{1}{2\pi} e^{-\frac{x^2+y^2}{2}} \tag{8.9}$$

(x, y)가 원 $\{(x, y) \mid x^2 + y^2 \leqslant R^2\}$에 위치할 확률을 고려해 보면 다음과 같습니다.

$$F(R) = \int_{x^2+y^2 \leqslant R^2} \frac{1}{2\pi} e^{-\frac{x^2+y^2}{2}} \, dxdy \tag{8.10}$$

극좌표 변환을 통해 (x, y)를 (r, θ)로 전환하면 쉽게 이중적분double integral을 구할 수 있는데, 식 8.10은 다음과 같이 바뀝니다.

$$F(R) = 1 - e^{-\frac{R^2}{2}}, R \geqslant 0 \tag{8.11}$$

여기서 $F(R)$은 극좌표계 중 r의 누적분포함수라고 볼 수 있습니다. $F(R)$의 계산 공식이 비교적 단순하기 때문에 역함수도 쉽게 구할 수가 있습니다. 따라서 역변환법을 사용해 r에 대해 샘플링을 진행할 수 있습니다. θ에 대해서는 $[0, 2\pi]$에서 균등 샘플링uniform sampling을 진행하면 됩니다. 이렇게 하면 (r, θ)를 얻을 수 있으며, 좌표 변환을 통해 표준정규분포에 부합하는 (x, y)를 바로 구할 수 있습니다. 구체적인 샘플링 과정은 다음과 같습니다.

❶ $[0, 1]$에서 두 개의 독립적인 균등분포 난수 u_1, u_2를 생성한다.

❷ $\begin{cases} x = \sqrt{-2\ln(u_1)}\cos 2\pi u_2 \\ y = \sqrt{-2\ln(u_1)}\sin 2\pi u_2 \end{cases}$이 되게 하고, x, y는 표준정규분포를 따르며 상호 독립적이다.

박스–뮬러 알고리즘은 삼각함수를 계산해야 하기 때문에 상대적으로 많은 시간이 소모됩니다. 그러나 마르살리아 극좌표법Marsaglia polar method은 삼각함수 계산을 피할 수 있게 해주기 때문에 속도가 더 빨라질 수 있습니다. 구체적인 샘플링 방법은 다음과 같습니다.

❶ 단위원 $\{(x, y)|x^2 + y^2 \leq 1\}$에서 균등분포 난수 쌍 (x, y)를 생성한다. (직사각형 $\{(x, y)|-1 \leq x, y \leq 1\}$에서 기각 샘플링 방법을 사용하면 얻을 수 있다.)

❷ $s = x^2 + y^2$이 되게 하면 $x\sqrt{\dfrac{-2\ln s}{s}}$, $y\sqrt{\dfrac{-2\ln s}{s}}$은 각각 표준정규분포를 따르는 샘플이 된다. 여기서 $\dfrac{x}{\sqrt{s}}$, $\dfrac{y}{\sqrt{s}}$로 박스–뮬러 알고리즘의 코사인cosine과 사인sine 을 대체한다.

역변환 방법 이외에 기각 샘플링 방법을 이용할 수도 있는데, 계산하기 좋은 누적분포 역함수의 참고분포를 선택해 현재 정규분포를 덮습니다(하나의 상수를 곱하면 된다). 그리하여 참고분포에 대한 샘플링이나 샘플 포인트에 대한 채택/기각으로 전환합니다. 가우스 분포의 특성을 고려했을 때 지수분포를 참고분포로 사용할 수 있습니다. 지수분포의 누적분포와 역함수는 비교적 구하기 쉽습니다. 지수분포의 샘플 공간은 $x \geq 0$이고, 표준정규분포의 샘플 공간은 $(-\infty, +\infty)$이기 때문에 정규분포의 대칭성을 이용하여 반半좌표축과 전全좌표축 사이를 전환합니다. 구체적으로 설명하면, $\lambda = 1$인 지수분포를 취해 참고분포로 설정할 수 있는데, 밀도함수는 다음과 같습니다.

$$q(x) = e^{-x} \tag{8.12}$$

대응하는 누적분포함수와 역함수는 각각 다음과 같습니다.

$$F(x) = 1 - e^{-x} \qquad (8.13)$$

$$F^{-1}(u) = -\log(1-u) \qquad (8.14)$$

역변환법을 사용하면 지수분포의 샘플을 쉽게 구할 수 있습니다. 그리고 기각 샘플링에 기반하여 해당 샘플의 수락 여부를 결정하는데, 수락 확률은 다음과 같습니다.

$$A(x) = \frac{p(x)}{M \cdot q(x)} \qquad (8.15)$$

여기서 $p(x) = \frac{2}{\sqrt{2\pi}} e^{-\frac{x^2}{2}}$ $(x \geq 0)$은 표준정규분포를 양수 좌표로 압축한 확률밀도함수입니다. 상수 인자 M은 다음 조건을 만족해야 합니다.

$$p(x) \leq M \cdot q(x), \forall x > 0 \qquad (8.16)$$

실제 응용에서 M은 최대한 작아야 하는데, 이렇게 해야 수락 확률이 커지고 샘플링 효율이 올라가기 때문입니다. 따라서 다음 식을 얻을 수 있습니다.

$$M = \sup_{x \geq 0} \frac{p(x)}{q(x)} \qquad (8.17)$$

계산 후에 얻는 수락 확률은 다음과 같습니다.

$$A(x) = e^{-\frac{(x-1)^2}{2}} \qquad (8.18)$$

따라서 구체적인 샘플링 방법은 다음과 같습니다.

❶ [0, 1]의 균등분포 난수 u_0를 생성하고, $F^{-1}(u_0)$을 계산하여 지수분포 샘플 x를 얻습니다.

❷ [0, 1]에서의 균등분포 난수 u_1를 다시 생성하고, $u_1 < A(x)$이라면 x를 수락하고 다음 단계를 진행합니다. 만약 기각된다면 다시 첫 번째 단계로 돌아가 다시 샘플링을 진행합니다.

❸ 마지막으로, [0, 1]의 균등분포 난수 u_2를 생성하고, 만약 $u_2 < 0.5$라면 x를 $-x$ 로 전환하고, 반대라면 변환하지 않습니다. 이렇게 하면 표준정규분포의 샘플을 얻을 수 있습니다.

기각 샘플링 방법의 효율은 기각 확률의 크기에 따라 달라집니다. 참고분포와 목표분포가 가까울수록 샘플링 효과가 높아집니다. 혹시 효율이 더 좋은 샘플링 알고리즘이 존재할까요? 아마도 지구라트Ziggurat 알고리즘이 더 높은 효율을 가진 샘플링 방법이 될 수도 있습니다. 지구라트 알고리즘은 본질적으로는 기각 샘플링이지만, 그림 8.5처럼 다수의 계단 형태의 직사각형을 이용하여 목표분포에 근사합니다. 지구라트 알고리즘은 겉보기에는 귀찮은 작업을 반복하는 것 같지만, 구현하는 데 있어서는 복잡하지 않고 효율도 높습니다. 흥미가 있는 독자들은 관련 자료를 참고하여 직접 구현해 보기를 바랍니다.

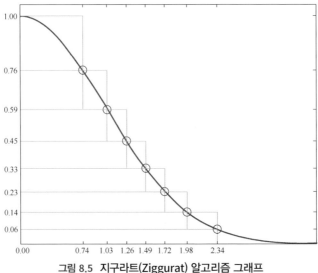

그림 8.5 지구라트(Ziggurat) 알고리즘 그래프

요약·응용

위에서 설명한 것 외에도 많은 가우스 분포 샘플링 방법이 존재하는데, 이번 절에서는 자주 사용하는 방법만을 소개했습니다. 실제 면접에서 지원자는 모든 방법에 대해 열거할 필요 없이 한두 개 정도만 언급해도 충분할 것입니다. 면접관은 아마도 이론 증명, 장단점, 성능 등 세부 내용에 대해 더 깊게 질문할 가능성이 높습니다. 만약 면접에서 긴장하여 어떤 식으로 문제를 풀어야 할지 모르겠다면, 통용적인 샘플링 방법들이 어떻게 가우스 분포에서 사용되는지를 기억하면 됩니다. 그 외에도 이번 문제를 적절히 응용하여 다른 문제들로 출제할 수가 있는데, 예를 들면 다차원 가우스 분포 랜덤벡터는 어떻게 샘플링할 수 있는가? 혹은 절단 가우스 분포 Truncated Gaussian Distribution는 어떻게 샘플링하는가? 등의 질문을 할 수 있습니다.

잠시 쉬어가기...

정규분포를 왜 가우스 분포라고도 할까?

정규분포라는 단어는 1783년 드 무아브르Abraham de Moivre의 저작 《The Doctrine of Chances》에 처음 등장했습니다. 이항분포의 파라미터 n이 매우 크고 파라미터 p는 1/2일 때, 대응하는 근사분포함수가 바로 정규분포입니다(당시에는 정규분포라고 부르지 않았습니다). 후에 라플라스Pierre-Simon marquis de Laplace가 이항분포의 정규근사라는 결론을 임의의 파라미터 $0<p<1$까지 확장했는데, 즉 현재의 드 무아브르-라플라스 정리de Moivre-Laplace theorem가 됩니다. 드 무아브르가 이항분포 계산 중에 언뜻 정규분포의 모양을 발견한 것도 같지만, 그는 결국 이 분포의 미묘한 매력을 다 알아보진 못했습니다. 드 무아브르는 통계학자가 아니었고 통계학적 관점에서 이 작업의 의미를 찾지도 않았습니다. 그 때문에 그의 발견은 당시에 사람들의 이목을 끌지 못했습니다. 당시 정규분포는 극한분포의 형태로만 나타날 뿐 통계학에서, 특히 오차분석에서 별다른 역할을 하지 못했습니다. 이러한 맥락으로 볼 때 정규분포에 드 무아브르 이름이 들어가지 않았다는 것은 어쩌면 당연해 보입니다. 훗날 라플라스가 오차분석 실험 중에 정규분포를 사용했습니다.

르장드르Adrien-Marie Legendre는 1805년에 최소제곱법이라는 중요한 방법을 사용했는데, 가우스Johann Carl Friedrich Gauss는 그가 1794년에 이미 최소제곱법을 사용했었다고 반론을 제기했습니다. 가우스의 개입을 설명하기 위해서는 그가 천문학계에서 일으킨 사건을 먼저 이야기해야 할 것 같습니다. 1801년 1월, 천문학자 피아치Giuseppe Piazzi는 이탈리아 팔레르모 천문대에서 소행성 하나를 관측했습니다. 그가 세레스Ceres라고 부른 이 소행성은 약 6주간 밤하늘에 나타났었는데, 얼마 후 시야에서 사라져 더 이상 관찰할 수 없게 되었습니다. 남겨진 관측 기록이 제한적이기 때문에 천문학자들은 이 소행성의 궤도를 계산하지 못하고 있었습니다. 따라서 이 새로운 별이 혜성인지 행성인지에 대한 판단을 할 수 없었고, 이는 당시 모든 학계에서 주목하는 문제였습니다. 당시 촉망받는 젊은 수학자였던 가우스는 이 문제에 대해 큰 흥미를 느꼈고, 그의 출중한 수학적 재능을 사용해 새로운 행성 궤도 계산 방법을 만들어 세레스의 궤적을 빠르게 계산해 냈습니다. 그리고 세레스가 밤하늘에 나타날 시간과 위치까지 예언했습니다. 1801년 12월 31일 밤, 독일 천문학자 올베르스Heinrich Olbers는 가우스가 예언한 시간에 망원경을 이용해 그가 말한 위치를 확인했고, 가우스의 예언대로 세레스가 나타난 것을 확인했습니다. 그 이후 가우스의 명성이 높아졌지만, 그는 궤도 계산 방법을 공개하지 않았습니다. 아마도 그 당시 그의 계산 방법이 이론적으로 성숙하지 않았다고 판단해 공개하지 않았을 것으로 추측됩니다. 1809년, 그는 체계적으로 관련된 수학 이론들을 정리했고, 그제서야 사람들에게 그의 방법을 공개했는데, 행성 궤도를 계산하기 위해 사용한 데이터 분석 방법은 다름 아닌 정규오차분포를 기초로 하는 최소제곱법이었습니다. 르장드르와 가우스의 최소제곱법에 대한 발명권 논쟁은 수학 역사상에서 뉴턴과 라이프니츠 사이의 미적분 발명권 논쟁에 이은 또 다른 유명한 논쟁이 되었습니다.

정규분포가 발견되고 사용되는 역사 과정에서 르장드르, 라플라스, 가우스 모두 큰 공헌을 했습니다. 라플라스는 중심극한정리의 관점에서 이를 해석했고, 가우스는 이를 오차분석에 사용했습니다. 정규분포가 유용하다는 사실이 밝혀지자 각국의 사람들은 정규분포의 명명권을 차지하기 위해 논쟁을 벌였습니다. 라플라스는 프랑스 사람이었기 때문에 프랑스에서는 정규분포를 라플라스 분포라고 불렀고, 가우스는 독일 사람이었기 때문에 독일에서는 이를 가우스 분포라고 불렀습니다. 제3국에서는 정규분포를 라플라스-가우스 분포라고도 불렀습니다. 훗날 프랑스의 대 수학자 앙리 푸앵카레Henri Poincare는 정규분포라는 중립적인 이름을 사용할 것을 주장했고, 통계학자 칼 피어슨Karl Pearson을 통해 정규분포라는 이름이 대중에게 널리 퍼지게 되었습니다. 그러나 가우스가 수학계에 끼친 영향력이 워낙 크다 보니 정규분포를 가우스 분포라고 부르는 사람들이 많았고, 아직도 혼용해서 쓰고 있습니다. 재미있는 것은 '가우스 분포' 역시 '어떤 과학계의 발견도 그 원래의 발견자의 이름을 따서 명명되지 않는다'라는 '스티글러의 명명 법칙Stigler's law of eponymy'의 한 예라는 점입니다.

마르코프 체인 몬테카를로

CHAPTER 8

상황 설명

이전 절에서 언급한 것처럼 고차원 공간에서 기각 샘플링rejection sampling과 중요도 샘플링 importance sampling은 적합한 참고분포를 찾기 힘들고 샘플링 효율이 낮습니다(샘플의 수락 확률은 낮고 중요도 가중치는 작음). 이럴 때는 마르코프 체인 몬테카를로Markov Chain Monte Carlo, MCMC 샘플링 방법을 고려해 볼 수 있습니다. MCMC 샘플링 방법은 머신러닝에서 아주 중요한 샘플링 알고리즘 중 하나인데, 물리학 영역에서 발전해 1980년대 후반에서야 통계학 영역에서 중요한 영향을 끼치기 시작했습니다. MCMC 샘플링은 많은 복잡한 분포에서의 샘플링에 활용할 수 있으며, 고차원 공간에서도 사용할 수 있습니다.

키워드 몬테카를로 방법Monte Carlo Method / 마르코프 체인Markov Chain / 깁스 샘플링Gibbs Sampling / 메트로폴리스-헤이스팅스 샘플링Metropolis-Hastings Sampling

MCMC 샘플링 방법의 주요 아이디어에 대해 설명해 보세요.

난이도 ★

분석·해답

이름에서 알 수 있듯이, MCMC 샘플링 방법은 두 개의 'MC'를 뜻하는 몬테카를로 Monte Carlo와 마르코프 체인Markov Chain으로 구성되어 있습니다. 몬테카를로 방법은 샘플링에 기반한 수치형 근사해를 구하는 방법이고, 마르코프 체인은 샘플링을 진행하는 데 사용됩니다. MCMC 샘플링의 기본 아이디어는 다음과 같습니다. 샘플링하려는 목표분포에 대해 하나의 마르코프 체인을 만들고, 해당 마르코프 체인의 정상분포stationary distribution를 목표분포가 되게 합니다. 그리고 임의의 초기 상태에서 출발해 마르코프 체인을 따라 상태 전이를 진행하고, 최종적으로 얻은 상태 전이 수열이 목표분포에 수렴하게 되는데, 이런 식으로 목표분포의 일련의 샘플을 얻을 수 있습니다. 실제 응용 단계에서 핵심은 적합한 마르코프 체인을 만드는 것, 즉 마르코프 체인의 상태 전이확률을 정하는 것입니다. 이에 관해서는 마르코프 체인에 관한 지식이 필요한데, 예를 들면 세부 균형detailed balance, 시간 동형time homogeneous, 정상분포stationary distribution, 에르고딕 성질ergodicity 등이 있습니다. 해당 내용에 대해 흥미가 있다면 마르코프 체인을 더 심도 있게 공부해 보기를 추천합니다.

 2 ## 자주 사용하는 MCMC 샘플링 방법 몇 가지를 소개해 주세요.

난이도 ★★

분석·해답

MCMC 샘플링 방법의 핵심은 적절한 마르코프 체인을 구성하는 것입니다. 서로 다른 마르코프 체인은 여러 MCMC 샘플링 방법에 대응합니다. 자주 사용하는 MCMC 샘플링 방법으로는 그림 8.6에 보이는 메트로폴리스–헤이스팅스 샘플링 Metropolis–Hastings sampling과 깁스 샘플링Gibbs sampling이 있습니다.

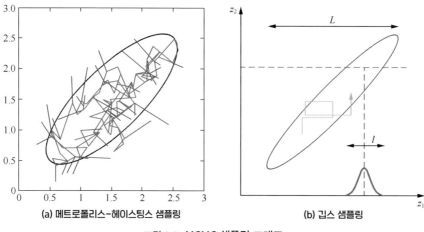

(a) 메트로폴리스–헤이스팅스 샘플링   (b) 깁스 샘플링

그림 8.6 MCMC 샘플링 그래프

● 메트로폴리스–헤이스팅스 샘플링

목표분포 $p(x)$에 대해, 먼저 쉽게 샘플링할 수 있는 참고조건분포 $q(x^*|x)$를 선택하여 다음 식으로 설정합니다.

$$A(x, x^*) = \min\left\{ 1, \frac{p(x^*)q(x|x^*)}{p(x)q(x^*|x)} \right\}$$ (8.19)

그리고 다음의 단계에 따라 샘플링을 진행합니다.

❶ 랜덤으로 하나의 초기 샘플 $x^{(0)}$을 선택한다.

❷ For t = 1, 2, 3, ⋯ :

- 참고조건분포 $q(x^*|x^{(t-1)})$에 기반하여 하나의 샘플 x^*을 추출한다.

- 균등분포 $U(0, 1)$에 기반해 난수 u를 생성한다.

- 만약 $u < A(x^{(t-1)}, x^*)$이라면 $x^{(t)} = x^*$이고, 반대라면 $x^{(t)} = x^{(t-1)}$이다.

위 과정으로 얻은 샘플 수열 {..., $x^{(t-1)}$, $x^{(t)}$, ...}는 최종적으로 목적함수 $p(x)$에 수렴할 것임을 증명할 수 있습니다. 그림 8.6(a)는 메트로폴리스-헤이스팅스 알고리즘 샘플링 과정의 그래프입니다. 여기서 빨간색 선은 기각된 이동(기존 샘플을 유지)을 뜻하며, 녹색 선은 수락된 이동(새로운 샘플을 받아들임)을 뜻합니다.

● 깁스 샘플링

깁스 샘플링Gibbs sampling은 메트로폴리스-헤이스팅스 알고리즘의 특수한 케이스인데, 핵심 아이디어는 매번 샘플의 하나의 차원에 대해서만 샘플링하고 업데이트를 하는 것입니다. 목표분포 $p(x)$에 대해 $x = (x_1, x_2, ..., x_d)$는 다차원 벡터인데, 다음의 과정을 따라 샘플링을 진행하게 됩니다.

❶ 랜덤으로 초기 상태 $x^{(0)} = (x_1^{(0)}, x_2^{(0)}, ..., x_d^{(0)})$을 선택한다.

❷ For t = 1, 2, 3, ⋯ :

- 앞 단계에서 생성한 샘플 $x^{(t-1)} = (x_1^{(t-1)}, x_2^{(t-1)}, ..., x_d^{(t-1)})$에 대해 순서에 따라 각 차원의 값을 샘플링하고 업데이트한다. 즉, $x_1^{(t)} \sim p(x_1|x_2^{(t-1)}, x_3^{(t-1)}, ..., x_d^{(t-1)})$, $x_2^{(t)} \sim p(x_2|x_1^{(t)}, x_3^{(t-1)}, ..., x_d^{(t-1)})$ ..., $x_d^{(t)} \sim p(x_d|x_1^{(t)}, x_2^{(t)}, ..., x_{d-1}^{(t)})$을 차례대로 추출한다.

- 새로운 샘플 $x^{(t)} = (x_1^{(t)}, x_2^{(t)}, ..., x_d^{(t)})$이 된다.

위 과정으로 얻은 샘플 수열 $\{..., x^{(t-1)}, x^{(t)}, ...\}$은 목적함수 $p(x)$에 수렴함을 증명할 수 있습니다. 이 밖에도 단계 ❷에서 샘플의 각 차원에 대해 샘플링하고 업데이트할 때 반드시 순서에 따라 진행하지 않고 랜덤으로 진행해도 괜찮습니다.

기각 샘플링에서 만약 어떤 단계에서의 샘플링이 거절된다면, 해당 단계는 새로운 샘플을 생성하지 못할 것이며 새롭게 샘플링을 진행해야 합니다. 이와 다르게, MCMC 샘플링은 매 단계마다 하나의 샘플을 생성할 수 있는데, 단지 가끔 이전 단계와 같은 샘플을 추출할 뿐입니다. 이 외에도 MCMC 샘플링은 반복 과정 중에 점차적으로 정상분포에 수렴합니다. 따라서 실제 응용 중에서 얻은 샘플 수열에 대해 'burn-in' 처리를 해주는데, 즉 수열에 가장 앞부분의 샘플을 삭제하고 후면의 샘플만 남기는 것을 뜻합니다.

질문 3 MCMC 샘플링은 어떻게 상호 독립적인 샘플을 얻을 수 있을까요?

난이도 ★★

분석·해답

일반적인 몬테카를로 알고리즘과 다르게, MCMC 샘플링으로 얻은 샘플의 수열에서 이웃하는 샘플은 독립적이지 않습니다. 왜냐하면 뒤에 위치한 샘플은 이전의 샘플의 특정한 전이확률에 기반해 얻은 것이기 때문입니다. 또한, 일정한 확률로 이전 샘플과 일치할 수도 있습니다. 만약 샘플링에 대해서만 논한다면 샘플 사이가 반드시 상호 독립적일 필요는 없습니다. 만약 꼭 독립항등분포independent and identically distribution를 생성해야 하는 상황이라면 동시에 다수의 마르코프 체인을 사용할 수 있는데, 이때 서로 다른 체인에서의 샘플은 독립적이게 됩니다. 혹은 동일한 마르코프 체인에서 간격을 두고 선택한다면 추출된 샘플 역시 근사적으로 독립적이게 됩니다.

요약·응용

MCMC 샘플링의 응용 범위는 매우 넓습니다. 예를 들어, 어떻게 MCMC 샘플링을 사용해 분포의 최빈수mode를 구할 수 있을지 생각해 보세요. 그리고 MCMC 샘플링이 최대우도 추정 혹은 베이지안 추론 중에 어떻게 사용되는지에 대한 고민도 함께해 보세요.

MCMC 샘플링을 활용한 암호 해석

스탠퍼드대학교의 통계학과 교수인 퍼시 디아코니스_{Persi Diaconis}는 전설과도 같은 인물입니다. 그는 14살의 나이에 마술사가 되었습니다. 그는 수학자 윌리암 펠러_{William Feller}의 확률론 책을 배우기 위해 그의 나이 24세에 대학 입학을 하게 됩니다. 디아코니스가 《Scientific American》에 그의 셔플링 방법을 투고한 적이 있는데, 매년 《Scientific American》에 수학 게임 코너를 기획하던 저명한 수학자 마틴 가드너_{Martin Gardner}가 그를 눈여겨보고 하버드대학교에 입학할 수 있도록 추천서를 써줬습니다. 당시 마침 하버드대학교의 통계학자 모스텔라_{Frederick Mosteller} 교수가 마술에 대한 연구를 하고 있었기 때문에 디아코니스는 모스텔라의 학생이 되었습니다(그의 전설 같은 경력에 대해 더 알고 싶다면 《The Lady Tasting Tea – How Statistics Revolutionized Science in the Twentieth Century》를 읽어 보세요). 여기서는 디아코니스의 논문 〈The Markov Chain Monte Carlo Revolution〉에 나오는 죄수의 암호를 해독하는 예제만을 소개합니다.

어느 날, 범죄 심리학을 연구하는 의사가 스탠퍼드대학교의 디아코니스를 방문했습니다. 그는 어떤 죄수가 작성한 암호를 함께 들고 왔는데, 디아코니스의 도움을 받아 암호에 담긴 정보를 알아내고자 했습니다. 이 암호의 각 문자는 어떤 알파벳 문자에 대응합니다(그림 8.7 참고). 그렇다면 어떻게 이 암호를 정확하게 해석할 수 있을까요? 다이코니스는 그의 제자 코람_{Marc Coram}과 함께 MCMC 샘플링 방법을 사용해 이 문제를 해결했습니다.

그림 8.7 죄수의 암호 문자

이 암호는 사실 전형적인 시저 암호_{Caesar's code}입니다. 따라서 빈도 분석 방법을 활용해 서로 다른 조합을 시도해 보고 의미가 맞는지 확인해 보면 이 문제를 해결할 수 있습니다. 하지만 부분적인 고빈도 알파벳 외에 대부분의 알파벳의 출현 빈도가 비슷하고 문장 내용과 유관하기 때문에 이런 방법을 사용하면 수많은 조합을 모두 테스트해야 하고, 인위적으로 결과의 의미를 판단해야 합니다. 따라서 단순한 알파벳 빈도 분석을 사용해서는 부족하고, '알파벳끼리 함께 출현하는 빈도' 등 더 일반적인 특징을 고려해야 합니다. 더 나아가, 예를 들면 '자음 뒤에 모음이 출현할 확률이 높다' 혹은 '연속되는 n개의 자음 출현 후 또다시 자음이 출현할 확률이 굉장히 낮다' 등 알파벳 사이의 전이확률을 계산할 수도 있을 것입니다. 이때 사용할 수 있는 방법이 바로 MCMC 방법입니다. 대량의 영문 말뭉치corpus를 바탕으로 알파벳 x와 알파벳 y 사이의 전이확률을 계산합니다. 어떤 방식으로 암호화하든 특정 위치 사이의 전이확률은 정상적인 영문 말뭉치의 전이확률에 근사하게 될 것입니다.

디아코니스는 그의 학생 코람과 위와 같은 사고를 바탕으로 암호를 해독하기 시작했습니다. 먼저, 《전쟁과 평화》를 기준 텍스트로 사용해 알파벳 하나에서 다른 알파벳으로 전이되는 확률을 계산합니다. 그리고 메트로폴리스-헤이스팅스 알고리즘을 바탕으로 모든 대응 관계가 출현할 가능성이 동일하다는 전제를 가정하고(즉, 아무런 사전 정보가 없는 상태), 랜덤으로 암호 기호와 알파벳 사이의 대응 관계를 부여합니다. 다시 앞에서 얻은 전이확률로 이러한 대응 관계가 출현하는 확률 $p1$을 계산합니다. 그리고 랜덤으로 두 개의 암호 문자를 골라 이들에 대응하는 알파벳으로 치환해 이때의 대응 관계 확률 $p2$를 계산합니다. 마지막으로, $p2 > p1$이라면 새로운 대응 관계를 받아들이고, 아니라면 $p2/p1$의 확률로 정면이 나오는 동전을 던져 앞면이 나오면 새로운 대응 관계를 받아들이고, 다시 아니라면 기존의 대응 관계를 유지합니다. 이것은 메트로폴리스-헤이스팅스 알고리즘의 응용인데, 알고리즘이 수렴할 때 실제 대응 관계를 얻게 됩니다. 사실, 알고리즘이 2,000번 정도의 연산이 완료되면 그림 8.8처럼 영어와 스페인어가 섞인 문단이 나오게 됩니다.

```
to bat-rb. con todo mi respeto. i was sitting down playing chess with
danny de emf and boxer de el centro was sitting next to us. boxer was
making loud and loud voices so i tell him por favor can you kick back
homie cause im playing chess a minute later the vato starts back up again
so this time i tell him con respecto homie can you kick back.  the vato
stop for a minute and he starts up again so i tell him check this out shut
the f**k up cause im tired of your voice and if you got a problem with it
we can go to celda and handle it. i really felt disrespected thats why i
told him. anyways after i tell him that the next thing I know that vato
slashes me and leaves. dy the time i figure im hit i try to get away but
the c.o. is walking in my direction and he gets me right dy a celda. so i
go to the hole. when im in the hole my home boys hit doxer so now "b" is
also in the hole. while im in the hole im getting schoold wrong and
```

그림 8.8 죄수의 암호 해석문

베이지안 네트워크 샘플링

상황 설명

확률 그래프 모델은 여러 랜덤변수의 결합 확률분포를 나타내기 위해 사용됩니다. 베이지안 네트워크는 빌리프 네트워크belief network 혹은 방향성 비순환 그래프Directed Acylclic Graph, DAG라고도 불립니다. 이는 일종의 확률 그래프 네트워크로서, 방향성 비순환 그래프를 통해 랜덤변수 사이의 조건확률분포 관계를 나타냅니다. 그림 8.9는 베이지안 네트워크 설명에 자주 사용되는 예제인데, 흐린 날cloudy, 스프링클러sprinkler, 비rain, 젖은 잔디wet grass 등 변수 사이의 조건분포 관계를 보여주고 있습니다.

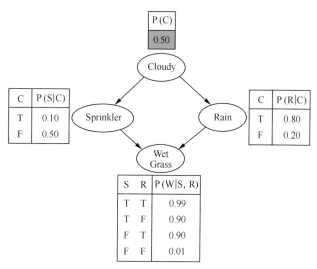

그림 8.9 베이지안 네트워크

키워드 확률 그래프 모델Probabilistic Graphical Model / 조건확률Conditional Probability / 샘플링Sampling

베이지안 네트워크 샘플링 과정을 설명해 주세요.
만약 일부 변수의 주변분포를 고려해야 한다면
어떻게 샘플링해야 할까요? 만약 네트워크에
관측변수가 포함되어 있다면 또 어떻게 샘플링해야
할까요?

난이도 ★★★

분석·해답

관측변수가 없는 베이지안 네트워크를 대상으로 샘플링할 때 가장 간단한 방법은
조상 샘플링ancestral sampling을 하는 것입니다. 이 샘플링 방법의 핵심 아이디어는 방
향성 그래프의 순서에 기반해 먼저 조상 노드ancestor node에 대해 샘플링하고, 어떠
한 노드의 모든 부모 노드의 샘플링을 완료했을 때 해당 노드에 대해 샘플링하는
것입니다. 앞에서 설명한 예제를 통해 설명하면, 그림 8.10처럼 먼저 흐림cloudy 변수
에 대해 샘플링한 후, 스프링클러sprinkler와 비rain 변수에 대해 샘플링하고, 최종적으
로 젖은 잔디wet grass 변수를 샘플링합니다. 베이지안 네트워크의 전체 확률 공식은
다음과 같습니다.

$$p(z_1, z_2, \ldots, z_n) = \prod_{i=1}^{n} p(z_i | pa(z_i)) \tag{8.20}$$

조상 샘플링으로 얻은 샘플은 베이지안 네트워크의 결합확률분포를 따른다는 것을
확인할 수 있습니다.

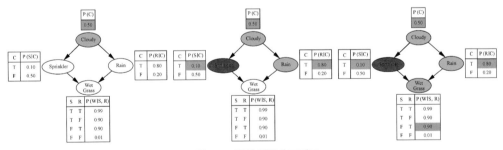

그림 8.10 조상 샘플링 그래프

226 CHAPTER 8 샘플링

만약 베이지안 네트워크 중 일부 랜덤변수의 주변분포에 대해서만 샘플링한다면, 조상 샘플링을 사용해 먼저 전체 랜덤변수에 대해 샘플링하고 불필요한 변수의 샘플링 값은 무시합니다. 그림을 통해 알 수 있는 것은, 만약 주변분포 p(Rain)을 샘플링해야 한다면 먼저 조상 샘플링으로 얻은 전체 변수의 하나의 샘플(예를 들면 Cloudy = T, Sprinkler = F, Rain = T, WetGrass = T)을 먼저 사용하고, 그런 후에 무관한 변수를 무시해 이 샘플을 단순하게 Cloudy = T로 간주하면 됩니다.

이어서 그림 8.11에 나오는 관측변수를 포함하는 베이지안 네트워크의 샘플링에 대해 살펴보겠습니다. 네트워크의 관측변수 (Sprinkler = T, WetGrass = T)가 존재할 때 어떤 식으로 샘플링을 해야 할까요? (관측변수는 사선 음영으로 표기) 가장 직접적인 방법은 논리 샘플링 방법을 사용하는 것인데, 먼저 조상 샘플링을 통해 얻은 모든 변수의 값을 사용합니다. 만약 관측변수에서 이 샘플의 샘플 값과 실제 관측치가 동일하다면 수락하고, 반대라면 기각 후 다시 샘플링합니다. 이 방법의 단점은 샘플링 효율이 매우 낮을 수 있다는 점입니다. 관측변수의 개수가 늘어나면 각 변수 상태 수가 늘어나 논리 샘플링의 샘플링 효율이 급격히 떨어져 실제로 사용하기 어려워집니다.

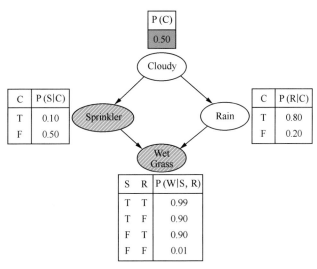

그림 8.11 관측변수를 포함하는 베이지안 네트워크

따라서 실제 응용 단계에서는 중요도 샘플링 아이디어를 차용해 관측변수에 대해 샘플링하지 않고 비관측변수에 대해서만 샘플링합니다. 그리고 최종적으로 얻은 샘플에 대해서 중요도 가중치를 부여합니다.

$$w \propto \prod_{z_i \in E} p(z_i | pa(z_i)) \tag{8.21}$$

여기서 E는 관측변수 집합입니다. 이러한 샘플링 방법을 우도 가중 샘플링likelihood weighted sampling이라고 하며, 생성된 샘플의 가중치는 이후 적분 계산에 사용됩니다. 관측변수 (sprinkler = T, WetGrass = T)가 존재할 때 그림 8.12와 같이 먼저 Cloudy에 대해 샘플링하고, 그다음으로 Rain에 대해 샘플링합니다. 그리고 Splinkler와 WetGrass에 대해서는 샘플링하지 않습니다(직접적으로 관측치를 부여합니다). 이렇게 얻은 샘플의 중요도 가중치는 다음과 같습니다.

$$w \propto p(\text{Sprinkler}=\text{T}|\text{Cloudy}=\text{T}) \cdot p(\text{WetGrass}=\text{T}|\text{Sprinkler}=\text{T}, \text{Rain}=\text{T})=0.1 \times 0.99 = 0.099$$

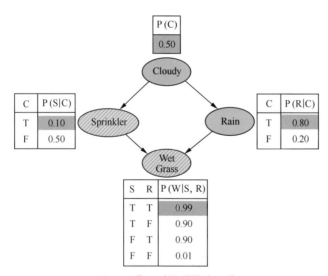

그림 8.12 우도 가중 샘플링 그래프

이 외에도 MCMC 샘플링을 사용할 수 있습니다. 구체적으로 설명하면, 만약 메트로폴리스-헤이스팅스 샘플링을 사용한다면 그림 8.13에 나타난 것처럼 랜덤변

수 (Cloudy, Rain)에서 하나의 확률전이행렬만 선택하면 됩니다. 그리고 확률전이 행렬에 따라 계속해서 상태를 전환하고, 매번 전환할 때마다 일정한 확률로 기각 하거나 수락하여 최종적으로 얻은 샘플의 수열은 목표분포에 수렴하게 됩니다. 가 장 간단한 확률전이행렬은 매번 독립적으로 (Cloudy, Rain) 네 가지 상태 중 하나 를 랜덤 선택하는 것입니다. 만약 깁스 샘플링을 사용한다면 조건확률 p(Cloudy | Rain, Sprinkler, WetGrass)와 p(Rain | Cloudy, Sprinkler, WetGrass)에 기반해 매번 (Cloudy, Rain) 중의 하나의 변수에 대해서만 샘플링을 진행(교차 진행)하면 됩니다.

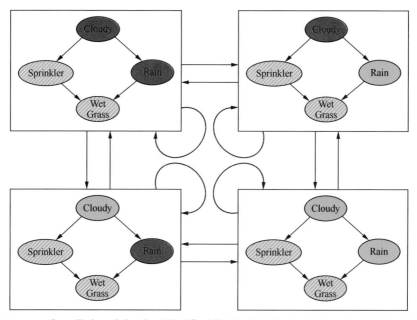

그림 8.13 메트로폴리스-헤이스팅스 샘플링을 사용하여 베이지안 네트워크에 대해 샘플링을 진행

요약·응용

이번 절에는 확장 가능한 문제들이 몇 가지 존재합니다. 예를 들어, 연속형 랜덤변수나 무방향 성 그래프 모델(즉, 마르코프 랜덤 필드$_{Markov\ Random\ Field}$)에 대해 위에서 기술한 방법 중 부적합한 것들은 어떤 것이 있으며 적합한 것은 어떤 것이 있는지에 대해 조금 더 구체적으로 질문할 수 있습니다.

불균형 샘플 집합에서의 리샘플링

CHAPTER 8
7

상황 설명

의료 진단, 네트워크 침입 탐지, 신용카드 도용 등 이진분류 모델을 훈련할 때 자주 만나게 되는 문제는 샘플 불균형 문제입니다. 불균형 데이터 세트에서 학습을 하게 될 경우 많은 분류 알고리즘에 문제가 발생합니다. 예를 들어, 양성–음성 샘플 비율이 1:99에 달한다면 분류기는 그냥 단순하게 모든 샘플을 음성 샘플로 판단해도 99%의 정확도를 달성할 것입니다. 당연히 이러한 분류기는 우리가 원하는 것이 아니겠죠. 우리가 원하는 분류기는 충분한 정확도와 재현율 recall을 보이는 분류기일 것입니다.

키워드   샘플링Sampling / 데이터 증강Data Augmentation

 질문 이진분류 문제에 대해 훈련 세트 중에 양성–음성 샘플 비율이 불균형할 때 어떻게 데이터를 처리해야 더 좋은 분류 모델을 훈련할 수 있을까요?

난이도 ★★★

분석·해답

불균형 데이터 세트로 훈련할 때 상당수의 분류 모델에서 문제가 발생하게 되는데, 그 원인은 무엇일까요? 본질적인 원인은 모델 훈련 시 최적화하는 목적함수와 사람들이 테스트 시 사용하는 평가 지표가 불일치하기 때문입니다. 이러한 '불일치'는 훈련 데이터의 샘플 분포와 테스트 시 기대하는 샘플 분포가 불일치하기 때문인데, 예를 들면 훈련 시 최적화하려는 것은 모든 훈련 세트(양성–음성 샘플 비율이 1:99에 달하는 불균형 데이터 세트)의 정확도인데, 테스트 시 기대하는 성능은 음성 샘플과 양성 샘플에서 평균 정확도가 최대화되는 것입니다(실제로 기대하는 양성–음성 샘플 비율은 1:1). 혹은 훈련 단계에서 서로 다른 클래스의 가중치(중요도)와 테스트 단계에서의 가중치(중요도)가 불일치하기 때문입니다. 예를 들어, 훈련 시 모든 샘플이 같은 가중치로 반영된다고 가정하지만, 테스트 시 거짓 양성false positive 샘플과 거짓 음성false negative 샘플은 서로 다른 비용cost을 가지고 있을 수도 있습니다. 위 분석을 기반으로 두 가지 관점에서 불균형 데이터 문제를 다룰 수 있습니다[17].

● 데이터에 기반한 방법

데이터에 대해 리샘플링을 진행하여 원래 불균형한 데이터를 균형적으로 맞추는 방법입니다. 먼저, 샘플 수가 많은 클래스를 C_{maj}로 표기하고, 샘플 수가 적은 클래스를 C_{min}으로 표기합니다. 이들에 대응하는 샘플 세트는 각각 S_{maj}와 S_{min}입니다. 문제 정의에 따라 $|S_{maj}| >> |S_{min}|$이 됩니다.

가장 간단하게 불균형 데이터 세트를 처리하는 방법은 랜덤 샘플링입니다. 샘플링 방법으로는 오버 샘플링over-sampling과 언더 샘플링under-sampling이 있습니다. 랜덤 오버 샘플링은 소수 클래스 데이터 세트 S_{min}에서 랜덤으로 샘플을 복원 추출하여 더 많은 샘플을 얻는 방법입니다. 랜덤 언더 샘플링은 반대로 다수 클래스 데이터 세트 S_{maj}에서 랜덤으로 비교적 적은 양의 샘플을 (복원 혹은 비복원) 추출하는 방법입니다.

이러한 샘플링 방법은 데이터 세트를 균형적으로 바꿔줄 수는 있지만 몇 가지 문제를 야기합니다. 예를 들어, 오버 샘플링으로 소수 데이터 세트에서 여러 번 반복 추출하면 데이터 규모 자체가 커져 모델 훈련의 복잡도를 높이고, 동시에 과적합의 원인이 될 수 있습니다. 언더 샘플링은 샘플을 버리는 방법이기 때문에 유용한 정보를 담고 있는 샘플까지 제거해 모델이 전체적인 데이터의 특징을 학습시키는 것을 방해할 수도 있습니다.

이러한 문제들은 해결하기 위해 일반적으로 오버 샘플링을 할 때 단순하게 샘플을 복제하는 것이 아닌, 다른 방법을 적용하여 새로운 샘플을 생성합니다. 예를 들어, **SMOTE**Synthetic Minority Over-sampling Technique 알고리즘은 그림 8.14에 설명된 것처럼 소수 클래스 데이터 세트 S_{min}의 각 샘플 x에 대해 K-최근접 이웃 알고리즘을 통해 랜덤으로 샘플 y를 찾고, x, y를 선으로 이어 선상에서 랜덤으로 새로운 합성 샘플을 만들어 냅니다(오버 샘플링 비율에 기반해 이 과정을 반복).

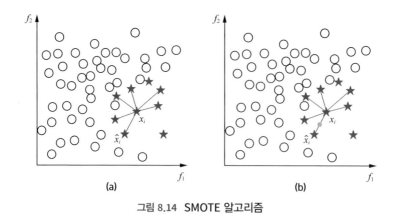

그림 8.14 SMOTE 알고리즘

SMOTE 알고리즘은 소수 클래스의 각 샘플과 동일한 수의 새로운 샘플을 합성합니다. 따라서 클래스 사이의 중복도가 높아져 유의미한 정보를 제공하지 못할 수도 있습니다.* 이에 따라 Borderline-SMOTE, ADASYN 등 개선된 알고리즘이 나왔습니다. Borderline-SMOTE는 분류 경계상에 위치한 소수 클래스 샘플에 대해서만 합성 샘플을 만들어 내고, ADASYN은 서로 다른 소수 클래스 샘플에 대해 서로 다른 개수의 새로운 샘플을 합성해 냅니다. 이 외에도 (토멕 링크Tomek's link에 기반한) 데이터 처리 방법을 사용해 합성 샘플이 야기하는 클래스 간의 중복 문제를 완화해 더욱 잘 정의된well-defined 클래스 클러스터를 얻어 분류기 성능을 향상시키는 데 도움을 줄 수 있습니다.

이와 비슷하게, 언더 샘플링 방법 중에서 informed under-sampling을 통해 랜덤 언더 샘플링이 일으키는 데이터 유실 문제를 해결할 수 있습니다. 자주 사용하는 informed under-sampling 알고리즘에는 다음과 같은 것들이 있습니다.

1 이지 앙상블Easy Ensemble 알고리즘 매번 다수 클래스 S_{maj}에서 랜덤으로 하나의 하위 집합 $E(|E| \approx |S_{min}|)$를 추출하고, $E+S_{min}$을 사용하여 하나의 분류기를 훈련합니다. 이 과정을 여러 번 반복하여 다수의 분류기를 만들고, 이 분류기들의 결과를 종합하여 최종 분류 결과를 얻습니다.

★ 옮긴이 합성 데이터를 생성하는 동안 인접해 있는 다수 클래스 샘플의 위치를 고려하지 않기 때문에 클래스가 겹치거나 노이즈를 생성해 유의미한 정보를 제공하지 못할 수 있습니다.

2 **Balance Cascade 알고리즘** 캐스케이드cascade 구조의 각 계층의 다수 클래스 S_{maj}에서 랜덤으로 하위 집합 E를 추출하고, $E+S_{min}$을 사용하여 해당 계층의 분류기를 생성합니다. 그리고 S_{maj}에서 정확하게 분류된 샘플을 지우고 다음 계층으로 이동하여 같은 작업을 반복합니다. 이렇게 얻은 각 계층의 분류기 결과를 합쳐 최종 결과로 사용합니다.

3 다른 방법으로는 NearMiss(K-최근접 이웃 정보를 이용하여 구체적으로 대표성을 가진 샘플을 선택하는 방법), One-Sided Selection(데이터 전처리 기술) 등의 알고리즘이 있습니다.

실제 응용 단계에서의 구체적인 샘플링 작업은 설명한 것과 다를 수도 있으나, 기본적인 아이디어는 대부분 일치합니다. 예를 들어, 클러스터링에 기반한 샘플링 방법에서 데이터의 클러스터 정보를 사용하여 오버-샘플링/언더-샘플링을 진행할 수 있습니다. 자주 사용되는 데이터 증강 방법도 일종의 오버 샘플링이라 할 수 있는데, 소수 클래스 샘플에 대해 노이즈 조정 혹은 변환(예를 들면, 이미지 데이터에서 이미지 위치 변경, 회전, 부분 삭제 등)을 거쳐 새로운 샘플을 만들어 냅니다. Hard Negative Mining은 일종의 언더 샘플링 방법으로, 비교적 어려운 샘플을 추출하여 반복 분류기에 사용합니다.

● 알고리즘에 기반한 방법

데이터 불균형 문제는 모델 훈련 시 목적함수의 변환(예를 들면, 비용 민감 학습 중에서 서로 다른 클래스가 서로 다른 가중치를 갖게 하는 방법)을 통해 해결할 수 있습니다. 샘플 수가 매우 불균형하다면 문제를 단일 클래스 학습one-class learning 문제나 이상탐지anomaly detection 문제로 전환해도 됩니다. 이번 절에서는 주로 샘플링에 대해 다루고 있으므로 더 깊게 설명하진 않겠습니다.

⟮요약·응용⟯

실제 면접에서 이러한 문제는 다양한 활용이 가능합니다. 예를 들어, 불균형 데이터에서 모델의 평가 지표나 서로 다른 샘플 양(절대수치)을 가진 상황에서의 적합한 처리 방법(양성-음성 샘플 비율이 1:100인 경우와 1,000:100,000인 경우의 차이), 비용 민감 학습cost-sensitive learning*과 샘플링 방법의 차이, 관계, 그리고 효과 비교 등의 문제도 출제할 수 있습니다.

★ [옮긴이] 비용 민감 학습은 예측의 정확도에만 의존하지 않고 비용까지 고려하는 학습 방법입니다. 주어진 관측 개체가 어떤 클래스에 속할 확률이 낮더라도 비용을 고려해 해당 클래스로 예측하는 분류기를 생성합니다.

피드 포워드
신경망

The Quest for Machine Learning

딥 피드 포워드 네트워크Deep Feedforward Networks는 일종의 전통적인 딥러닝 학습 모델입니다. 이 모델의 목적은 어떤 함수 f를 적합fitting하는 것인데, 다른 말로 투영 $y = f(x;\theta)$을 정의해 입력값 x를 모종의 예측 출력값 y로 변환하고, 동시에 네트워크 파라미터 θ의 값을 학습하여 모델이 최적의 함수에 근사하도록 만드는 것입니다. 입력에서 출력으로 가는 과정 중 모델 자체에 피드백 연결이 존재하지 않기 때문에 이러한 모델을 '피드 포워드'라고 부릅니다.

딥 피드 포워드 네트워크는 다수의 함수를 혼합하여 표현하는데, 방향성 비순환 그래프directed acyclic graph와 연관이 있습니다. 여기서 그래프graph는 함수의 혼합 방식을 나타냅니다. 예를 들면, '연결식 구조'인 $f(x) = f^{(3)}(f^{(2)}(f^{(1)}(x)))$이 있습니다. 연결 전체 길이는 네트워크 모델의 '깊이'로 정의됩니다. 만약 실제 함수가 $f^*(x)$라고 가정하면, $f(x)$로 $f^*(x)$의 값을 적합하려고 할 때 훈련 데이터는 서로 다른 훈련 포인트의 값을 가지는 $f^*(x)$의 근사 인스턴스만 제공합니다(노이즈를 포함할 수 있음). 즉, 각 샘플 x는 하나의 레이블 $y \approx f^*(x)$과 함께합니다. 이는 출력층이 반드시 레이블에 근접한 값을 생성한다는 것을 뜻합니다. 그러나 네트워크 학습 알고리즘은 어떤 중간의 '은닉층'을 사용해 최적의 f^*의 근사를 구현할 것인지 결정해야 합니다.

딥 피드 포워드 네트워크는 네트워크 모델 중 한 부류의 통칭인데, 자주 사용하는 알고리즘으로는 다층 퍼셉트론, 오토 인코더autoencoder, 제한된 볼츠만 머신restricted Boltzmann machines, 그리고 합성곱 신경망convolution neural network이 있습니다.

다층 퍼셉트론과 부울 함수

(상황 설명)

신경망 개념의 탄생은 신경 과학의 영향을 많이 받았습니다. 생물학 연구를 통해 대뇌 피질의 인지 및 계산 기능은 층별로 실현된다고 밝혀졌는데, 이미지 인식을 예로 들면, 먼저 광신호가 대뇌 피질의 V1(일차 시각 피질) 구역으로 들어와 V2층과 V4층을 차례대로 통과해 측두엽 temporal lobe을 통해 물체 인식을 하게 됩니다. 심층 신경망은 인간 뇌 기능의 다층 구조를 모방하는 것 외에도 큰 장점을 가지고 있는데, 그것은 바로 얕은 네트워크 구조보다 더 복잡한 함수 집합을 간결하고 빈틈없이 표현한다는 것입니다(여기서 말하는 '간결함'이란 은닉층 유닛 수와 입력유닛 수가 다항식 관계를 보인다는 것을 뜻함). 우리는 먼저 간단한 예제를 통해 문제를 시작해 보겠습니다. 신경망의 각 노드가 'And/Or/Not' 논리 계산을 진행할 수 있다고 할 때, 어떤 다층 퍼셉트론Multi-Layer Perceptron, MLP 네트워크를 통해 n개의 입력 비트의 패리티 검사parity check 코드(임의의 부울Boolean 함수)를 구현할 수 있을까요?

키워드 수리 논리Mathematical Logic / 딥러닝Deep Learning / 신경망Neural Network

다층 퍼셉트론으로 XOR 논리를 표현하려면 최소 몇 개의 은닉층이 필요할까요?

난이도 ★★

(분석·해답)

먼저, 0개의 은닉층이 있는 상황(로지스틱 회귀)을 고려해 XOR 연산을 표현할 수 있는지 생각해 봅시다. 이진 입력binary input만 고려한다면 X가 취할 수 있는 값은 0이나 1이고, Y 역시 0이나 1의 값만 취할 수 있습니다. Z는 XOR 연산의 출력이 됩니다. 즉, X와 Y가 같을 때 XOR 출력은 0이 되며, 반대의 경우에는 1이 됩니다. 자세한 내용은 표 9.1에 나와 있습니다.

표 9.1 XOR 연산 그래프

X	Y	$Z = X \oplus Y$
0	0	0
0	1	1
1	0	1
1	1	0

로지스틱 회귀 공식을 다시 살펴보면 다음 식임을 알 수 있습니다.

$$Z = \mathrm{sigmoid}(AX + BY + C) \tag{9.1}$$

여기서 시그모이드 활성화 함수는 단조증가함수입니다. $AX + BY + C$의 값이 증가할 때 Z의 값도 증가합니다. 그리고 $AX + BY + C$의 값이 감소할 때 Z의 값도 감소합니다. X와 Y에 대한 $AX + BY + C$의 변화 역시 단조 변화인데, 파라미터 A가 정수일 때 $AX + BY + C$와 Z의 값은 X에 따라 단조증가합니다. A가 음수일 때는 $AX + BY + C$와 Z의 값은 X에 따라 단조감소합니다. 파라미터 A가 0일 경우에 Z의 값은 X와 무관합니다. XOR 테이블을 살펴보면, $Y = 0$일 때 X의 값이 0에서 1로 변하면 출력 Z 역시 0에서 1로 변합니다. 이는 Z의 변화와 X는 양의 상관관계를 가지고 A는 정수로 지정해야 한다는 것을 설명합니다. $Y = 1$일 때 X의 값이 0에서 1로 변하면 출력은 1에서 0으로 변합니다. 이때 전과 반대로 Z와 X는 음의 상관관계를 가지고 A는 음수가 되어야 합니다. 따라서 로지스틱 회귀(은닉층을 갖지 않는 퍼셉트론)는 출력을 XOR로 하는 모델 표현을 학습할 수 없습니다.

다음으로, 우리는 하나의 은닉층을 포함하고 있는 경우를 생각해 봅시다. 시벤코 정리Cybenko's theorem 혹은 Universal Approximation Theorem에 의하면, 피드 포워드 신경망이 선형 출력층과 최소 하나의 '압축' 성질의 활성화 함수를 가진 은닉층을 가지고 있다면, 네트워크에 충분한 수의 은닉 유닛이 있을 때 임의의 유한차원공간에서 다른 유한차원공간으로의 보렐 가측 함수Borel measurable function를 원하는 정도의 정확도로 근사할 수 있습니다.* 이러한 시벤코 정리의 증명은 면접 때 살펴보는 내용은 아

---

* [옮긴이] 쉬운 말로, 뉴런 수만 무한하다면 은닉층 하나로 어떠한 함수도 근사할 수 있다는 뜻입니다.

니지만, 우리가 일반적으로 사용하는 활성화 함수와 목적함수는 시벤코 정리에 사용되는 하위 집합이라고 생각할 수 있습니다. 따라서 다층 퍼셉트론의 표현 능력은 매우 강한데, 관건은 이러한 표현을 할 수 있는 모델 파라미터를 학습할 수 있느냐 입니다.

여기서는 아직 모델 파라미터 학습에 대해서는 논하지 않지만, 그림 9.1처럼 정밀하게 설계한 하나의 모델 파라미터는 하나의 은닉층을 포함한 다층 퍼셉트론도 정확하게 XOR 함수를 계산할 수 있다는 것을 설명해 줍니다. 그림에는 Z_1과 Z_2 두 개의 은닉 유닛이 있습니다. 은닉 유닛 Z_1에서 X와 Y의 입력 가중치는 1이며, 편향도 1입니다. 이는 $H_1 = X + Y - 1$을 계산한 것과 같습니다. 그런 다음 ReLU 활성화 함수 $\max(0, H_1)$을 사용하는데, 해당 값은 표 9.2에 정리되어 있습니다. 같은 논리로, 은닉 유닛 Z_2의 입력 가중치는 -1이고, 편향도는 -1입니다. 진리표truth table는 표 9.3에 정리되어 있습니다. 첫 번째 은닉 유닛은 X와 Y에서 1일 때 활성화되고, 두 번째 은닉 유닛은 X와 Y가 0일 때 활성화됩니다. 마지막으로, 두 은닉 유닛의 출력을 하나의 선형변환으로 만들면 표 9.4처럼 XOR 문제를 해결할 수 있습니다.

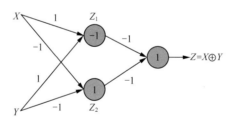

그림 9.1 XOR 연산을 할 수 있는 다층 퍼셉트론

표 9.2 은닉 뉴런 Z_1의 진리표

X	Y	$H_1 = X + Y - 1$	$Z_1 = \max(0, H_1)$
0	0	-1	0
0	1	0	0
1	0	0	0
1	1	1	1

표 9.3 은닉 뉴런 Z_2의 진리표

X	Y	$H_2 = -X - Y + 1$	$Z_2 = \max(0, H_2)$
0	0	1	1
0	1	0	0
1	0	0	0
1	1	-1	0

표 9.4 출력측 Z의 진리표

Z_1	Z_2	$Z_1 = -Z_1 - Z_2 + 1$
0	1	0
0	0	1
0	0	1
1	0	0

질문 2 하나의 은닉층만 사용하여 n차원 입력을 가진 임의의 부울함수를 구현하기 위해서는 몇 개의 은닉 노드가 필요할까요?

난이도 ★★★

분석·해답

n차원 입력을 포함하는 임의의 부울함수는 유일하게 논리합 표준형Disjunctive Normal Form, DNF 형식(유한한 개수의 간단 논리곱으로 구성된 논리합)으로 표현할 수 있습니다. 먼저, $n = 5$인 간단한 예제를 살펴보겠습니다.

$$Y = \overline{X_1 X_2} X_3 X_4 \overline{X_5} + \overline{X_1} X_2 \overline{X_3} X_4 X_5 + \overline{X_1} X_2 X_3 \overline{X_4 X_5} + X_1 \overline{X_2 X_3 X_4} X_5 + X_1 \overline{X_2} X_3 X_4 X_5 + X_1 X_2 \overline{X_3 X_4} X_5 \tag{9.2}$$

식 9.2에서 최종 출력 Y는 6개의 논리곱으로 구성된 논리합 표준형으로 표현할 수 있습니다. 이 함수는 그림 9.2와 같이 6개의 은닉 노드를 포함하는 3층 구조의 퍼셉트론으로 구현될 수 있습니다.

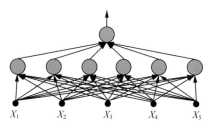

그림 9.2 다층 퍼셉트론으로 구현한 6개의 논리곱으로 구성된 논리합 표준형

먼저, 단일 은닉 노드로 임의의 논리곱을 표현할 수 있음을 증명합니다. 임의의 부울변수 가설 X_i를 고려했을 때, 만약 논리곱 표준형에서 정 (X_i)가 나타날 경우 가중치를 1로 설정합니다. 만약 비 ($\bar{X}_i$)가 나타난다면 가중치를 −1로 설정합니다. 그리고 논리곱 표준형에 나타나지 않을 경우 가중치는 0으로 둡니다. 편향은 논리곱 표준형 변수 총수의 음수 값에서 1을 더한 값으로 설정합니다. ReLU 활성화 함수를 사용한 후에 (if and only if)* 나타난 모든 부울변수가 조건을 만족할 때 해당 은닉 유닛이 활성화되고(1을 출력), 반대의 경우에는 0을 출력합니다. 이는 논리곱 표준형의 정의와 같습니다. 그런 다음, 모든 은닉 유닛에서 출력층까지의 파라미터를 1로 두고 출력 유닛의 편향을 0으로 설정합니다. 이렇게 하면 (if and only if) 모든 은닉 유닛이 활성화되지 않을 시에 0을 출력하고, 그렇지 않으면 모두 하나의 정수로 출력합니다(추출 작용).

우리는 카르노 맵Karnaugh map을 사용하여 논리합을 표현할 수 있습니다. 즉, 격자선으로 진리표를 표현할 수 있습니다. 입력의 논리곱 값이 1일 때 상응하는 격자의 빈칸을 채웁니다. 카르노 맵 중에서 부울함수를 간단하게 만드는 목적으로 이웃하는 색 구역에 그림 9.3처럼 제약을 가할 수 있습니다. 그림에서 보이는 것처럼 W, X, Y, Z 총 4개의 부울변수가 존재하고, WX의 조합은 세로축에 나타나 있으며, YZ 조합은 가로축에 보입니다. 7개의 색깔 격자는 최종적으로 3개의 논리곱으로 제한됩니다. 따라서 해당 함수는 3개의 은닉 노드를 포함하는 3개의 층을 가진 퍼셉트론으로 구현할 수 있습니다.

★ 옮긴이 iff, 양쪽 문장이 모두 참이거나 양쪽 모두가 거짓인 것을 나타내는 수학적, 논리적인 연결 기호입니다.

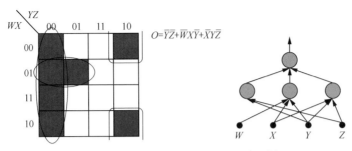

$$O = \overline{YZ} + \overline{WX}\overline{Y} + \overline{X}Y\overline{Z}$$

그림 9.3 **카르노 맵으로 표현한 논리곱 표준형**

다시 문제 '가장 나쁜 상황에서 몇 개의 은닉 노드가 있어야 n차원 입력을 포함하는 부울함수를 표현할 수 있을까요?'로 돌아간다면, 이제는 문제를 '제약할 수 없는' n차원 논리합 표준형의 최댓값을 찾는 것, 혹은 제약할 수 없는 최대 카르노 맵을 찾는 것으로 전환할 수 있을 것입니다. 직관적으로, 격자를 격으로 칠하면 우리가 원하는 결과를 얻을 수 있는데, 이는 그림 9.4처럼 부울함수가 n차원 입력의 XOR 작업이라는 것을 뜻합니다. 격으로 칠해진 격자는 그림과 같이 한 번의 제약을 받기 때문에 n차원 부울함수의 논리합 표준형은 최대 $2^{(n-1)}$개의 불가 제약을 가진 논리곱 표준형입니다. 단일 은닉층의 퍼셉트론에 대해서는 $2^{(n-1)}$개의 은닉 노드를 통해 실현할 수 있습니다.

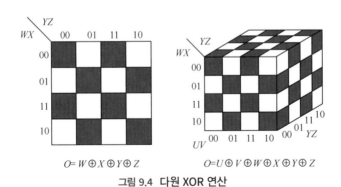

$$O = W \oplus X \oplus Y \oplus Z \qquad O = U \oplus V \oplus W \oplus X \oplus Y \oplus Z$$

그림 9.4 **다원 XOR 연산**

다수의 은닉층이 있는 상황을 고려했을 때, n차원 입력을 포함하는 임의의 부울함수는 최소 몇 개의 네트워크 노드와 네트워크 층을 필요로 할까요?

난이도 ★★★

분석·해답

문제 1의 해답을 참고하여 2차원 입력의 경우를 고려했을 때, 3개의 노드가 있으면 1차 XOR 프로세를 완성할 수 있습니다. 여기서 은닉층은 두 개의 노드로 구성되고, 출력층에 하나의 노드가 XOR의 결과를 출력하고 다음 노드의 입력이 되기 위해 필요합니다. 4차원 입력은 3회의 XOR 프로세스를 포함하고 있기 때문에 $3 \times 3 = 9$개의 노드가 있으면 완성될 수 있습니다. 그림 9.5에 가능한 네트워크 구조를 만들어 보았습니다. W, X, Y, Z 4개의 부울변수를 입력합니다. 먼저, 3개의 노드를 사용하여 $W \oplus X$를 계산합니다. 그리고 3개의 노드를 더하여 $W \oplus X$의 출력과 Y로 XOR를 진행해 $W \oplus X \oplus Y$를 얻습니다. 마지막으로, Z와 XOR를 진행하는데, 모든 네트워크는 총 9개의 노드를 필요로 합니다. 6차원 입력의 경우에는 5회의 XOR 연산이 필요하기 때문에 $3 \times 5 = 15$개의 노드가 필요합니다. 네트워크 구조 방식은 그림 9.6을 참고합니다. 이렇게 계속해서 계산하다 보면, n차원 XOR 함수는 $3^{(n-1)}$개의 노드(최종 출력 노드 포함)가 있어야 한다는 것을 알 수 있습니다. 다수의 은닉층 구조는 은닉 노드의 수를 지수급 $O(2^{(n-1)})$에서 선형급 $O(3(n-1))$으로 줄일 수 있습니다!

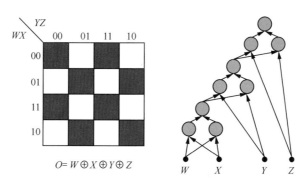

그림 9.5 4차원 XOR 연산을 구현하는 네트워크 구조 예시

위에서 언급한 예제 중에서 n차원 XOR 연산이 필요로 하는 $3(n-1)$개 노드는 $2(n-1)$개 네트워크층(은닉층과 출력층 포함)에 대응합니다. 실제로 층수는 더 줄일 수 있습니다. 4차원의 입력 W, X, Y, Z를 생각했을 때, 만약 동일한 층에서 $W \oplus X$와 $Y \oplus Z$를 계산하고, 이 두 가지 출력에 대해 XOR 연산을 한다면 층수를 6에서 4로 줄일 수 있습니다. 또한, 각 층의 노드를 두 개씩 짝지어 XOR 연산을 하면 필요로 하는 최소 네트워크 층수는 $2\log_2 N$개가 됩니다.

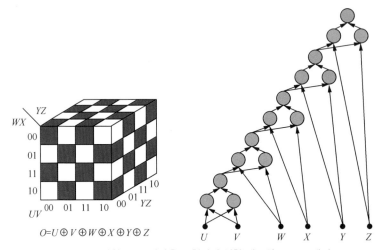

$$O = U \oplus V \oplus W \oplus X \oplus Y \oplus Z$$

그림 9.6 6차원 XOR 연산을 구현하기 위한 네트워크 구조 예시

CHAPTER 9

2 딥러닝의 활성화 함수

상황 설명

선형모델은 머신러닝 영역에서 가장 기초적이고 가장 중요한 도구입니다. 로지스틱 회귀와 선형회귀를 예로 들면, 클로즈드 폼closed-form이나 컨벡스 최적화convex optimization를 사용해 효율적이고 신뢰성 있게 데이터를 적합fitting할 수 있습니다. 그러나 우리는 실전에서 종종 선형으로 분리가 불가능하기 때문에(예를 들면, XOR 함수) 비선형변환을 통해 데이터의 분포에 대해 매핑mapping해야 할 때가 있습니다. 딥러닝 알고리즘에서, 우리는 각 층을 선형변환한 후 하나의 비선형 활성화 함수를 더해 다층 네트워크가 단층 선형함수와 동일하게 되는 것을 피할 수 있고, 그로 인해 더 강력한 학습과 적합 능력을 갖출 수있습니다.

키워드 미적분Calculus / 딥러닝Deep Learning / 활성화 함수Activation Function

질문 1 자주 사용하는 활성화 함수와 해당 활성화 함수의 도함수를 작성해 주세요.

난이도 ★

분석·해답

시그모이드Sigmoid 활성화 함수의 식은 다음과 같습니다.

$$f(z) = \frac{1}{1 + \exp(-z)} \tag{9.3}$$

이를 미분하면 다음과 같습니다.

$$f'(z) = f(z)(1 - f(z)) \tag{9.4}$$

하이퍼볼릭 탄젠트Hyperbolic Tangent, 이하 Tanh 활성화 함수의 식은 다음과 같습니다.

$$f(z) = \tanh(z) = \frac{e^z - e^{-z}}{e^z + e^{-z}} \tag{9.5}$$

이를 미분하면 다음과 같습니다.

$$f'(z) = 1 - (f(z))^2 \qquad (9.6)$$

렐루_{Rectified Linear Unit, 이하 ReLU} 활성화 함수의 식은 다음과 같습니다.

$$f(z) = \max(0, z) \qquad (9.7)$$

이를 미분하면 다음과 같습니다.

$$f'(z) = \begin{cases} 1, \, z > 0 \\ 0, \, z \leq 0 \end{cases} \qquad (9.8)$$

질문 2 왜 시그모이드와 Tanh 활성화 함수는 그래디언트 소실 현상을 일으킬까요?

난이도 ★★

분석·해답

시그모이드 활성화 함수의 그래프가 그림 9.7에 나와 있습니다. 이 함수는 입력 z를 구간(0, 1)에 매핑시키는데, z가 큰 수일 때 $f(z)$는 1에 가깝게 됩니다. 반대로, z가 매우 작을 경우 $f(z)$는 0에 가깝게 됩니다. 이를 미분하면 $f'(z) = f(z)(1 - f(z))$을 얻는데, z가 아주 크거나 아주 작을 때 모두 0에 근사하게 되어 그래디언트 소실* 현상이 발생합니다.

Tanh 활성화 함수의 곡선은 그림 9.8에 나와 있습니다. z가 큰 수일 때 $f(z)$는 1에 가깝고, z가 작을 때 $f(z)$는 −1에 가깝게 됩니다. 이를 미분하면 $f'(z) = 1 - (f(z))^2$을 얻을 수 있는데, z가 매우 크거나 매우 작을 때 모두 0에 근사하게 됩니다. 따라서 시그모이드 함수와 똑같이 '그래디언트 소실' 현상이 발생합니다. 사실, Tanh 활성화 함수는 시그모이드 함수를 평행 이동한 것과 같습니다.

$$\tanh(x) = 2\,\mathrm{sigmoid}(2x) - 1 \qquad (9.9)$$

★ 옮긴이 gradient vanishing은 책에 따라 경사 소실, 기울기 소실 등으로 번역되고 있습니다.

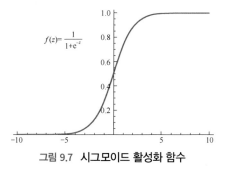

그림 9.7 시그모이드 활성화 함수

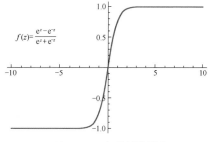

그림 9.8 Tanh 활성화 함수

 질문 3

ReLU 계열의 활성화 함수는 시그모이드, Tanh 활성화 함수와 비교했을 때 어떤 장점이 있나요? 이들의 한계는 무엇이며, 어떤 개선 방안들이 있나요?

난이도 ★★★

분석·해답

● 장점

❶ 계산적 관점에서 보면 시그모이드와 Tanh 활성화 함수는 평균적으로 복잡도가 높으나, ReLU 활성화 함수는 하나의 임계치만 있으면 활성화 값을 얻을 수 있습니다.

❷ ReLU의 비포화성non-saturation은 그래디언트 소실 문제를 효과적으로 해결하고, 상대적으로 넓은 활성화 경계를 제공합니다.

❸ ReLU의 단측면 억제가 네트워크의 희소 표현 능력을 제공합니다.

● 한계점

ReLU의 한계점은 훈련 과정 중에 뉴런들이 '죽는die' 문제가 발생한다는 것입니다. 이는 함수 $f(z) = \max(0, z)$의 음의 그래디언트가 ReLU 유닛을 경과할 때 0이 되어 버려 이후에 어떤 데이터로도 활성화되지 않기 때문인데, 즉 해당 뉴런을 지나는 그래디언트는 영원히 0이 되어 다른 데이터에 영향을 미치지 않는 것을 의미합니다. 실제 훈련 과정에서 학습률learning rate을 크게 설정하면 일정 비율의 뉴런이 '사망'

해 파라미터 그래디언트를 업데이트할 수 없어 전체 훈련 과정이 실패하는 경우가
발생합니다.

이런 문제를 해결하기 위해 ReLU의 변종인 Leaky ReLU_{LReLU}를 사용하기도 합니다.

$$f(z) = \begin{cases} z, & z > 0 \\ az, & z \leqslant 0 \end{cases} \tag{9.10}$$

ReLU와 LReLU의 함수 곡선 비교는 그림 9.9에 나와 있습니다. LReLU와 ReLU의
차이점은 $z < 0$일 때 값이 0이 되지 않고 기울기가 a인 선형함수가 됩니다. 일반적
으로 a는 아주 작은 정규 수_{Normal Number}이고, 이런 식으로 단측면 억제를 구현하
는 동시에 음의 그래디언트 정보를 모두 버리지 않고 부분적으로 유지할 수 있게 됩
니다. 하지만 a 값 선택은 문제의 난이도를 증가시켜 많은 경험이나 훈련 횟수에 의
지해 적당한 파라미터를 선택해야 한다는 단점이 존재합니다.

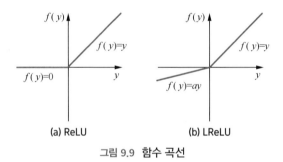

(a) ReLU   (b) LReLU

그림 9.9 함수 곡선

이러한 단점을 보완한 파라메트릭 ReLU_{Parametric ReLU, 이하 PReLU} 활성화 함수도 존
재합니다. PReLU와 LReLU의 주요 차이점은 기울기 a를 네트워크 중에서 학습 가
능한 파라미터로 설정하고 오차역전파_{backpropagation} 훈련을 진행해 다른 파라미터
를 포함하는 네트워크층과 함께 최적화 작업을 하는 부분입니다. LReLU의 또 다
른 변종은 '랜덤화' 메커니즘을 더한 활성화 함수입니다. 훈련 과정에서 기울기 a를
어떤 모종의 분포를 만족하는 랜덤 샘플로 설정하고, 테스트할 때 다시 고정합니다.
Random ReLU_{RReLU}는 일정 정도 정규화 작용을 합니다. ReLU 계열 활성화 함수에
대해 더 자세한 내용이나 실험 성능을 비교해 보고 싶은 독자들은 참고문헌을 살펴
보길 바랍니다[18].

다층 퍼셉트론의 오차역전파 알고리즘

다층 퍼셉트론에서 입력 신호가 각 네트워크층의 은닉 노드를 통해 출력으로 생성되는 과정을 순전파$_{\text{forward propagation}}$라고 부릅니다. 그림 9.10은 전통적인 다층 퍼센트론을 보여주고 있습니다. 간단하게 나타내기 위해 (l)층의 입력을 $x^{(l)}$, 출력을 $a^{(l)}$으로 표시합니다. 각 측에서 먼저 입력 $\boldsymbol{x}^{(l)}$과 편향 $\boldsymbol{b}^{(l)}$을 이용하여 아핀 변환$_{\text{affine transformation}}$ $\boldsymbol{z}^{(l)} = \boldsymbol{W}^{(l)}\boldsymbol{x}^{(l)} + \boldsymbol{b}^{(l)}$을 계산합니다. 그리고 활성화 함수를 $\boldsymbol{z}^{(l)}$에 사용해 $\boldsymbol{a}^{(l)} = f(\boldsymbol{z}^{(l)})$을 얻습니다. $\boldsymbol{a}^{(l)}$는 바로 다음 층의 입력이 됩니다(즉, $\boldsymbol{x}^{(l+1)}$). $\boldsymbol{z}^{(l)}$과 $\boldsymbol{a}^{(l)}$를 s_l차원의 벡터로 설정하면, $\boldsymbol{W}^{(l)}$은 $s_l \times s_{l-1}$차원의 행렬이 됩니다. 우리는 각각 $z_j^{(l)}$, $a_j^{(l)}$와 $W_{ji}^{(l)}$를 사용하여 하나의 원소를 표시합니다.

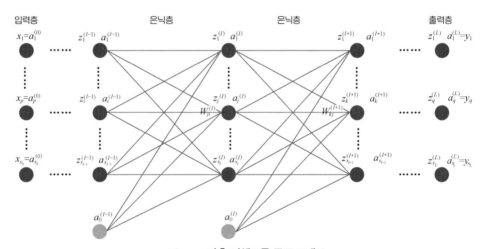

그림 9.10 다층 퍼셉트론 구조 그래프

네트워크 훈련 중에 순전파는 최종적으로 하나의 스칼라 손실함수를 생성하는데, 오차역전파$_{\text{backpropagation}}$ 알고리즘은 손실함수의 정보를 네트워크층에 따라 뒤로 전파하며 그래디언트를 계산하여 네트워크 파라미터를 최적화하려는 목적을 지니고 있습니다. 오차역전파는 신경망에서 가장 중요한 알고리즘이며, 데이터 과학자로서 완벽히 이해하고 활용할 수 있어야 합니다. 이와 관련된 문제는 면접에서 아주 빈번하게 출제됩니다.

키워드 선형대수$_{\text{Linear Algebra}}$ / 미적분$_{\text{Calculus}}$ / 딥러닝$_{\text{Deep Learning}}$

질문 1 다층 퍼셉트론의 제곱오차와 크로스 엔트로피 손실함수에 대해 작성해 보세요.

난이도 ★★

분석·해답

m개의 샘플을 포함하는 집합 $\{(x^{(1)}, y^{(1)}), \cdots, (x^{(m)}, y^{(m)})\}$가 주어졌다고 가정했을 때 제곱오차의 전체 비용함수는 다음과 같습니다.

$$J(W,b) = \left[\frac{1}{m}\sum_{i=1}^{m} J(W,b;x^{(i)},y^{(i)})\right] + \frac{\lambda}{2}\sum_{l=1}^{N}\sum_{i=1}^{s_{l-1}}\sum_{j=1}^{s_l}(W_{ji}^{(l)})^2$$
$$= \left[\frac{1}{m}\sum_{i=1}^{m}\frac{1}{2}\left\|y^{(i)} - \mathcal{L}_{W,b}(x^{(i)})\right\|^2\right] + \frac{\lambda}{2}\sum_{l=1}^{N}\sum_{i=1}^{s_{l-1}}\sum_{j=1}^{s_l}(W_{ji}^{(l)})^2 \qquad (9.11)$$

여기서 첫 번째 항이 제곱오차 항이고, 두 번째 항이 L2 정규화 항입니다. 정규화 항은 기능적인 요소 때문에 가중치 감쇠weight decay 항이라고 불리기도 하며, 가중치의 변동 폭을 줄이는 것이 목표이고 과적합을 방지하는 역할을 합니다. 이 항 앞에 있는 계수 λ는 가중치 감쇠 계수이며, 손실함수에서 두 가지 항의 상대 가중치를 제어하는 역할을 합니다.

이진분류에서의 교차 엔트로피 손실함수는 다음과 같이 나타낼 수 있습니다.

$$J(W,b) = \left[\frac{1}{m}\sum_{i=1}^{m} J(W,b;x^{(i)},y^{(i)})\right] + \frac{\lambda}{2}\sum_{l=1}^{N}\sum_{i=1}^{s_{l-1}}\sum_{j=1}^{s_l}(W_{ji}^{(l)})^2$$
$$= -\left[\frac{1}{m}\sum_{i=1}^{m}\{y^{(i)}\ln o^{(i)} + (1-y^{(i)})\ln(1-o^{(i)})\}\right] + \frac{\lambda}{2}\sum_{l=1}^{N}\sum_{i=1}^{s_{l-1}}\sum_{j=1}^{s_l}(W_{ji}^{(l)})^2 \qquad (9.12)$$

여기서 정규화 항은 식 9.11과 동일합니다. 첫 번째 항은 예측 클래스 $o^{(i)}$와 실제 클래스 $y^{(i)}$ 사이의 교차 엔트로피를 나타내며, $y^{(i)}$와 $o^{(i)}$이 같을 경우 최대 엔트로피 값을 갖습니다(즉, 손실함수가 최솟값에 달합니다). 다중분류 상황에서도 이와 유사하게 상응하는 손실함수를 나타낼 수 있습니다.

$$J(W,b) = -\left[\frac{1}{m}\sum_{i=1}^{m}\sum_{k=1}^{n} y_k^{(i)}\ln o_k^{(i)}\right] + \frac{\lambda}{2}\sum_{l=1}^{N}\sum_{i=1}^{s_{l-1}}\sum_{j=1}^{s_l}(W_{ji}^{(l)})^2 \qquad (9.13)$$

여기서 $o_k^{(i)}$는 i번째 샘플의 예측이 클래스 k에 속할 확률을 나타냅니다. 그리고 $y_k^{(i)}$는 실제 확률을 나타냅니다. 만약 i번째 샘플의 실제 클래스가 k라면 $y_k^{(i)} = 1$이 되고, 아니라면 0이 됩니다.

문제 1에서 정의한 손실함수에 기반하여 각 층 파라미터가 업데이트하는 그래디언트 계산 공식을 유도하세요.

난이도 ★★★★

분석·해답

위에서 언급한 정의를 살펴보면, (l)층의 파라미터는 $\boldsymbol{W}^{(l)}$과 $\boldsymbol{b}^{(l)}$입니다. 각 층의 선형 변환은 $\boldsymbol{z}^{(l)} = \boldsymbol{W}^{(l)}\boldsymbol{x}^{(l)} + \boldsymbol{b}^{(l)}$입니다. 출력은 $\boldsymbol{a}^{(l)} = f(\boldsymbol{z}^{(l)})$입니다. 여기서 f는 비선형 활성화 함수(Sigmoid, Tanh, ReLU 등)입니다. $\boldsymbol{a}^{(l)}$는 다음 층의 입력이 되며, 즉 $\boldsymbol{x}^{(l+1)} = \boldsymbol{a}^{(l)}$ 입니다.

우리는 배치 경사하강법을 사용하여 네트워크 파라미터를 최적화할 수 있습니다. 경사하강법에서 매번 반복 시 파라미터 $\boldsymbol{W}$(네트워크 연결 가중치)와 $\boldsymbol{b}$(편향)를 업데이트합니다.

$$W_{ji}^{(l)} = W_{ji}^{(l)} - \alpha \frac{\partial}{\partial W_{ji}^{(l)}} J(\boldsymbol{W}, \boldsymbol{b}) \tag{9.14}$$

$$b_j^{(l)} = b_j^{(l)} - \alpha \frac{\partial}{\partial b_j^{(l)}} J(\boldsymbol{W}, \boldsymbol{b}) \tag{9.15}$$

α는 학습률을 나타내며, 반복 시 그래디언트 변화의 폭을 제어하는 역할을 합니다.

문제의 핵심은 $\frac{\partial}{\partial W_{ji}^{(l)}} J(\boldsymbol{W}, \boldsymbol{b})$과 $\frac{\partial}{\partial b_j^{(l)}} J(\boldsymbol{W}, \boldsymbol{b})$의 해를 구하는 것입니다. 점화식 recurrence relation을 구하기 위해 우리는 먼저 은닉층에 대한 손실함수의 편미분을 계산해야 합니다.

$$\frac{\partial}{\partial z_j^{(l)}} J(\boldsymbol{W}, \boldsymbol{b}) = \sum_{k=1}^{s_{l+1}} \left(\frac{\partial J(\boldsymbol{W}, \boldsymbol{b})}{\partial z_k^{(l+1)}} \frac{\partial z_k^{(l+1)}}{\partial z_j^{(l)}} \right) \tag{9.16}$$

여기서 s_{l+1}은 $l + 1$번째 층의 노드 수입니다.

$$\frac{\partial z_k^{(l+1)}}{\partial z_j^{(l)}} = \frac{\partial \left(\sum_{j'=1}^{s_l} W_{kj'}^{(l+1)} \cdot x_{j'}^{(l+1)} + b_k^{(l+1)} \right)}{\partial z_j^{(l)}} \tag{9.17}$$

여기서 $b_k^{(l+1)}$와 $z_j^{(l)}$는 관련이 없기 때문에 생략할 수 있습니다. $\boldsymbol{x}^{(l+1)} = \boldsymbol{a}^{(l)} = \boldsymbol{f}(\boldsymbol{z}^{(l)})$. 따라서 식 9.17은 다음과 같이 쓸 수 있습니다.

$$\frac{\partial z_k^{(l+1)}}{\partial z_j^{(l)}} = W_{kj}^{(l+1)} f'(z_j^{(l)}) \tag{9.18}$$

$\frac{\partial}{\partial z_j^{(l)}} J(\boldsymbol{W}, \boldsymbol{b})$은 l층의 i번째 노드에서 손실함수가 생성한 잔차량으로 간주할 수 있고, $\delta_j^{(l)}$로 표기합니다. 따라서 점화식은 다음과 같이 나타낼 수 있습니다.

$$\delta_j^{(l)} = \left(\sum_{k=1}^{s_{l+1}} W_{kj}^{(l+1)} \delta_k^{(l+1)} \right) f'(z_j^{(l)}) \tag{9.19}$$

파라미터 함수에 대한 손실 그래디언트는 다음과 같이 나타낼 수 있습니다.

$$\frac{\partial}{\partial W_{ji}^{(l)}} J(\boldsymbol{W}, \boldsymbol{b}) = \frac{\partial J(\boldsymbol{W}, \boldsymbol{b})}{\partial z_j^{(l)}} \frac{\partial z_j^{(l)}}{\partial W_{ji}^{(l)}} = \delta_j^{(l)} x_i^{(l)} = \delta_j^{(l)} a_i^{(l-1)} \tag{9.20}$$

$$\frac{\partial}{\partial b_j^{(l)}} J(\boldsymbol{W}, \boldsymbol{b}) = \delta_j^{(l)} \tag{9.21}$$

이어서 두 가지 서로 다른 손실함수에 대해 마지막 층의 잔차 $\delta^{(L)}$을 계산합니다. $\delta^{(L)}$을 얻은 후, 다른 층의 잔차 $\delta^{(L-1)}, \ldots, \delta^{(1)}$도 위에서 얻은 점화식을 통해 계산할 수 있습니다. 단순화를 위해 여기서는 배치batch 샘플 집합과 정규화 항의 영향은 고려하지 않고 두 손실함수가 생성한 그래디언트만 중점적으로 살펴보겠습니다.

- **제곱오차 손실**

$$J(\boldsymbol{W}, \boldsymbol{b}) = \frac{1}{2} \left\| y - a^{(L)} \right\|^2 = \frac{1}{2} \left\| y - f(z_j^{(L)}) \right\|^2 \tag{9.22}$$

$$\delta^{(L)} = -(y - a^{(L)}) f'(z^{(L)}) \tag{9.23}$$

- **크로스 엔트로피 손실**

$$J(\boldsymbol{W},\boldsymbol{b}) = -\sum_{k=1}^{n} y_k \ln a_k^{(L)} = -\sum_{k=1}^{n} y_k \ln f(z_k^{(L)}) \tag{9.24}$$

분류 문제에서 y_k는 하나의 클래스 k일 때만 1의 값을 가지고, 나머지 클래스에서는 0이 됩니다. 실제 클래스를 $\tilde{k}$라고 설정한다면 다음 식을 얻을 수 있습니다.

$$J(\boldsymbol{W},\boldsymbol{b}) = -\ln a_{\tilde{k}}^{(L)} \tag{9.25}$$

$$\delta_k^{(L)} = -\frac{1}{a_{\tilde{k}}^{(L)}} \cdot \frac{\partial a_{\tilde{k}}^{(L)}}{\partial z_k^{(L)}} \tag{9.26}$$

$a_k^{(L)} = f_k(z^{(L)})$일 때 소프트맥스SoftMax 활성화 함수를 취하면 다음을 얻을 수 있습니다.

$$\delta_k^{(L)} = a_k^{(L)} - y_k = \begin{cases} a_{\tilde{k}}^{(L)} - 1, & k = \tilde{k} \\ a_k & , k \neq \tilde{k} \end{cases} \tag{9.27}$$

질문 3 제곱오차 손실함수와 크로스 엔트로피 손실함수는 각각 어떤 상황에서 사용해야 할까요?

난이도 ★★★

분석·해답

일반적으로 제곱오차함수는 연속값 출력에 적합하고, 마지막 층에 시그모이드 혹은 소프트맥스 활성화 함수가 없는 신경망을 구축합니다. 크로스 엔트로피 함수는 이진 분류나 다중분류 문제에서 활용됩니다. 정확한 답을 하기 어렵진 않겠지만, 구체적인 이론 근거를 가진 합리적인 원인을 말하기 위해서는 위 문제에서 살펴본 내용을 정확하게 숙지하고 있어야 하며, 이를 유연하게 활용하고 분석하는 능력을 갖춰야 합니다.

왜 제곱오차 손실함수는 마지막 층에 시그모이드나 소프트맥스 활성화 함수가 있는 신경망에 부적합할까요? 문제 2에서 유도한 출력층에 관한 제곱오차 손실함수의 도함수를 다시 생각해 봅시다.

$$\delta^{(L)} = -\left(y - a^{(L)}\right) f'\left(z^{(L)}\right) \tag{9.28}$$

마지막 항 $f'(z^{(L)})$는 활성화 함수의 미분값입니다. 활성화 함수가 시그모이드 함수일 때, 만약 $z^{(L)}$의 절댓값이 비교적 크다면 함수의 그래디언트는 포화 상태가 됩니다. 즉, $f'(z^{(L)})$의 절댓값이 매우 작아, $\delta^{(L)}$값 역시 매우 작아져 그래디언트에 기반한 학습 속도가 매우 느려지게 됩니다. 교차 엔트로피 손실함수를 사용할 때 출력층에 대한 미분(잔차라고 여겨지기도 하는)값은 다음과 같습니다.

$$\delta^{(L)} = a_k^{(L)} - y \tag{9.29}$$

이 공식은 선형이기 때문에 학습 속도가 느려지는 문제가 존재하지 않습니다.

잠시 쉬어가기...

신경망의 흥망성쇠

역사를 살펴보면, 오늘날 도처에서 꽃피고 있는 신경망은 어느 날 갑자기 생겨난 것이 아닙니다. 딥러닝 기술의 핵심인 신경망 기술은 1950년대에 탄생했는데, 그때는 퍼셉트론이라 불렀습니다. 인공 신경망 영역에서 퍼셉트론은 단층 인공 신경망이라고도 불리는데, 그 구조가 매우 간단하지만 상당히 복잡한 문제도 학습하고 해결할 수 있습니다. 그림 9.11은 신경망의 발전 역사를 보여주고 있습니다.

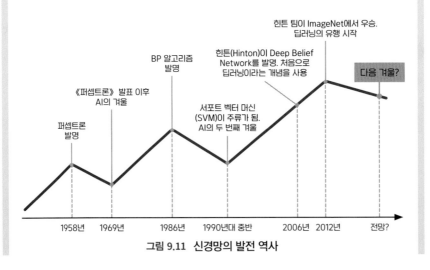

그림 9.11 신경망의 발전 역사

초기에 퍼셉트론은 많은 잠재력이 있다는 평가를 받았습니다. 그러나 최종적으로는 치명적인 단점이 존재한다는 것이 증명되었는데, 그것은 바로 퍼셉트론이 선형 분리 가능한 함수만 학습할 수 있고 간단한 이역문제(XOR 투영) 등 선형분리 불가능한 문제를 해결할 수 없다는 문제였습니다. 1969년, 마빈 민스키Marvin Minsky가 출판한 《Perceptrons》는 역사적 전환점으로 평가받는데, 이는 신경망이 첫 번째 겨울에 접어들었음을 의미했습니다. 민스키는 책에서 두 가지 유명한 관점을 제시했습니다. 첫 번째는 단층 퍼셉트론이 무용지물이라고 주장하였는데, 비선형함수를 표현하기 위해서는 반드시 다층 퍼셉트론이 필요하다는 것이었습니다. 두 번째는 세상에 그 어떤 사람도 다층 퍼셉트론을 충분히 좋은 성능까지 훈련시킬 수 없다는 주장이었습니다. 간단히 말하면, 퍼셉트론(단층 신경망)의 비선형함수 학습 문제를 해결하려면 반드시 다층 퍼셉트론을 발전시켜야 한다는 것인데, 즉 중간에 최소 하나의 은닉층을 포함한 다층 신경망을 뜻합니다. 그러나 당시에는 다층 신경망에서 유효한 알고리즘을 찾을 수 없었습니다. 따라서 신경망의 학술적 권위가 떨어지고, 이에 대한 비관주의가 만연해졌습니다.

현재의 시각에서 보면, 획기적인 오차역전파 알고리즘이 다층 신경망을 훈련시킬 수 있는 '열쇠'는 그 당시에 이미 존재했었습니다. 10년의 빙하기에 폴 워보스Paul Werbos는 그의 1974년 박사 논문에서 오차역전파 알고리즘을 신경망에 사용할 수 있는 가능성에 대해 심도 깊은 분석을 했었습니다. 그는 미국에서 가장 처음으로 이 방법을 신경망에 적용할 수 있다고 주장했던 과학자였습니다. 그러나 그는 이 사실을 발표하지 않았는데, 그 이유는 당시 분위기가 이미 신경망에 대한 비관으로 가득했기 때문입니다. 이때 얀 르쿤Yann LeCun이 화려하게 등장했습니다. 그는 1980년대 힌튼의 연구실에서 박사 후 과정을 하던 중 신경망의 오차역전파 알고리즘 프로토타입을 만들었습니다. 1986년, 루멜하트Rumelhart, 힌튼, 윌리엄스Williams가 함께 쓴 〈Learning representations by back-propagating errors〉가 발표되면서 오차역전파 알고리즘이 유행하기 시작했습니다.

얀 르쿤 외 여러 연구자가 발전시킨 신경망이 사람들에게 호평을 받을 무렵에 바프닉Vapnik이 등장했습니다. 1990년대 중반, 바프닉 등의 연구자들이 발명한 서포트 벡터 머신이 탄생했는데, 이 알고리즘은 신경망처럼 비선형 문제를 해결하기도 했지만, 중요한 것은 모든 면에서 신경망보다 우위에 있었다는 사실입니다. 예를 들어, 서포트 벡터 머신은 매우 효율적이고 속도가 빨랐으며, 파라미터 조율을 할 필요도 없었고 그래디언트 소실 문제가 없었습니다. 그리고 뛰어난 범용성에 낮은 과적합 위험까지 갖춰 서포트 벡터 머신은 신경망을 빠르게 제치고 주류가 되었습니다. 이후에는 논문에 신경망과 관련된 단어만 있어도 논문이 거절당하는 사례까지 속출했고, 이렇게 신경망은 다시 암흑기에 접어들게 됩니다. 10년의 또 다른 암흑기 동안 힌튼 교수 같은 소수의 학자들만 신경망 연구를 계속했습니다.

2006년, 힌튼은 《Science》에 한 편의 논문을 발표합니다. 이 논문에서 처음으로 '심층신뢰망Deep Belief Network'의 개념이 등장했습니다. 심층신뢰망은 전통적인 훈련 방식과 다르게 '사전훈련' 과정이 포함되어 있었는데, 신경망 가중치의 근사 최적해를 찾게 해주는 역할을 했습니다. 사전훈련 후 다시 오차역전파 알고리즘 혹은 기타 알고리즘을 최적화의 수단으로 사용해 전체 네트워크에 대한 최적화 훈련을 했는데, 이 두 기술은 모델의 성능을 대폭 향상시키는 동시에 훈련 시간을 감소시키는 효과를 보여줬습니다. 그는 다층 신경망과 관련된 학습 방법에 새로운 이름을 붙여줬는데, 그것이 바로 이제는 우리에게 익숙한 '딥러닝'입니다.

이후의 이야기는 우리 모두가 아는 내용입니다. 2012년에 힌튼이 이끄는 팀은 CNN과 심층신뢰망의 최적화 기술로 다른 머신러닝 방법을 압도했습니다. 지금까지 딥러닝은 인공지능 관련 신문 기사를 장악하고 있습니다. 힌튼, 얀 르쿤, 그리고 그들의 학생들은 스타가 되어 많은 추종자를 거느리게 되었고, 다른 영역의 연구자들도 태도가 180도 바뀌었습니다. 명예가 높아지면 돈이 따르는 법이죠. 구글, 페이스북 같은 회사는 학계의 거물을 모셔 가기 바빴고, 거금을 들여 이들이 속한 스타트업이나 연구소를 사들였습니다. 몇십 년간 암흑기에 갇혀 있던 연구자들은 하루아침에 몸값이 폭등하고 경제적 자유를 누리게 됩니다. 그러나 페이스북 AI 연구실을 맡고 있는 얀 르쿤은 계속해서 학계가 딥러닝을 여전히 냉대한다고 호소하고 있습니다.

딥러닝 훈련 테크닉

CHAPTER 9

상황 설명

대규모 신경망 훈련 과정 중에서 우리는 자주 '과적합' 문제를 만나게 됩니다. 즉, 파라미터 수가 많고 상응하는 훈련 데이터 수가 적을 경우, (특정 패턴이나 노이즈까지 학습되어) 좋지 못한 일반화 능력(훈련 데이터에서 매우 작은 손실값을 갖지만, 테스트 데이터에서 비교적 큰 손실값을 갖는)을 보이는 것을 뜻합니다. '과적합'을 방지하는 방법에는 여러 가지가 있습니다. 예를 들면, 데이터 증강data augmentation, 파라미터 패널티/정규화regularization, 모델 앙상블model ensemble 등이 있습니다. 그중에서도 드롭아웃dropout은 가장 효과적이고 자주 사용하는 테크닉입니다. 동시에 딥러닝 훈련에서는 학습률, 가중치 감쇠 계수, 드롭아웃 비율 등 아주 많은 하이퍼파라미터가 존재합니다. 이러한 파라미터의 선택은 모델의 최종 훈련 결과에 큰 영향을 끼치게 됩니다. 배치 정규화Batch Normalization, BN 방법은 이런 복잡한 파라미터가 네트워크 훈련에 끼치는 영향을 효과적으로 피할 수 있게 해줍니다. 해당 방법은 훈련 수렴 속도를 높임과 동시에 네트워크의 일반화 능력을 향상시킵니다.

키워드   확률과 통계Probability and Statistics / 딥러닝Deep Learning

신경망을 훈련할 때 모든 파라미터를 0으로 초기화해도 될까요?

난이도 ★

분석·해답

완전 연결된fully connected 딥러닝 네트워크를 고려해 보면, 동일층의 임의의 뉴런은 모두 동일한 구조를 갖고 있습니다. 이들은 동일한 입력과 출력을 갖고 있습니다. 만약 파라미터를 모두 동일한 값으로 초기화한다면, 순전파나 역전파의 값도 모두 완전히 같게 될 것입니다. 학습 과정에서 이러한 대칭성을 깨지 못한다면, 최종 동일 네트워크 중의 각 파라미터는 여전히 동일할 것입니다.

따라서 우리는 임의로 신경망 파라미터값을 초기화하여 이러한 대칭성을 깨야 합니다. 간단히 설명하면, $\left(-\dfrac{1}{\sqrt{d}}, \dfrac{1}{\sqrt{d}}\right)$ 범위에 값을 가지는 균등분포로 파라미터를 초기화할 수 있는데, 여기서 d는 하나의 뉴런이 받는 입력 차원입니다. 편향은 간단하게 0으로 설정할 수 있으며, 파라미터 대칭의 문제를 일으키진 않습니다.

 질문 2 과적합을 방지할 수 있는 드롭아웃의 원리와 구현 방법을 말해 주세요. 난이도 ★★★

분석·해답

드롭아웃dropout은 딥러닝 훈련 중에 일정한 비율로 일부 뉴런 노드*를 '임시로 버리는' 것을 뜻합니다. 드롭아웃은 각 배치 훈련 데이터에 적용되는데, 랜덤으로 버려진 부분이 매번 반복할 때마다 서로 다른 구조의 신경망에서 훈련을 하는 것과 같은 효과를 얻게 합니다. 이는 배깅bagging 방법과 유사한데, 드롭아웃은 일종의 대규모 딥러닝 모델을 사용한 앙상블 알고리즘이라고 생각할 수 있습니다. 전통적인 의미의 배깅은 다수의 모델을 동시에 훈련하고 평가하기 때문에 네트워크와 파라미터 규모가 거대해지면 대량의 연산 시간과 공간을 소모한다는 단점이 있습니다. 드롭아웃은 미니배치 급에서 작동하기 때문에 경량화된 배깅 앙상블에 근사해, 기하급수적인 수량의 신경망의 훈련과 평가를 할 수 있습니다.

구체적인 구현 단계에서 드롭아웃은 어떤 뉴런 노드의 활성화 값이 일정한 확률(비율) p로 버려져야 합니다. 즉, 해당 뉴런은 그림 9.12에 보이는 것처럼 잠시 멈추게 됩니다. 따라서 N개의 뉴런 노드를 포함하고 있는 네트워크는 드롭아웃을 적용할 경우 2^N개 모델의 앙상블이라고 생각할 수 있습니다. 이 2^N개 모델은 원래 네트워크의 서브네트워크subnetwork로 간주할 수 있는데, 이들은 부분 가중치를 공유하고 동일한 네트워크 층수를 가지고 있습니다. 그리고 모델 전체의 파라미터 수는 변하지 않습니다. 따라서 전체적 연산이 간소화되었음을 알 수 있습니다. 임의의 뉴런에 대해, 매번 훈련 중에 임의로 선택된 서로 다른 뉴런 집합을 동시에 최적화하기 때문에 전체 뉴런의 상호 적응성co-adapting을 약화시킬 수 있고, 과적합 위험을 줄이며 일반화 성능을 향상시킵니다.

★ [옮긴이] 그냥 단순히 노드(node)라고 부르기도 하지만, 보다 명확한 설명을 위해 신경망에서 사용하는 노드를 뉴런 노드라고 옮겼습니다.

신경망에서의 드롭아웃 응용은 훈련과 예측 두 단계를 포함합니다. 훈련 단계에서는 각 뉴런 노드에 그림 9.13처럼 확률 계수를 더해 줘야 합니다. 그리고 훈련 단계는 다시 순전파와 역전파 두 단계로 나누어집니다. 초기 네트워크에 대응하는 순전파 공식은 다음과 같습니다.

$$z_i^{(l+1)} = w_i^{(l+1)} y^{(l)} + b_i^{(l+1)} \tag{9.30}$$

$$y_i^{(l+1)} = f(z_i^{(l+1)}) \tag{9.31}$$

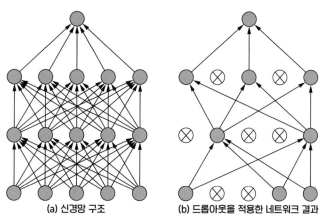

| (a) 신경망 구조 | (b) 드롭아웃을 적용한 네트워크 결과 |

그림 9.12　드롭아웃 적용 예시

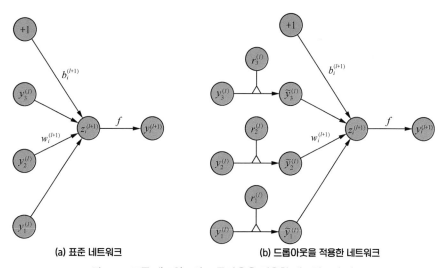

(a) 표준 네트워크　　　　　(b) 드롭아웃을 적용한 네트워크

그림 9.13　표준 네트워크와 드롭아웃을 적용한 네트워크의 비교

드롭아웃을 적용한 순전파 공식은 다음과 같습니다.

$$r_j^{(l)} \sim \text{Bernoulli}(p) \qquad (9.32)$$

$$\tilde{y}^{(l)} = r^{(l)} \cdot y^{(l)} \qquad (9.33)$$

$$z_i^{(l+1)} = w_i^{(l+1)} \tilde{y}^{(l)} + b_i^{(l+1)} \qquad (9.34)$$

$$y_i^{(l+1)} = f(z_i^{(l+1)}) \qquad (9.35)$$

위의 베르누이Bernoulli 함수는 확률 계수 p에 따라 랜덤으로 0 혹은 1의 값을 가지는 벡터를 생성하는 작용을 합니다. 즉, 각 뉴런을 버릴 것인지에 대한 판단을 합니다. 만약 값이 0이라면, 해당 뉴런은 그래디언트를 계산하지 않거나 오차역전파 과정에 참여하지 않습니다.

예측 단계는 순전파의 과정입니다. 순전파를 계산할 때 각 뉴런의 파라미터는 사전에 확률 계수 p를 곱하여 해당 신경망이 훈련 중에서 p의 확률로 전체 신경망 순전파 계산에 활용되도록 합니다.

더 자세한 내용이나 실험 결과에 대해서는 참고문헌을 살펴보세요[19].

배치 정규화의 주된 동기와 원리는 무엇인가요? 합성곱 신경망에서는 어떻게 사용되나요?

난이도 ★★★

분석·해답

신경망 훈련 과정의 본질은 데이터 분포를 학습하는 것입니다. 만약 훈련 데이터와 예측 데이터의 분포가 다르다면 네트워크의 일반화 능력이 낮아질 것입니다. 따라서 우리는 훈련 시작 전에 모든 입력 데이터에 대한 정규화 처리를 진행해야 합니다.

그러나 네트워크 훈련이 진행됨에 따라 각 은닉층의 파라미터 변화는 다음 층 입력에 변화를 발생시킵니다. 따라서 각 배치에 따른 훈련 데이터 분포도 변하게 되어 매번 반복할 때마다 네트워크가 서로 다른 데이터 분포에 적합해야 하기 때문에 훈련의 복잡도가 증가하고 과적합 위험이 생깁니다.

배치 정규화batch normalization는 각 층 네트워크 입력 전에 각 배치 데이터에 대해 정규화 처리(평균이 0, 표준편차가 1)를 추가해 주어 모든 배치 데이터가 동일한 분포에 있도록 만들어 줍니다. 즉, 해당 층의 임의의 뉴런(k차원) $\hat{x}^{(k)}$가 아래 공식을 따르게 됩니다.

$$\hat{x}^{(k)} = \frac{x^{(k)} - E[x^{(k)}]}{\sqrt{Var[x^{(k)}]}} \tag{9.36}$$

여기서 $x^{(k)}$는 해당 층의 k번째 뉴런의 초기 입력 데이터를 나타내고, $E[x^{(k)}]$는 k번째 뉴런에서 해당 배치 입력 데이터의 평균값을 나타냅니다. $\sqrt{Var[x^{(k)}]}$는 k번째 뉴런에서 해당 배치 데이터의 표준편차입니다.

배치 정규화는 각층 입력과 이전 층의 출력 사이에 새로운 계산층을 더하는 것으로 생각해 볼 수 있습니다. 데이터 분포에 대해 추가적인 제약을 가해 모델의 일반화 능력을 향상시킵니다. 그러나 동시에 배치 정규화는 모델의 적합 능력을 저하시킵니다. 정규화 이후의 입력 분포는 강제로 0의 평균값과 1이라는 표준편차를 갖게 됩니다. 시그모이드 활성화 함수를 예로 들면, 배치 정규화 후 데이터 전체가 함수의 비포화 구역에 놓이게 되어 선형변환만 포함하게 됩니다. 이는 이전에 학습한 특징분포를 모두 없애는 것입니다. 원래 데이터 분포를 복구하기 위해서는 구현 단계에서 구조를 변환하고 학습 가능한 파라미터 γ와 β를 더해야 합니다.

$$y^{(k)} = \gamma^{(k)} \hat{x}^{(k)} + \beta^{(k)} \tag{9.37}$$

여기서 $\gamma^{(k)}$와 $\beta^{(k)}$는 각각 입력 데이터 분포의 분산과 편향입니다. 일반적인 네트워크에 대해, 배치 정규화를 사용하지 않을 때 이 두 파라미터는 이전 네트워크에서 학습된 연결 가중치에 의존합니다(복잡한 비선형성에 대응). 그러나 배치 정규화를 사용하면 γ와 β는 해당 층의 학습 파라미터가 됩니다. 이 두 파라미터만 사용해서 최적의 입력 데이터 분포를 복구할 수 있습니다. 그리고 이전 네트워크층의 파라미터와 디커플링되어 최적화 과정을 쉽게 만들고, 모델의 일반화 능력을 향상시킵니다.

완전한 배치 정규화 네트워크층의 순전파 과정 공식은 다음과 같습니다.

$$\mu_{\mathcal{B}} \leftarrow \frac{1}{m} \sum_{i=1}^{m} x_i \tag{9.38}$$

$$\sigma_{\mathcal{B}}^2 \leftarrow \frac{1}{m} \sum_{i=1}^{m} (x_i - \mu_{\mathcal{B}})^2 \tag{9.39}$$

$$\hat{x}_i \leftarrow \frac{x_i - \mu_{\mathcal{B}}}{\sqrt{\sigma_{\mathcal{B}}^2 + \epsilon}} \tag{9.40}$$

$$y_i \leftarrow \gamma \hat{x}_i + \beta \equiv BN_{\gamma, \beta}(x_i) \tag{9.41}$$

배치 정규화의 합성곱 신경망 응용에서는 합성곱 신경망의 파라미터 공유 메커니즘weight sharing mechanism을 주의해야 합니다. 각 컨볼루션 커널의 파라미터는 서로 다른 위치에 있는 뉴런들이 공유하고 있기 때문에 함께 정규화되어야 합니다. 구체적인 구현 단계에서, 만약 네트워크 훈련 중 각 배치가 b개의 샘플을 포함하고 있다면 하나의 컨볼루션 커널에 의해 생성된 피처맵feature map의 너비와 높이는 각각 w와 h가 되고, 각 피처맵에 대응하는 모든 뉴런 수는 $b \times w \times h$가 됩니다. 이 뉴런에 대응하는 모든 입력 데이터를 사용하여, 학습해야 하는 파라미터 γ와 β를 바탕으로 각 입력 데이터에 대해 배치 정규화를 진행합니다. 만약 f개 컨볼루션 커널이 있다면, f개 피처맵과 f개 그룹의 서로 다른 γ와 β 파라미터를 가질 것입니다.

합성곱 신경망

합성곱 신경망Convolution Neural Network, CNN은 일종의 피드 포워드 뉴럴 네트워크입니다. 특징은 각 층의 뉴런 노드가 이전 층의 국부적 범위 내의 뉴런에만 반응한다는 것입니다(완전 연결 네트워크에서 각 뉴런은 이전 층의 모든 노드에 반응합니다). 합성곱 신경망은 일반적으로 여러 개의 컨볼루션층에 여러 개의 완전 연결층을 더해 구성됩니다. 중간에 각종 비선형함수나 풀링층이 들어가기도 합니다. 합성곱 신경망에서도 오차역전파 알고리즘을 사용해 훈련을 진행할 수 있습니다. 다른 네트워크 모델과 비교했을 때 컨볼루션 계산은 파라미터 공유parameter sharing 특징을 갖고 있기 때문에 최적화하는 파라미터 개수가 많이 줄어들어 모델 훈련 효율과 확장성이 높습니다. 컨볼루션 연산은 이미지 분석이나 이미지 인식에서 특히 좋은 성과를 내고 있습니다.

그림 9.14는 합성곱 신경망을 설명하는 전통적인 도표입니다. 이는 얀 르쿤이 1998년에 고안한 합성곱 신경망 구조인데, 입력 후 몇 개의 컨볼루션층과 풀링층 연산을 거쳐 완전 연결층을 더하면 예측 결과를 바로 출력하고, 성공적으로 손글씨 인식을 할 수 있습니다.

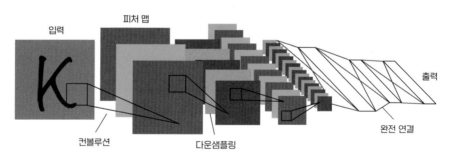

그림 9.14 LeNet 합성곱 신경망

키워드 이미지 처리Image Processing / 딥러닝Deep Learning /
자연어 처리Natural Language Processing

질문 1 컨볼루션 작업의 본질적인 특성에는 희소 상호작용과 파라미터 공유가 있습니다. 이 두 특성에 대해 설명해 보세요.

난이도 ★★

분석·해답

● 희소 상호작용

전통적인 신경망에서 네트워크층 사이 입력과 출력의 연결 관계는 하나의 가중치 파라미터 행렬로 표현할 수 있습니다. 여기서 각 단일 파라미터값은 앞뒤 층에 존재하는 뉴런 노드 사이의 상호작용을 표현합니다. 완전 연결 네트워크에 대해, 임의의 한 쌍의 입력과 출력 뉴런 사이에서도 모두 상호작용interaction이 발생하며, 그림 9.15와 같은 조밀한 연결 구조를 형성하게 됩니다. 뉴런 s_i와 입력의 모든 뉴런 x_j는 모두 연결되어 있습니다.

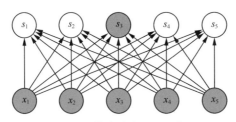

그림 9.15 완전 연결 구조 그래프

그러나 합성곱 신경망에서는 컨볼루션 커널 크기는 입력의 차원보다 작습니다. 따라서 그림 9.16처럼 각 출력 뉴런과 이전 층의 특정 부분 내에 있는 뉴런 사이에만 연결 가중치가 존재하는(즉, 상호작용하는) 특성을 우리는 희소 상호작용sparse interaction이라고 부릅니다. 앞서 살펴본 조밀한 연결 구조와는 다르게, 뉴런 s_i는 이전 층의 x_{i-1}, x_i, 그리고 x_{i+1}과만 연결되어 있습니다. 조금 더 구체적으로 설명하면, 네트워크 중 이웃하는 두 층에 각각 m개의 입력과 n개의 출력이 있다고 가정하면, 완전 연결 네트워크의 가중치 파라미터 행렬은 $m \times n$개의 파라미터를 포함하게 됩니다. 반면, 희소 상호작용이 존재하는 합성곱 네트워크에서는, 만약 각 출력과 이전 층 뉴런의 연결 수를 k로 제한한다면 해당 층의 총 파라미터 수는 $k \times n$개가 될 것입니다. 실제 응용에서는 일반적으로 k 값이 m보다 많이 작더라도 비교적 가시적인 효과를 볼 수 있습니다. 그리고 이때 최적화 과정에서 사용하는 시간적 비용이 많이 줄어들고 과적합이 일어나는 상황도 개선할 수 있습니다.

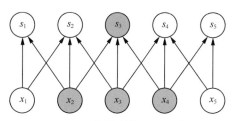

그림 9.16 컨볼루션층 구조 그래프

희소 상호작용의 물리적 의미는 이미지, 텍스트 언어 등 현실 세계의 데이터들은 모두 국소적인 특징 구조를 가지고 있다는 것입니다. 우리는 부분적인 특징을 먼저 학습하고, 이런 부분적인 특징들을 조합해 가며 더 복잡하고 추상적인 특징을 알아갑니다. 안면인식을 예로 들면, 가장 아래층의 뉴런은 각 각도의 가장자리 특징을 검출해 내고(그림 9.17(a)를 참고), 중간층의 뉴런은 가장자리 특징을 조합하여 눈, 코, 입 등 복잡한 특징을 잡아냅니다(그림 9.17(b)를 참고). 마지막으로, 가장 상위층에 위치한 뉴런은 각 기관을 조합하여 얼굴을 특징을 잡아냅니다(그림 9.17(c)를 참고).

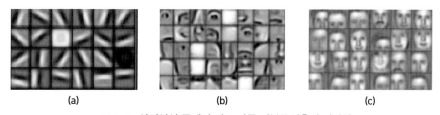

(a)   (b)   (c)

그림 9.17 안면인식 중에서 서로 다른 컨볼루션층의 시각화

● 파라미터 공유

파라미터 공유parameter sharing*는 동일한 모델의 서로 다른 모듈에서 동일한 파라미터를 사용하는 것을 뜻합니다. 이는 컨볼루션 연산의 고유 특성inherent characteristic입니다. 완전 연결 네트워크에서 각층의 출력을 계산할 때, 가중치 파라미터 행렬 중

★   옮긴이 파라미터 공유는 가중치 공유(weight sharing) 또는 묶인 가중치(tied weight)라고도 불립니다.

의 각 원소는 어떤 입력 원소에 대해 한 번만 작용합니다. 그러나 합성곱 신경망에서 컨볼루션 커널 중의 각 원소는 부분 입력의 특정 위치에 대해 계속해서 작용합니다. 파라미터 공유 아이디어에 기반해 우리는 한 그룹의 파라미터 집합만 학습하고, 각 위치의 모든 파라미터에 대해 최적화할 필요가 없습니다. 따라서 모델의 메모리 사용을 대폭 줄일 수 있습니다.

파라미터 공유의 물리적 의미는 컨볼루션층에 이동 등변translation equivariant 성질을 갖게 만드는 것입니다. 만약 이미지에 고양이 한 마리가 있다고 한다면, 이미지 중에 어떤 위치에 오더라도 이 고양이를 인식해야 할 것입니다. 즉, 신경망의 출력은 이동 변환에 대해 등변(최종 인식 결과는 불변invariant)해야 합니다. 특히, 함수 $f(x)$와 $g(x)$가 $f(g(x)) = g(f(x))$를 만족할 때 우리는 $f(x)$가 변환 g에 대해 등변성을 가진다고 말할 수 있습니다. g를 입력의 임의 평행 이동함수라고 보고, I로 입력 이미지를 나타낸다면(정수 좌표상의 그레이 스케일 값gray scale value 함수), 평행 변환한 후 $I' = g(I)$을 얻게 됩니다. 만약 우리가 고양이 이미지를 우측으로 l 화소picture dot만큼 이동시키면 $I'(x, y) = I(x - l, y)$을 만족한다는 뜻입니다. 만약 f로 컨볼루션 함수를 나타낸다면 해당 성질에 따라 $g(f(I)) = f(I') = f(g(I))$을 쉽게 얻을 수 있습니다. 다른 말로, 고양이 이미지 위에서 컨볼루션 작업을 하고, 다시 오른쪽으로 l 화소만큼 이동한 출력과 먼저 이미지를 오른쪽으로 l 화소 옮기고 다시 컨볼루션 작업을 한 출력 결괏값이 동일하다는 뜻입니다.

자주 사용하는 풀링 방법에는 어떤 것들이 있나요? 풀링은 어떤 작용을 하나요?

난이도 ★★★

분석·해답

자주 사용하는 풀링 방법으로는 평균 풀링mean pooling, 최대 풀링max pooling 등이 있습니다. 여기서 평균 풀링은 영역 내 특징 수치의 평균을 구하는 방법으로서, 영역의 크기 때문에 제한을 받아 예측값 분산이 증가하는 것을 막아 줍니다. 평균 풀링의 특징은 배경에 대한 보류 효과가 뛰어나다는 것입니다. 반면, 최대 풀링은 영역에서 특징의 최댓값만 찾아내 네트워크 파라미터 오차로 인해 발생하는 예측 평균치가 치우치는 현상을 방지합니다. 최대 풀링의 특징은 텍스처texture 정보를 잘 잡아낸다는 것입니다. 풀링 작업의 본질은 다운샘플링down-sampling입니다. 예를 들어, 그림 9.18처럼 최대 풀링을 사용하여 4 × 4 행렬을 2 × 2 행렬로 다운샘플링할 수 있습니다. 그림의 풀링 윈도우 크기는 2 × 2이며, 보폭인 스트라이드stride는 2입니다. 매번 2 × 2 크기의 윈도우에서 계산을 진행하는데, 평균 풀링은 윈도우 내의 원소들의 평균값을 계산하고, 최대 풀링은 윈도우 내의 원소들의 최댓값을 찾습니다. 그리고 윈도우를 우측이나 아래로 두 칸 이동하여 작업을 계속합니다.

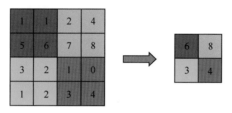

그림 9.18 풀링 작업 그래프

이 외에 특수한 풀링 방법으로는 오버래핑 풀링overlapping pooling과 공간 피라미드 풀링Spatial Pyramid Pooling, SPP이 있습니다. 오버래핑 풀링은 이름에서 알 수 있듯이, 윈도우보다 좁은 스트라이드를 사용해 윈도우가 이동할 때마다 겹치는overlapping 구간이 생기게 만듭니다. 공간 피라미드 풀링은 다양한 크기의 정보를 고려해서 동시에 1 × 1, 2 × 2, 4 × 4 등의 행렬을 풀링하고 결과를 합쳐 다음 네트워크층의 입력으로 사용합니다.

풀링 작업은 파라미터 수를 줄이는 장점 외에도 평행 이동, 신축, 회전 등 작업에 불변성을 보존합니다. 이동 불변성translation invariance은 함수의 입력이 바뀌어도 출력은 그대로 유지되어 바뀌지 않는다는 것을 뜻합니다. 예를 들어, 입력이 (1, 5, 3)이면 최대 풀링은 5를 취할 텐데, 만약 입력을 오른쪽으로 한 칸 이동해 (0, 1, 5)를 얻었다 하더라도 출력의 결과는 여전히 5일 것입니다. 신축에 대한 불변성(일반적으로 스케일 불변성)이란, 만약 원래 뉴런이 최대 풀링 작업 후 5를 출력한다면, 신축(스케일

변환)한 후에도 최대 풀링 작업을 하면 해당 뉴런에서 높은 확률로 출력이 5가 되는 것을 뜻합니다. 왜냐하면 뉴런이 받은 것은 근방 입력의 최댓값이지 어떤 정해진 값이 아니기 때문입니다. 회전 불변성은 그림 9.19에 설명되어 있습니다. 그림의 신경망은 3개의 학습으로 얻은 필터와 하나의 최대 풀링층으로 구성되어 있습니다. 이 3개의 필터는 각각 '5'에 대한 서로 다른 회전을 학습하여 얻어진 것입니다. 입력에서 5가 나타난다면 어떤 방향으로 회전시키든 이에 대응하는 필터가 있어 관련 뉴런에서 활성화되게 됩니다. 최종적으로, 어떤 뉴런에서 활성화되든 최대 풀링 작업을 거치면 출력은 크게 활성화되게 됩니다.

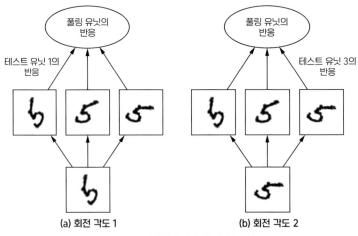

그림 9.19 풀링에서의 회전 불변성

 질문 3 합성곱 신경망은 텍스트 분류 문제에서 어떻게 사용되고 있나요?

난이도 ★★★

분석·해답

합성곱 신경망의 핵심 아이디어는 부분 특징을 잡아내는 것입니다. 초기에 이미지 분석 영역에서 엄청난 성공을 거두었고, 후에 텍스트 분석 영역에서도 광범위하게 사용되고 있습니다. 텍스트에서 부분 특징은 N-gram과 비슷한 여러 개 단어로 구성된 슬라이딩 윈도우sliding window를 뜻합니다. 합성곱 신경망의 장점은

N-gram 특징에 대해 자동으로 조합이나 선별을 해 여러 추상 단계의 문맥 정보context information를 얻을 수 있다는 것입니다. 컨볼루션층에서 가중치 공유 메커니즘을 사용하기 때문에 훈련 속도가 상대적으로 빨라 실제 텍스트 분류 문제에서 좋은 효과를 보이고 있습니다.

그림 9.20은 합성곱 신경망 모델로 진행한 텍스트 표현입니다. 최종적으로 텍스트 분류 네트워크 구조에 사용됩니다[20].

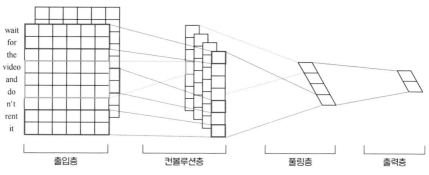

그림 9.20 텍스트 분류 문제에서의 합성곱 신경망 응용

1 **출력층은 하나의 $N \times K$ 크기의 행렬입니다** 여기서 N은 문장에 대응하는 총 단어 개수를 나타내고, K는 각 단어에 대응하는 표현벡터의 차원입니다. 각 단어의 K 차원 벡터는 사전에 다른 말뭉치corpus에서 훈련시킨 것을 사용해도 되고, 혹은 미지의 파라미터로 설정하여 네트워크 훈련을 통해 얻은 것이어도 됩니다. 이 두 가지 방법은 각각의 장점이 있는데, 사전에 훈련시킨 워드 임베딩word embedding은 다른 말뭉치를 사용하여 더 많은 사전 지식을 얻을 수 있습니다. 반면, 현재 네트워크로부터 훈련한 단어 벡터는 현재 문제와 관련성이 높은 특징을 추출해 낼 수 있습니다. 따라서 그림에서의 출력층은 실제로 2개의 통로가 있는데, 즉 2개의 $N \times K$ 입력 행렬이 있는데, 이 중 하나는 사전에 훈련시킨 단어 임베딩으로 표현하고 훈련 과정 중에서 더 이상 변화가 발생하지 않습니다. 반면, 다른 하나는 동일한 방식으로 초기화하지만 파라미터로서 네트워크의 훈련 과정에서 변화가 발생합니다.

2 두 번째 층은 컨볼루션층입니다   입력한 $N \times K$차원 행렬에서 서로 다른 크기의 슬라이딩 윈도우를 정의하여 컨볼루션 작업을 진행합니다.

$$c_i = f(w \bullet x_{i:i+h-1} + b) \tag{9.42}$$

여기서 $x_{i:i+h-1}$는 입력 행렬의 i번째 행에서 $i+h-1$행까지로 구성된 하나의 크기가 $h \times K$인 슬라이딩 윈도우를 나타내고, w는 $K \times h$차원의 가중치 행렬을 나타내며, b는 편향 파라미터입니다. 만약 h가 3이라면 매번 $2 \times K$ 크기의 슬라이딩 윈도우에서 컨볼루션 작업을 진행하며, $N-2$개의 결과를 얻습니다. 다시 $N-2$개의 결과를 합쳐 $N-2$차원의 고유벡터를 얻습니다. 매번 컨볼루션 작업을 할 때마다 고유벡터를 추출하는 것과 같으며, 서로 다른 슬라이딩 윈도우를 정의하면 여러 고유벡터를 추출할 수 있고, 이들이 컨볼루션층의 출력을 구성하게 됩니다.

3 세 번째 층은 풀링층입니다   그림에 나타난 네트워크는 1–Max 풀링을 사용하고 있습니다. 즉, 각 슬라이딩 윈도우를 통해 고유벡터 중에서 하나의 최대 특징만 선택한 후 해당 특징을 합쳐 벡터 표현을 구성하게 됩니다. 여기서는 K–Max 풀링(각 고유벡터에서 최대 K개의 특징을 선택) 혹은 평균 풀링 등을 사용할 수 있습니다. 이들은 결과적으로 모두 서로 다른 길이의 문장~sentence~에서 일정한 길이의 벡터 표현을 얻게 됩니다.

4 텍스트의 벡터 표현을 얻었다면 후반 부분의 네트워크 구조는 바로 구체적인 문제와 연관이 있습니다   이번 예제에서는 텍스트 분류 문제를 가정했으므로, 마지막에 완전 연결층을 놓고 소프트맥스 활성화 함수를 사용하여 각 클래스의 확률을 출력하도록 설정했습니다.

ResNet

상황 설명

빅데이터 시대가 도래하면서 데이터 규모가 날로 커지고 있는데, 이는 앞으로 더 큰 규모의 데이터를 훈련시켜야 하며 계속해서 모델의 표현 능력과 정확도를 향상시켜야 한다는 것을 의미합니다. 딥러닝의 층수는 모델의 용량capacity을 결정하는데, 네트워크층이 깊어짐에 따라 최적화 함수가 국소 최적해local minimum에 빠질 확률이 높아집니다. 동시에, 네트워크 층수가 늘어남에 따라 그래디언트가 역전파 과정에서 점점 소실되는 그래디언트 소실 문제가 더 심해집니다. 특히, 시그모이드 활성화 함수를 사용하면 멀리 있는 출력층(출력층에 근접한)의 네트워크층을 제대로 학습하지 못해 모델의 일반화 성능을 저하시킵니다. 이 문제를 해결하기 위해 딥러닝 연구원들은 지난 몇십 년에 걸쳐 많은 방법을 시도했는데, 예를 들면 훈련 알고리즘 개선, 정규화 사용, 특수한 네트워크 구조 설계 등이 있습니다. 그중에서 깊은 잔차 네트워크Deep Residual Network, 이하 ResNet는 일종의 효과적인 네트워크 구조 개선 방법이었습니다. 이 방법은 효과적으로 훈련이 가능한 네트워크 층수를 대폭 증가시켰습니다. ResNet은 ImageNet 대회와 알파고 제로의 응용에서 큰 성과를 거두었습니다. 그림 9.21은 ImageNet 대회에서 2010년~2015년 동안 우승을 차지한 모델의 네트워크 층수 변화를 보여줍니다. 2015년, ResNet을 사용한 모델의 층수는 152층에 달하는데, 이는 이전 모델과 비교했을 때 뛰어난 정확도 향상을 가져왔습니다. 오늘날에도 ResNet을 사용하여 천 개가 넘어가는 네트워크층을 가진 모델을 만들 수 있습니다.

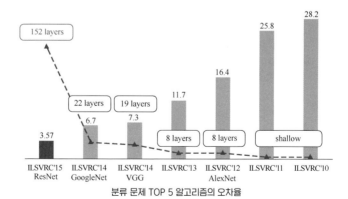

분류 문제 TOP 5 알고리즘의 오차율

그림 9.21 ImageNet 대회 우승자들이 사용한 모델과 효과

키워드 선형대수Linear Algebra / 딥러닝Deep Learning

ResNet이 나오게 된 배경과 핵심 이론은 무엇인가요?

난이도 ★★★

분석·해답

ResNet이 나오게 된 배경은 깊은 층을 사용하는 딥러닝 훈련 중 나타나는 그래디언트 소실 문제를 해결 혹은 완화하기 위해서입니다. 만약 L개 층을 가진 딥러닝 네트워크가 있다고 가정했을 때 1개의 층을 더한다고 한다면, 직관적으로 $L+1$개의 층을 가진 딥러닝 네트워크의 효과가 L층을 가진 네트워크보다 덜하진 않을 것이라 생각할 수 있습니다. 왜냐하면 우리는 마지막 층은 전 층의 (항등 사상identical mapping 을 사용해 구현 가능한) 카피copy로 설정하고, 다른 층은 원래의 파라미터를 유지하리라 생각하기 때문입니다. 그러나 역전파를 진행할 때 이러한 가정은 달라집니다. 실제 실험을 통해 밝혀진 것은 층수가 깊을수록 더 큰 훈련오차를 가질 수 있다는 사실입니다. CIFAR-10 데이터*에서 얻은 결과가 그림 9.22에 설명되어 있습니다. 56층의 네트워크는 20층의 네트워크보다 더 큰 훈련오차를 보입니다. 이는 딥러닝 네트워크의 그래디언트 소실 문제 때문입니다[21].

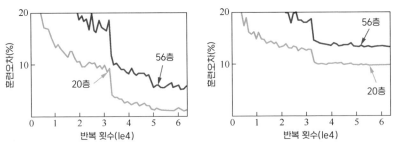

그림 9.22 20층 네트워크와 56층 네트워크를 가진 딥러닝 모델의 CIFAR-10 데이터에서의 훈련오차와 테스트 오차 비교

왜 그래디언트 소실 문제가 발생하는지에 대해 설명하기 위해서는 3절에서 유도한 오차역전파 공식을 다시 살펴봐야 합니다.

★　옮긴이 CIFAR-10 데이터 세트는 32×32 크기의 60,000개의 이미지로 이루어져 있습니다. 10개의 클래스로 분류되며, 각각의 클래스는 6,000개의 이미지로 이루어져 있습니다.

$$\delta_i^{(l)} = \left(\sum_{j=1}^{s_{l+1}} W_{ji}^{(l+1)} \delta_j^{(l+1)} \right) f'(z_i^{(l)}) \tag{9.43}$$

식 9.43을 한 번 더 전개하면 다음 식을 얻을 수 있습니다.

$$\delta_i^{(l)} = \left(\sum_{j=1}^{s_{l+1}} W_{ji}^{(l+1)} \left(\sum_{k=1}^{s_{l+2}} W_{kj}^{(l+2)} \delta_k^{(l+2)} f'(z_j^{(l+1)}) \right) f'(z_i^{(l)}) \right) \tag{9.44}$$

오차역전파는 파라미터 $W_{ji}^{(l+1)}$, $W_{kj}^{(l+2)}$, 그리고 도함수 $f'(z_j^{(l+1)})$, $f'(z_i^{(l)})$의 곱의 형식으로 나타낼 수 있음을 알 수 있습니다. 오차가 L번째 층($\delta_i^{(l)}$로 표기)에서 입력층을 제외한 첫 번째 은닉층($\delta_i^{(l)}$로 표기)으로 전파될 때 굉장히 많은 파라미터와 미분값의 연속곱을 만나게 됩니다. 이때 오차는 아주 쉽게 소실되거나 폭발해 해당 층 파라미터에 대한 정확한 학습에 영향을 주게 됩니다. 따라서 딥러닝 네트워크의 적합과 일반화 능력이 저하되게 되며, 어떤 상황에서는 얕은 신경망 모델보다 정확도가 떨어지기도 합니다.

ResNet은 네트워크 구조의 조정을 통해 위 문제를 해결했습니다. 먼저, 두 개의 층을 가진 신경망을 살펴봅시다(그림 9.23(a)). 입력 x는 두 개의 네트워크층을 지나 $H(x)$로 변환됩니다. 여기서 활성화 함수는 ReLU 함수를 사용했습니다. 역전파 시에 그래디언트는 두 층의 파라미터의 교차 곱을 사용하게 되며, 아마도 입력층에 가까운 네트워크층에서 그래디언트 소실 현상이 발생할 것입니다. ResNet은 네트워크 구조를 조정하여 그림 9.23(b)와 같은 스킵 연결skip connection 방법을 사용하고 있습니다. 출력 x는 두 개의 신경망 변환을 거쳐 $F(x)$를 얻고, 동시에 두 층 이후로 가까워지고 최종적으로 두 개의 층을 포함하는 네트워크 모듈이 $H(x) = F(x) + x$를 출력합니다. 이렇게 $F(x)$는 입력 x와 목표 출력 $\tilde{H}(x)$의 잔차 $\tilde{H}(x) - x$에만 적합하면 되도록 설계되었습니다. 잔차 네트워크라는 이름의 유래도 이 같은 이유 때문입니다. 만약 어떤 층의 출력이 이미 기대 결과를 비교적 괜찮게 적합했다면, 하나의 층을 더한다고 해서 모델 성능이 많이 저하되진 않을 것입니다. 왜냐하면 해당 층의 출력은 두 개의 층 이후로 스킵될 것이기 때문에 이는 항등 사상을 학습한 것과 동일해집니다. 그리고 스킵된 두 개의 층은 전 층의 출력과 타깃 사이의 잔차만 적합하면 됩니다.

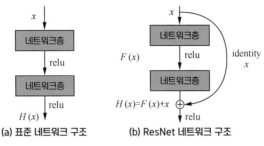

(a) 표준 네트워크 구조　　**(b) ResNet 네트워크 구조**

그림 9.23 ResNet 구조 그래프

ResNet은 그림 9.24에 나타난 것처럼, 효과적으로 깊은 층을 가진 신경망 학습 문제를 해결하여 더 깊은 네트워크를 훈련하는 것을 가능하게 만들었습니다. 그림 9.24(a)는 전통적인 신경망의 결과를 나타내고 있는데, 모델의 구조가 깊어짐에 따라 훈련오차가 상승하는 것을 확인할 수 있습니다. 그러나 그림 9.24(b)에서 나타난 ResNet 실험 결과를 살펴보면, 모델 구조가 깊어지더라도 훈련오차가 낮아지고, 동일한 층수를 가진 전통적인 신경망보다도 우월함을 알 수 있습니다.

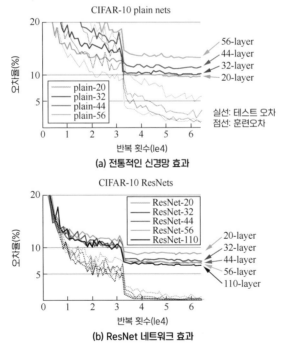

(a) 전통적인 신경망 효과

(b) ResNet 네트워크 효과

그림 9.24 ResNet 네트워크와 전통적인 네트워크의 효과 비교

제프리 힌튼의 전설적인 삶

딥러닝의 대가 제프리 힌튼Geoffrey Hinton의 이름은 당대 인공지능 연구 영역에서 명성이 자자합니다. 그는 볼츠만 머신을 발명했고, 가장 먼저 오차역전파를 다층 신경망에 응용하기도 했습니다. 이뿐만 아니라 그에게는 얀 르쿤Yann LeCun, 일리야 수츠케버Ilya Sutskever와 같은 유명 제자도 있습니다.

힌튼 교수는 영국의 윔블던Wimbledon에서 태어났습니다. 그의 어머니는 수학 교사였고, 아버지는 갑각충을 연구하는 곤충학자였습니다. '국민 총생산'을 뜻하는 'GNP'라는 단어는 그의 외삼촌인 경제학자 콜린 클라크Colin Clark로부터 나왔습니다. 그의 고증조부는 19세기 논리학자 조지 불George Boole인데, 현재 컴퓨터 과학의 기초인 부울 대수를 발명한 사람입니다. 훗날 그는 가족과 함께 브리스틀Bristol로 이사가게 되었는데, 이때 그는 그가 '이류 공립학교'라고 말했던 클리프턴 학교에 들어가게 됩니다. 그곳에서 사귄 친구가 그에게 홀로그램과 인간의 두뇌가 어떻게 '기억'을 하는지에 관해 이야기해 주고는 했는데, 그때부터 AI에 관심을 두게 됩니다.

고등학교 졸업 후, 힌튼은 케임브리지에 있는 킹스칼리지에서 물리학을 전공했는데, 한 달만 다니고 바로 학교를 그만뒀습니다. 그리고 일 년 후 다시 건축을 공부했는데, 이번에는 단 하루만 다니고 바로 물리학과 생리학으로 전과했습니다. 그러나 물리학에서 사용하는 수학이 너무 어려워 다시 철학과로 전과했고, 1년의 시간 내에 2년 과정을 끝냈습니다. 힌튼은 이 당시의 경험을 통해 철학에 대해 큰 관심을 가지게 되었고, 인간 인식의 원리에 대해 알고 싶은 마음이 생겨 매우 유익한 경험이었다고 말했습니다. 그리고 그는 다시 심리학으로 방향을 바꿨습니다. 또한, 1973년에 에든버러대학교로 향하기 전에는 1년여간 목수 일을 하기도 했습니다. 그의 에든버러대학교 시절의 지도교수는 로겟 히긴스Christopher Longuet-Higgins였는데, 그의 제자로는 토론토대학교 화학자이자 노벨상 수상자는 존 폴라니John Polanyi와 이론물리학자 피터 힉스Peter Higgs가 있습니다.

힌튼은 신경망이 옳은 길이라는 확신이 있었지만, 그의 지도교수는 반대하였습니다. 힌튼은 '제 대학원 생활은 항상 폭풍전야 같았습니다. 매주 저는 지도교수님과 언쟁을 했습니다. 그리고 저는 매번 일종의 거래를 했죠. 6개월만 주면 신경망의 유효성을 증명하겠다고 이야기하고, 6개월 후에는 다시 6개월을 달라고 이야기했습니다. 그리고 그 뒤에도 계속해서 거의 성공했으니 다시 6개월을 달라고 했습니다. 제가 5년의 시간을 더 달라고 했을 때 다른 사람들은 영원히 하지 못할 거라 했지만, 신경망의 시대는 결국 왔습니다.'라고 지난 시절을 회상했습니다. 그는 신경망의 미래가 그의 우월성을 증명해 줄 것을 한 번도 의심하지 않았다고 합니다.

수년 동안 힌튼의 연구는 매우 난해했고, 10년간 이어진 컴퓨터 과학 학술 논쟁은 그에게 불리한 상황이었습니다. 그가 연구하는 신경망은 다른 인공지능 전통론자들에게 '저능한 난센스weak-minded nonsense'라는 비난을 받기도 했고, 학계에서는 신경망 관련 논문은 받지도 않았습니다.

하지만 지난 5년간 그의 학생들은 놀랄 만한 발전을 이루었고, 신경망이 다시 유행하기 시작했습니다. 힌튼은 결국 '새로운 컴퓨팅 세대의 스승guru of a new era of computing'이란 칭호까지 얻게 됩니다. 신경망은 오늘날 사용하는 스마트폰 음성 비서를 가능하게 했고, 기계가 강아지의 종류를 사람보다 더 잘 구별할 수 있게 만들었습니다.

어빈Irvin은 힌튼 교수를 이렇게 평가했습니다. "저는 그를 너무 존경합니다. 왜냐하면 그는 인공지능의 암흑기를 경험했기 때문이죠. 그때 모두가 그를 미친 과학자 정도로 생각하고, 아무도 그가 성공하리라 생각하지 못했습니다. 하지만 지금 우리가 20~30년간 꿈꾸던 일들이 일어나고 있습니다. 저는 이것이 그에게 주어지는 마땅한 선물 같은 것으로 생각합니다. 세상은 그에게 열광하고 있고, 그는 마치 교주와도 같습니다. 이러한 성공은 절대 하루아침에 이룰 수 없습니다."

CHAPTER 10

순환신경망

The Quest for Machine Learning

생물체의 한 종류로서 우리는 시각, 청각을 통해 계속해서 소리와 이미지 신호를 얻고 뇌를 통해 이해합니다. 동시에 우리는 말하기, 쓰기, 운전하기 등 여러 과정에서 계속해서 순서가 있는 음성, 문자, 행동 등의 신호를 출력합니다. IT 회사에서 일하면서 자주 처리해야 하는 데이터 중 하나가 문자, 음성, 영상 등 과거-현재-미래가 시퀀스 형식으로 존재하는 순차 데이터 sequential data입니다. 따라서 순차 데이터를 모델링하기 위한 방법들은 인공지능의 한 연구 영역으로 자리 잡았습니다.

순환신경망Recurrent Neural Network, RNN은 순차 데이터를 모델링하는 일종의 주류 딥러닝 모델입니다. 우리는 전통적인 피드 포워드 신경망의 일반적인 입력은 길이가 정해진 벡터이기 때문에 동적dynamic이며 가변적인temporal인 순차적 정보를 처리하지 못한다는 것을 알고 있습니다. 설령, 어떤 방법을 통해 순차 데이터를 정적static이고 고정 크기를 가진 데이터로 변환한다고 하더라도, 모델이 순서에 담긴 정보까지 잡아내기란 힘들 것입니다. RNN은 뉴런을 직렬로 연결해 순차 데이터를 처리합니다. 각 뉴런은 내부 변수를 사용하여 이전 입력의 순차적 정보를 저장할 수 있기 때문에 전체 시퀀스sequence가 추상적인 표현으로 압축됩니다. 그리고 이에 기반하여 분류 작업을 하거나 혹은 새로운 시퀀스를 생성할 수 있습니다. 최근 들어, 컴퓨팅 파워의 증가와 모델의 개선으로 RNN은 기계 번역, 시퀀스 라벨링, 이미지 묘사, 추천 시스템, 로봇 말하기 시스템, 자동 작사 및 작곡 등의 많은 영역에서 큰 성과를 거두었습니다*.

★ 옮긴이 원래 순환신경망은 분별 모델로 개발되었으나, 최근에는 생성모델로 다양하게 응용되고 있습니다.

CHAPTER 10

1

순환신경망과 합성곱 신경망

전통적인 방법을 사용하여 텍스트 분류 문제를 해결할 때, 일반적으로 하나의 문장에 대응하는 TF-IDF 벡터를 입력합니다. 여기서 TF-IDF 벡터의 차원은 단어표의 크기입니다. 만약 피드 포워드 신경망, 예를 들면 합성곱 신경망을 텍스트 데이터 모델링에 사용한다면 어떻게 할 수 있을까요? 순환신경망을 사용하여 텍스트처럼 순차적 정보가 담긴 데이터를 모델링할 때 합성곱 신경망과는 어떤 차이가 있을까요?

키워드 순환신경망Recurrent Neural Network / 피드 포워드 신경망Feed-Forward Network

질문

텍스트 데이터를 다룰 때 순환신경망과 피드 포워드 신경망은 각각 어떤 특징이 있나요?

난이도 ★

분석·해답

앞서 살펴본 것처럼, 전통적인 텍스트 데이터 처리 방법에서는 TF-IDF 벡터를 특성feature으로 입력합니다. 이런 표현은 실제로 입력되는 텍스트 시퀀스 중 각 단어 순서에 대한 정보를 잃어버립니다. 신경망 모델링 과정에서 보통의 합성곱 신경망과 같은 피드 포워드 신경망은 일반적으로 고정 길이의 벡터를 입력으로 받습니다. 합성곱 신경망이 텍스트 데이터를 모델링할 때, 가변 문자열string이나 단어를 입력으로 받고 슬라이드 윈도우를 통해 풀링층을 추가하는 방법을 사용해 원래의 입력을 하나의 고정 길이의 벡터 표현으로 전환함으로써 텍스트의 부분적 특성을 잡아낼 수는 있지만, 두 단어 사이의 거리 의존 관계는 학습하기 힘듭니다.

반면, 순환신경망은 가변적이고 순차적인 텍스트 데이터의 입력 순서를 잘 처리할 수 있습니다. 이 모델은 사람이 한 편의 문장을 읽는 순서를 모방해 앞에서부터 뒤로 문장의 단어들을 읽으며 이전 단계에서 읽었던 유용한 정보들을 상태변수 중에 코딩해 놓기 때문에 일정한 기억 능력을 갖추게 되어 텍스트를 더 잘 이해할 수 있습니다. 그림 10.1은 전통적인 순환신경망 네트워크 구조를 보여주고 있습니다[22].

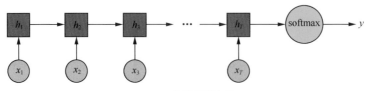

그림 10.1 순환신경망 구조

그림에서는 길이가 T인 시퀀스를 순환신경망을 사용하여 모델링했습니다. 전개하면 T층 피드 포워드 네트워크로 볼 수도 있습니다. 여기서 t번째 층의 은닉 상태 h_t는 시퀀스에서 이전 t개의 입력 정보를 저장(코딩)해 둡니다. 이는 현재의 입력 x_t와 이전 층 신경망의 상태 h_{t-1}를 통해 계산할 수 있습니다. 마지막 층의 상태 h_T는 모든 시퀀스의 정보를 저장합니다. 따라서 전체 텍스트의 압축 표현이라고 할 수 있습니다. 이러한 기초적인 구조는 다양한 문제에서 응용될 수 있습니다. 예를 들어, h_T 뒤에 소프트맥스층을 추가하여 텍스트가 포함되는 클래스의 예측확률 y를 출력해 텍스트 분류를 할 수 있습니다. h_t와 y의 계산 공식은 다음과 같습니다.

$$net_t = Ux_t + Wh_{t-1} \tag{10.1}$$

$$h_t = f(net_t) \tag{10.2}$$

$$y = g(Vh_T) \tag{10.3}$$

여기서 f와 g는 활성화 함수이고, U는 입력층에서 출력층까지의 가중치 행렬입니다. W는 은닉층의 이전 시간에서 다음 시간으로의 상태전이의 가중치 행렬입니다. 텍스트 분류 문제에서 f는 Tanh 함수 혹은 ReLU 함수를 사용할 수 있고, g는 소프트맥스 함수를 사용합니다.

손실오차 최소화를 통해(즉, 출력된 y와 실제 클래스 사이의 거리) 우리는 계속해서 네트워크를 훈련시켜 얻은 순환신경망이 텍스트가 속한 클래스를 정확하게 예측할 수 있도록 만듭니다. 순환신경망은 합성곱 신경망 등의 피드 포워드 신경망과 비교했을 때, 순차적 데이터의 순서 정보를 표현할 수 있으며 더 정확한 결과를 얻습니다.

순환신경망의 그래디언트 소실 문제

딥러닝 발전 역사를 자세히 살펴보면, 1989년 딥러닝 선구자 얀 르쿤이 이미 오차역전파 알고리즘에 기반한 합성곱 신경망 LeNet을 고안하여 숫자 식별 문제에 사용해 좋은 결과를 얻었습니다. 그러나 LeNet은 당시에 별다른 주목을 받지 못했고, 소수의 사람들만 계속 연구를 진행하며 새로운 모델을 개발해 왔습니다. 이 외에도 딥러닝 모델은 엄격한 수학 이론이 부족하여 1980년대 말에 침체기에 접어듭니다.

1991년, 딥러닝 발전은 빙하기에 접어듭니다. 오차역전파 알고리즘에 그래디언트 소실gradient vanishing 문제가 존재한다고 지적받은 것도 이 해입니다. 당시 신경망에서 활성화 함수는 일반적으로 시그모이드 함수를 사용했는데, 시그모이드 함수는 포화saturation 특성이 있기 때문에 입력이 일정 값에 다다른 상황에서 출력에 명확한 변화가 생기지 않게 됩니다. 그리고 뒤쪽 층의 그래디언트는 원래 상대적으로 작기 때문에 오차역전파를 통해 이전 층으로 넘어갈 때 0으로 감쇠되는 현상이 나타납니다. 따라서 앞쪽 층의 파라미터에 대해 효과적인 학습을 할 수 없는데, 이 문제는 그렇지 않아도 분위기가 좋지 않은 딥러닝 영역에 '설상가상'이었습니다. 순환신경망 중에도 동일한 그래디언트 소실 문제가 존재할까요?

키워드 그래디언트 소실Gradient Vanishing / 그래디언트 폭발Gradient Explosion

 질문 **순환신경망에서 그래디언트 소실이나 그래디언트 폭발이 일어나는 원인은 무엇일까요? 어떤 개선 방안들이 있나요?**

난이도 ★★

순환신경망 모델은 BPTTBack Propagation Through Time, 시간오차역전파 알고리즘을 사용하는데, BPTT는 사실 일종의 오차역전파 알고리즘의 변종입니다. 만약 순환신경망을 시간에 순서에 따라(timestamp에 따라) T층의 피드 포워드 네트워크로 펼쳐 이해한다면, 일반적인 오차역전파 방법을 사용하는 것과 차이가 없습니다. 초기의 순환신경망 설계 의도가 바로 장거리 입력 사이의 의존 관계를 잡아내는 것이었습니다. 구조적으로 보면, 순환신경망은 이러한 기대에 부응할 수 있습니다. 하지만 실전에서 BPTT 알고리즘을 사용하여 학습한 순환신경망은 장거리 의존 관계를 성공적으로 잡아내지 못했습니다. 이러한 현상의 주요 원인은 딥러닝 네트워크 중의 그래디언트 소실에 기인합니다. 전통적인 순환신경망 그래디언트는 다음과 같은 연속곱 형태로 나타낼 수 있습니다.

$$\frac{\partial net_t}{\partial net_1} = \frac{\partial net_t}{\partial net_{t-1}} \cdot \frac{\partial net_{t-1}}{\partial net_{t-2}} \cdots \frac{\partial net_2}{\partial net_1} \tag{10.4}$$

여기서,

$$net_t = Ux_t + Wh_{t-1} \tag{10.5}$$

$$h_t = f(net_t) \tag{10.6}$$

$$y = g(Vh_t) \tag{10.7}$$

$$\frac{\partial net_t}{\partial net_{t-1}} = \frac{\partial net_t}{\partial h_{t-1}} \frac{\partial h_{t-1}}{\partial net_{t-1}} = W \cdot \mathrm{diag}\left[f'(net_{t-1}) \right]$$

$$= \begin{pmatrix} \mathrm{w}_{11} f'(net_{t-1}^1) & \cdots & \mathrm{w}_{1n} f'(net_{t-1}^n) \\ \vdots & \ddots & \vdots \\ \mathrm{w}_{n1} f'(net_{t-1}^1) & \cdots & \mathrm{w}_{nn} f'(net_{t-1}^n) \end{pmatrix} \tag{10.8}$$

이며, n은 은닉층 h_{t-1}의 차원(즉, 은닉 뉴런의 개수)이고, $\frac{\partial net_t}{\partial net_{t-1}}$에 대응하는 $n \times n$ 차원 행렬 또는 야코비 행렬Jacobian matrix이라고 불립니다.

예측한 오차는 신경망의 각 층을 따라 역전파되기 때문에 야코비 행렬의 최대 고윳값이 1보다 클 때 출력과 멀면 멀수록 각 층의 그래디언트 크기가 지수적으로 늘어나 그래디언트 폭발을 불러옵니다. 반대로, 만약 야코비 행렬의 최대 고윳값이 1보다 작다면 그래디언트 크기는 지수적으로 줄어들어 그래디언트 소실을 야기합니다. 보통의 피드 포워드 네트워크에서 그래디언트 소실은 네트워크층을 더해 신경망의 예측 결과를 개선할 수 없음을 뜻합니다. 왜냐하면 얼마나 깊게 네트워크를 만드는지와는 상관없이 출력층에 가까운 몇 개의 층만 학습 작용을 하기 때문입니다. 이는 순환신경망 모델이 입력 시퀀스 중의 장거리 의존 관계를 학습하기 어렵게 만듭니다.

그래디언트 폭발 문제는 그래디언트 클리핑clipping을 통해 완화할 수 있습니다. 즉, 그래디언트의 노름norm이 어떤 지정값을 초과할 때 그래디언트에 대해 등비축소를 진행하는 것을 뜻합니다. 그러나 그래디언트 소실 문제는 모델 자체에 대한 개선이 이루어져야 하기 때문에 상대적으로 까다롭습니다. ResNet은 피드 포워드 신경망에 대한 개선이며, 잔차 학습의 방식을 통해 그래디언트 소실 현상을 완화하여 더 깊은 네트워크를 만들 수 있도록 했습니다. 순환신경망 중에서는 LSTMLong-Short Term Memory[23] 모델과 GRUGated Recurrent Unit[24] 등의 모델이 게이트 메커니즘을 추가해 그래디언트 소실이 가져오는 손실을 줄입니다.

순환신경망의 활성화 함수

상황 설명

우리는 합성곱 신경망 등 피드 포워드 신경망에서 ReLU 활성화 함수를 사용해 효과적으로 그래디언트 소실을 개선하고, 더 빠른 수렴 속도와 더 좋은 수렴 결과를 얻는다는 것을 알고 있습니다. 그렇다면 순환신경망에서도 각 층 뉴런의 활성화 함수로 ReLU를 사용해도 될까요?

키워드 ReLU / 순환신경망Recurrent Neural Network / 활성화 함수Activation Function

순환신경망에서 ReLU를 활성화 함수로 사용해도 될까요?

난이도 ★★★

분석·해답

답은 당연히 '된다'입니다. 하지만 행렬 초깃값에 대한 일정한 제한이 있어야 합니다. 그렇지 않으면 수치 문제가 쉽게 발생합니다. 이 문제에 대한 해석을 위해 순환신경망의 순전파 공식을 다시 떠올려 봅시다.

$$net_t = Ux_t + Wh_{t-1} \tag{10.9}$$

$$h_t = f(net_t) \tag{10.10}$$

순전파 공식에 기반해 앞으로 한층 나아가면 다음을 얻을 수 있습니다.

$$net_t = Ux_t + Wh_{t-1} = Ux_t + Wf(Ux_{t-1} + Wh_{t-2}) \tag{10.11}$$

만약 ReLU를 사용하여 공식 중의 활성화 함수 f를 대체하고 ReLU 함수가 계속해서 활성화 구간(입력이 0보다 큰 경우)에 있다고 가정한다면, $f(x) = x$, $net_t = Ux_t + W(Ux_{t-1} + Wh_{t-2})$이 됩니다. 계속 전개하면 net_t의 표현식에서 마지막에 t개의 W

연속곱을 포함하게 됩니다. 만약 W가 단위행렬(대각선상의 원소가 1, 다른 모든 원소가 0인 행렬)이 아니라면 최종 결과는 0에 가깝거나 무한에 가깝게 되어 심각한 수치 문제를 일으킵니다. 그렇다면 왜 합성곱 신경망에서는 이런 현상이 발생하지 않는 것일까요? 그 이유는 합성곱 신경망 각 층의 가중치 행렬 W는 모두 다르기 때문입니다. 그리고 초기화할 때 모두 독립항등분포independent and identically distribution이기 때문에 상호 상쇄되며, 따라서 심각한 수치 문제가 발생하지 않게 됩니다.

다시 순환신경망의 그래디언트 계산 공식을 살펴보겠습니다.

$$\frac{\partial net_t}{\partial net_{t-1}} = W \cdot \text{diag}\left[f'(net_{t-1}) \right]$$

$$= \begin{pmatrix} W_{11}f'(net_{t-1}^1) & \cdots & W_{1n}f'(net_{t-1}^n) \\ \vdots & \ddots & \vdots \\ W_{n1}f'(net_{t-1}^1) & \cdots & W_{nn}f'(net_{t-1}^n) \end{pmatrix} \tag{10.12}$$

만약 ReLU 함수를 사용하고 시작할 때 뉴런이 모두 활성화 상태(입력이 0보다 큰 상태)에 있다고 가정하면, $\text{diag}[f'(net_{t-1})]$는 단위행렬이 되고 $\frac{\partial net_t}{\partial net_{t-1}} = W$이 됩니다. 그래디언트가 n개 층을 거친 후 $\frac{\partial net_t}{\partial net_1} = W^n$이 됩니다. 따라서 우리는 ReLU 함수를 활성화 함수로 사용한다고 하더라도 W가 단위행렬이 아니면 그래디언트가 소실 혹은 폭발하는 현상이 일어난다는 것을 알 수 있습니다.

정리하자면, 순환신경망에서 ReLU 함수를 은닉층의 활성화 함수로 사용한다면, W의 값이 단위행렬에 근사할 때만 비교적 좋은 효과를 얻을 수 있습니다. 따라서 W를 단위행렬로 초기화해야 합니다. 실험을 통해 확인된 사실은 W를 단위행렬로 초기화하고 ReLU 활성화 함수를 사용하면 LSTM 모델과 비슷한 결과를 얻을 수 있는 반면, 학습 속도가 LSTM 모델보다 더 빠르다는 사실입니다. 따라서 한 번쯤 시도해 볼 만한 방법이라고 할 수 있겠습니다[25].

CHAPTER 10

4 LSTM 네트워크

상황 설명

장단기 메모리 네트워크Long Short-Term Memory, 이하 LSTM는 순환신경망 모델 중에서 가장 성공
적으로 확장해 나가고 있는 모델입니다. 순환신경망의 그래디언트 소실과 그래디언트 폭발 문
제 때문에 학습 능력에 제한이 있고, 실제 문제 해결 상황에서도 예상보다 못한 결과를 얻게 되
는 경우가 많습니다. LSTM은 유의미한 정보에 대해 장기적인 기억을 해서 순환신경망의 학습
난이도를 낮추기 때문에 음성인식, 언어 모델링, 기계 번역, 개체명 인식named-entity recognition,
이미지 캡션image caption 등의 문제에 다양하게 응용되고 있습니다.

키워드 장단기 메모리 네트워크Long Short-Term Memory, LSTM /
Gate-Control Theory / 하이퍼볼릭 탄젠트 함수Hyperbolic Tangent Function /
시그모이드 함수Sigmoid Function

1 LSTM은 어떻게 장단기 기억 기능을 구현할 수 있나요?

난이도 ★★

분석·해답

우리는 먼저 그림 10.2의 LSTM 구조 그래프와 업데이트 계산 공식을 살펴보며 이
네트워크가 어떻게 기능을 구현하고 있는지를 알아보겠습니다.

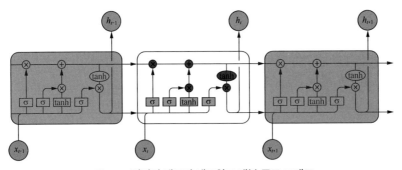

그림 10.2 장단기 메모리 네트워크 내부 구조 그래프

전통적인 순환신경망과 비교했을 때 LSTM 역시 x_t와 h_{t-1}에 기반해 h_t를 계산합니다. 다만, 내부 구조에 대한 정밀한 설계가 이루어졌는데, 입력 게이트input gate i_t와 망각 게이트forget gate f_t, 그리고 출력 게이트output gate o_t 이렇게 3개의 게이트와 하나의 내부 기억 뉴런memory unit c_t를 추가했습니다. 출력 게이트는 현재 계산한 상태를 기억 뉴런에 얼마나 저장할 것인지에 대해 조절합니다. 망각 게이트는 이전 단계 기억 뉴런 중의 정보를 어느 정도로 '잊을지'에 대해 조절합니다. 출력 게이트는 현재의 출력이 어느 정도로 현재의 기억 뉴런에 기반해 결정될 것인지에 대한 조절을 합니다.

전통적인 LSTM 모델에서 t번째 스텝의 업데이트 계산 공식은 다음과 같습니다.

$$i_t = \sigma(W_i x_t + U_i h_{t-1} + b_i) \tag{10.13}$$

$$f_t = \sigma(W_f x_t + U_f h_{t-1} + b_f) \tag{10.14}$$

$$o_t = \sigma(W_o x_t + U_o h_{t-1} + b_o) \tag{10.15}$$

$$\tilde{c}_t = \text{Tanh}(W_c x_t + U_c h_{t-1}) \tag{10.16}$$

$$c_t = f_t \odot c_{t-1} + i_t \odot \tilde{c}_t \tag{10.17}$$

$$h_t = o_t \odot \text{Tanh}(c_t) \tag{10.18}$$

여기서 i_t는 입력 x_t와 이전 스텝의 은닉층 출력 h_{t-1}를 통해 선형변환을 진행하고, 활성화 함수 σ를 거쳐 얻을 것입니다. 입력 게이트 i_t의 결과는 벡터이고, 여기서 각 원소는 0에서 1 사이의 실수이며, 각 차원에서 게이트를 지나는 정보량을 제어합니다. W_i와 U_i 두 행렬과 벡터 b_i는 입력 게이트의 파라미터로서 훈련 과정 중에서 학습을 통해 얻어야 합니다. 망각 게이트 f_t와 출력 게이트 o_t의 계산 공식은 입력 게이트와 유사합니다. 이들은 각자의 파라미터 W, U와 b가 있습니다. 전통적인 순환신경망과 다른 점은 이전 기억 뉴런의 상태 c_{t-1}에서 현재 상태 c_t으로 전환 시 활성화 함수 계산으로 얻은 상태에 의해서만 결정되지 않고, 입력 게이트, 망각 게이트에 의해 함께 제어된다는 점입니다.

훈련을 마친 네트워크 중에서 입력 시퀀스에 중요한 정보가 없을 때 LSTM의 망각 게이트의 값이 1에 가깝게 되고, 입력 게이트의 값은 0에 가깝게 됩니다. 이때 이전 기억은 저장되고, 따라서 장기 기억 기능을 구현하게 됩니다. 입력 시퀀스에 중요한 정보가 나타난다면 LSTM은 바로 기억에 저장하는데, 이때 입력 게이트의 값은 1에 가깝게 됩니다. 입력 시퀀스에 중요한 정보가 나타나고 해당 정보가 이전의 기억이 더 이상 중요하지 않다는 것을 뜻한다면, 입력 게이트의 값은 1에 가깝게 되고 망각 게이트의 값은 0에 가깝게 됩니다. 이렇게 예전 기억은 잊히게 되고, 새로운 중요 정보가 기억되게 됩니다. 이러한 설계를 통해 전체 네트워크는 시퀀스 사이의 장기 의존 관계를 더 잘 학습할 수 있게 됩니다.

 질문 2

LSTM의 각 모듈은 어떤 활성화 함수를 사용하고 있나요? 다른 활성화 함수를 사용해도 될까요?

난이도 ★★★

분석·해답

활성화 함수의 선택에 관해 LSTM 모델에서는 망각 게이트, 입력 게이트, 출력 게이트 모두 시그모이드 함수를 활성화 함수로 사용하고, 후보 기억을 생성할 때는 하이퍼볼릭 탄젠트 함수Hyperbolic Tangent Function, 이하 Tanh를 활성화 함수로 사용하고 있습니다. 여기서 주의해야 할 점은 이 두 활성화 함수 모두 포화성을 가지고 있다는 점입니다. 다른 말로, 입력이 일정한 값에 다다른 상황에서 출력에 뚜렷한 변화가 생기지 않는다는 뜻입니다. 만약 ReLU 같은 비포화 활성화 함수를 사용한다면 게이트 컨트롤 효과를 구현하기 힘들 것입니다. 시그모이드 함수의 출력은 0~1 사이이기 때문에 게이트 컨트롤gate-control의 물리적 정의에 부합합니다. 그리고 입력이 비교적 크거나 혹은 비교적 작을 때 해당 출력은 1이나 0에 가깝게 될 것이므로 해당 게이트가 '열리거나' '닫히는 것'을 보장할 수 있습니다. 후보 기억을 생성할 때 Tanh 함수를 사용하는 이유는 해당 입력이 −1에서 1 사이에 있기 때문에 0이 중심인 많은 특징 분포에 부합하기 때문입니다. 이 외에도 Tanh 함수는 입력이 0인 부근에서 시그모이드 함수 대비 더 큰 그래디언트를 가지기 때문에 일반적으로 모델 수렴을 빠르게 합니다.

활성화 함수의 선택은 한번 정해진다고 변경할 수 없는 것은 아닙니다. 예를 들어, 원래 LSTM에서 사용한 활성화 함수는 시그모이드 함수의 변종인 $h(x) =$

2sigmoid(x) − 1, $g(x)$ = 4sigmoid(x) − 2이었는데, 이 두 함수의 범위는 각각 [−1, 1], [−2, 2]입니다. 그리고 원래 LSTM에는 입력 게이트와 출력 게이트만 있고 망각 게이트는 없었습니다. 여기서 입력은 입력 게이트를 경과한 후 직접적으로 메모리에 더해졌기 때문에 입력 게이트가 컨트롤하는 $g(x)$의 값은 0이 중심이었습니다. 대량의 연구와 실험을 거쳐 사람들은 망각 게이트가 LSTM의 성능을 대폭 향상시킨다는 것을 알아냈습니다[26]. 그리고 $h(x)$에 Tanh 함수를 사용하는 것이 2 ∗ sigmoid(x) − 1을 사용하는 것보다 좋다는 것을 알아냈습니다. 따라서 지금의 LSTM은 시그모이드 함수와 Tanh 함수를 활성화 함수로 사용하게 된 것입니다. 사실상 게이트 컨트롤에서 시그모이드 함수를 사용하는 것은 현대 신경망 모듈의 공통적인 선택입니다. 예를 들어, 게이트 순환 유닛gated recurrent unit과 어텐션 메커니즘attention mechanism에서도 시그모이드 함수를 게이트의 활성화 함수로 사용하고 있습니다.

이 외에도 드물긴 하지만 계산 능력이 제한되는 설비를 갖춘 곳에서는 많은 계산량을 필요로 하는 시그모이드 함수 대신 0/1 게이트hard gate를 사용하여 게이트 출력을 0이나 1인 이산값으로 맞춥니다. 즉, 입력이 임곗값보다 작다면 출력 게이트는 0을 출력하고, 입력이 임곗값보다 크다면 1을 출력합니다. 따라서 성능 하락 현상이 뚜렷하지 않은 상황에서 계산량을 줄여 줍니다. 전통적인 LSTM에서 게이트 계산을 할 때 일반적으로 입력 x_t와 은닉층 입력 h_{t-1}을 사용하는데, 예를 들면 입력 게이트의 업데이트 공식은 $i_t = \sigma(W_i x_t + U_i h_{t-1} + b_i)$입니다. 여기서 자주 보이는 개량 방법은 핍홀 메커니즘peephole mechanism을 더한 방법입니다[27]. 이때 메모리 c_{t-1}도 게이트 계산에 참여하게 되는데, 업데이트 공식은 다음과 같이 변하게 됩니다.

$$i_t = \sigma(W_i x_t + U_i h_{t-1} + V_i c_{t-1} + b_i) \tag{10.19}$$

정리하면, LSTM은 20년의 발전 역사를 거쳐 핵심 아이디어는 대부분 일맥상통하지만 부분적인 변화가 많이 일어났습니다. 발전 과정과 자주 사용하는 개량 알고리즘을 잘 이해해야 실무를 하거나 연구를 하면서 풀어야 하는 문제와 잘 결합하여 최적의 LSTM 모듈을 만들어 낼 수 있을 것입니다. 핵심은 이해를 바탕으로 한 유연한 사고방식을 갖는 것이지, 무작정 네트워크 구조와 공식을 외우는 것이 아닙니다.

Seq2Seq 모델

상황 설명

Seq2Seq의 정식 명칭은 시퀀스-투-시퀀스sequence-to-sequence 모델입니다. 하나의 시퀀스 신호를 인코더encoder와 디코더decoder를 통해 하나의 새로운 시퀀스 신호로 생성해 내는 것을 뜻하는데, 기계 번역, 음성인식, 챗봇 등에서 많이 사용합니다. Seq2Seq 모델이 나오기 전에 딥러닝은 이미지 분류 문제에서 엄청난 성과를 거두었습니다. 이때 입력과 출력은 일반적으로 고정된 길이의 벡터로 표현됩니다. 만약 길이에 변화가 생긴다면 제로 패딩zero padding 등을 통해 해결합니다. 하지만 위에서 언급한 기계 번역, 음성인식 등과 같은 문제에서는 시퀀스 길이를 사전에 알지 못합니다. 따라서 어떻게 이 문제를 해결할 수 있을까에 대한 논의가 2013년 이후부터 화제였습니다. Seq2Seq 모델은 이러한 배경에서 탄생했습니다.

키워드　Seq2Seq 모델Sequence-To-Sequence Model / 기계 번역Machine Translation /
빔 탐색Beam Search

Seq2Seq 모델은 무엇인가요?
Seq2Seq 모델은 어떤 장점이 있나요?

난이도 ★★

분석·해답

Seq2Seq 모델의 핵심 아이디어는 딥러닝을 통해 입력 시퀀스를 출력 시퀀스로 투영하는 과정에서 인코더와 디코더를 사용하는 것입니다. 전통적인 방법에서 인코더와 디코더는 각각 하나의 순환신경망으로 구성되어 있습니다. 즉, 전통적인 순환신경망 구조를 선택하거나, LSTM 모델이나 GRU를 선택해도 됩니다. Seq2Seq 모델에서 두 개의 순환신경망은 함께 훈련됩니다.

그림 10.3처럼 복습을 하고 시험을 보는 상황을 가정해 봅시다. 학습한 정보는 일련의 가공과 정리를 거쳐 소위 '지식체계'를 형성하게 되는데, 이것이 바로 인코딩 과정입니다. 그리고 시험을 볼 때 고도로 추상화된 지식을 일련의 문제 중에서 응용해해답을 구하게 되는데, 이것이 바로 디코딩 과정입니다. 예를 들어, 공부를 잘하는 사람들은 네트워크가 매우 강해 아주 긴 정보를 이해하고 가공하여 벡터로 인코딩해 시험 때 쉽게 일련의 문제들을 풀 수 있습니다. 그러나 대다수 사람은 장거리, 장시간의 정보는 기억하기 힘듭니다. 이들은 시험 때 아주 단기의 시퀀스 정보만 인코딩하거나 찍는 것밖에는 할 수 없어 아주 짧은 정보만을 디코딩합니다.

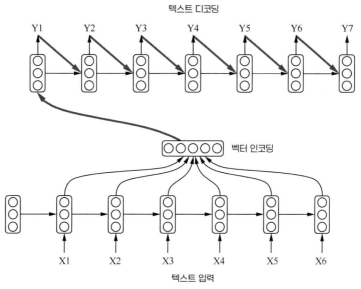

그림 10.3 순환신경망 인코딩-디코딩 구조 그래프

기계 번역 과정이 그림 10.4에 예시로 표현되어 있습니다. 입력 시퀀스는 하나의 원언어 구절이고, 3개의 단어 A, B, C가 있습니다. 인코더는 순서대로 A, B, C와 문장의 끝을 의미하는 심볼 <EOS>를 읽어 옵니다. 디코딩의 첫 번째 단계는 디코더가인코더의 최종 상태를 읽어 와 첫 번째 타깃 언어의 단어 W를 생성하는 것입니다. 두 번째 단계는 첫 번째 단계의 출력 W를 읽어 와 두 번째 단어 X를 생성하는 것입니다. 이렇게 순환하며 심볼 <EOS>를 출력하면 끝이 납니다. 출력된 시퀀스 W, X, Y, Z가 바로 번역 후 타깃 언어의 구절이 됩니다.

텍스트 요약 문제에서는 입력되는 시퀀스가 긴 구절이나 단락이고, 출력 시퀀스는 요약된 짧은 구절인 경우가 많습니다. 이미지 묘사 텍스트 생성 문제에서는 시각 네트워크를 거친 이미지의 특징이 인풋이고, 출력 시퀀스는 이미지에 대한 묘사 구절입니다. 반면, 음성인식에서 입력 시퀀스는 디지털 주파수 신호이며, 출력 시퀀스는 식별된 텍스트입니다. 서로 다른 상황에서 인코더와 디코더는 서로 다른 구조를 가지게 되는데, 기본적인 구조는 Seq2Seq의 저층 구조와 같습니다.

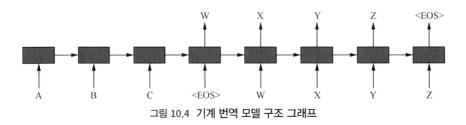

그림 10.4 기계 번역 모델 구조 그래프

Seq2Seq 모델에서 디코딩할 때 자주 사용하는 방법들은 어떤 것들이 있나요?

난이도 ★★★

분석·해답

Seq2Seq 모델의 가장 핵심이 되는 부분은 디코딩 부분입니다. 개선된 많은 파생 방안이 나오는 곳도 바로 디코더 부분입니다. Seq2Seq 모델의 가장 기초가 되는 디코딩 방법은 그리디 알고리즘greedy algorithm입니다. 즉, 하나의 측정 기준을 선택하고 매번 현재의 상태에서 가장 최선의 결과를 낳는 것을 선택하는 방법입니다. 그리디 방법은 계산 비용이 낮기 때문에 기준이 되는 결과로 설정하여 다른 방법들과 비교하기에 적합합니다. 하지만 그리디 방법으로 얻은 해는 국부적 최적해이기 때문에 실제 문제의 복잡성을 고려했을 때 해당 방법을 사용하는 것으로는 최고의 효과를 낼 수 없습니다.

빔 탐색beam search은 자주 사용하는 개선된 알고리즘입니다. 빔 탐색은 일종의 휴리스틱 알고리즘입니다. 해당 방법은 현재 비교적 좋은 선택 beam size(이후 b로 간략히 표기)개를 저장하여 디코딩 시 저장된 선택에 기반해 다음 스텝으로의 확장이나 배열을 진행합니다. 그리고 계속해서 반복해 하나의 최적 디코딩 결과를 선택합니다. 그림 10.5는 b의 크기가 2인 빔 탐색 예시를 보여주고 있습니다.

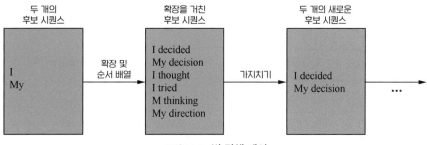

두 개의 후보 시퀀스
확장 및 순서 배열
확장을 거친 후보 시퀀스
가지치기
두 개의 새로운 후보 시퀀스

I
My

I decided
My decision
I thought
I tried
M thinking
My direction

I decided
My decision

...

그림 10.5 빔 탐색 예시

그림에 보이는 것처럼 현재 이미 디코딩을 통해 얻은 첫 번째 단어의 두 후보 I와 My가 있습니다. 그리고 I와 My를 디코더에 입력하여 일련의 후보 시퀀스 I decided, My decision, I thought 등을 얻습니다. 최종적으로 이후 시퀀스에서 최적의 두 개를 선택해 이전 두 단어의 두 후보 시퀀스로 설정합니다. 만약 b가 1이라면 앞서 설명한 그리디 방법과 같아집니다. b의 값이 증가함에 따라 탐색 공간이 커지고, 최종적으로 얻는 효과도 향상될 것입니다. 하지만 이에 따른 계산량도 증가하게 될 것이기 때문에 주의해야 합니다. 실제 응용(기계 번역, 문서 요약 등)에서 b의 크기는 일반적으로 8~12 사이에서 선택하는 것이 가장 좋다고 알려져 있습니다.

그 밖에도 디코딩할 때 중첩된 RNN의 사용, 드롭아웃 메커니즘 추가, 인코더 사이에 잔차 연결 만들기 등의 개선 방법들도 자주 사용합니다. 실제 연구에서는 사용환경에 따라 적합한 방법을 선택해야 합니다.

그리고 디코딩 부분에서 중요한 하나의 개선 방법이 바로 어텐션 메커니즘attention mechanism인데, 바로 다음 절을 통해 더 깊이 알아보겠습니다. 어텐션 메커니즘의 도입으로 매 단계마다 목표성을 가지고 현재 상태에서 가장 관련 있는 인코딩 결과를 '주의'할 수 있게 되었고, 이는 인코딩 출력 표현의 학습 난이도를 낮추어 장기 의존 관계를 더 쉽게 학습할 수 있게 만들어 주었습니다. 이 외에 디코딩 시에 기억 네트워크[28] 등을 사용하여 외부에서 지식을 얻어 오기도 합니다.

어텐션 메커니즘

6

상황 설명

머신러닝, 딥러닝, 그리고 인공지능을 막론하고 모두 인간의 두뇌 메커니즘을 모방하는 방법을 모색하는 것으로 생각할 수 있는데, 어텐션 메커니즘은 실제로 이와 같은 사고에서 유래되었습니다. 연구를 통해 인간의 두뇌는 일을 할 때 일정의 주의력을 발휘한다고 알려졌습니다. 예를 들어, 우리가 한 폭의 예술 작품을 감상할 때 전체적인 모습을 볼 수 있지만, 집중해서 미술 작품의 디테일을 감상할 때 우리의 눈은 그림의 일정 부분에 초점을 맞추고 배경 등과 같은 다른 위치의 정보들은 잠시 무시합니다. 이는 대뇌가 신호를 처리할 때 일정의 가중치를 분할하는 것으로 볼 수 있는데, 어텐션 메커니즘은 바로 이러한 대뇌의 핵심 특성을 모방했습니다.

키워드 어텐션 메커니즘Attention Machanisim / Seq2Seq 모델 /
순환신경망Recurrent Neural Network, RNN

 질문 Seq2Seq 모델의 어떤 문제를 해결하기 위해
어텐션 메커니즘을 도입했나요? 왜 양방향
순환신경망 모델을 사용할까요? **난이도 ★★★★**

분석·해답

실무에서 (예를 들면, 기계 번역 같은) 문제를 해결할 때 Seq2Seq 모델을 사용하는데, 일반적으로 먼저 하나의 순환신경망을 인코더로 사용해 입력 시퀀스(번역하고자 하는 언어 구절의 단어 벡터 시퀀스)를 하나의 벡터 표현으로 인코딩합니다. 그리고 다시 하나의 순환신경망 모델을 디코더로 사용하여 인코더에서 얻은 벡터 표현을 디코딩해 출력 시퀀스(타깃 언어 구절의 단어 시퀀스)를 얻습니다.

Seq2Seq 모델에서(그림 10.6) 현재 은닉 상태와 이전 출력 단어가 현재 출력 단어를 결정합니다. 즉, 다음과 같습니다.

$$s_i = f(y_{i-1}, s_{i-1}) \tag{10.20}$$

$$p(y_i \mid y_1, y_2 \dots y_{i-1}) = g(y_{i-1}, s_i) \tag{10.21}$$

여기서 f와 g는 비선형변환이며, 일반적으로 다층 신경망입니다. Y_i는 출력 시퀀스 중의 하나의 단어이며, s_i는 대응하는 은닉 상태입니다.

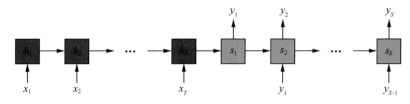

그림 10.6 Seq2Seq 모델 구조 그래프

실제 응용에서 입력 시퀀스가 늘어남에 따라 모델의 성능이 저하됨을 발견할 수 있습니다. 이는 인코딩 시 입력 시퀀스의 전체 정보가 하나의 벡터 표현으로 압축되기 때문입니다. 시퀀스가 늘어남에 따라 구절의 앞부분에 위치한 단어 정보가 유실되는 현상이 더 심각하게 발생합니다. 예를 들어, 100개의 단어로 구성된 구절을 번역한다고 상상해 보면, 모든 구절의 전체 단어 의미 정보를 하나의 벡터에 인코딩해야 함을 알 수 있습니다. 디코딩할 때 타깃 언어의 첫 번째 단어는 원래 언어의 첫 번째 단어와 상응하는데, 이는 디코딩 첫 번째 단계에서 100단계 이전의 정보를 고려해야 함을 의미합니다. 모델링할 때 하나의 작은 테크닉은 원래 구절을 역순으로 입력하거나 혹은 두 번 중복 입력해 모델의 성능 향상을 가져오는 것입니다. LSTM 모델을 사용하면 일정 정도 이러한 문제를 완화시킬 수 있으나, 실전에서 과도하게 긴 시퀀스는 여전히 좋은 표현을 얻기 힘듭니다. 동시에, Seq2Seq 모델의 출력 시퀀스 중에 부분 입력 시퀀스 정보를 유실하는 경우가 많은데, 이는 디코딩할 때 현재 단어와 이에 대응하는 원래 언어의 단어의 상하 문맥 정보와 위치 정보가 인코딩 과정 중에 유실되기 때문입니다.

Seq2Seq 모델에서 어텐션 메커니즘을 도입한 이유는 위에서 기술한 문제를 해결하기 위함입니다. 어텐션 메커니즘에서도 여전히 일반 순환신경망을 사용해 입력 시퀀스에 대해 인코딩하여 은닉 상태 $h_1, h_2, ..., h_T$을 얻을 수 있습니다. 그러나 디코딩할 때 각 출력 단어는 이전 은닉 상태와 입력 시퀀스에 대응하는 은닉 상태에 의존합니다.

$$s_i = f(s_{i-1}, y_{i-1}, c_i) \tag{10.22}$$

$$p(y_i \mid y_1, y_2, ..., y_{i-1}) = g(y_{i-1}, s_i, c_i) \tag{10.23}$$

여기서 콘텍스트 벡터_{context vector} c_i는 입력 시퀀스 전체 은닉 상태 h_1, h_2, ..., h_T의 가중치 합입니다.

$$c_i = \sum_{j=1}^{T} \alpha_{ij} h_j \tag{10.24}$$

여기서 주의력 가중치 α_{ij}는 고정된 가중치가 아니며, 다른 신경망을 통해 계산된 것입니다.

$$\alpha_{ij} = \frac{\exp(e_{ij})}{\sum_{k=1}^{T} \exp(e_{ik})} \tag{10.25}$$

$$e_{ij} = a(s_{i-1}, h_j) \tag{10.26}$$

신경망 a는 이전 출력 시퀀스 은닉 상태 s_{i-1}와 입력 시퀀스 은닉 상태 h_j를 입력으로 하여 x_j, y_i에 맞춘_{aligned} 값 e_{ij}를 계산하고, 정규화를 통해 가중치 α_{ij}를 얻습니다.

우리는 다음과 같이 생각해 직관적 이해를 도울 수도 있습니다. 하나의 출력 단어를 생성할 때 각 입력 단어와 현재 출력 단어의 매칭_{align} 관계를 고려하여 매칭이 더 잘 되는 단어일수록 더 큰 가중치를 부여하여 현재 출력 단어가 생성되는 데 더 큰 영향을 주게 만듭니다. 그림 10.7은 번역 시 어텐션 메커니즘의 가중치 분포를 나타냅니다. 서로 번역되는 단어들은 더 큰 가중치를 가지고 있음을 보여줍니다[29].

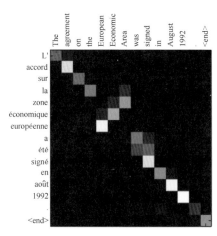

그림 10.7 어텐션 메커니즘의 가중치 분포

기계 번역 같은 전통적인 Seq2Seq 모델에서 출력 단어 y_j를 생성할 때는 i번째 입력 단어에 대응하는 은닉 상태 h_i와 이에 대응하는 주의력 가중치 α_{ij}를 사용합니다. 만약 하나의 방향을 가진 순환신경망을 사용하여 은닉 상태를 계산한다면 h_i에는 x_0에서 x_i까지의 정보만 포함되게 되는데, 이는 α_{ij}에서 x_i 이후 단어의 정보를 유실한 것과 같습니다. 하지만 그림 10.8처럼 양방향 순환신경망을 사용해 모델링하면 i번째 입력 단어에 대응하는 은닉 상태는 $\overrightarrow{h_i}$와 $\overleftarrow{h_i}$를 포함하고, 전자는 x_0에서 x_i까지 의 정보를 인코딩하고, 후자는 x_i 이후 단어의 정보를 인코딩하게 되어 전후 문장 정 보가 유실되는 것을 방지합니다.

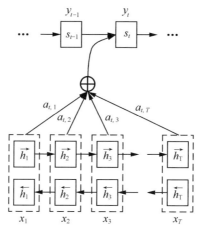

그림 10.8 **양방향 순환신경망의 어텐션 메커니즘 모델**

어텐션 메커니즘은 일종의 아이디어로서 다른 많은 방식으로 구현이 가능합니다. 따라서 Seq2Seq 모델 외에서도 많이 사 용됩니다. 그림 10.9는 이미지 묘사 텍스 트 생성 문제의 결과물을 보여주고 있는 데, 대응하는 단어를 생성할 때 이미지 에 대응하는 물체 부분에 더 큰 가중치 를 줬다는 것을 알 수 있습니다[30].

A woman is throwing a frisbee in a park.

A little girl sitting on a bed with a teddy bear.

그림 10.9 **이미지 묘사 텍스트 생성 문제에서의 어텐션 메커니즘 사용**

벤지오 형제

아마도 많은 사람들이 요슈아 벤지오Yoshua Bengio의 이름을 들어봤을 것입니다. 그는 딥러닝 연구의 삼두마차 중 한 명이며, '딥러닝'을 주제로 한 2종의 책을 썼고, GRU, 어텐션 메커니즘, 그리고 최근 인기인 GANs을 만드는 등 수많은 업적을 쌓았습니다. 얼마 전 인공지능 최고의 학회 중 하나인 NIPS 2017에서 사미 벤지오Samy Bengio가 조직위원회 위원장으로 임명되는 일이 있었는데, 요슈아 벤지오와 사미 벤지오는 동일 인물일까요? 아니면 형제나 부자 관계일까요?

이런저런 정보에 의하면 사미 벤지오는 구글 인공지능 연구원이며, 몬트리올대학교에서 박사를 받았습니다. 그리고 그는 그곳에서 박사 후 과정을 마쳤다고 합니다. 당연히 요슈아 벤지오와 사미 벤지오는 동일 인물이 아닙니다. 하지만 요슈아 벤지오가 몬트리올대학교 교수이기 때문에 사미 벤지오는 박사 후 과정에서 그의 가르침을 받았다고 합니다. 그림 10.10은 그들이 같이 나온 사진입니다.

그림 10.10 벤지오 형제

요슈아 벤지오(우)와 사미 벤지오(좌)는 정말 많이 닮았습니다. 나이도 비슷해 보이는데, 그들은 사실 쌍둥이 형제입니다.

CHAPTER

11

강화학습

The Quest for Machine Learning

강화학습은 최근 들어 머신러닝 영역에서 가장 주목받는 분야로 자리매김했습니다. 강화학습은 1980년대부터 발전한 행위 심리학의 영향을 받은 머신러닝의 한 분야입니다. 강화학습은 어떤 환경에 놓인 에이전트가 누적 보상을 최대화하는 행동을 취하는 것에 초점에 맞춰져 있습니다. 전통적인 지도학습과 다르게, 강화학습은 에이전트의 출력에 대해 직접적으로 점수를 매기지 않습니다. 반대로, 에이전트는 간접적인 피드백만 받을 수 있고 정확한 입력/출력 쌍을 얻을 수 없습니다. 따라서 계속되는 시도 속에서 자신의 전략을 최적화하여 더 높은 보상을 받아야 합니다. 넓은 의미에서 대부분 동적 시스템과 관련된 의사결정 과정은 모두 일종의 강화학습으로 간주할 수 있습니다. 강화학습의 응용 범위는 매우 넓은데, 게임 이론, 제어 이론, 최적화 등 다양한 영역에서 활용되고 있습니다. 최근에 알파고가 세상을 떠들썩하게 만들었는데, 여기에 사용되는 핵심 기술이 바로 강화학습입니다. 미래 과학 발전과 관련 있는 로봇 보행, 제어, 자율 주행 등 로보틱스 영역에서 강화학습의 활약이 주목받고 있습니다.

강화학습 기초

먼저, 그림 11.1처럼 3×3 크기의 판이 있고, 첫 번째 칸에 마리오가, 그리고 다른 한 칸에 보물이 있다고 가정해 봅시다. 이 게임에서 한 판에 한 번씩 마리오를 상, 하, 좌, 우 4개 방향 중 한 방향을 골라 이동시킬 수 있고, 마리오가 보물을 찾으면 게임이 끝납니다. 이러한 상황에서 강화학습은 기본 개념들을 정의해 문제에 대한 수학적 모델링을 완성합니다.

그림 11.1 슈퍼마리오 보물찾기

키워드 강화학습Reinforcement Learning / 마르코프 결정 과정Markov Decision Process, MDP /
가치 반복Value Iteration / 정책 반복Policy Iteration

질문 1 강화학습에는 어떤 기본 개념들이 있나요? 마리오 보물찾기 문제에서 이러한 개념을 어떻게 정의할 수 있을까요?

난이도 ★

분석·해답

강화학습의 기본적인 상황은 그림 11.2를 통해 설명할 수 있습니다. 주로 환경environment, 에이전트agent, 상태state, 액션action, 보상reward 등의 기본 개념으로 구성되어 있습니다. 하나의 에이전트는 주어진 환경에서 각종 액션을 취할 수 있는데,

환경은 액션의 영향을 받아 상태 변환으로 이어지고, 동시에 에이전트에게 보상을 줍니다. 에이전트의 목표는 어떤 전략을 통해 적합한 액션을 취하고 자신의 이익(보상)을 최대화하는 것입니다.

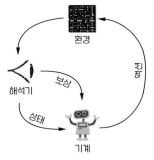

그림 11.2 기본적인 강화학습 환경 예시

이 모든 상황은 일반적으로 하나의 마르코프 결정 과정Markov Decision Process, MDP으로 나타낼 수 있습니다. 마르코프 결정 과정은 마르코프 과정과 결정론적deterministic 동적 프로그래밍dynamic programming*이 결합된 산물이며, 의사결정자가 주기적 혹은 연속적으로 마르코프 성질을 가진 랜덤 동적 시스템을 관찰하여 순차적으로 의사결정을 내리는 과정을 뜻합니다. 이는 러시아 수학자 안드레이 마르코프Andrey Marcov의 이름을 따서 지은 것입니다. 이 과정은 다음의 몇 가지 요소를 포함하고 있습니다.

- **액션** 취할 수 있는 모든 액션의 집합. A라고 기록(무한할 수도 있음). 이 문제에서 A는 마리오가 각 칸에서 갈 수 있는 방향, 즉 {상, 하, 좌, 우}가 된다.

- **상태** 모든 상태의 집합을 뜻하며, S로 표기합니다. 해당 문제에 대해서 S는 바둑판 중 각 칸의 위치 좌표 {(x, y); x =1, 2, 3; y = 1, 2, 3}, 마리오의 위치 (1, 1), 그리고 보물의 위치(3, 2)입니다.

- **보상** 에이전트는 보상을 받을 수 있는데, 일반적으로 하나의 실수real number이며, r로 표기합니다. 이번 문제에서는 마리오가 한 칸을 이동하면 r = −1이고, 보물을 얻는다면 r = 0으로 정의하며 게임이 끝납니다.

★ 옮긴이 동적 프로그래밍은 수학적 최적화 방법이자 컴퓨터 프로그래밍 방법론입니다. 기본 개념은 크고 복잡한 문제를 여러 개의 단순한 작은 문제들로 쪼개는 것입니다.

- **시간(t = 1, 2, 3, …)**   각 시각 t에 대해 에이전트는 하나의 동작 a_t를 취하고, 환경이 주는 보상 r_t를 받습니다. 동시에 환경은 다음 새로운 상태 s_t로 넘어가게 됩니다.

- **상태전이** $S \times A \rightarrow S$는 $P_a(s_t|s_{t-1}, a_t) \ P_a(s_t|s_{t-1}, a_t, s_{t-2}, a_{t-1}, …)$을 만족하는데, 다른 말로 현재 상태에서 다음 상태로의 전이는 현재 상태와 현재 취한 액션과만 관련이 있다는 뜻입니다. 이것이 소위 말하는 마르코프 성질입니다.

- **누적보상**   현재 시각 0에서 시작하여 누적보상을 계산하는 방법은 R = E $(\sum_{t=0}^{T} \gamma^t r_t \,|\, s_0 = s)$이며, 대부분의 경우 $T = \infty$를 취할 수 있습니다.

강화학습의 핵심 태스크는 상태공간 S에서 액션공간 A로의 투영을 학습하여 누적보상을 최대화하는 것입니다. 자주 사용하는 강화학습 알고리즘으로는 Q-러닝 Q-learning, 정책 그래디언트policy gradient, 그리고 액터-크리틱actor-critic 알고리즘 등이 있습니다.

질문 2 그림 11.1에서 주어진 마리오와 보물의 위치에서 가치 반복을 고려해 어떻게 하면 최적의 길을 찾을 수 있을지 설명해 주세요.   난이도 ★★

분석·해답

위 질문은 이미 강화학습 문제를 마르코프 결정 과정으로 정형화했습니다. 그렇다면 어떻게 가치 반복value iteration을 이용해 마르코프 결정 과정을 풀 수 있는지 알아봅시다. 먼저, 가치란 무엇일까요? 현재 상태 s의 가치는 $V(s)$로 정의할 수 있고, 이는 상태 $s = (y, x)$에서 시작해 최대화할 수 있는 보상을 뜻합니다. 그림 11.3을 살펴보면 더 직관적으로 가치 반복을 이해할 수 있을 것입니다.

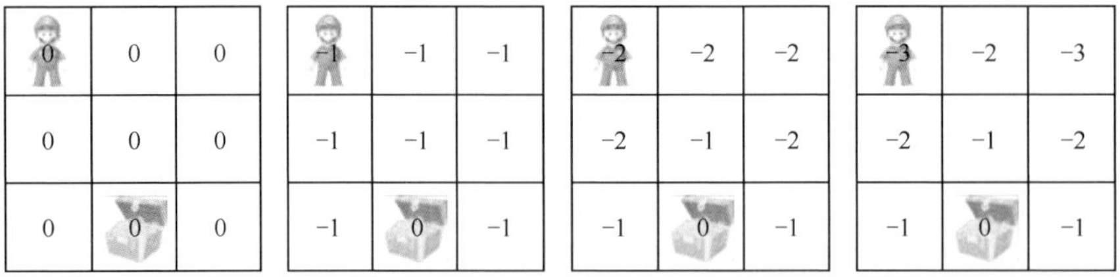

초기화　　첫 번째 반복　　두 번째 반복　　세 번째 반복

그림 11.3 반복 과정

먼저, 모든 상태의 가치를 초기화합니다 $V(s) = 0$. 그리고 각 반복 중에 각 상태 s에 대해 다음과 같은 단계를 진행합니다.

- 점진적으로 {상, 하, 좌, 우} 네 가지 액션 a를 시도하고, 도착 상태 s'와 보상 r을 기록합니다.
- 각 액션의 가치를 계산합니다. $q(s, a) = r + V(s')$.
- 네 가지 액션 중 최적의 동작 $\max_a\{q(s, a)\}$을 선택합니다.
- s의 상태 가치 $V(s) = \max_a\{q(s, a)\}$을 업데이트합니다.

첫 번째 반복에서 초기 상태 $V(s)$가 모두 0이기 때문에 보물이 놓인 위치를 제외하고 상태 s는 모두 $V(s) = r + V(s') = -1 + 0 = -1$이 됩니다. 즉, 현재 위치에서 한 칸 이동하면 보상 $r = -1$을 얻게 됩니다.

두 번째 반복에서 보물의 이웃 위치의 상태에 대한 최적의 액션은 한 칸을 이동하여 $V(s') = 0$의 상태, 즉 보물이 놓인 칸에 도착하게 됩니다. 따라서 $V(s)$는 $r + V(s') = -1 + 0 = -1$로 업데이트됩니다. 그 외의 위치는 한 칸을 이동해 $V(s') = -1$의 상태에만 도달할 수 있고, $V(s)$는 $r + V(s') = -1 + (-1) = -2$로 업데이트됩니다.

세 번째와 네 번째 반복 모두 같은 패턴입니다. 네 번째 반복에서 모든 $V(s)$는 업데이트 후에 아무런 변화도 생기지 않기 때문에 가치 반복은 최적의 정책을 찾은 것이 됩니다. 최종적으로, 마리오가 위치한 곳에서 매 단계마다 최적의 액션을 선택해 최대한 빠르게 보물을 찾을 수 있습니다.

상기 반복 과정은 사실상 벨만 방정식Bellman equation을 사용해 각 위치의 가치에 대해 업데이트한 것입니다.

$$V_*(s) = \max_a \sum_{s',r} p(s',r|s,a)[r + \gamma V_*(s')] \tag{11.1}$$

벨만 방정식에서 상태 s의 가치 $V(s)$는 두 가지 요소로 구성되어 있습니다.

- 액션 a를 취해 얻는 보상 r
- 액션 a를 취한 후 도착하는 새로운 상태의 가치 $V(s')$

질문 3 그림 11.1에서 주어진 마리오와 보물의 위치에서 정책 반복을 고려해 어떻게 하면 최적의 길을 찾을 수 있을지 설명해 주세요. 난이도 ★★

분석·해답

이번 절에서 소개한 마르코프 결정 과정의 해를 구하는 다른 한 가지 방법은 바로 정책 반복policy iteration입니다. 그렇다면 정책policy이란 무엇일까요? 정책이란, 현재의 상태에 기반해 어떤 액션을 취할지 결정하는 것을 뜻합니다. 마리오 보물찾기 예시에서 마리오는 계속해서 보물이 있는 방향으로 향해 갑니다. 현재 상태가 보물의 좌측에 위치하면, 정책은 당연히 보물을 향해 우측 방향으로 가는 것이 됩니다. 만약 현재 상태가 보물 위쪽에 위치한다면, 정책은 보물을 향해 지도의 아래쪽을 향하게 할 것입니다.

정책의 좋고 나쁨은 어떻게 판단할까요? 바로 정책 평가policy evaluation를 통해 진행됩니다. 하나의 전략 π가 주어졌을 때 우리는 각 상태의 기대 가치 $V(s)$를 계산할 수 있습니다. 정책 반복은 우리가 더 좋은 정책을 찾을 수 있도록 도와주는데, 다시 말해 기대 가치가 더 높은 전략을 찾도록 해줍니다. 구체적인 방법은 다음과 같습니다.

❶ **초기화** 랜덤으로 하나의 정책을 선택하여 초깃값으로 설정합니다. 예를 들어, '어떤 상태에서든지 아래로 간다', 즉 $P(A = $ 아래로 감$| S_t = s) = 1$, $P(A = $ 기타 $| S_t = s) = 0$이 됩니다.

❷ **정책 평가 진행** 현재 정책에 기반해 $V_\pi(s) = E_\pi(r + \gamma V_\pi(s')|S_t = s)$을 계산합니다.

❸ **정책 개선 진행** 현재 상태의 최적 액션 $\max_a \{q_\pi(s, a)\}$을 계산하고, 정책 $\pi(s) =$ $\operatorname{argmax}_a\{q_\pi(s, a)\} = \operatorname{argmax}_a \sum_{s',r} p(s',r\,|\,s,a)[r + \gamma V_\pi(s')]$을 업데이트합니다.

❹ 정책 평가와 정책 개선을 정책의 변화가 생기지 않을 때까지 계속해서 반복합니다.

마리오 보물찾기 예제에서 정책 반복 과정은 그림 11.4와 같습니다.

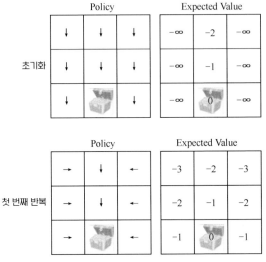

그림 11.4 정책 반복 과정

초기화 전략이란, 마리오가 어떤 상태에 있든지 아래를 향해 가는 것입니다. 이 전략에 기반해 정책 평가를 진행하면 보물 위에 위치한 상태만 보물을 얻을 수 있음을 쉽게 알 수 있습니다. 기대 가치는 보물까지의 거리 (−2, −1 그리고 0)입니다. 그 외에 다른 상태는 해당 정책을 통해 보물 위치에 도착할 수 없기 때문에 기대 가치는 −∞이 됩니다. 그리고 현재 기대 가치에 기반해 정책 개선을 진행합니다. 보물 바로 위에 위치한 상태에 대해서는 해당 전략이 이미 최적의 정책이기 때문에 변하지 않고, 다른 상태에서는 정책 업데이트 공식 $\pi(s) = \operatorname{argmax}_a \sum_{s',r} p(s',r\,|\,s,a)[r + \gamma V_\pi(s')]$으로 횡으로 한 칸 이동하는 최적의 전략을 계산합니다.

앞에서 진행했던 정책 개선을 통해 정책이 '보물 바로 위 상태에서는 아래로 이동하고, 그 외 위치에서는 횡으로 한 칸 이동하는' 정책으로 개선되었습니다. 현재 정책에 대해 정책 평가를 진행하고, 각 상태의 기댓값을 업데이트합니다. 보물 바로 위 상태 가치 기댓값은 변하지 않고 여전히 보물까지의 거리입니다. 그 외 상태의 기대 가치는 $r + \gamma V_\pi(s')$으로 업데이트됩니다. 즉, 횡으로 이동했을 때의 보상과 목표 상태의 기대 가치의 합입니다. 그리고 업데이트 후의 기대 가치에 기반해 전략 개선을 진행합니다. 그러면 모든 상태에 대해서 이미 최적의 정책임을 쉽게 알 수 있고, 따라서 변하지 않고 정책 개선 과정을 중지하게 됩니다.

최종적으로, 마리오는 초기 상태 (1, 1)에서 시작해 최적 정책에 따라 액션을 취하게 되는데, 즉 우측으로 한 칸 이동한 후 계속해서 아래로 내려오는 액션을 취해 최대한 보물에 빠르게 도착할 수 있게 됩니다.

비디오 게임에서의 강화학습

상황 설명

게임은 강화학습이 가장 자주 사용되며 적용하기에 가장 적합한 영역 중 하나입니다. 왜냐하면 게임은 강화학습의 거의 모든 요소를 포함하고 있기 때문입니다(환경 — 게임 본연의 상태; 액션 — 사용자의 행동; 에이전트 — 프로그램; 피드백 — 득점, 승패 등). 아타리Atari는 1970~1980년대에 유행했던 컴퓨터 게임입니다. 이 게임의 시뮬레이터는 비교적 잘 되어 있기 때문에 아타리 게임을 통해 강화학습을 테스트하는 것은 좋은 방법이 될 수 있습니다. 전통적인 고전게임을 생각하면 이해하기 쉬운데, 이산적인 시간축에서 현재의 게임 화면(환경)을 얻을 수 있고, 게임기를 향한 하나의 행동지령(예를 들면 상, 하, 좌, 우, 발사 등)을 내려 피드백(보상)을 받습니다. 이러한 원시화소에 기반한 강화학습은 대응하는 상태공간이 거대하기 때문에 전통적인 방법을 직접적으로 사용할 수 없습니다. 따라서 2013년 딥마인드에서 심층강화학습Deep Reinforcement Learning을 발표해 딥러닝과 강화학습 결합의 시작을 알렸습니다[31].

전통적인 강화학습에서는 주로 Q-러닝Q-learning을 사용하는데, 심층강화학습에서도 Q-러닝을 기본 프레임으로 사용하지만 구조에 대한 개선과 수렴 속도를 높이고 일반화 성능의 향상을 가져오는 경험 재생experience replay 같은 테크닉을 추가했습니다.

키워드 강화학습Reinforcement Learning / Q-러닝Q-Learning

 질문 심층강화학습이란 무엇일까요? 전통적인 강화학습과 어떤 점이 다른가요?

난이도 ★★★

분석·해답

2013년, 딥마인드에서 발표한 심층강화학습은 여전히 Q-러닝 프레임워크를 사용하고 있습니다[31]. Q-러닝의 본질은 현재 상태 s_j, 피드백 a_j, 보상 r_j, 그리고 Q함수 사이의 존재하는 관계 $Q(s_j, a_j) = E_{s_{j+1}} y_j$이고, 여기서 $y_j = r_j + \gamma \cdot \max_a Q(s_{j+1}, a)$이 됩니다. 만약 s_{j+1}가 최종 상태라면 $y_j = r_j$가 되고, 전통적인 Q-러닝에서 고려하는 상태 시퀀스가 무한하기 때문에 최종 상태가 존재하지 않게 됩니다. 이러한 관계에 기반해 Q함수의 값에 대한 개선을 반복적인 개선을 진행했는데, 만약 우리가 4차원 조합(s_j, a_j, r_j, s_{j+1})을 가지고 있다면 확률적 경사하강법의 아이디어를 사용해 Q함수 앞뒤 차이의 제곱 $(y_j - Q(s_j, a_j))^2$에 대해 한 차례 경사하강을 진행합니다.

전통적인 Q-러닝 알고리즘은 그림 11.5와 같습니다. 심층deep Q-러닝과 비교하기 위해 가장 마지막 단계의 Q함수를 변형했습니다. $y_t = r_t + \gamma \cdot \max_a Q(s_{t+1}, a; \theta)$으로 설정하고, $(y_t - Q(s_t, a_t))^2$에 대해 일차 경사하강을 진행하면 파라미터 갱신이 완료됩니다.

1: $Q \leftarrow Q_0$ // Q를 초기화
2: $E = 1, \ldots, M$;
3:     초기 상태 s_1을 설정;
4:     $t = 1, \ldots, T$로 설정:
5:         $a_t \leftarrow$ 현재에 기반해 Q함수로부터 오는 정책 중 하나의 액션 선택;
6:         a_t 실행;
7:         $r_t \leftarrow$ 현재 보상 획득;
8:         $s_{t+1} \leftarrow$ 샘플링을 통해 다음 상태 획득;
9:         Q함수 업데이트: $Q(s_t, a_t) \leftarrow Q(s_t, a_t) + \alpha[r_t + \gamma \max_{a' \in A} Q(s_{t+1}, a') - Q(s_t, a_t)$

그림 11.5 전통적인 Q-러닝 알고리즘

그림 11.6은 심층 Q-러닝 알고리즘입니다. 5행, 9행, 10행의 갈색 부분은 전통적인 Q-러닝 알고리즘과 다른 부분입니다.

```
 1:  E = 1, …, M;
 2:      초기 상태 s₁을 설정;
 3:      D ← {};
 4:      t = 1, …, T;
 5:      aₜ = { ε의 확률로 상태를 임의로 선택
              1 − ε의 확률로 max_a Q (sₜ, a; θ)
 6:      aₜ 실행;
 7:      rₜ ← 현재 보상 획득;
 8:      sₜ₊₁ ← 샘플링하고 처리 과정을 더해 다음 상태 획득;
 9:      D ← D + {(sₜ, aₜ, rₜ, sₜ₊₁)};
10:      (sₜ, aₜ, rₜ, sₜ₊₁) ← D에서 샘플링;
11:      yⱼ = { rⱼ, 만약 sⱼ₊₁이 마지막_terminal이라면,
              rⱼ + γ • max_a Q (sⱼ₊₁, a; θ), 만약 sⱼ₊₁가 마지막이 아니라면;
12:      (yⱼ − Q(sⱼ, aⱼ; θ))²에 대해 경사 하강 계산 진행
```

그림 11.6 **심층 Q-러닝 알고리즘**

이 두 알고리즘을 비교해 보면 우리는 심층 Q-러닝 알고리즘과 전통적인 Q-러닝 알고리즘의 주요 프레임이 동일하다는 것을 쉽게 알 수 있습니다. 각 프로세스는 모두 다음과 같은 단계로 진행됩니다.

❶ 현재 Q함수에 기반해 한 차례 액션 a_t를 취함

❷ 해당 차례의 보상 r_t와 다음 상태 s_{t+1}를 얻음

❸ 모종의 방식으로 4차원 조합 (s_j, a_j, r_j, s_{j+1})를 얻음

❹ y_j를 계산

❺ $(y_j - Q(s_j, a_j; \theta))^2$에 대해 일차 경사하강 진행, 파라미터 업데이트 완료

표 11.1은 전통적인 Q-러닝과 심층 Q-러닝을 비교해 놓은 표입니다. 상태를 획득하는 방식을 예로 들면, 전통적인 Q-러닝은 직접적으로 환경으로부터 관측하여 현재 상태를 얻습니다. 반면, 심층 Q-러닝에서는 관측된 결과에 대해 어떠한 처리를 진행해 Q함수의 입력 상태를 얻을 수 있습니다. 예를 들면, 심층 Q-러닝을 사용해 아타리 게임을 할 때 이와 같이 관측값에 대한 처리를 진행합니다. t시각에 관측된

이미지 수열과 대응하는 액션 $x_1, a_1, x_2, ..., x_t, a_t, x_{t+1}$는 하나의 투영함수 $\phi(x_1, a_1, x_2, ..., x_t, a_t, x_{t+1})$를 통해 처리된 표준 상태를 얻게 됩니다. 실제 응용 상황에서 ϕ는 마지막 4프레임 이미지를 선택하고, 이를 스태킹stacking(겹겹이 쌓아 올림)합니다.

표 11.1 전통적인 Q-러닝과 심층 Q-러닝 비교

단계 방법	전통적인 Q-러닝	심층 Q-러닝
❶ 현재 Q함수에 기반해 액션 a_t를 취함	현재 Q함수에 기반해 하나의 행동을 선택한다	작은 확률 ϵ로 랜덤 액션을 취한다. 이는 MAB 알고리즘 중에 ϵ-greedy와 같다. 탐색과 이용 사이에서 균형을 잡아야 한다
❷ 보상 r_t과 다음 상태 S_{t+1}를 얻음	환경으로부터 직접적으로 얻는다	환경으로부터 얻는다. 상태 부분은 관측치에 대한 처리를 가해야 한다
❸ 모종의 방식으로 4차원 조합 (s_j, a_j, r_j, s_{j+1})를 얻음	현재 시각이 t라고 가정한다면, 단순하게 $j = t$로 설정한다	이전 기록으로부터 랜덤으로 하나의 j를 샘플링한다
❹ y_j를 계산	$y_j = r_j + \gamma \cdot \max_a Q(s_{j+1}, a; \theta)$	전통적인 Q-러닝과 동일. 하지만 유한한 길이의 상태 시퀀스를 고려함
❺ 경사하강 진행	$Q(s_t, a_t) \leftarrow Q(s_t, a_t) + \alpha[y_t - Q(s_t, a_t)]$	전통적인 Q-러닝과 동일

잠시 쉬어가기...

도파민에서 강화학습까지

도파민은 사람이 흥분과 즐거움을 느낄 수 있게 해주는 신경전달 물질이며, 대뇌를 통해 분비됩니다. 도파민과 강화학습은 얼핏 듣기에 서로 관련이 없어 보이지만, 놀랍게도 이들은 본질적으로 많은 공통성을 가지고 있습니다. 우리가 기대보다 많은 보답이나 보상을 받았을 때, 대뇌에서는 대량의 도파민을 내보내 우리에게 흥분과 즐거움을 느끼게 해줍니다. 그렇다면 도파민 분비량을 결정하는 요소는 무엇일까요? 답은 바로 보상과 기대 사이의 차이입니다. 여러분은 러시아 과학자 파블로가 강아지를 대상으로 한 유명한 실험인 '파블로의 개'에 대해 들어봤을 것입니다. 밥을 먹기 전에 종을 치면 그들은 밥을 주지 않아도 종을 치면 침을 흘립니다. 기술이 발전하면서 과학자들은 도파민의 분비가 보상에 의한 것이 아니라 보상에 대한 기대에서 오는 것임을 밝혀냈습니다. 받는 보상이 기대보다 높을 때 도파민 분비가 촉진되고 사람들은 인생이 아름답다고 느낍니다. 반대로, 보상이 기대에 못 미치면 도파민 분비량이 적어져 사람들은 생활에 대한 흥미를 잃는다고 합니다. 기대와 보상 사이의 차이에 균형을 유지하는 것은 시간차학습temporal difference learning의 목적이기도 합니다. 시간차학습은 보상과 예상의 차이에 기반해 가치함수를 조정하는데, 이는 대뇌에서 도파민을 분비하는 메커니즘과 유사합니다. 시간차학습은 V함수V-function를 최적화하거나 Q함수Q-function를 최적화하는 데 사용될 수 있습니다. 이번 절에서 소개된 Q-러닝이 바로 시간차 알고리즘의 특례special case입니다.

폴리시 그래디언트

상황 설명

Q-러닝은 상태공간상에서 Q함수의 최댓값을 구하기 때문에 이산 상태공간 처리에만 사용될 수 있습니다. 연속적인 상태공간에 대해 Q함수를 최대화하는 것은 매우 어려울 것입니다. 따라서 로보틱스 등과 같이 복잡한 연속 출력이 필요한 영역에서는 Q-러닝을 사용하는 것이 적합하지 않습니다. 그리고 심층 Q-러닝을 포함한 대다수 강화학습 알고리즘은 수렴성 보장이 없습니다. 하지만 폴리시 그래디언트policy gradient는 이러한 문제가 없습니다. 폴리시 그래디언트는 연속 상태공간이든 이산 상태공간이든지에 상관없이 모두 처리할 수 있습니다. 동시에 최소 하나의 국소 최적해에 수렴함을 보장합니다.

키워드 강화학습Reinforcement Learning / Q-러닝Q-Learning

질문 폴리시 그래디언트는 무엇인가요?
전통적인 Q-러닝과 어떤 차이점이 있으며,
Q-러닝 대비 어떤 장점이 있나요? 난이도 ★★★★

분석·해답

폴리시 그래디언트에서 앞뒤 두 개의 상태 사이의 관계는 $s_{t+1} \sim p(s_{t+1}|s_t, a_t)$입니다. 여기서 s_t, s_{t+1}은 서로 연결된 두 개의 상태이며, a_t는 t스텝에서 취하는 행동, p는 환경이 결정하는 다음 시각의 상태 분포를 뜻합니다. 액션 a_t의 생성모델(폴리시)은 $a_t \sim \pi_\theta(a_t|s_t)$이며, 여기서 π_θ는 θ를 파라미터로 하는 하나의 분포를 나타내고, a_t는 해당 분포에서 진행한 샘플링입니다. 이렇게 동일한 환경에서 강화학습의 총 보상함수 $R(\theta) = E(\sum_{0}^{T} z_t r_t)$은 완전히 θ에 의해 결정됩니다. 폴리시 그래디언트의 기본 아이디어는 그래디언트 방법을 사용해 $R(\theta)$를 최적화하는 것입니다. Q-러닝과 다른 점은 폴리시 그래디언트는 Q함수를 계산하지 않고 현재 상태를 이용해 액션 a_t를 생성한다는 점입니다. 이렇게 효과적으로 연속 상태공간상에서 Q함수를 최대화하

는 어려움을 피할 수 있습니다. 동시에, 그래디언트 방법을 사용해 $R(\theta)$를 최적화하여 최소 국소적 수렴을 할 수 있도록 보장합니다.

그래디언트 방법을 사용하기 위해서 먼저 어떻게 $R(\theta)$의 도함수를 계산할 수 있는지에 대해 알아야 합니다. τ를 0에서 T시간까지의 모든 상태와 액션의 집합(하나의 궤적이라고 칭함)이라고 한다면, $R(\theta) = E(r(\tau))$이 됩니다. 여기서 함수 r은 궤적* τ의 점수를 계산합니다. 우리는 $R(\theta) = E(r(\tau)) = \int p_\theta(\tau)r(\tau)\mathrm{d}\tau$을 얻을 수 있고, 따라서 다음 식이 됩니다.

$$
\begin{aligned}
\nabla_\theta R(\theta) &= \nabla_\theta \int p_\theta(\tau)r(\tau)\mathrm{d}\tau \\
&= \int p_\theta(\tau)(\nabla_\theta \log(p_\theta(\tau)))r(\tau)\mathrm{d}\tau \\
&= E(\nabla_\theta \log(p_\theta(\tau))r(\tau)) \\
&= E(\nabla_\theta \log(p(s_0) \cdot \pi_\theta(a_0|s_0) \cdot p(s_1|a_0,s_0) \cdot \\
&\quad p(a_1|s_1)\cdot\ldots\cdot\pi_\theta(a_T|s_T))r(\tau)) \\
&= E(\sum_{k=0}^{T}\nabla_\theta \log\pi_\theta(a_k|s_k) \cdot r(\tau))
\end{aligned}
\tag{11.2}
$$

마지막 부분은 $p(s_{k+1}|a_k,s_k)$가 환경에 의해 결정되고, θ와는 관계가 없기 때문에 $\nabla_\theta \log(p(s_{k+1}|a_k,s_k)) = 0$이 됩니다. 각 궤적 τ가 대응하는 그래디언트는 다음과 같습니다.

$$
g(\tau) = \sum_{k=0}^{T}\nabla_\theta \log\pi_\theta(a_k|s_k) \cdot r(\tau)
\tag{11.3}
$$

여기서 s_k, a_k는 궤적 τ상 각 스텝의 상태와 액션입니다. 이렇게 폴리시 π_θ가 주어졌을 때 우리는 궤적 시뮬레이션을 얻는 것을 통해 각 궤적에 대한 보상 $r(\tau)$와 각 스텝의 <상태, 행동> 쌍pair을 얻을 수 있습니다. 따라서 식 11.2와 식 11.3을 통해 현재 파라미터에서의 그래디언트값을 구할 수 있습니다. 간단한 알고리즘에 대한 설명이 그림 11.7에 나와 있습니다.

★ 옮긴이 영문은 trajectory이며, 궤도 혹은 궤적이라 번역합니다. 그 상태에 영향을 미치는 연속적인 상태와 행동을 뜻합니다.

그림 11.7 폴리시 그래디언트 알고리즘

사실, $\nabla_\theta R(\theta)$는 하나의 랜덤변수 $g(\tau)$의 기댓값입니다. 우리는 $g(\tau)$에 대한 독립 샘플링을 몇 차례 진행해 해당 기댓값에 대한 계산을 할 수 있습니다. 만약 기댓값이 변하지 않는 전제하에 $g(\tau)$의 분산을 줄일 수 있다면, 효과적으로 기댓값 계산 효율을 향상시킬 수 있을 것입니다. $\int p_\theta(\tau) \cdot d\tau \equiv 1$이기 때문에 $E(\sum_{k=0}^{T} \nabla_\theta \log \pi_\theta(a_k|s_k))$ $= \int \nabla p_\theta(\tau) \cdot d\tau = \nabla \int p_\theta(\tau) = 0$이 됨을 알 수 있습니다. 하나의 임의 상수 b에 대해, 우리는 강화 그래디언트 $g_b'(\tau) = \left(\sum_{k=0}^{T} \nabla_\theta \log \pi_\theta(a_k|s_k) \right)(r(\tau) - b)$을 정의할 수 있고 $E(g(\tau)) = E(g_b'(\tau))$임을 쉽게 알 수 있습니다. 그리고 적당한 b를 선택하면 분산이 더 작은 $g_b'(\tau)$를 얻는 동시에 기댓값이 변하지 않게 만들 수 있습니다. 계산을 통해 최적의 b가 다음 식임을 알 수 있습니다.

$$b_{\text{optimal}} = \frac{E((\sum_{k=0}^{T} \nabla_\theta \log \pi_\theta(a_k|s_k))^2 r(\tau))}{E((\sum_{k=0}^{T} \nabla_\theta \log \pi_\theta(a_k|s_k))^2)} \tag{11.4}$$

따라서 우리는 그림 11.8과 같은 개선된 알고리즘을 얻을 수 있습니다.

1: $\theta \leftarrow \theta_0$ // θ를 초기화;

2: 다음 스텝 ($E = 1, 2, 3, \ldots$)을 수렴할 때까지 반복:

3: 　　현재의 θ에 기반해 독립 실험을 여러 차례 진행, 궤도_{trajectory} $\tau_1, \tau_2, \tau_3, \ldots, \tau_n$을 얻음;

4: $\quad b = \dfrac{\sum_{i=1}^{n}\left(\sum_{k=0}^{T}\nabla_\theta \log\pi_\theta(a_{i,k}\mid s_{i,k})\right)^2 r(\tau_i)}{\sum_{i=1}^{n}\left(\sum_{k=0}^{T}\nabla_\theta \log\pi_\theta(a_{i,k}|s_{i,k})\right)^2}$

　　// 식 11.4를 기반으로 b_{optimal}를 계산. $s_{i,k}$와 $a_{i,k}$는 각각 τ_i에 대응하는 상태와 액션;

5: 　　식 11.4를 기반으로 대응하는 강화 그래디언트 $g'_b(\tau_2), g'_b(\tau_3), \ldots, g'_b(\tau_n)$을 얻고,

　　$\nabla_\theta R(\theta)$에 대한 계산 $\nabla_\theta R(\theta) \approx \dfrac{\sum_{i=1}^{n} g'_b(\tau_i)}{n}$ 진행;

6: 　　$\theta \leftarrow \theta + \alpha_E \nabla_\theta R(\theta)$ // θ를 업데이트하고 α_E를 E번째 학습률로 설정

그림 11.8 개선된 폴리시 그래디언트 알고리즘

위의 폴리시 그래디언트 알고리즘에서 하나의 새로운 강화 그래디언트 계산을 통해 원래 그래디언트의 분산을 줄일 수 있고, 이에 따라 그래디언트 계산 효율을 향상시킬 수 있었습니다. 그렇다면 최적의 b 값은 어떻게 찾아낼 수 있을까요?

다시 폴리시 그래디언트 알고리즘 $g'_b(\tau) = \left(\sum_{k=0}^{T}\nabla_\theta \log\pi_\theta(a_k \mid s_k)\right)(r(\tau) - b)$으로 돌아가 봅시다. 랜덤변수 $A = \sum_{k=0}^{T}\nabla_\theta \log\pi_\theta(a_k \mid s_k)$, $B = r(\tau)$을 정의하면 $E(A) = 0$을 얻을 수 있습니다. 이렇게 하면 문제는 $E(A) = 0$의 전제하에 최적의 상수 b를 찾아 $\text{var}(A(B - b))$를 최소화하는 것이 됩니다.

$$
\begin{aligned}
\operatorname{argmin}(\operatorname{var}(A(B-b))) &= \operatorname{argmin}(E((A(B-b)-E(AB))^2)) \\
&= \operatorname{argmin}(E((AB-E(AB)-b\cdot A)^2)) \\
&= \operatorname{argmin}(b^2 E(A^2) - 2bE(A^2 B) + E((AB-E(AB))^2)) \\
&= \operatorname{argmin}(b^2 E(A^2) - 2bE(A^2 B)) \\
&= \frac{E(A^2 B)}{E(A^2)} \\
&= \frac{E\left(\left(\sum_{k=0}^{T}\nabla_\theta \log\pi_\theta(a_k \mid s_k)\right)^2 r(\tau)\right)}{E\left(\left(\sum_{k=0}^{T}\nabla_\theta \log\pi_\theta(a_k | s_k)\right)^2\right)}
\end{aligned}
\tag{11.5}
$$

즉, 식 11.4의 결과입니다.

탐색과 이용

환경과 계속해서 상호작용을 하면서 에이전트는 서로 다른 상태에서 지속적인 탐색을 진행해 여러 액션에 대한 피드백을 얻습니다. 탐색$_{exploration}$은 에이전트가 계속되는 실험을 통해 피드백을 얻을 수 있도록 돕습니다. 이용$_{exploitation}$은 이미 가지고 있는 피드백 정보를 이용해 최적의 액션을 선택하는 것을 뜻합니다. 따라서 어떻게 탐색과 이용 사이의 균형을 맞추는가에 대한 부분은 에이전트가 상호작용 중에서 학습해야 하는 중요한 문제입니다.

(키 워 드) **강화학습**Reinforcement Learning / **탐색**Exploration / **이용**Exploitation

질문 에이전트가 환경과 상호작용을 하는 과정에서 탐색과 이용이란 무엇을 말하는 것일까요? 어떻게 탐색과 이용 사이에 균형을 맞출 수 있을까요? 난이도 ★★★

(분석·해답)

만약 우리가 손님이 와서 주문할 필요 없이 알고리즘이 대신 메뉴를 결정해 주는 최첨단 레스토랑 'Surprise Me'를 오픈했다고 가정해 봅시다. 구체적인 프로세스는 다음과 같습니다.

❶ 손님 User = 1, ..., T 차례대로 레스토랑에 들어온다.

❷ 손님에게 한 가지 메뉴를 추천*하고, 손님이 받아들이면 남아서 식사를 한다 (Reward = 1), 만약 거절하면 식당을 떠난다(Reward = 0).

❸ 추천을 받아들인 총 손님의 수(total_reward)를 계산한다.

이 문제를 해결하기 위해 우리는 세 가지 가설을 세울 필요가 있습니다.

★ (옮긴이) 추천을 받았을 때 손님이 시식을 해볼 수 있다고 가정하면 보다 쉽게 이해할 수 있습니다.

❶ 같은 메뉴라고 해도 어떤 경우에는 조금 더 맛있고(확률 = p), 어떤 경우에는 조금 더 맛없다(확률 = $1-p$). 그러나 확률 p가 얼마인지는 알지 못하고, 여러 번 관측 통계를 통해 알 수 있다.

❷ 개인의 입맛 차이는 고려하지 않는다. 즉, 요리가 맛있다면 손님은 남아 식사를 하고(Reward = -1), 요리가 맛이 없다면 손님은 반드시 떠난다(Reward = 0).

❸ 요리가 맛있는지 맛없는지 여부는 오직 손님에 의해 결정되고, 레스토랑은 사전에 알 수 없다.

탐색 단계 여러 차례 관측을 통해 요리가 맛있을 확률을 추측합니다. 만약 요리가 k번 추천되었다면(k번의 피드백을 받았다면), 맛있게 만들었을 확률을 계산할 수 있습니다.

$$\tilde{p} = \frac{1}{k}\sum_{i}^{k} Reward_i \tag{11.6}$$

만약 추천 횟수가 충분히 많아 k의 값이 크다면, $\tilde{p}$는 실제로 맛있는 요리를 만들었을 확률 p에 가까워질 것입니다.

이용 단계 모든 메뉴에 대해 맛있게 만들 확률을 알고 있다면 어떻게 추천을 결정해야 할까요? 만약 각 메뉴가 모두 여러 번 추천되었다면 각 메뉴를 맛있게 만들 확률 $\{\tilde{p}_1, \tilde{p}_2, ..., \tilde{p}_N\}$을 계산할 수 있고, 따라서 $\tilde{p}$가 가장 큰 요리만 추천하면 될 것입니다.

탐색과 이용의 균형은 오랫동안 계속되어 온 딜레마 같은 문제입니다. 첫 번째로, 탐색의 대가는 계속해서 고객을 대상으로 실험을 해야 하는 것이기 때문에 고객 경험customer experience에 좋지 못한 영향을 준다는 것입니다. 하지만 더 정확한 확률의 계산을 도와줍니다. 두 번째로, 이용은 현재 계산된 '가장 좋은' 요리만을 고객들에게 제공하지만 계산된 확률이 정확하지 않을 수 있습니다(충분하나 고객을 대상으로 실험하지 않았기 때문에).

어떻게 탐색과 이용 사이에 균형을 맞출 수 있을까요? 바로 ϵ-그리디ϵ-greedy 알고리즘을 사용할 수 있는데, 즉 손님이 올 때마다 ϵ 확률로 탐색을 진행하고, N개의 요리 중에서 랜덤으로 하나의 요리를 선택하여(확률은 ϵ/N) 손님에게 시식을 제공합니다. 손님의 피드백에 기반해 요리를 맛있게 만들었을 확률 $\{\tilde{p}_1, \tilde{p}_2, ..., \tilde{p}_N\}$을 업데이트하고, 그다음으로 $1-\epsilon$의 확률로 N개의 요리 $\{\tilde{p}_1, \tilde{p}_2, ..., \tilde{p}_N\}$ 중에서 가장 맛있을 확률이 높은 요리를 고객에게 추천하는 것입니다.

ϵ-그리디 알고리즘도 단점이 존재하는데, 예를 들어 시식 횟수가 동일한 상황에서 맛있는 요리와 맛없는 요리를 시식할 확률이 같습니다. 어떤 한 요리가 계속해서 좋은 피드백을 받는다면, 다른 하나의 요리는 계속해서 좋지 못한 피드백을 받습니다. 그러나 ϵ-그리디에서 두 요리를 탐색하는 확률은 ϵ/N으로 같습니다. 예측의 성공 확률이 같은 상황에서 시식 수가 많은 것과 시식 수가 적은 요리는 같은 확률로 다시 시식으로 제공됩니다. 만약 두 가지 요리가 있다고 가정하면, 첫 번째 요리는 50명 중 30명이 맛있다고 하고, 두 번째 요리는 5명 중 3명이 맛있다고 하더라도 두 요리의 성공 확률은 60%(30/50 = 3/5)로 같습니다. 하지만 피드백이 많을수록 확률 계산이 더 정확해지는 것은 너무도 당연해 보입니다. 탐색 과정에서 시식이 많은 요리에 가중치를 더 줘야 할 것입니다.

ϵ-그리디 알고리즘은 다소 서투르게 선택 과정을 탐색 단계와 이용 단계로 나눕니다. 탐색 시에는 모든 사물을 대상으로 동일한 확률로 탐색을 진행하고, 요리가 탐색된 횟수나 좋은 피드백을 받은 비율 등 어떠한 역사적 정보(이전 정보)도 사용하지 않습니다.

일단, 탐색 단계와 이용 단계에 대해 잠시 잊고 어떻게 하면 이전 정보를 잘 이용해 최적의 요리를 추천할 수 있을지 고민해 봅시다.

- **관측 1** 만약 한 요리가 이미 k번 추천되었고 동시에 k번의 피드백을 얻었다면, 맛있게 만들 확률을 계산할 수 있습니다.

$$\tilde{p} = \frac{1}{k}\sum_{i}^{k} Reward_i \tag{11.7}$$

k가 무한대로 갈수록 $\tilde{p}$는 실제로 맛있게 만들 확률 p에 가까워질 것입니다.

- **관측 2** 현실에서는 요리가 시식되는 횟수 k가 무한대로 커질 수가 없습니다. 따라서 계산된 맛있을 확률 $\tilde{p}$와 실제로 맛있을 확률 p 사이에는 항상 차이 값 Δ가 존재할 것입니다. 즉, $\tilde{p} - \Delta \leqslant p \leqslant \tilde{p} + \Delta$입니다.

위 두 관측에 기반해 우리는 새로운 정책을 정의할 수 있습니다. 매번 추천할 때 낙관적으로 각 요리가 좋은 평을 받을 확률을 $\tilde{p} + \Delta$으로 간주하는 것인데, 이것이 유명한 UCBUpper Confidence Bound 알고리즘입니다. 따라서 실제 확률과 예측확률 사이의 차이 Δ만 계산하면 됩니다.

공식에 대해 알아보기 전에 Δ에 영향을 주는 요소에 대해 직관적으로 생각해 봅시다. 선택된 요리에 대해 피드백을 얻을 때마다 Δ는 작아질 것입니다. 최종적으로 선택되지 않은 요리보다 작아질 것입니다. 선택되지 않은 요리에 대해 Δ는 횟수가 늘어나면서 커지게 될 것이고, 최종적으로 다른 선택된 요리보다 커지게 될 것입니다.

이제 정식으로 어떻게 Δ를 계산하는지에 대해 알아봅시다. 먼저, 체르노프–호에프딩 부등식Chernoff-Hoeffding Bound을 소개하겠습니다. 만약 $Reward_1, ..., Reward_n$이 [0, 1] 사이의 값을 가진 독립항등분포 랜덤변수이고, $\tilde{p} = \dfrac{\sum_i Reward_i}{n}$으로 샘플의 평균을 나타내고, p로 분포의 평균값을 나타낸다면 다음 식이 됩니다.

$$P\{|\tilde{p} - p| \leqslant \Delta\} \geqslant 1 - 2e^{-2n\Delta^2} \tag{11.8}$$

Δ의 값이 $\sqrt{\dfrac{2\ln T}{n}}$일 때 여기서 T는 T명의 손님을 뜻하고, n은 요리를 먹은 횟수를 뜻합니다. 따라서 다음 식이 됩니다.

$$P\left\{|\tilde{p} - p| \leqslant \sqrt{\dfrac{2\ln T}{n}}\right\} \geqslant 1 - \dfrac{2}{T^4} \tag{11.9}$$

이는 $\tilde{p} - \sqrt{\dfrac{2\ln T}{n}} \leqslant p \leqslant \tilde{p} + \sqrt{\dfrac{2\ln T}{n}}$은 $1 - \dfrac{2}{T^4}$의 확률로 성립한다는 것을 뜻합니다.

- $T = 2$일 때 확률은 0.875입니다.
- $T = 3$일 때 확률은 0.975입니다.
- $T = 4$일 때 확률은 0.992입니다.

Δ의 값이 $\sqrt{\dfrac{2\ln T}{n}}$ 일 때 호평의 평균값 $\tilde{p}$와 실제 호평 p의 차이가 Δ 범위 내에 있을 확률이 이미 1에 매우 가까워졌음을 알 수 있습니다. 따라서 Δ의 값은 UCB에 매우 적합합니다. 우리는 낙관적으로 각 요리가 받는 호평이 $\tilde{p} + \Delta$이라고 간주하고, 현재 호평에 대한 정보를 사용하는 동시에 UCB를 사용하여 탐색을 진행합니다.

요약·응용

만약 탐색과 이용 문제에 대해 관심이 있는 독자라면, 베이지안 사상에 기반한 톰슨 샘플링 Thompson sampling이나 상하 문맥 정보를 활용하는 LinUCB에 대해서도 공부해 보길 권합니다.

CHAPTER

12

앙상블 학습

The Quest for Machine Learning

일반적으로 머신러닝 문제에 대해서 두 가지 전략이 존재합니다. 첫 번째는 연구원이 각종 모델을 실험하며 성능이 제일 좋은 모델을 선택해 지속적으로 최적화하는 전략입니다. 이러한 전략은 올림픽과 비슷한데, 치열한 경쟁을 통해 계속해서 성적을 향상시킵니다. 다른 한 가지 전략은 각자의 장점을 합치는 것인데, 현명한 군주가 여러 대신들의 의견을 경청하는 것처럼 종합적으로 고려하여 최종 결정을 내립니다. 이 전략의 핵심은 다수의 분류기의 결과를 하나의 최종 결정에 녹이는 것입니다. 이러한 전략을 사용하는 머신러닝 방법을 앙상블 학습 Ensemble Learning이라고 부릅니다. 여기서 각 단독 분류기는 기초 분류기라고 부릅니다.

옛말에 '신기료 장수 셋이면 제갈량보다 낫다'라고 했습니다. 기초 분류기는 '신기료 장수'이고, 이전에 소개했던 많은 복잡한 모델은 '제갈량'이라고 볼 수 있습니다. 신기료 장수 개개인의 의사결정 능력은 뛰어나지 않지만, 우리는 효과적으로 여러 신기료 장수의 의견을 조합해 '제갈량'을 뛰어넘는 전략을 만들 수 있습니다. 어떻게 이런 기초 분류기를 앙상블할 것인지가 바로 이번 장에서 논의하게 될 주요 내용입니다.

앙상블 학습의 인기는 학계에서도 계속되고 있을 뿐만 아니라 업계와 많은 머신러닝 경진 대회에서도 성공적인 퍼포먼스를 보여주고 있습니다. 특히, 캐글 대회에서 가장 인기 있는 XGBoost가 바로 앙상블 학습의 아이디어를 응용한 알고리즘입니다.

앙상블 학습의 종류

(상황 설명)

앙상블 학습은 모델을 융합하는 전략과 방법을 통칭해서 부르는 말입니다. 이번 문제에서는 각종 주요 앙상블 학습 방법에 대한 기본적인 이해도를 점검할 것입니다.

키워드 부스팅Boosting / 배깅Bagging / 기초 분류기Base Classifier

질문 **앙상블 학습에는 어떤 종류가 있나요?
이들 사이에는 어떤 공통점 혹은 차이점이
있나요?**

난이도 ★

분석·해답

● 부스팅

부스팅Boosting 방법은 기초 분류기를 훈련시킬 때 직렬적serial인 방식을 사용하여 각 기초 분류기 사이에 의존 관계가 존재합니다.

기본 아이디어는 기초 분류기를 층층이 더해 각 층이 훈련될 때 이전 층 기초 분류기가 잘못 분류한 샘플에 더 큰 가중치를 주는 것입니다. 테스트할 때는 각층 분류기 결과의 가중치에 기반해 최종 결과를 얻습니다.

부스팅 과정은 사람이 학습하는 과정(그림 12.1)과 유사합니다. 우리가 새로운 지식을 습득하는 과정은 늘 반복적입니다. 처음 학습할 때는 일부분의 지식을 기억하는 동시에 어떤 부분에서는 실수를 합니다. 하지만 두 번째 학습에서는 이전에 실수한 부분에 대해 같은 실수를 범하지 않기 위해서 공부를 더 많이 하게 됩니다. 이러한 순환은 계속되는데, 일반적으로 같은 실수를 반복하지 않을 정도까지 학습을 반복하게 됩니다.

그림 12.1 부스팅의 주요 아이디어: 반복적 학습

● 배깅

배깅bagging은 부스팅boosting의 직렬적인 훈련 방식과 다르게, 훈련 과정에서 각 분류기 사이에 의존 관계가 거의 존재하지 않고 병렬적으로 훈련을 진행합니다. 가장 유명한 알고리즘 중 하나는 의사결정 트리 기초 분류기에 기반한 랜덤 포레스트random forest입니다. 기초 분류기 사이가 상호 독립적으로 만들기 위해 훈련 세트를 몇 개의 하위 집합으로 분리합니다(훈련 샘플 수량이 적을 경우는 하위 집합 사이가 겹칠 수도 있습니다). 배깅 방법은 부스팅보다 집단 의사결정 과정과 더욱 유사합니다. 각 객체는 단독적인 학습을 진행하고, 학습 내용은 동일할 수도 상이할 수도 있으며, 일정 부분 중복될 수도 있습니다. 하지만 객체 사이에 차별성이 존재하기 때문에 최종적으로 내린 판단은 완전히 일치하지 않습니다. 최종적으로 의사결정을 내릴 때 각 객체는 단독으로 판단을 내리고, 투표 방식으로 최종 집단 의사결정을 내립니다(그림 12.2).

그림 12.2 배깅의 주요 아이디어: 집단 투표 의사결정

기초 분류기의 분산과 편향을 제거하는 시각에서 부스팅과 배깅 방법의 차이를 이해할 수도 있습니다. 기초 분류기는 '약한 학습기'라고도 불리는데, 기초 학습기의 오차율이 앙상블 분류기보다 크기 때문입니다. 기초 분류기의 오차는 편향과 분산 두 종류 오차의 합입니다. 편향은 분류기의 표현 능력에 제한이 있기 때문에 발생하는 시스템 오차입니다. 분산은 적은 훈련 샘플로 인해 노이즈까지 훈련되어 분류기가 너무 민감해 과적합을 일으켜 발생하는 오차입니다.

부스팅 방법은 점차적으로 기초 분류기가 잘못 분류한 샘플에 초점을 맞춰 앙상블 분류기의 편향을 줄입니다. 배깅 방법은 반대로 '분할 정복divide and conquer' 전략을 사용해 훈련 샘플에 대한 여러 차례 샘플링을 통해 다수의 서로 다른 모델을 훈련시키고 종합하여 앙상블 분류기의 분산을 줄이는 것입니다. 만약 모든 기초 분류기가 오차를 발생시킬 확률이 독립적이라면, 어떤 테스트 샘플에서 단순한 다수결 투표 방식으로 앙상블한 결과를 사용했을 때 과반수를 넘긴 기초 분류기가 오류를 발생시킬 확률은 기초 분류기 수가 증가함에 따라 낮아지게 됩니다.

그림 12.3은 배깅 알고리즘 그래프를 보여주고 있습니다. Model 1, Model 2, Model 3은 모두 훈련 세트의 하나의 하위 집합으로 훈련시킨 것인데, 개별적으로 보면 결정 경계가 모두 구불구불해 과적합 경향이 나타남을 알 수 있습니다. 앙상블 후에 모델의 결정 경계는 각각 독립적인 모델에 비해 평활smooth해졌습니다. 이는 앙상블의 가중 투표 방법이 분산을 감소시켰기 때문입니다.

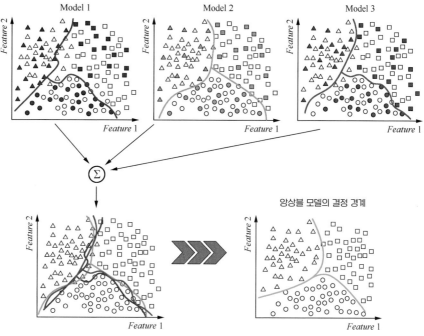

그림 12.3 배깅(bagging) 알고리즘의 예시

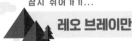

레오 브레이만

레오 브레이만Leo Breiman은 20세기의 유명 통계학자입니다. 그는 캘리포니아 버클리 대학교 교수이자 미국 국가과학원National Academy of Sciences의 회원이기도 합니다. 그는 CART를 발명했으며, 배깅 방법과 랜덤 포레스트 알고리즘의 창시자이기도 합니다. 그는 비록 2005년에 별세했지만, 그가 남긴 논문이 인용되는 횟수는 계속해서 늘어나 2017년에는 11,000회가 넘어갔습니다.

레오 브레이만은 전설적인 삶을 살았습니다. 그는 들어가기 어렵기로 유명한 캘리포니아 공과대학 물리학과에 입학해 장학금까지 받았습니다. 그러나 대학교 2학년 때부터 수업에 흥미를 잃어 그 후 줄곧 좋은 성적을 내지 못했습니다. 물리에서 좋은 성적을 내진 못했지만 천부적인 수학적 재능으로 1954년 UC버클리에서 수학박사 학위를 받게 됩니다. 그러나 곧바로 학계를 떠나 군대에 입대했습니다. 후에 다시 UCLA에서 교수직을 맡다가, 졸업 후 25년 만에 다시 UC버클리 통계학 교수 자리로 돌아가게 됩니다.

마지막으로, 그가 명예퇴직한 후 1994년 UC버클리 통계학과 졸업식에서 했던 연설 중 일부를 소개하겠습니다.

"물리학, 수학, 공학과 학생들에게 가서 25년 후는 현재와 어떻게 다를지에 대해 물어보십시오. 대답은 아마 간단할 것입니다. 별 차이가 없겠죠. 2000년 전에 아르키메데스는 이미 물리, 미적분, 공학 등을 연구했는데, 25년 동안의 변화는 변화 축에도 끼지 못할 겁니다. 하지만 빠르게 발전하고 있는 통계학은 다릅니다. 그 아무도 25년 뒤의 통계학이 어떤 모습일지 알지 못합니다."

"사실, 저는 어떤 통계학 과목도 수강해 본 적이 없습니다. 저의 친구이자 동료인 전 스탠퍼드대학교 통계학과 학과장인 프리드만 교수도 저와 같습니다. 그는 원래 실험 물리학자였습니다. 존 투키John Tukey는 순수 수학을 연구했습니다. 조지 박스George Box 역시 화학자였습니다. 걸출한 많은 통계학자들은 운명처럼 통계학이라는 배를 타게 된 것입니다."

그가 연설을 한 지도 벌써 25년이 다 되어 갑니다. 오늘날 머신러닝 영역은 그가 말한 것처럼 빠르게 발전하고 있고 누구도 그 한계에 대해 알지 못합니다. 만약 여러분이 아직도 이 배를 타는 것이 망설여진다면, 브레이만의 이야기를 듣고 용기를 내보세요.

앙상블 학습 단계와 예제

상황 설명

앙상블 학습의 구체적인 알고리즘과 전략은 각각 다르지만, 공통적인 기본 단계가 존재합니다. 이번 절에서는 앙상블 학습에 대한 기초적인 이해도를 알아보고, 예제를 통해 구체적인 앙상블 학습 알고리즘을 살펴봅니다.

키워드 **앙상블 학습**Ensemble Learning / **AdaBoost** / **GBDT**Gradient Boosting Decision Tree

질문
앙상블 학습에는 어떤 기본적인 단계가 있나요? 앙상블 학습 예제를 통해 설명해 주세요.

난이도 ★★

분석·해답

앙상블 학습은 일반적으로 다음과 같은 3단계 과정이 필요합니다.

❶ 오차가 상호 독립적인 기초 분류기를 찾는다.

❷ 기초 분류기를 훈련한다.

❸ 기초 분류기 결과를 병합한다.

기초 분류기 결과를 병합하는 방법에는 투표voting와 스태킹stacking 두 종류가 있습니다. 전자는 투표 방식으로, 더 많은 표를 얻은 결과를 최종 결과로 채택합니다. 후자는 직렬적인 방법으로, 이전 기초 분류기의 결과를 다음 분류기로 출력하고 모든 기초 분류기의 출력 결과를 더해 최종 출력으로 설정합니다(혹은 더 복잡한 알고리즘을 사용해 융합합니다. 예를 들어, 각 기초 분류기의 출력을 특성으로 설정하여 로지스틱 회귀를 사용해 융합된 모델에 대해 최종 결과 예측을 진행합니다). AdaBoost를 예로 들면, 기초 분류기 훈련과 병합의 기본 과정은 다음과 같습니다.

❶ 기초 분류기 결정 　여기서는 ID3 의사결정 트리를 기초 분류기로 선택하겠습니다. 사실, 모든 분류 모델은 기초 분류기로 사용할 수 있습니다. 그러나 트리 모델은 구조가 간단하고 비교적 쉽게 임의성을 생성할 수 있기 때문에 자주 사용됩니다.

❷ 기초 분류기 훈련 　훈련 세트 $\{x_i, y_i\}$, $i = 1, ..., N$이 주어졌다고 가정하고, $y_i \in \{-1, 1\}$이면서 T개의 기초 분류기가 있다면 다음과 같은 프로세스에 따라 기초 분류기를 훈련할 수 있습니다.

- 샘플링 분포 $D_1(i) = 1/N$을 초기화한다.
- $t = 1, 2, ..., T$ 순환:
  - 훈련 세트에서 D_t 분포에 따라 하위 집합 $S_t = \{x_i, y_i\}$, $i = 1, ..., N_t$를 샘플링한다.
  - S_t를 사용해 기초 분류기 h_t를 훈련한다.
  - h_t의 오차율 $\varepsilon_t = \dfrac{\sum_{i=1}^{N_t} I[h_t(x_i) \neq y_i] D_t(x_i)}{N_t}$을 계산한다. 여기서 $I[\ ]$는 판별 함수다.
  - 기초 분류기 h_t의 가중치 $a_t = \log \dfrac{(1 - \varepsilon_t)}{\varepsilon_t}$을 계산한다.
  - 다음 샘플링을 설정한다.

$$D_{t+1} = \begin{cases} D_t(i) \text{혹은} \dfrac{D_t(i)(1 - \varepsilon_t)}{\varepsilon_t} & , h_t(x_i) \neq y_i \\ \dfrac{D_t(i)\varepsilon_t}{(1 - \varepsilon_t)}, & , h_t(x_i) = y_i \end{cases} \tag{12.1}$$

❸ 분류기 합병 　미지의 샘플 z가 주어졌을 때 출력되는 분류 결과는 가중치 투표의 결과 $Sign(\sum_{t=1}^{T} h_t(z)a_t)$입니다.

AdaBoost의 예제에서 우리는 부스팅의 아이디어를 엿볼 수 있습니다. 정확하게 분류된 샘플에 대해서는 가중치를 낮게 주고, 잘못 분류된 샘플에 대해서는 가중치를 높이거나 유지시킵니다. 최종적으로 모델을 융합하는 과정 중에 오차율에 기반해 기초 분류기에 대한 가중 융합을 진행합니다. 오차율이 낮은 분류기는 더 큰 '발언권'이 있는 셈입니다.

또 하나의 유행하는 모델은 그래디언트 부스팅 결정 트리Gradient Boosting Decision Tree, 이하 GBDT입니다. 이 알고리즘의 핵심 아이디어는 각 트리가 이전 트리들의 잔차를 학습하는 것입니다. 잔차는 바로 실제값과 예측값의 차이입니다.

비디오 콘텐츠 플랫폼의 사용자의 페르소나persona 분석을 예로 들면, 광고를 지정된 연령의 사용자에게 노출시키기 위해 플랫폼은 각 사용자의 나이를 예측해야 합니다. 이 문제에서 각 샘플은 이미 성별/나이를 알고 있는 사용자가 될 것이며, 특성은 이 사람이 방문한 시간, 시청한 콘텐츠 유형 등이 있을 것입니다.

예를 들어, 사용자 A의 실제 나이는 25세인데, 첫 번째 트리가 예측한 나이가 22살이라고 한다면 3살 차이가 날 것입니다. 앞서 설명한 잔차가 바로 3살이 됩니다. 그렇다면 두 번째 트리에서 우리는 A의 나이를 3세로 설정하고 학습하여, 만약 두 번째 트리가 A를 3살의 잎 노드로 분류한다면 두 트리의 결과를 더했을 때 A의 실제 나이를 얻을 수 있게 될 것입니다. 만약 두 번째 트리의 결론이 5살이라면, A는 여전히 −2살의 잔차를 가지기 때문에 세 번째 트리에서 A의 나이는 −2살로 설정되고 계속 학습을 진행하게 됩니다. 이렇게 잔차를 사용하여 계속해서 학습하는 것이 GBDT 중에서 Gradient Boosting이 뜻하는 의미입니다.

CHAPTER 12

기초 분류기

상황 설명

기초 분류기의 선택은 앙상블 학습 주요 프로세스의 첫 번째 단계이자 매우 중요한 단계입니다. 과연 어떤 기초 분류기를 선택해야 할까요? 왜 많은 앙상블 학습 모델은 의사결정 트리를 기초 분류기로 선택하는 것일까요? 알고 사용하는 것과 모르고 사용하는 것과는 전혀 다른 이야기가 되기 때문에 이 문제에 대해 확실히 짚고 넘어가야 할 것입니다.

키워드 편향-분산 트레이드 오프Bias-Variance Tradeoff / 랜덤 포레스트Random Forest / 기초 분류기Base Classifier

자주 사용하는 기초 분류기는 무엇인가요?

난이도 ★

분석·해답

가장 자주 사용하는 기초 분류기는 의사결정 트리인데, 다음 세 가지 주요 이유가 있습니다.

❶ 의사결정 트리는 샘플의 가중치를 비교적 쉽게 정합하여 훈련 과정에서 사용할 수 있게 해줍니다. 그리고 오버 샘플링 방법을 통해 샘플 가중치를 조절할 필요도 없습니다.

❷ 의사결정 트리의 표현 능력과 범용 능력은 나무의 층수를 조절함으로써 절충이 가능합니다.

❸ 데이터 샘플 변화는 의사결정 트리에 비교적 큰 영향을 주기 때문에 서로 다른 하위 샘플 집합으로 생성된 의사결정 트리 기초 분류기의 임의성이 비교적 큽니다. 이러한 '불안정한 학습기'가 기초 분류기로 더 적합합니다. 이 외에도 의사결정 트리 노드 분기 시 랜덤으로 하위 특성을 선택해 최적의 분할 속성을 찾는데, 이 또한 매우 좋은 임의성을 반영하고 있습니다.

의사결정 트리 외에도 신경망 모델 역시 기초 분류기로 적합합니다. 신경망 모델도 비교적 '불안정'하고 뉴런 수, 연결 방식, 네트워크 층수, 초깃값 등의 조절을 통해 임의성을 부여할 수 있기 때문입니다.

랜덤 포레스트의 기초 분류기를 의사결정 트리에서 선형분류기 혹은 K-최근접 이웃 알고리즘으로 대체할 수 있을까요?

난이도 ★★

분석·해답

랜덤 포레스트random forest는 배깅류의 앙상블 학습입니다. 배깅의 주요 장점은 앙상블 후의 분류기의 분산이 기초 분류기의 분산보다 작다는 것입니다. 배깅이 사용하는 기초 분류기는 샘플 분포에 대해 비교적 민감한(소위 불안정한) 분류기가 최적일 것입니다. 그래야만 배깅의 장점이 유지될 것이기 때문이죠. 선형분류기 혹은 K-최근접 이웃 알고리즘은 비교적 안정적인 분류기이며, 원래 모델 자체의 분산이 크지 않습니다. 따라서 이들을 기초 분류기로 사용하면 배깅 방법을 사용하더라도 좋은 퍼포먼스를 내기가 힘듭니다. 심지어 배깅의 샘플링 때문에 훈련 중에 수렴하지 못하는 현상을 보이거나 앙상블 학습기의 편향을 증가시킬 것입니다.

편향과 분산

우리는 과적합, 과소적합을 사용하여 정성적으로 모델이 특정 문제를 얼마나 잘 해결했는지를 묘사합니다. 정량적인 시각에서 보면 모델의 편향bias과 분산variance으로 모델의 성능을 나타낼 수 있습니다. 앙상블 학습은 '신기'하게도 약한 분류기의 성능을 향상시킵니다. 이번 절에서는 편향과 분산의 시각에서 이러한 현상을 설명할 것입니다.

모델의 편향과 분산이란 무엇일까요? 부스팅과 배깅 방법은 편형-분산과 어떤 관계가 있을까요? 이 문제의 해답을 통해 어떻게 편향과 분산 두 지표에 기반해 모델의 최적화와 개선을 진행할 수 있는지에 대해서도 알아볼 것입니다.

키 워 드   편향Bias / 분산Variance / 리샘플링Resampling / 부스팅Boosting / 배깅Bagging

편향과 분산이란 무엇일까요?   난이도 ★★

분석·해답

지도학습 중에서 모델 일반화 오차에 기인하는 요소는 크게 편향과 분산 두 가지가 있습니다. 편향과 분산의 구체적인 정의는 다음과 같습니다.

편향은 크기가 m인 모든 샘플링을 통해 얻은 데이터 세트로 훈련시킨 모델 출력의 평균값과 실제 모델 출력 사이의 편차를 말합니다. 편향은 일반적으로 학습 알고리즘에 대해 잘못된 가설을 설정했을 때 발생하는데, 예를 들어 실제 모델은 어떤 2차 함수인데 모델이 1차 함수라고 가정하는 경우에 편향이 발생합니다. 편향으로 인해 생기는 오차는 일반적으로 훈련오차에 나타나게 됩니다.

분산은 크기가 m인 모든 샘플링을 통해 얻은 데이터 세트로 훈련시킨 모든 모델 출력의 분산을 뜻합니다. 분산은 일반적으로 모델의 복잡도가 훈련 샘플 수 m에 비해 높을 때 발생하는데, 예를 들면 총 100개의 훈련 샘플이 있는데 모델의 계수가 200 이하의 다항식 함수라고 가정하는 경우입니다. 분산으로 인한 오차는 일반적으로 훈련오차 대비 테스트 오차의 증가에서 나타납니다.

위에서 설명한 정의는 매우 정확하지만 직관적이지 않습니다. 편향과 분산에 대한 이해를 돕는 과녁 예제를 통해 양자 간의 차이와 관련성에 대해 더 자세히 설명하겠습니다. 만약 한 번의 사격이 하나의 샘플에 대한 머신러닝 모델의 예측이라고 가정해 봅시다. 과녁 중심으로 갈수록 예측의 정확도가 높다는 것을 뜻하고, 중심에서 멀어지면 멀어질수록 예측오차가 크다는 것을 뜻합니다. n번의 샘플링을 통해 크기가 m인 n개의 훈련 세트를 얻고, n개의 모델을 훈련시켜 동일한 샘플에 대해 예측을 진행합니다. 즉, n번의 사격을 한 것과 동일한데, 사격 결과는 그림 12.4에 나와 있습니다. 우리가 가장 원했던 결과는 좌측 상단에 보이는 결과일 것입니다. 사격 결과가 정확하면서 집중되어 있습니다. 이는 모델의 편향과 분산이 모두 매우 작다는 것을 뜻합니다. 우측 상단의 과녁은 사격 결과가 과녁 중심에 있긴 하지만 분포가 비교적 퍼져 있습니다. 이는 모델의 편향은 작지만 분산이 큰 것을 뜻합니다. 동일하게, 좌측 하단 과녁은 모델의 분산이 작고 편향이 큰 경우이며, 우측 하단 과녁은 모델의 분산은 크지만 편향 역시 큰 경우를 나타냅니다.

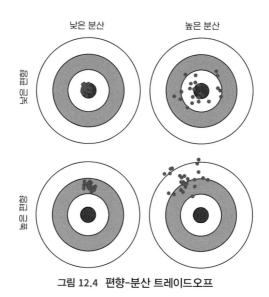

그림 12.4 편향-분산 트레이드오프

'편향과 분산 줄이기' 관점에서 부스팅과 배깅의 원리를 설명해 주세요.

난이도 ★★★

분석·해답

이 문제에 대해 간단하게 대답한다면, 배깅이 약한 분류기의 성능을 향상시킬 수 있는 이유는 분산을 낮추기 때문이고, 부스팅이 약한 분류기 성능을 향상시킬 수 있는 이유는 편향을 낮추기 때문이라고 대답할 수 있습니다. 하지만 왜 이렇게 이야기할 수 있는 것일까요?

먼저, 배깅은 'Bootstrap Aggregating'의 약칭입니다. 리샘플링resampling해서 각 샘플에서 훈련된 모델의 평균값을 취합니다.

만약 n개의 랜덤변수가 있고 분산이 σ^2라고 가정하고, 두 변수 사이의 상관관계가 ρ라면 n개 랜덤변수의 평균값 $\dfrac{\sum X_i}{n}$의 분산은 $\rho * \sigma^2 + (1 - \rho) * \sigma^2/n$입니다. 랜덤변수가 완전히 독립적인 상황에서 n개의 랜덤변수의 분산은 σ^2/n이 되는데, 다른 말로 분산이 원래 크기의 $1/n$으로 줄어들었다는 것을 뜻합니다.

모델 자체에 대한 관점에서 이 문제를 이해한다면, n개의 독립적이고 상호 연관되어 있지 않은 모델의 예측 결과의 평균을 취해 분산이 원래 단일 모델의 $1/n$이 되게 만듭니다. 이러한 설명이 완벽한 것은 아니지만 원리를 설명하기에는 충분하다고 생각됩니다. 당연한 이야기이지만, 모델 사이에 완전한 독립적 관계란 존재할 수 없습니다. 하지만 최대한 모델의 독립성을 보존하기 위해 많은 배깅 방법에서 여러 개선 방안이 시도되었습니다. 예를 들어, 랜덤 포레스트 알고리즘에서 매번 노드 분할 속성을 선택할 때 랜덤으로 하나의 속성 하위 집합을 선택하지 모든 속성 중에 최적의 속성을 선택하지 않습니다. 이러한 방법은 약한 분류기 사이에 상호 연관성이 강해지는 것을 방지합니다. 훈련 세트에 대한 리샘플링을 통해 약한 분류기 사이에 일정 독립성을 더해 배깅 후 모델의 분산을 낮춥니다.

이번에는 부스팅에 대해 알아봅시다. 여러분들은 부스팅 훈련 과정에 대해 기억하고 있을 것입니다. 하나의 약한 분류기를 훈련시킨 후, 약한 분류기의 오차 혹은 잔차를 계산해 다음 분류기의 인풋input으로 넣습니다. 이 과정 자체가 손실함수를 계속해서 줄여 모델을 계속해서 '과녁 중심'으로 가까이 갈 수 있도록 만듭니다. 즉, 모델의 편향을 계속해서 줄여 줍니다. 그러나 부스팅 과정은 분산을 눈에 띄게 줄이지는 못합니다. 그 이유는 부스팅의 훈련 과정은 각각 약한 분류기 사이의 강한 상관성을 갖도록 해 독립성이 부족해집니다. 따라서 분산을 줄이는 작용을 하지 못합니다.

일반화 오차, 편향, 분산, 그리고 모델 복잡도에 대한 관계 그래프는 그림 12.5에 설명되어 있습니다. 그래프를 통해 분산과 편향은 상부상조하며, 모순되면서도 통일되는 관계이기 때문에 양자가 완전히 독립적으로 존재할 수 없음을 쉽게 알 수 있습니다. 주어진 학습 문제와 훈련 데이터에 따라 우리는 모델의 복잡도에 대한 합리적인 가설을 세워야 합니다. 만약 모델의 복잡도가 과도하게 낮다면 분산이 작더라도 편향이 높을 것입니다. 만약 모델 복잡도가 지나치게 높다면 편향이 낮더라도 분산이 높을 것입니다. 따라서 종합적으로 편향과 분산을 고려해 적합한 복잡도를 가진 모델로 훈련을 진행해야 합니다.

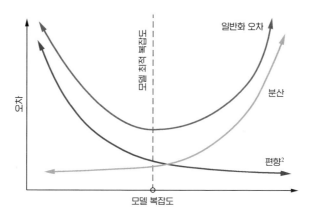

그림 12.5 일반화 오차, 편향, 분산 그리고 모델 복잡도 사이의 상관 관계

GBDT 알고리즘의
기본 원리

Gradient Boosting Decision Tree이하 GBDT 알고리즘은 부스팅 알고리즘에서 가장 인기 있는 모델 중 하나입니다. 최근 머신러닝 경진대회와 비즈니스 응용 환경에서 퍼포먼스가 매우 뛰어난 모델이라는 평가를 받고 있습니다. GBDT는 '오차를 통한 배움'이라는 이념을 정확히 보여주고 있는데, 의사결정 트리 예측의 잔차에 기반해 반복적인 학습을 진행합니다. GBDT는 데이터 과학자가 반드시 알아야 하는 알고리즘이자 면접에서 자주 물어보는 소재이기도 합니다.

키워드 **GBDT**Gradient Boosting Decision Tree / **CART**Classification and Regression Tree

GBDT의 기본 원리는 무엇일까요?

난이도 ★★

분석·해답

이번 장 첫 번째 절에서는 배깅과 부스팅이라는 두 가지 앙상블 학습의 프레임에 대해 언급했습니다. 배깅에서 약한 학습기를 각각 독립적으로 훈련시킬 수 있던 것과 다르게, 부스팅에서 약한 학습기는 순차적으로 생성됩니다. 매번 반복할 때마다 이미 생성된 약한 분류기 집합(즉, 현재 모델)의 예측 결과에 기반해 새로운 분류기에서 잘못 분류한 샘플에 초점을 맞춰 학습합니다.

그래디언트 부스팅Gradient Boosting은 부스팅 계열의 알고리즘이며, 기본 아이디어는 현재 모델 손실함수의 음경사도negative gradient 정보에 기반해 새로 더해지는 약한 분류기를 훈련합니다. 그리고 훈련 완료된 약한 분류기를 누적 추가하는 형식으로 현재 모델에 결합합니다. 알고리즘 1은 그래디언트 부스팅 알고리즘의 기본 프로세스입니다. 매번 반복할 때마다 먼저 모든 샘플에서 현재 모델의 음경사도를 계산하고, 해당 값을 목표로 설정하여 새로운 약한 분류기를 훈련해 적합을 진행하고, 해당 약한 분류기의 가중치를 계산하여 최종적으로 모델을 업데이트합니다. 그래디언트 부스팅 알고리즘의 의사 코드pseudo code는 그림 12.6에 나와 있습니다.

$$1: \quad F_0(\mathrm{x}) = \arg\min_{\rho} \sum_{i=1}^{N} L(y_i, \rho)$$

2: For $m = 1$ to M do:

$$3: \quad \tilde{y}_i = -\left[\frac{\partial L(y_i, F(x_i))}{\partial F(x_i)}\right]_{F(x)=F_{m-1}(x)}, i = 1, ..., M$$

$$4: \quad a_m = \arg\min_{a,\beta} \sum_{i=1}^{N} [\tilde{y}_i - \beta h(x_i : a)]^2$$

$$5: \quad \rho_m = \arg\min_{\rho} \sum_{i=1}^{N} L(y_i, F_{m-1}(x_i) + \rho h(x_i : a_m))$$

$$6: \quad F_m(x) = F_{m-1}(x) + \rho_m h(x : a_m)$$

7: end For

8: end Algorithm

그림 12.6   그래디언트 부스팅 알고리즘 의사 코드

약한 분류기로 의사결정 트리를 채택한 그래디언트 부스팅 알고리즘을 GBDT라고 부릅니다. 어떤 경우에는 Multiple Additive Regression Tree이하 MART라고도 부릅니다. GBDT에서 사용하는 의사결정 트리는 대부분 CART*입니다.

하나의 간단한 예제를 통해 그림 12.7에 보이는 것과 같은 GBDT 훈련 과정을 설명하겠습니다. 모델의 목적은 한 사람의 나이를 예측하는 것인데, 데이터 세트에는 A, B, C, D 총 4명이 존재합니다. 이들의 나이는 각각 14, 16, 24, 26세입니다. 다른 변수(특성)로는 '월 구매 금액', '플랫폼 체류 시간', '플랫폼 방문 기록' 등이 있습니다. 먼저 첫 번째 트리부터 훈련을 시작하는데, 전통적인 의사결정 트리와 같습니다. 첫 번째 트리의 훈련을 마친 후 각 샘플 예측값과 실제값 사이의 잔차를 얻을 수 있습니다. A, B, C, D의 잔차가 각각 -1, 1, -1, 1임을 알 수 있습니다. 이때 우리는 각 샘플의 잔차를 사용해 다음 트리를 잔차가 어떤 임계치 이하로 수렴하거나 트리의 총 개수가 어떤 상한에 도달할 때까지 훈련을 진행합니다.

★   옮긴이 CART, ID3, C4.5 등 의사결정 트리 종류에 대한 내용은 76~78페이지를 참고해 주세요.

GBDT는 잔차를 사용해 훈련하기 때문에 예측 과정 중에 모든 트리의 예측치를 더
해 최종 예측 결과를 얻어야 합니다.

그림 12.7 GBDT 알고리즘 예제

GBDT는 Gradient 부스팅을 훈련 방법으로 사용하고, 로지스틱 회귀 혹은 신경망은
훈련 과정에서 경사하강법Gradient descent을 훈련 방법으로 사용합니다. 양자 사이에
는 어떤 연관성과 차이점이 있을까요?

 **그래디언트 부스팅과 경사하강법 사이에는
어떤 연관성과 차이점이 존재할까요?** 난이도 ★★

분석·해답

표 12.1은 그래디언트 부스팅 알고리즘과 경사하강법에 대한 비교를 보여주고 있
습니다. 두 알고리즘 모두 매번 반복할 때마다 모델에 관한 손실함수의 음의 경사
negative slope 방향의 정보를 이용해 현재 모델에 대해 업데이트를 진행합니다. 다만
경사하강 단계에서 모델은 파라미터화 형식으로 표현할 수 있는데, 따라서 모델의
업데이트는 파라미터 업데이트와 동일시됩니다. 그래디언트 부스팅에서 모델은 파라
미터화 표현이 필요 없고, 직접적으로 함수 공간에서 정의가 가능합니다. 따라서 사
용 가능한 모델의 종류를 확장할 수 있습니다.★

★ 옮긴이 쉽게 말해, 경사하강법은 경사를 '하강'할 때 파라미터를 업데이트하고, 그래디언트 부스팅은
새로운 모델(weak classifier or simple function)을 사용합니다.

표 12.1 그래디언트 부스팅 알고리즘과 경사 하강 알고리즘 비교

그래디언트 부스팅	함수 공간 F	$F = F_{t-1} - \rho_t \nabla_F L\vert_{F=F_{t-1}}$	$L = \sum_i l(y_i, F(x_i))$
경사하강법	파라미터 공간 W	$w_t = w_{t-1} - \rho_t \nabla_w L\vert_{w=w_{t-1}}$	$L = \sum_i l(y_i, f_w(w_i))$

GBDT의 장점과 한계에는 어떤 것들이 있을까요?

난이도 ★★

분석·해답

● 장점

❶ 예측 단계의 계산 속도가 빠르고, 트리와 트리 사이에 병렬화 계산이 가능합니다.

❷ 분포가 밀집되어 있는 데이터에서 일반화 능력과 표현 능력이 모두 뛰어납니다. 이는 GBDT가 캐글 경진대회에서 가장 인기 있는 알고리즘으로 선정된 이유이기도 합니다.

❸ 의사결정 트리를 약한 분류기로 사용함으로써 GBDT 모델은 비교적 괜찮은 해석력과 견고성robustness을 갖게 되었습니다. 자동으로 특성 공간의 고차원 관계를 발견할 수 있으며, 데이터에 대해 정규화 같은 전처리 작업을 진행하지 않아도 된다는 장점이 있습니다.

● 한계성

❶ GBDT는 고차원 희소 데이터에서 표현 능력이 서포트 벡터 머신이나 신경망보다 저조합니다.

❷ GBDT는 텍스트류의 특성 문제를 처리할 때 퍼포먼스가 좋지 못합니다. (수치 특성 문제를 처리하는 데 적합합니다.)

❸ 훈련 과정에서 직렬화되어 있어서 의사결정 트리 내부에서 국소적으로 병렬 수단을 사용하는 것밖에는 훈련 속도를 높일 방법이 없습니다.

XGBoost와 GBDT의 차이점, 그리고 연관성

XGBoost는 천티엔치Chen Tianqi 등이 개발한 오픈 소스 머신러닝 프로젝트입니다. 효과적으로 GBDT 알고리즘에 대한 많은 개선을 이루어 냈고, 캐글 경진대회 및 기타 머신러닝 경진대회에서 좋은 성적을 거뒀습니다. 우리는 XGBoost 패키지를 사용할 때 XGBoost 내부에 구현된 코드와 원리에 대해서도 잘 알고 있어야 할 것입니다. 그래야만 실무 환경에서 알고리즘을 응용할 때 모델을 자유자재로 튜닝해 목적에 맞게 사용할 수 있을 것입니다.

키워드 **XGBoost, GBDT**Gradient Boosting Decision Tree / **의사결정 트리**Decision Tree

 질문

XGBoost와 GBDT의 차이점, 그리고 연관성에는 어떤 것들이 있나요?

난이도 ★★★

분석·해답

기존의 GBDT 알고리즘은 경험 손실함수의 음의 경사에 기반해 새로운 의사결정 트리 구조를 만들고, 의사결정 트리가 구성된 후에야 가지치기했습니다. 그러나 XGBoost는 의사결정 트리 구성 단계에서 정규화 항 식 12.2를 더했습니다.

$$L_t = \sum_i l(y_i, F_{t-1}(x_i) + f_t(x_i)) + \Omega(f_t) \tag{12.2}$$

여기서 $F_{t-1}(x_i)$는 현재 가진 $t-1$개 트리의 최적해를 나타냅니다. 트리 구조에 대한 정규항은 다음과 같이 정의됩니다.

$$\Omega(f_t) = \gamma T + \frac{1}{2}\lambda \sum_{j=1}^{T} w_j^2 \tag{12.3}$$

여기서 T는 잎 노드 개수이고, w_j는 j번째 잎 노드의 예측값을 나타냅니다. F_{t-1}에서 해당 손실함수에 대해 2차 테일러 전개를 진행하면 다음 식을 유도할 수 있습니다.

$$L_t \approx \tilde{L}_t = \sum_{j=1}^{T} \left[G_j w_j + \frac{1}{2}(H_j + \lambda)w_j^2 \right] + \gamma T \qquad (12.4)$$

여기서 T는 의사결정 트리 f_t의 잎 노드 개수이며, $G_j = \sum_{i \in I_j} \nabla_{F_{t-1}} l(y_i, F_{t-1}(x_i))$, $H_j = \sum_{j \in I_j} \nabla_{F_{t-1}}^2 l(y_i, F_{t-1}(x_i))$이 되고, I_j는 잎 노드 j에 속하는 총 샘플의 인덱스 결합을 뜻합니다.

의사결정 트리의 구조를 이미 알고 있다고 가정한다면, w_j에 대한 손실함수의 도함수를 0으로 설정함으로써 손실함수를 최소화한 상황에서의 각 잎 노드상의 예측값 식 12.5를 구할 수 있을 것입니다.

$$w_j^* = -\frac{G_j}{H_j + \lambda} \qquad (12.5)$$

그러나 모든 트리 구조 중에서 최적의 트리 구조를 찾는 것은 **NP-hard*** 문제입니다. 따라서 현실에서는 보통 그리디 방법을 사용하여 차선의 트리 구조를 만듭니다. 핵심 아이디어는 근 노드부터 시작해 매번 하나의 잎 노드에 대해 분할을 진행하고, 가능한 각 분할에 대해 특정한 규칙에 기반을 둬 최적의 분할을 선택하는 것입니다. 서로 다른 의사결정 트리 알고리즘은 다른 규칙을 사용하는데, 예를 들어 ID3 알고리즘은 정보 이득information gain을 사용하고, C4.5 알고리즘은 정보 이득에서 값이(혹은 속성 수가) 비교적 많은 특성을 편향적으로 선택하는 단점을 보완한 정보 이득비information gain ratio를 사용합니다. 또한, CART 알고리즘은 지니 계수Gini index와 제곱오차를 사용하고, XGBoost에서도 특정한 규칙을 사용하여 최적의 분할을 선택하고 있습니다.

예측값을 손실함수 중에 대입함으로써 손실함수의 최솟값을 얻을 수 있습니다.

$$\tilde{L}_t^* = -\frac{1}{2} \sum_{j=1}^{T} \frac{G_j^2}{H_j + \lambda} + \gamma T \qquad (12.6)$$

---

* 옮긴이 NP-난해는 NP에 속하는 모든 판정 문제를 다항 시간 내에 다대일로 환산할 수 있는 문제들의 집합입니다.

분할 전후 손실함수의 차이를 쉽게 계산할 수 있습니다.

$$\text{Gain} = \frac{G_L^2}{H_L + \lambda} + \frac{G_R^2}{H_R + \lambda} - \frac{(G_L + G_R)^2}{H_L + H_R + \lambda} - \gamma \tag{12.7}$$

XGBoost는 위 차이를 최소화하는 것을 규칙으로 설정하고 의사결정 트리를 만들어 갑니다. 모든 특성의 취할 수 있는 값을 두루 살펴보고 손실함수 전후 차이가 가장 클 때 대응하는 분할 방식을 찾습니다. 이 외에도 전후 손실함수 차이가 반드시 양수이어야 한다는 제약이 있기 때문에 γ는 일정 정도의 사전 가지치기 효과를 냅니다.

계산법에서 전통적인 GBDT와 다른 것 외에도 XGBoost는 프로그래밍 구현 단계에서도 많은 개선을 진행했습니다. 전반적으로 양자 사이의 차이점과 연관성은 다음과 같이 정리할 수 있겠습니다.

❶ GBDT는 머신러닝 알고리즘이고, XGBoost는 해당 알고리즘의 엔지니어링적 구현이다.

❷ CART를 기초 분류기로 사용했을 때 XGBoost는 정규화 항을 더해 모델의 복잡도를 조절하고, 이는 과적합을 방지하고 모델의 일반화 능력을 향상시키는 데 도움이 된다.

❸ GBDT는 모델 훈련 시에 비용함수cost function의 일차 도함수 정보만을 사용하지만, XGBoost는 비용함수에 대해 2차 테일러 전개를 진행해 1차, 2차 도함수를 동시에 사용한다.

❹ 전통적인 GBDT는 CART를 기초 분류기로 설정하지만, XGBoost는 선형분류기와 같은 다양한 종류의 기초 분류기를 지원한다.

❺ 전통적인 GBDT는 매번 반복할 때마다 모든 데이터를 사용하지만, XGBoost는 랜덤 포레스트와 비슷한 전략을 사용하여 데이터에 대한 샘플링을 지원한다.

❻ 전통적인 GBDT는 결측치에 대한 처리 전략이 없지만, XGBoost는 스스로 결측치 처리 전략을 학습한다.

머신러닝 경진대회 캐글

XGBoost의 인기는 머신러닝 경진대회인 캐글Kaggle과 밀접한 연관이 있습니다. 각 대회에서 두각을 나타내는 성능을 선보여 XGBoost는 가장 유행하는 머신러닝 알고리즘이 될 수 있었습니다. 이 기회를 통해 여러분께 캐글에 대한 이야기를 들려주고 싶습니다.

캐글은 세계적인 머신러닝 경진대회입니다. 구글이 캐글을 인수하면서 캐글의 인지도와 사용자 수는 매우 빠르게 늘어 이미 100만 사용자를 넘어섰습니다. 이미 그 규모와 인지도 측면에서 다른 경진대회와 비교할 수 없는 수준에 도달했습니다.

캐글은 창업자의 소박한 아이디어에서 시작되었습니다. 2010년, 오스트레일리아 재정부에 재직 중이던 앤서니 골드블룸Anthony Goldbloom은 당시 자신의 직무에 대해 실망감을 가지고 있었습니다. 그의 주요 업무는 GDP와 물가상승률, 그리고 실업률 등을 예측하는 일이었는데, 전통적인 경제 데이터 규모가 너무 작고 노이즈가 많아 유의미한 결과를 찾아내기 힘들었습니다. 더 많은 데이터 세트와 문제를 얻기 위해 앤서니는 여가시간을 활용해 캐글을 만들었습니다. 이것이 오늘날 가장 인기 있는 머신러닝 경진대회 플랫폼이 된 캐글의 탄생 배경입니다.

처음 생각과는 다르게, 캐글은 앤서니가 생각했던 것보다 훨씬 많이 성장했습니다. 원래는 그냥 재미있는 문제나 데이터를 제공받아 자신의 연구에 활용할 생각이었는데, 갈수록 많은 사람이 참여하기 시작했고, 그 규모를 감당할 수 없다고 판단한 그는 캐글을 코드, 데이터, 그리고 토론의 활기가 넘쳐나는 생태계를 가진 오픈 플랫폼으로 전환하기로 결심합니다.

현재 캐글은 이미 구글 AI 생태계의 중요한 일환으로 자리 잡았습니다. 앤서니는 자신의 창업 경험을 통해 미래의 창업자들에게 두 가지를 강조했습니다. 첫 번째는 자신이 직접 겪었고 다른 사람도 겪고 있을 거라 생각하는 문제를 해야 한다는 것이고, 두 번째는 해당 문제를 해결하기 위한 열정이 있어야 한다는 점입니다.

하지만 필자는 '시대가 영웅을 만든다'고 말하고 싶습니다. 캐글은 인공지능의 세 번째 물결과 맞물려 성장했기 때문입니다. 부디 여러분이 창업할 땐 앤서니가 말한 두 가지 조언을 명심하시고, 그에게 그랬던 것처럼 좋은 운이 함께하길 바라겠습니다.

CHAPTER 13

생성적
적대 신경망

The Quest for Machine Learning

2014년의 어느 날, 이안 굿펠로Ian Goodfellow와 그의 친구들은 바에서 가벼운 만남을 가집니다. 일에서 오는 스트레스를 잠시 내려놓고 바에서 가벼운 이야기를 나누던 그때, 매우 중요한 아이디어에 대한 논의를 시작하게 되었는데, 이것이 바로 생성적 적대 신경망 탄생의 시작점이 됩니다. 생성적 적대 신경망은 영어로 Generative Adversarial Networks(이하 GANs)라고 부르는데, 생성모델을 훈련시키는 새로운 프레임입니다. GANs갠이 처음 고안되었을 때는 난해한 수학적 추론 없이 역동적인 한 폭의 그림으로 묘사되었습니다. 이는 마치 만물이 상생상극相生相剋 중에서 진화한다는 동양 철학의 태극도太极图와 유사합니다. GANs을 태극도로 비유하면, 태극의 양의兩儀는 생성기generator와 판별기discriminator에 해당합니다. 생성기는 '생生'을 책임지고, 판별기는 '멸滅'을 책임지는 것입니다. 그리고 이 '생'과 '멸' 사이에서 만물이 존재합니다. GANs 아이디어는 생겨난 후부터 지금까지 딥러닝 각 영역에서 많이 사용되고 있는데, WGAN, InfoGAN, f-GANs, BiGAN, DCGAN, IRGAN 등 GANs에서 파생된 여러 알고리즘이 우후죽순처럼 생겨나고 있습니다. 요즘 딥러닝을 처음 접하는 사람들조차 많이 들어 봤을 정도로 대중에 소개가 많이 된 알고리즘이기도 합니다.

처음 만나는 GANs의 비밀

상황 설명

2014년, 캐나다 몬트리올대학교의 젊은 대학원생 이안 굿펠로Ian Goodfellow와 그의 지도교수 요슈아 벤지오Yoshua Bengio는 GANs이라고 부르는 모델을 개발했습니다[32]. 페이스북 AI 연구실 주임이던 얀 르쿤Yann LeCun은 이 모델이 최근 10년 동안 머신러닝 영역에서 나온 아이디어 중 가장 창의력 있는 아이디어라고 극찬했습니다. 이안 굿펠로는 GANs을 경찰과 위조지폐범 사이의 게임에 비유했습니다. 위조지폐범은 최대한 진짜 같은 화폐를 만들어 경찰을 속이기 위해 노력하고, 경찰은 가짜 화폐로부터 진짜 화폐를 잘 식별하기 위해 계속해서 노력하는데, 이러한 대립 속에서 쌍방 간의 수준이 향상된다는 것입니다. 이러한 위조지폐 예시와 합성 사진을 만들어 내는 기본적인 원리는 같습니다. 이번 절에서는 GANs에 관해 기초 이론부터 구체적인 모델까지 살펴보고, 실험 설계 방법 등 몇 가지 문제에 대해 깊게 생각해 보는 시간을 가질 것입니다.

키워드   MiniMax 게임MiniMax Two-Player Game / 가치함수Value Function /
JS 거리Jensen-Shannon Divergence / 확률생성모델Probability Generating Model /
최적화 포화Optimization Saturation

질문 1
GANs의 기본 아이디어와 훈련 프로세스에 대해 설명해 주세요.

난이도 ★

분석·해답

GANs의 주요 프레임은 그림 13.1과 같이 생성기generator와 판별기discriminator 두 부분으로 구성되어 있습니다. 여기서 생성기는 '가짜' 샘플을 합성하는 데 사용되고, 판별기는 입력으로 들어온 샘플이 진짜인지 합성된 것인지를 판별하는 데 사용됩니다. 구체적으로 설명하면, 생성기는 사전분포에서 랜덤 신호를 취해 신경망을 통해 변환한 후 모의 샘플을 얻습니다. 판별기는 생성기로부터 모의 샘플을 받는 동시에 실제 데이터 세트로부터 실제 샘플도 받습니다. 하지만 판별기는 샘플이 어디서 오는 것인지 알지 못하고 스스로 판단해야 합니다. 생성기와 판별기는 서로 대립하는 환경에 놓인 '원수' 관계라고 할 수 있는데, 생성기는 최대한 판별기를 속일 수 있는 샘플을 만들어 내려 하고, 판별기는 생성기로부터 오는 샘플을 최대한 잘 식별하고자 합니다. 그러나 서로 간의 대립 자체가 목적은 아닙니다. 목적은 쌍방이 서로 대립하면서 각자의 능력을 키우는 것입니다. 이상적인 상황은 생성기와 판별기 모두 일종의 균형 상태에 도달해 쌍방이 더 이상 개선의 여지가 없는 상황입니다.

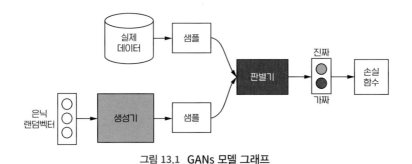

그림 13.1 GANs 모델 그래프

GANs은 대립 전략을 사용해 모델을 훈련하는데, 한편으로 생성기는 자신의 파라미터 조절을 통해 생성하는 샘플이 판별기가 식별하기에 최대한 어렵게 만들고, 다른 한편으로 판별기는 자신의 파라미터 조절을 통해 최대한 정확히 입력된 샘플의 출처를 판별하려 합니다. 훈련 시에 생성기와 판별기는 서로 교대하며 최적화하는 방식으로 작동합니다.

1 **판별기를 훈련할 때 먼저 생성기 $G(\cdot)$를 고정합니다** 그리고 생성기를 이용해 랜덤으로 모의 샘플 $G(z)$를 생성하여 음성 샘플로 설정합니다(z는 랜덤벡터입니다). 그리고 실제 데이터 세트에서 샘플링을 진행해 양성 샘플 X를 얻습니다. 이어서 음성, 양성 샘플을 판별기 $D(\cdot)$에 인풋으로 넣습니다. 그리고 판별기의 출력(즉, $D(X)$ 혹은 $D(G(z))$)과 샘플의 레이블로 오차를 계산합니다. 최종적으로 그림 13.2처럼 오차역전파 알고리즘을 사용해 판별기 $D(\cdot)$의 파라미터를 업데이트합니다.

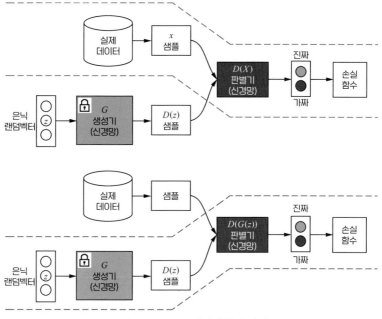

그림 13.2 GANs 판별기 훈련 과정

[2] **생성기를 훈련할 때 먼저 판별기 $D(\,\cdot\,)$를 고정합니다** 그리고 현재 생성기 $G(\,\cdot\,)$를 사용해 랜덤으로 모의 샘플 $G(z)$를 생성하여 판별기 $D(\,\cdot\,)$에 인풋으로 넣습니다. 판별기의 출력 $D(G(z))$과 샘플 레이블에 기반해 오차를 계산하고, 최종적으로 그림 13.3처럼 오차역전파 알고리즘을 사용해 생성기 $G(\,\cdot\,)$의 파라미터를 업데이트합니다.

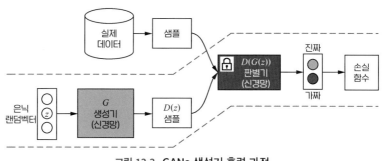

그림 13.3 GANs 생성기 훈련 과정

GANs의 가치함수

난이도 ★★★

GANs의 프레임워크는 두 명이 진행하는 MiniMax 게임MiniMax two-player game과 같은데, 이 게임에서의 가치함수는 무엇일까요? 이상적인 상황에서 게임은 최종적으로 내시 균형Nash equilibrium에 이릅니다. 이때의 생성기를 G^*로 표기하고 판별기를 D^*로 표기하면, 해 (G^*, D^*)와 대응하는 가치함수의 값은 무엇일까요? 균형에 도달하지 않았을 때 생성기 G를 고정하고 현재 상황에서 최적의 판별기 D_G^*를 찾습니다. 그렇다면 이때 D_G^*와 가치함수는 무엇일까요? 위 질문들의 답은 굿펠로의 논문에 모두 나와 있습니다. 더 나아가, D를 고정하고 G를 최적화한다면 해 G_D^*와 가치함수는 어떤 의미가 있을까요?

분석·해답

판별기 D는 실제 데이터를 진성true 샘플로, 생성기가 생성한 데이터를 모의 샘플로 식별하려고 하기 때문에 이진분류 문제에 해당합니다. 손실함수는 음의 로그우도 negative log-likelihood 혹은 범주형 크로스 엔트로피 로스categorical cross-entropy loss, 즉 다음과 같습니다.

$$\mathcal{L}(D) = -\int p(x)\Big[p(data|x)\log D(x) + p(g|x)\log(1 - D(x))\Big]\mathrm{d}x \tag{13.1}$$

여기서 $D(x)$는 판별기가 x를 실제 샘플이라고 예측하는 확률을 나타내고, $p(data|x)$와 $p(g|x)$는 x가 실제 데이터에 속하는 확률과 생성기에 속할 확률을 나타냅니다. 샘플 x 중 절반은 실제 데이터 세트로부터 온 것이고, 나머지 절반은 생성기로부터 온 것입니다(즉, $p_{src}(data) = p_{src}(g) = 0.5$). 우리는 $p_{data}(x) \doteq p(x|data)$를 사용하여 실제 데이터 세트에서 x를 얻을 확률을 나타내고, $p_{data}(x) \doteq p(x|g)$을 사용해 생성기로부터 x를 얻을 확률을 나타냅니다. 그러면 x는 전체 확률을 갖게 됩니다.

$$p(x) = p_{src}(data)p(x|data) + p_{src}(g)p(x|g) \tag{13.2}$$

식 13.1 중에 $p(x)p(data|x)$을 $p_{src}(data)p_{data}(x)$으로 치환하고 $p(x)p(g|x)$을 $p_{src}(g)p_g(x)$으로 치환하면, 최종 목적함수를 얻을 수 있습니다.

$$\mathcal{L}(D) = -\frac{1}{2}(\mathbb{E}_{x \sim p_{data}(x)}[\log D(x)] + \mathbb{E}_{x \sim p_g(x)}[\log(1 - D(x))]) \tag{13.3}$$

이를 기반으로 하여 가치함수를 얻을 수 있습니다.

$$V(G,D) = \mathbb{E}_{x \sim p_{\text{data}}(x)}[\log D(x)] + \mathbb{E}_{x \sim p_g(x)}[\log(1 - D(x))] \qquad (13.4)$$

판별기 D는 위에서 기술한 가치함수를 최대화하고, 생성기 G는 이를 최소화합니다. 전체 MiniMax 게임(그림 13.4)은 다음과 같이 나타낼 수 있습니다.

$$\min_G \max_D V(G,D)$$

그림 13.4 MiniMax 게임

훈련 중에 생성기 G가 주어졌을 때 최적의 판별기 $D_G{}^*$를 찾습니다. 단일 샘플 x에 대해 $\max_D p_{\text{data}}(x)\log D(x) + p_g(x)\log(1 - D(x))$을 최대화하는 해는 $\hat{D}(x) = p_{\text{data}}(x)/[p_{\text{data}}(x) + p_g(x)]$이고, 바깥쪽에 x에 대한 적분을 씌우면 $\max_D V(G,D)$을 얻습니다. 해는 단일 포인트에서 함수 해 식 13.5로 변하게 됩니다.

$$D_G^* = \frac{p_{\text{data}}}{p_{\text{data}} + p_g} \qquad (13.5)$$

이때 $\min_G V(G, D_G^*) = \min_G \{-\log 4 + 2 \cdot JSD(p_{\text{data}} \| p_g)\}$이 되고, 여기서 $JSD(\cdot)$는 JS 거리js divergence입니다. 이를 통해 알 수 있는 것은 생성기 G를 최적화하는 것은 생성 샘플 분포와 실제 샘플 분포 사이의 JS 거리를 최소화하는 것과 같다는 사실입니다. 최종적으로 도달하는 균형점은 $JSD(p_{\text{data}} \| p_g)$의 최솟값 지점, 즉 $p_g = p_{\text{data}}$일 때 $JSD(p_{\text{data}} \| p_g)$가 0이 되고, 최적해는 $G^*(z) = \text{x} \sim p_{\text{data}}(x)$, $D^*(x) \equiv \frac{1}{2}$이 되며, 가치함수는 $V(G^*, D^*) = -\log 4$입니다.

훈련 시에 D가 주어진 상태에서 최적해 G를 구하면 어떤 것을 얻을 수 있을까요? G'로 이전 단계의 생성기를 나타내고, D는 G'하에 최적 판별기 D_G^*라고 가정해 봅시다. 그렇다면 최적해 G를 구하는 과정은 다음과 같습니다.

$$\arg \min_{G} V(G, D_{G'}^*) = \arg \min_{G} KL\left(p_g || \frac{p_{\text{data}} + p_{g'}}{2} \right) - KL(p_g || p_{g'}) \qquad (13.6)$$

따라서 우리는 두 가지 결론을 내릴 수 있습니다.

❶ G를 최적화하는 과정은 G를 G'로부터 최대한 멀리하게 하는 과정이고, 동시에 분포 $(p_{\text{data}} + p_{g'})/2$에 근접하게 한다.

❷ 균형점 $p_{g'} + p_{\text{data}}$에 도달했을 때 $\arg \min\limits_{G} V(G, D_{G'}^*) = \arg \min\limits_{G} 0$이 되고, 이때의 판별기를 사용해 새로운 생성기 G_{new}를 훈련한다면 이론상으로는 아무것도 훈련시킬 수 없다.

GANs에서는 어떻게 대량 확률추론 계산을 피할 수 있을까요?

난이도 ★★

GANs을 발명한 초기 목적은 더 효과적으로 확률생성모델의 예측 문제를 해결하기 위함이었습니다. 전통적인 확률생성모델 방법(@ 마르코프 랜덤 필드, 베이지안 네트워크)은 대량의 완성하기 어려운 확률추론 계산이 필요한데, GANs은 어떻게 이 계산 문제를 피할 수 있을까요?

분석·해답

전통적인 확률생성모델은 하나의 확률분포 표현식 $P(X)$를 정의해야 하는데, 일반적으로 다변량 결합확률분포의 밀도함수 $p(X_1, X_2, ..., X_N)$이며, 이에 기반해 우도likelihood 예측을 최대화합니다. 이 과정에서 확률추론 계산이 빠질 수 없는데, 예를 들면 주변분포marginal distribution $P(X)$나 조건확률 $P(X_i|X_j)$, 그리고 분모의 분배함수partition function 등의 계산이 있습니다. 확률모델은 랜덤변수가 많을 때 매우 복잡해지기 때문에 확률 계산도 매우 어려워집니다. 즉, 근사 계산을 한다고 하더라도

효과는 만족스럽지 못할 때가 많습니다. GANs은 확률생성모델을 만들 때, 확률밀도함수 $p(X)$에 대해 직접적인 모델링을 하지 않고 샘플 x를 만들어 간접적으로 분포 $p(X)$를 구현합니다. 따라서 우리는 $p(X)$의 표현식을 볼 수 없습니다. 그렇다면 어떻게 할까요?

만약 랜덤변수 Z와 X 사이가 모종의 투영 관계 $X = f(Z)$을 만족한다면, 이들의 확률분포 $p_X(X)$와 $p_Z(Z)$에도 모종의 투영 관계가 존재할 것입니다. $Z, X \in \mathbb{R}$ 모두가 1차원 랜덤변수일 때 $p_X = \dfrac{\mathrm{d}f(Z)}{\mathrm{d}X} p_Z$이고, Z, X가 고차원 랜덤변수일 때 도함수는 야코비 행렬(즉, $p_X = Jp_Z$)이 됩니다. 따라서 Z의 분포를 알고 있다면 우리는 랜덤변수 사이의 변환함수conversion function f에 대해 직접적인 모델링을 할 수 있고, 이는 유일하게 X의 분포를 결정합니다.

이런 방법으로 복잡한 확률 계산을 피할 수 있을 뿐만 아니라 f에게 더 큰 공간을 제공함으로써 우리는 신경망을 사용해 f를 훈련할 수 있게 됩니다. 근 몇 년간 신경망 영역에서 비약적인 발전이 이루어졌는데, 네트워크 구조를 최적화하기 위한 새로운 테크닉들이 계속해서 쏟아지고 있습니다. 유명한 CNN과 RNN 외에도 ReLU 활성화 함수, 배치 정규화, 드롭아웃 등의 테크닉도 자유롭게 생성기의 네트워크 중에 추가할 수 있어 대대적으로 생성기의 표현 능력을 증가시켰습니다.

 질문 4 ## GANs 실제 훈련 중에 만날 수 있는 문제들은 어떤 것들이 있을까요?

난이도 ★★★★

이론에서 설명한 것처럼 GANs의 훈련이 완벽하게 진행될 수 있을까요? 목적함수 $\mathbb{E}_{z \sim p(z)}[\log(1 - D(G(z; \theta_g)))]$을 최소화해 G의 해를 구하는 것은 어떤 문제점이 있을까요? 이 문제에 대한 어떤 해결 방안이 있을까요?

분석·해답

실제 훈련에서 초기 단계 생성기 G는 성능이 좋지 않아 생성한 모의 샘플이 쉽게 판별기 D에 의해 식별됩니다. 따라서 D에서 G로 전달되는 그래디언트가 매우 작아 훈련 목적에 도달하지 못하게 되는데, 이를 최적화 포화saturation라고 부릅니다[33]. 왜 이렇게 되는 것일까요? D의 시그모이드 출력층의 이전 층을 o라고 나타내면, $D(x)$는 $D(x) = \text{Sigmoid}(o(x))$로 나타낼 수 있습니다. 이때 식 13.7이 됩니다.

$$\nabla D(x) = \nabla \text{Sigmoid}(o(x)) = D(x)(1 - D(x))\nabla o(x) \tag{13.7}$$

따라서 G의 그래디언트는 식 13.8이 됩니다.

$$\nabla \log(1 - D(G(z; \theta_g))) = -D(G(z; \theta_g))\nabla o(G(z; \theta_g)) \tag{13.8}$$

D가 쉽게 모의 샘플을 알아본다는 것은 모의 샘플을 잘못 알아볼 확률이 0에 가깝다는 것을 뜻하게 되는데, 즉 $D(G(z; \theta_g)) \to 0$을 뜻합니다. $|\nabla o(G(z; \theta_g))| < C$이라고 가정한다면 C는 하나의 상수입니다. 따라서 식 13.9를 얻을 수 있습니다.

$$\lim_{D(G(z; \theta_g)) \to 0} \nabla \log(1 - D(G(z; \theta_g))) = - \lim_{D(G(z; \theta_g)) \to 0} D(G(z; \theta_g))\nabla o(G(z; \theta_g))$$
$$= 0 \tag{13.9}$$

즉, G가 얻게 된 그래디언트가 거의 0이 된다는 말인데, 이는 D가 강해진 후에는 G에 대해 도움을 주는 정도가 매우 미미해진다는 것을 뜻합니다.

그렇다면 어떻게 해야 할까요? 해결 방안은 $\log(1 - D(G(z; \theta_g)))$을 $\log(D(G(z; \theta_g)))$으로 변환하는 것입니다. 형식적으로 마이너스 부호 하나만 다른데, 후자를 최대화하는 것이 전자를 최소화하는 것과 동일하게 됩니다. 양자가 최적화될 때 동일한 해를 갖습니다. 그렇다면 한번 변경된 목적함수는 어떤 그래디언트를 가지는지 살펴봅시다.

$$\nabla \log(D(G(z; \theta_g))) = (1 - D(G(z; \theta_g)))\nabla o(G(z; \theta_g)) \tag{13.10}$$
$$\lim_{D(G(z; \theta_g)) \to 0} \nabla \log(D(G(z; \theta_g))) = \nabla o(G(z; \theta_g)) \tag{13.11}$$

설령, $D(G(z; \theta_g))$가 0에 가까워지더라도 $\nabla \log(D(G(z; \theta_g)))$는 소멸되지 않고 생성기에 유효한 그래디언트를 제공하게 됩니다.

WGAN:
저차원의 유령을 잡아라

상황 설명

소설 《삼체 3부: 사신의 영생》을 본 독자라면 '차원축소 공격'이라는 단어를 들어봤을 것입니다. 마치 파리채로 파리를 눌러 죽이듯이 적을 납작하게 만드는 기술입니다. 사실, 저차원으로 만드는 것이 어떤 좋은 점이 있는지에 대해서는 아는 바가 없습니다. 만화영화 톰과 제리의 한 장면을 상상해 봅시다. 철천지원수 톰에게 쫓기던 제리는 벽에 많은 사진이 걸려 있는 것을 발견하고, 그중 사람이 가득한 해수욕장 사진으로 뛰어들어 사람들 속으로 사라져 버립니다. 3차원의 제리가 2차원의 제리로 변해 톰을 피한 것입니다. 여기서 '3차원 세계에서 제리는 존재하는 것일까?'라는 의문이 듭니다. 극단적인 상황을 가정해. 만약 이 사진이 충분히 얇아 두께 자체가 없다면 그림 13.5처럼 2차원 평면에서 어떤 부피도 차지하지 않을 것입니다. 즉, 부피가 0인 물건은 없는 것과 마찬가지 아닐까요? 고차원 공간으로 확장해 보면, 이 부피는 척도measure라고 하며, 3차원 공간에 있는 2차원 공간처럼 N차원 공간에서의 N이 얼마나 큰지에 상관없이 $N+1$차원 공간에서의 척도는 0이 됩니다. 따라서 하나의 저차원 공간의 물체가 고차원 공간에서는 무시될 수 있습니다. 고차원 세계에서 생활하는 사람에게 저차원 공간이란 대수롭지 않은, 마치 존재하는 듯 존재하지 않는 유령 같은 것입니다.

그림 13.5 2차원 화면과 3차원 공간

2017년, 생성적 적대 신경망을 훈련하는 새로운 방법인 WGAN이 고안되었습니다[34]. 이때는 GANs이 개발된 지 3년이 지난 시점인데, 이미 많은 연구자가 GANs을 사용하기 시작했습니다. GANs은 그 원리가 매우 기발하며 이해하는 데 어렵지 않고, 또한 사람들의 직관에도 잘 맞는 부분이 있습니다. 왜냐하면 만물은 서로 경쟁하고 대립하며 점점 발전하니까요. 굿펠로는

2014년에 이미 GANs의 이론적인 부분도 증명했는데, GANs이 본질적으로 생성 분포와 실제 데이터 분포 사이의 JS 거리를 최소화한다는 것을 증명했고, 알고리즘이 수렴할 때 생성기가 그린 분포는 실제 데이터와 같다고 주장했습니다. 하지만 실제 사용 중에 많은 사람이 해석하기 힘든 문제들이 나타났고, 생성기 훈련이 매우 불안정하다는 것을 실증적으로 경험했습니다 [35]. 생성기라 불리는 톰은 실제 분포인 제리를 잡기 힘들어하는 것처럼 느껴졌습니다.

키워드 붕괴 모드Collapse Mode / 와서스타인 거리Wasserstein Distance / 1-립시츠 연속 함수1-Lipschitz Function

GANs의 함정: GANs에 존재하는 어떤 문제들이 모델 훈련 효과를 저하시켰을까요?

난이도 ★★★

분석·해답

GANs의 판별기는 실제 샘플과 만들어진 (생성된) 모의 샘플의 구별을 시도합니다. 굿펠로의 논문에서 언급한 것처럼 판별기를 훈련하는 것은 생성기가 만든 분포와 실제 데이터 분포 사이의 JS 거리를 측정하는 것입니다. 그리고 생성기를 훈련하는 목적은 이 JS 거리를 좁히는 것입니다. 만약 우리가 실제 데이터가 어떻게 형성되는 지 모른다고 하더라도 데이터 분포만 일치하다면 모의 생성 과정을 통해 이를 대체할 수 있을 것입니다.

하지만 실제 실험 중에 좋은 생성기를 만드는 일은 결코 쉬운 일이 아닙니다. 생성기는 불안정해 붕괴 모드collapse mode* 현상이 자주 일어납니다. 그렇다면 붕괴 모드란 과연 무엇일까요? 이미지를 예로 들자면, 반복해서 비슷하거나 동일한 이미지를 생성해 내면 다양성이 매우 부족할 것입니다. 생성기는 이미지를 기억해 새로운 이미지를 창조해 낼 능력을 잃게 되고 일반화 능력도 저하됩니다. 이것은 마치 지능이 낮은 아이가 이해하지 못하는 것을 죽어라 외워 실제로 활용도 못하고 창의적인 능력도 없는 것과 같습니다.

★ [옮긴이] 혹은 mode collapse라고도 부릅니다.

그렇다면 왜 이런 현상이 나타날까요? 생성기가 JS 거리에 기반해 훈련되니 아마도 문제는 JS 거리와 관련이 있을 것입니다. 고차원 공간에서 모든 점이 하나의 샘플(예 한 장의 이미지)을 나타내지 못합니다. 공간의 대부분은 잉여 부분이고, 실제 데이터는 저차원 하위 공간의 매니폴드(즉, 고차원 곡면)에 말려 있을 것입니다. 차원이 낮기 때문에 차지하는 공간 부피는 0이 되며, 매우 얇은 종이처럼 3차원 공간에 존재할 것이며, 극심한 주의를 기울이지 않는 한 발견하기 어려울 것입니다. 생성기 분포와 실제 데이터 분포의 JS 거리, 즉 2개의 KL 거리KL divergence의 평균을 고려하면 다음 식과 같습니다.

$$JS(\mathbb{P}_r \| \mathbb{P}_g) = \frac{1}{2}\left(KL\left(\mathbb{P}_r \| \frac{\mathbb{P}_r + \mathbb{P}_g}{2}\right) + KL\left(\mathbb{P}_g \| \frac{\mathbb{P}_r + \mathbb{P}_g}{2}\right) \right) \tag{13.12}$$

초기 생성기는 파라미터가 랜덤으로 초기화되기 때문에 하나의 샘플 생성기라기보다는 고차원 공간 점의 생성기라고 불러야 합니다. 점은 고차원 공간에 광범위하게 분포되어 있을 것입니다. 비유하자면, 생성기는 모든 공간을 향해 던져진 그물과 같고, '병력*'에 한계가 있기 때문에 그물을 크게 펼칠수록 각 점 부근의 병력은 적어질 것입니다. 이 그물이 저차원 하위 공간을 통과할 때 볼 수 있는 '병'은 거의 0일 것이고, 이 하위 공간은 '사각지대'가 됩니다. 만약 실제 데이터가 모두 사각지대에 분포하고 있다면 생성기에 대해 '숨은' 것이 되고, '그물에서 빠져나간 물고기'가 될 것입니다.

그림 13.6 고차원 공간에서 생성기 샘플 포인트와 저차원 매니폴드에서의 실제 분포

★ 옮긴이 '병력'은 원문을 최대한 그대로 옮긴 것인데, 해당 비유에서는 '그물이 가진 한계' 정도로 이해하면 됩니다.

공식으로 돌아와, 첫 번째 KL 거리를 살펴봅시다.

$$\mathrm{KL}\left(\mathbb{P}_r \parallel \frac{\mathbb{P}_r + \mathbb{P}_g}{2}\right) = \int \log\left(\frac{p_r(x)}{\left(p_r(x) + p_g(x)\right)/2}\right) p_r(x)\mathrm{d}\mu(x) \tag{13.13}$$

고차원 공간의 대부분이 실제 데이터를 보지 못하여 $p_r(x)$ 곳곳이 0이 되고, KL 거리에 대한 공헌도 0이 됩니다. 만약 실제 데이터가 저차원 공간에 말려 있다 하더라도 고차원 공간에서는 저차원 공간의 부피를 무시하게 되어 확률적으로 척도 measure가 0이 됩니다. 따라서 KL 거리는 $\int \log 2 \cdot p_r(x)\mathrm{d}\mu(x) = \log 2$가 됩니다.

다시 두 번째 KL 거리를 살펴봅시다.

$$\mathrm{KL}\left(\mathbb{P}_g \parallel \frac{\mathbb{P}_r + \mathbb{P}_g}{2}\right) = \int \log\left(\frac{p_g(x)}{\left(p_r(x) + p_g(x)\right)/2}\right) p_g(x)\mathrm{d}\mu(x) \tag{13.14}$$

똑같은 이유로 KL 거리는 $\int \log 2 \cdot p_g(x)\mathrm{d}\mu(x) = \log 2$가 됩니다. 따라서 JS 거리는 log2라는 하나의 상수가 됩니다. 생성기가 어떻게 '그물'을 펼치고 훈련을 하든지 JS 거리는 변하지 않아 생성기에 대한 그래디언트는 0이 됩니다. 신경망의 훈련에 경사 하강법을 사용해야 하는데, 만약 그래디언트(경사)가 계속 0이라면 어떻게 훈련을 진행될 수 있을까요?*

 질문 2

WGAN은 위 문제를 어떤 방법으로 개선했나요? 와서스타인 거리란 무엇일까요?

난이도 ★★★★

분석·해답

직관적으로 볼 때 생성기로 하여금 고차원 공간에서 아무렇게나 그물을 던지게 하면 안 되고, 직접 저차원 공간에서 실제 데이터를 '잡아'야 합니다. 비록 직관적으로는 이렇게 생각할 수 있지만, 고차원 공간에 숨어 있는 수많은 저차원 하위 공간 중

★ 옮긴이 해당 내용에 대해 자세히 알고 싶은 독자들을 위해 자세한 설명이 담긴 블로그 포스트 주소를 공유합니다. https://lilianweng.github.io/lil-log/2017/08/20/from-GAN-to-WGAN.html

에서 어떻게 목적 하위 공간을 찾을 수 있을까요? 높은 빌딩 꼭대기에서 사방을 둘러보면 산봉우리와 높은 탑의 위치는 빠르게 확인할 수 있지만, 다른 빌딩 내의 오피스에서 일어나는 일들은 알 수가 없습니다. 우리에게 필요한 것은 단서이지 단순하게 그물을 던지는 것이 아닙니다. 고차원 공간에서 은밀한 저차원 공간을 대항할 때 단순하고 거친 방법을 사용하기보다는 특별한 무기를 사용해야 하는데, 그것이 바로 Earth Mover's DistanceEMD라고도 부르는 와서스타인 거리Wasserstein distance (그림 13.7)입니다.

$$W(\mathbb{P}_r, \mathbb{P}_g) = \inf_{\gamma \sim \Pi(\mathbb{P}_r, \mathbb{P}_g)} \mathbb{E}_{(x,y) \sim \gamma}[||x - y||] \tag{13.15}$$

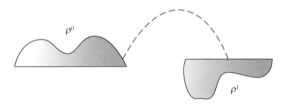

그림 13.7 와서스타인 거리

이 공식을 어떻게 해석할 수 있을까요? 먼저, 여러분에게 하나의 큰 마당이 있다고 상상해 봅시다. 그리고 이 마당 곳곳은 움푹 패어 울퉁불퉁하고 각 구석에는 모래더미가 놓여 있습니다. 쌓여 있는 모래의 양은 정확히 곳곳에 있는 구덩이를 메울 수 있는 양입니다. 모래를 옮기는 것은 힘든 일이기 때문에 힘을 최대한 아낄 수 있는 운반 방법을 고안해 내려고 합니다. 직관적으로 각 구덩이에서 가장 가까운 모래더미에서 운반하는 것이 운반 거리를 최대한 단축시킬 수 있는 방법일 것입니다. 그러나 문제는, 만약 가장 가까운 위치에 있는 모래더미를 다 사용하거나 혹은 가까운 거리의 구덩이를 메운 후에 모래더미가 많이 남았을 경우, 그리고 구덩이에서 여러 모래더미까지의 거리가 동일할 경우 등에 대해 어떻게 할 것인지를 모두 고려한 시스템화된 방안이 필요하다는 것입니다. 최적의 방안은 위 목적함수의 최적해를 찾는 것입니다. 모래 분포와 구덩이 분포가 주어졌을 때, 우리는 모래를 옮기는 전체 손실에만 초점을 맞추고 모래알 하나하나에 대한 배치에 대해서는 신경 쓰지 않을 것입니다. 손실이 변하지 않는 상황에서 모래 배치는 아마도 많은 선택지가 있을 것입니다. 식 13.16에 대응해, 한 쌍의 (x, y)를 선택할 때 x에 있는 모래 일정량을 y 위치의 구덩이로 옮기는 것으로 표현할 수 있는데, 모래더미 일부분만 옮기거나, 전부를 옮기거나, 혹은 구덩이의 일부분만 채우거나 모두 채울 수도 있습니다. x에 위치한 모래더미의 총량을 $\mathbb{P}_r(x)$로 나타내고, y에 위치한 구덩이 크기를 $\mathbb{P}_g(x)$로, 그리고 x에서 y로 운반되는 모래의 양을 $\gamma(x, y)$로 나타낸다면 전체적으로 다음 등식을 만족하게 됩니다.

$$\sum_x \gamma(x, y) = \mathbb{P}_g(y) \tag{13.16}$$

$$\sum_y \gamma(x, y) = \mathbb{P}_r(x) \tag{13.17}$$

왜 와서스타인 거리는 JS 거리가 해결하지 못한 문제를 해결할 수 있는 것일까요? 이론적 해석은 매우 복잡한데, 생성기 분포가 파라미터 θ 변화에 따라 연속적으로 변화할 때 생성기 분포와 실제 분포의 와서스타인 거리도 θ 변화에 따라 연속적으로 변화하고, 곳곳에서 미분 가능하며, JS 거리는 θ의 변화에 따라 연속적으로 변화하지 않는다는 것을 증명해야 합니다.

통속적인 해석으로는 '그물' 비유를 다시 사용할 수 있는데, 여기서 생성기는 더 이상 '그물'을 던지는 것이 아니라 '타기팅'하여 '쫓아가게' 됩니다. 실제 분포가 어떤 저차원 하위 공간에 숨어 있든지 생성기는 감지할 수 있게 됩니다. 왜냐하면 생성기는 자신의 분포를 조금 변화시킴으로써 자신으로부터 실제 분포까지의 와서스타인 거리를 변화시킬 수 있기 때문입니다. 그러나 JS 거리는 둔감하므로 생성기를 어떻게 변화시키든지 JS 거리는 여전히 하나의 상수입니다. 따라서 와서스타인 거리를 사용해 효과적으로 저차원 하위 공간 중의 실제 데이터 분포에 근접할 수 있게 되는 것입니다.★

★　옮긴이 WGAN은 두 분포 간의 거리를 측정하기 위하여 더 향상된(smoooth) 메트릭를 사용하여 GAN의 학습 과정을 개선하였다고도 말할 수 있습니다.

어떻게 구체적으로 와서스타인 거리를 사용해 WGAN 알고리즘을 구현할 수 있을까요?

난이도 ★★★★★

분석·해답

쥐들이 회의를 열어 '고양이 목에 방울 달기' 계획에 합의했습니다. 하지만 문제는 누가 어떻게 고양이 목에 방울을 달지에 대한 것입니다. 우리는 와서스타인 거리라는 무기를 손에 쥐었지만, 아직 이 거리를 어떻게 계산해야 하는지 알지 못합니다. 와서스타인 거리의 공식은 해를 구하기 매우 힘듭니다. 한 가지 다행인 점은 이와 동일한 값을 가지는 쌍둥이 동생이 있다는 것인데, 바로 와서스타인 거리의 쌍대성 duality입니다.

$$W(\mathbb{P}_r, \mathbb{P}_g) = \sup_{f_L \leq 1} \mathbb{E}_{x \sim \mathbb{P}_r}[f(x)] - \mathbb{E}_{x \sim \mathbb{P}_g}[f(x)]$$
$$= \max_{w \in W} \mathbb{E}_{x \sim \mathbb{P}_r}[f_w(x)] - \mathbb{E}_{z \sim p(z)}[f_w(g_\theta(z))] \qquad (13.18)$$

쌍대성은 와서스타인 거리의 해 구하기 난이도를 대대적으로 낮추게 되는데, 계산 과정이 목적함수 $\mathbb{E}_{x \sim \mathbb{P}_r}[f(x)] - \mathbb{E}_{x \sim \mathbb{P}_g}[f(x)]$을 최대화하는 함수 f를 찾는 것으로 변합니다. 이 식이 매우 익숙하게 느껴질 수 있는데, 바로 원래 GANs의 $\max_D \mathbb{E}_{x \sim \mathbb{P}_r}$ $[\log D(x)] + \mathbb{E}_{x \sim \mathbb{P}_g}[\log(1 - D(x))]$에서 log만 제거한 것입니다. 따라서 조금만 손보면 GANs의 원본 프레임을 사용할 수 있습니다.

자세히 살펴보면 아마도 f와 D가 다름을 알 수 있습니다. 전자는 $\|f\|_L \leq 1$, 즉 1-Lipschitz 함수를 만족해야 하고, 후자는 하나의 시그모이드 함수를 출력층으로 하는 신경망입니다. 이 둘은 모두 최적 함수를 찾을 때 반드시 경계의 제한을 고려해야 합니다. 만약 제한이 없으면 함수값은 무한히 크거나 무한히 작게 됩니다. 시그모이드 함수의 값은 천연적인 경계가 존재하는데, 1-Lipschitz는 함숫값의 경계를 제한하지 않고 함수 미분의 경계를 제한하여 각 포인트에서 함수의 변화율이 무한히 클 수 없도록 합니다. 신경망에서는 어떻게 1-Lipschitz 혹은 K-Lipschitz를 구현할 수 있을까요? WGAN는 매우 교묘하게 이를 풀어냈습니다. 하나의 피드 포워드 신경망에서 입력은 여러 차례 선형변환과 비선형 활성화 함수를 거쳐 출력을 얻고,

입력에 대한 출력의 그래디언트는 대부분은 모두 선형 조작으로 곱한 가중치 행렬에 의한 것인데, 따라서 각 가중치 행렬의 크기를 제약할 수 있다면 입력에 대한 네트워크 출력의 그래디언트 크기를 제약할 수 있습니다.

여기서 판별기는 평가기critic로 이름을 바꾸게 되는데, 목적함수는 '샘플의 근원을 구분하는 것'에서 '샘플에 평점을 매기는 것'으로 바뀌게 됩니다. 실제 샘플과 비슷할수록 더 높은 점수를 받고, 반대라면 낮은 점수를 받습니다. 이는 서포트 벡터 머신에서 마진margin의 개념(그림 13.8 참고)과 유사합니다. 토끼와 거북이 경주에 비유하면, 평가기는 토끼이고 생성기는 거북이입니다. 평가기의 목표는 거북이를 따돌려 둘 사이의 거리(혹은 margin)를 최대한 멀게 만드는 것입니다. 생성기의 목표는 토끼를 최대한 쫓는 것입니다. 더 엄밀히 말하면, 평가기를 훈련하는 것은 생성기 분포와 실제 분포 사이의 와서스타인 거리를 계산하는 것입니다. 평가기가 주어졌을 때 생성기를 훈련하는 것은 바로 이 거리를 줄이는 것인데, 알고리즘에서 생성기 파라미터 θ에 대한 와서스타인 거리의 그래디언트 $\nabla_\theta W(\mathbb{P}_r, \mathbb{P}_g) = -\mathbb{E}_{z \sim p(z)}[\nabla_\theta f_w(g_\theta(z))]$을 계산해야 합니다. 그리고 경사하강법으로 파라미터를 업데이트해서 와서스타인 거리를 작게 만듭니다.

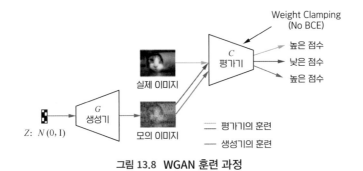

그림 13.8 WGAN 훈련 과정

CHAPTER 13
3
DCGAN:
GANs이 합성곱을 만났을 때

비록 GANs이 처음부터 이미지 생성에 사용되긴 했지만, 바로 CNN을 사용하진 않았습니다. 일반적으로 이미지 데이터를 이야기하면 사람들은 CNN을 떠올리는데, 왜 GANs은 처음부터 CNN 네트워크를 사용하지 않았을까요? 사실, 어떠한 CNN 계열 네트워크나 GANs에 맞는 것은 아니었습니다. 연구자들은 초기에 많은 시도를 했지만 실패를 거듭했었습니다.

이미지에 관련된 몇 가지 학습 임무는 이미지 분류, 이미지 분할, 객체 검출 및 식별 등이 있습니다.

이미지 분류 영역은 CNN의 주 무대입니다. 손글씨 인식부터 ImageNet 대규모 이미지 인식 경진대회까지, 그리고 AlexNet, VGG, GoogLeNet에서부터 ResNet에 이르기까지 각종 CNN이 활약하고 있습니다. 입력은 한 장의 이미지이고, 출력은 하나의 클래스입니다. 즉, 한쪽은 조밀한 화소 격자이고, 다른 한쪽은 클래스를 나타내는 하나의 단어입니다. 입력단에서 출력단까지 오면서 많은 정보를 잃게 되는데, 예를 들어 그림 13.9처럼 강아지 이미지를 식별할 때 모델이 초점을 맞추는 부분은 강아지인지 아닌지이지 강아지의 크기, 색깔, 품종이 아닙니다. 정보의 유실은 CNN이 이미지 분류 문제는 잘 해결할 수 있지만, 고해상도를 가진 이미지를 출력할 수 없게 합니다.

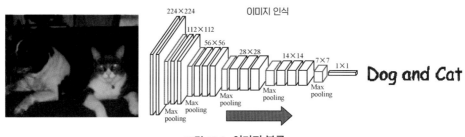

그림 13.9 이미지 분류

이미지 분할에서 입력은 한 장의 이미지이고, 출력은 원 이미지와 동일한 크기의 분할 이미지입니다. 이미지는 서로 다른 영역으로 분할되게 되는데, 동일한 구역의 점들은 동일한 색으로 표시합니다. 입력단은 여전히 한 장의 이미지이지만, 출력단 정보량은 분류 문제에 비해 많은 편입니다. 한 가지 주의해야 할 점은 전통적인 CNN에서 각 층의 높이와 넓이는 계속해서 줄어들어 화소 위치와 관련된 정보를 대량으로 유실한다는 점인데, 연구자들은 이미지 분할 문제를 해결하기 위해 Fractional-Strided Convolutions(혹은 deconvolutions)와 같은 새로운 CNN 구조를 만들어 냈습니다. 이 구조는 그림 13.10처럼 각 층의 높이와 넓이가 줄어들지 않고 오히려 커져 최종적인 출력과 원래 입력 이미지의 크기가 동일할 수 있도록 만들어 줍니다.

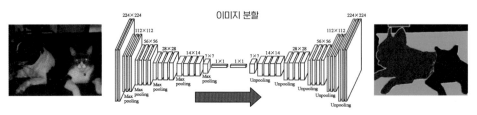

그림 13.10 이미지 분할

그러나 이미지 생성은 이미지 분할이 아닙니다(그림 13.11 참고). 이미지 분할의 출력단은 원래 이미지와 동일한 크기를 갖지만, 화소 레벨에서의 디테일한 정보에 여전히 유실이 발생하여 고화질 이미지를 생성하기 힘듭니다. 이미지 생성은 절대로 아무렇게나 CNN을 갖다 붙인다고 해서 해결될 일이 아닙니다. 그렇다면 어떻게 개선해야 이미지 생성에 사용할 수 있을까요?

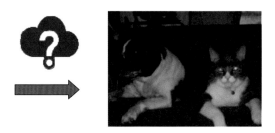

그림 13.11 이미지 생성

키워드 **합성곱 신경망**Convolution Neural Network, CNN /
Fractional-Strided Convolution / **배치 정규화**Batch Normalization, BN /
ReLU/LReLU

질문 생성기와 판별기에서 어떻게 합성곱 구조를 설계할 수 있을까요?

난이도 ★★★

고화질의 우수한 이미지를 생성하기 위해 우리는 GANs 프레임 내에 다층 CNN을 심어 볼 예정입니다. 그러나 일반적인 컨볼루션 구조는 우리의 기대치를 만족시킬 수 없습니다.

분석·해답

GANs에서 컨볼루션 구조의 위력을 발휘하기 위해서는 두 가지 부분에 대한 고민이 필요합니다. 생성기와 판별기에 대한 것입니다.

● 생성기

생성기는 이미지를 생성하게 되는데, 이미지 분류와 반대되는 과정이라고도 간주할 수 있습니다. 이미지 분류에서의 입력은 한 장의 이미지이고, 출력은 하나의 클래스입니다. 이미지 생성기의 출력은 한 장의 이미지인데, 그렇다면 입력은 무엇일까요? 입력은 일반적으로 가우스 분포에서 생성된 100차원 랜덤벡터와 같은 하나의 랜덤벡터입니다. 이 랜덤벡터에는 어떤 의미가 담겨 있을까요? 신경망이라는 블랙박스 black-box에서 우리는 알 길이 없습니다. 그러나 우리가 확신할 수 있는 것은 100차원 랜덤벡터가 한 장의 128×128 크기의 작은 이미지(평탄화 후에는 16,384차원)보다는 훨씬 작은 차원의 벡터라는 것입니다.

그렇다면 저차원 벡터에서 고화질의 고차원 이미지를 얻고 싶다면 어떻게 해야 할까요? 예를 들어, 하나의 클래스(분류)에서 한 장의 이미지까지 정보는 점점 많아질 것이고, 정보의 압축이나 유실이 일어나진 않을 것입니다. 오히려 정보를 보충해야 하고 난이도도 높아질 것입니다. 예를 들어, 제가 '강아지'라고 말했을 때 여러분의 머릿속에 떠오르는 강아지의 이미지는 푸들일 수도 있고 치와와일 수도 있습니다. 어떤 이미지가 떠올랐든지 여러분은 비슷한 종류의 강아지를 예전에 본 적이 있을 것이고, 뇌에는 이미 그 강아지에 대한 이미지 정보가 남아 있어서 제가 강아지를 언급했을 때 머릿속에 바로 떠올랐던 것입니다. 이렇다 하더라도 여러분에게 강아지를 그려 보라고 한다면, 만약 여러분이 엄청난 그림 솜씨를 가지고 있다고 해도 가장 먼저 그리는 것은 강아지의 윤곽이지 한 장의 실제 이미지가 아닐 것입니다. 왜냐하면 아주 많은 세부적인 부분들을 하나하나 더해야 하기 때문이죠. 예를 들어, 강아지 털의 색깔, 강아지의 자세, 강아지가 위치한 장소 등등… 우리는 100차원 랜덤벡터를 사전에 정해야 하는 정보라고 이해할 수 있습니다. 클래스 외에도 디테일이 있어야 하고, 각 부분은 독립적이면서도 상호 조합됩니다. 마치 컵 속에 담긴 멍 때리는 표정의 T컵 강아지(그림 13.12)처럼 말이죠.

그림 13.12 이미지 생성을 위해서는 많은 세부적인 것들이 정해져야 한다

랜덤벡터의 각 차원으로 서로 다른 디테일을 그리고, 한 장의 이미지를 생성합니다. 랜덤벡터는 화소 레벨의 위치 정보를 담고 있지 않지만, 이미지에서 각 화소는 모두 각자의 위치가 있고, 점이 모여 선을, 선이 모여 면을 형성하며 물체의 형태를 그려 냅니다. 만약 이러한 위치 정보가 랜덤벡터에서 생성되는 것이 아니라면, 생성기의 특수한 네트워크 구조에서 나와야 할 것입니다.

그렇다면 CNN을 사용해 위치 정보를 구현할 수 있을까요? 최초에 CNN을 설계할 때 수용장receptive field의 개념을 도입해 이미지 이웃 영역의 특징을 잡아냈는데, 가까운 위치에 화소 점만이 수용장에 의해 포착될 수 있습니다. 전통적인 다층 컨볼루션 구조에서 입력단에 가까울수록 포함하고 있는 위치 정보가 명확하고, 층이 깊어질수록 수용장이 포괄하는 구역이 넓어져 너무 세부적인 위치 정보는 유실되고 고급 의미 정보만 남게 되어 이미지 클래스 정보를 더 잘 반영할 수 있습니다. 전통적인 CNN은 위치 정보를 포착하거나 식별하기만 하고 위치 정보의 생성까지는 하지 않습니다. 위치 정보는 입력된 이미지로부터 나오며, 이들이 이미지의 (예를 들면,

클래스와 같은) 고급 의미를 효과적으로 반영하지 못하면 점진적인 계산 중에 유실되게 됩니다[36].

따라서 랜덤벡터에서 이미지를 만들어 내려면 만들어 내는 과정 중에 위치 정보를 생성해야 합니다. 이러한 생성 과정은 다음 두 가지 원칙에 부합해야 합니다.

❶ 정보가 층 계산 중에서 점차 많아져야 한다.

❷ 위치 정보를 유실하지 않아야 하고, 계속해서 세부적인 위치 정보를 생성해야 한다.

참고문헌 [37]에 자세한 방법이 나와 있습니다.

[1] 위치 정보 유실을 야기할 수 있는 풀링층pooling layer 같은 정보를 제거한다 풀링층에서는 인근 구역의 최댓값 혹은 평균값을 취하기 때문에 해당 구역 내의 위치 정보를 잃을 가능성이 있습니다. 어떻게 배치하든지 최댓값과 평균값은 변하지 않습니다. 위치 불변성은 이미지 분류에 있어 매우 좋은 성질입니다. 그러나 이미지 생성에서는 좋지 않습니다. 왜냐하면 이러한 다운샘플링down-sampling 과정은 세부 정보를 희생함으로써 (분류와 관련된 정보와 같은) 고급 의미를 보존하기 때문입니다.

[2] 부분 스트라이드fractional-strided 컨볼루션층을 사용합니다 모델은 추상적인 것이 아닌 구체적인 것을 만들어야 하므로 계산은 업샘플링up-sampling 과정이며, 점진적으로 더 세부적인 정보를 제공합니다. 100차원의 랜덤벡터가 층 하나를 경과해 4×4×1,024 텐서tensor로 변환합니다. 넓이와 높이는 각각 4입니다. 비록 크기에 제한이 있지만, 위치의 존재에 대해 암시하고 있습니다. 이어서 층마다 변환하여 높이와 넓이가 계속해서 커지고 깊이는 줄어들어 하나의 넓이, 높이, 그리고 RGB를 가진 64×64×3 이미지를 출력할 때까지 계속됩니다.

전통적인 컨볼루션층은 이전 층의 높이와 넓이를 축소하거나 보존하는 것밖에 할 수 없어 높이와 넓이를 확장하는 데 소용이 없습니다. 우리는 특수한 컨볼루션층을 사용해 높이와 넓이에 대한 업샘플링 계산을 구현해야 합니다[38]. 즉, 그림 13.13처럼 부분 스트라이드 컨볼루션층을 사용해야 합니다.

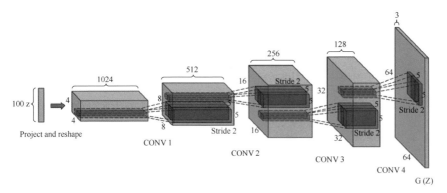

그림 13.13 부분 스트라이드 컨볼루션층

스트라이드stride가 1보다 큰 전통적인 컨볼루션층은 입력 이미지를 높이와 넓이가 더 작은 이미지로 압축시킵니다. 그림 13.14(a)처럼 5×5 크기의 이미지를 3×3 커널을 2×2 스트라이드를 가진 컨볼루션층을 거치게 하면, 2×2 크기의 이미지를 얻을 수 있습니다. 만약 이 과정이 역으로 진행된다면, 즉 2×2 크기의 이미지를 입력해 5×5 크기의 이미지를 얻을 수 있습니다. 엄격히 말해 이러한 역과정은 수학적으로 계산하기 매우 복잡합니다. 부분 스트라이드 컨볼루션층에서 2×2 이미지를 입력해 5×5 이미지를 얻는 것은 컨볼루션 프로세스 정의에 부합하긴 하지만, 수학적으로 엄격하진 못합니다. 그렇다면 어떻게 가능할까요? 바로 0을 채우는 것인데, 가장자리에만 0을 채우는 것이 아니라 원소 포인트 사이에도 0을 채웁니다. 만약 2×2 이미지를 5×5 이미지로 확대하려면, 그림 13.14(b)에 나온 것처럼 3×3 커널과 1×1 스트라이드를 가진 컨볼루션층을 거치면 됩니다. 이러한 '역' 컨볼루션 프로세스는 이미지 해상도의 '역'이지 수학적 의미상에서의 '역'이 아닙니다.

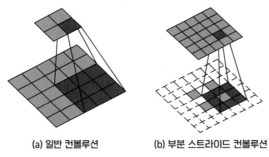

(a) 일반 컨볼루션   (b) 부분 스트라이드 컨볼루션

그림 13.14 컨볼루션 작업

3 **가장 마지막 부분의 완전 연결층**fully-connected layer**을 제거합니다** 일반적으로 CNN 은 마지막 부분에 완전 연결층을 연결하는데, 이는 각 차원을 종합하여 비선형변환 을 진행해 이미지 분류라는 목적에 대응하기 위함입니다. 여기서의 목적은 이미지 분류가 아니라 이미지 생성이기 때문에 완전 연결층을 사용할 필요는 없습니다. 이 미지 출력단에 가까워질수록 2차원 평면상의 위치 정보를 잘 보호해야 합니다. 아 니면 반대로 입력단에 완전 연결층을 더해 100차원 랜덤벡터를 행렬곱을 통해 4×4 ×1024 텐서로 변환할 수도 있습니다.

4 **배치 정규화와 ReLU 활성화 함수** 배치정규화는 2015년 세르게이 아이오페Sergey Ioffe와 크리스티안 세게디Christian Szegedy가 신경망 구조를 개선하기 위해 고안한 방법 으로, 배치놈Batchnorm층이라고도 불리며 현재 광범위하게 사용되고 있습니다[39]. 단 일 뉴런은 배치batch층에서 정규화 처리를 하며, 평균이 0이고 분산이 1인 새로운 배 치를 얻어 그래디언트가 원활하게 흐를 수 있게 해주며, 잘못된 초기화의 영향을 덜 받게 해줘 모델 훈련 효과를 개선합니다. 생성모델이 깊으면 깊을수록 배치놈층이 필요하게 됩니다. 만약 배치놈층이 없다면 훈련이 불충분해 모델 붕괴collapse mode 현 상이 쉽게 발생하고, 계속해서 똑같은 이미지 샘플만 생성하게 됩니다. 이 외에도 그 래디언트 포화saturation를 피하고 학습을 더 안정적으로 하기 위해서 내부에 ReLU 활성화 함수를 사용하고 이미지 출력층에서만 Tanh 활성화 함수를 사용합니다.

● **판별기**

판별기는 생성된 이미지와 실제 이미지를 구분합니다. 이는 전형적인 이미지 분류 문제이지만, 일반적인 이미지 분류 문제와는 다릅니다. 진품과 가품의 구별은 디테 일의 차이를 발견하는 것이지 거시적인 측면에서의 차이를 구별하는 것이 아닙니 다. 판별기의 다층 컨볼루션 네트워크에서도 풀링층을 사용하지 않고, 이를 스트라 이드가 1보다 큰 컨볼루션층으로 대체합니다. 비록 이 역시 언더샘플링 과정이지만, 풀링층이 없습니다. 판별기의 마지막 부분에는 완전 연결층을 더하지 않고, 평탄화 처리를 거친 후 바로 시그모이드 출력층에 전달하여 최대한으로 위치에 관한 디테 일을 보존합니다. 이 외에 판별기 내부 활성화 함수는 LReLU를 사용해 최대한으로 이전 층의 정보를 보존합니다. 판별기에서도 배치놈층batch norm layer을 사용합니다.

ALI

상황 설명

중국 송나라의 한 황제는 그림을 매우 좋아했는데, 세계 최초의 황실 미술관을 만들기도 했습니다. 당시 황궁의 화가를 뽑는 과거시험에서 '깊은 산속에 숨은 오래된 절'이라는 주제를 그림으로 표현하라는 뜻의 '심산장고사深山藏古寺'를 그림 과제로 냈습니다. 어떤 사람은 산기슭에 절을 그리기도 하고, 어떤 사람은 절을 나무 사이에 깊은 곳에 그리고, 어떤 사람은 절을 완전히 노출하기도 하고, 또 어떤 사람은 절을 바위틈에 숨기기도 했습니다. 황제는 이 그림들을 보더니 매우 실망했습니다. 그러나 황제의 이목을 집중시킨 그림이 하나 있었는데, 이 그림에는 절이 없었습니다. 절은 없지만 험산 준령 사이에 맑은 물이 흐르고 있고, 노승 하나가 샘물 옆에 엎드려 있었습니다. 그 뒤에는 물을 긷는 나무통이 놓여 있고, 나무통 뒤로는 굽이굽이 난 작은 길이 수풀 속으로 사라지고 있었습니다(그림 13.15 참고). 그림에 절은 없지만 산 속으로 '숨어 있는 것'이 분명했으며, 이는 절의 일각만 그리거나 일부분만 노출한 그림보다 그림 과제에 더 적합했습니다.

깊은 산속에 나타난 오래된 절　　　깊은 산속에 숨은 오래된 절

그림 13.15　깊은 산속에 숨은 오래된 절

사람들은 그림을 볼 때 그림의 기교뿐만 아니라 표현된 주제도 함께 봅니다. 동일한 주제에 대한 표현 방법은 매우 많아 사람들은 서로 다른 그림을 그려 냅니다. 반대로, 구경꾼 입장에서

서로 다른 그림을 볼 때도 동일한 주제 혹은 비슷한 주제를 떠올릴 수도 있습니다. 하나의 주제를 주고 한 폭의 그림을 그리는 것이 바로 생성의 과정이고, 한 폭의 그림을 주고 그림의 주제를 추측하는 것은 추론의 과정입니다. 이러한 예는 많습니다. 한편, 한 사람의 창의력을 시험해 보고 싶을 때 그 사람에게 한 가지 주제를 던지고 작문을 하게 할 수도 있는데, 대략적인 글의 방향만 알려주고 세부적인 부분은 알아서 채워 넣는 것입니다. 이러한 테스트 문제는 모두 개방형 문제open-ended problem이며, 표준 답안이 없지만 상대방의 능력을 시험하기에는 별문제가 없습니다. 다른 한편으로는 한 사람의 발언을 듣거나 혹은 작품을 봤을 때 우리는 상대방의 실제 의도를 헤아립니다. 그 사람의 발언에 담긴 뜻이 무엇인지, 또는 그 사람의 작품은 무엇을 표현하고 있는지를 말이죠.

우리는 두 종류의 정보를 마주하는데, 하나는 관찰 가능한 것이고, 다른 한 종류는 관측 불가능하지만 추론을 통해 존재에 대해 인지할 수 있는 것입니다. 이 두 가지 종류의 정보는 두 종류의 표현공간에 존재하는데, 한 종류는 관측 데이터가 있는 데이터공간이고, 다른 한 종류는 은닉변수가 있는 은닉공간입니다. 후자는 전자의 일종의 추상abstract입니다. 생성과 추론이 바로 이 두 공간에서 이루어지는 정보의 교환인데, 두 개의 신경망을 사용해 만들어 낼 수 있습니다. 하나는 생성 네트워크이고, 다른 하나는 추론 네트워크입니다. 생성 네트워크는 은닉공간에서 데이터공간으로의 투영을 만들고, 추론 네트워크는 데이터공간에서 은닉공간으로의 투영을 만듭니다. 데이터공간의 정보는 볼 수 있고, 은닉공간의 정보는 볼 수 없기 때문에 생성 네트워크는 하나의 디코더decoder이고, 추론 네트워크는 하나의 인코더encoder입니다.

생성과 추론을 결합한 하나의 상황을 상상해 봅시다. 만약 우리가 인상주의impressionism 화가의 화풍을 배운다고 했을 때, 많은 작품을 관찰하고 그들의 표현 방법과 반영된 주제를 체득해 자신만의 이해를 바탕으로 손을 움직여 한 폭의 인상주의 그림을 완성할 것입니다. 이러한 전체 과정은 추론과 생성으로 나눌 수 있습니다. 그렇다면 어떻게 회화 수준을 높일 수 있을까요? 우리는 그림의 대가나 그림 평론가로부터 우리의 이해가 어디가 잘못되었고, 왜 잘못되었는지에 대한 피드백을 받아야 할 것입니다. 이러한 평론가의 비평 속에서 계속해서 발전해 가며, 최종적으로는 평론가가 아무런 비판도 하지 못할 만한 수준의 그림을 그리면 됩니다. 이는 GANs의 기본 아이디어이기도 합니다.

2017년, 한 편의 논문에서 ALIAdversarially Learned Inference 모델이 제안되었습니다[40]. 생성 네트워크와 추론 네트워크를 GANs의 프레임 아래에 두었는데, 더 나아가 생성모델과 추론모델을 함께 훈련해 훌륭한 효과를 보여주었습니다.

키워드 은닉공간Hidden State Space / 인코더Encoder / 디코더Decoder

생성 네트워크와 추론 네트워크의 융합

생성 네트워크와 추론 네트워크가 어떻게 GANs 프레임에 융합되어 모의 샘플의 분포를 실제 분포에 가깝게 할 뿐만 아니라, 모의 샘플의 은닉공간 표현과 실제 샘플의 은닉공간 표현이 분포상에서 최대한 가깝게 만들 수 있는지 설명해 주세요.

분석·해답

임의의 관찰 데이터 x 배후에는 은닉공간 표현 z가 존재합니다. x에서 z로 가는 변환 루트와 z에서 x로 가는 변환 루트가 존재하는데, 전자는 인코딩encoding 과정에 해당되며, 후자는 디코딩decoding 과정에 해당됩니다. 확률의 관점으로 본다면 인코더는 추론 과정에 해당합니다. 먼저, 실제 데이터에서 하나의 샘플 x를 샘플링하고, x로부터 z를 추론해 x가 주어졌을 때 z의 조건확률 $q(z \mid x)$를 얻습니다. 반대로, 디코더는 생성 과정에 해당합니다. 먼저, 하나의 고정 분포(예 가우스 분포 $N(0, I)$)에서 출발해 하나의 랜덤 신호 ϵ를 샘플링하고 간단한 변환을 거쳐 z를 얻습니다. 그리고 z로부터 일련의 복잡한 비선형변환을 거쳐 x를 생성하고, 주어진 z에서 x의 조건확률 $p(x|z)$를 얻습니다. 일반적으로 은닉공간 표현 z는 관찰 데이터 x보다 더 추상적이고 간결합니다. 따라서 z 차원수는 x보다 훨씬 더 작습니다. 랜덤 신호 ϵ에서 z까지는 간단한 변환만 거치면 되며, 어떤 경우에는 ϵ를 바로 z로 사용할 수 있습니다. 이는 은닉공간의 정보가 아주 깔끔하게 압축되었다는 것을 뜻하며, 어떠한 군더더기도 없고 관련 있는 차원이 모두 하나로 정합integrate되어 은닉공간 각 차원을 상호 독립적으로 만들어 은닉공간의 랜덤 포인트들이 함의를 갖게 합니다.

관찰 데이터와 데이터에 대한 은닉공간 표현을 함께 고려해 (x, z)로 나타내고 결합 확률분포를 작성합니다. 추론의 시각에서 봤을 때 결합확률은 $q(x,z)=q(x)q(z|x)$이며, 여기서 $q(x)$는 실제 데이터에서의 경험 데이터 분포이며, 이미 알고 있다고 가정합니다. 따라서 조건확률 $q(z|x)$는 추론 네트워크를 통해 표현됩니다. 생성의 시각에서 봤을 때 $p(x,z)=p(z)p(x|z)$이며, 여기서 $p(z)$는 $z \sim N(0, I)$처럼 사전에 정의된 것입니다. 조건확률 $p(x|z)$는 생성 네트워크를 통해 표현됩니다. 그리고 두 결합 확률분포 $q(x, z)$와 $p(x, z)$를 서로 적합fitting합니다. 양자가 비슷할 시에 대응하는 주변분

포는 모두 같습니다(즉, $q(x) = p(x)$, $q(z) = p(z)$). 그리고 대응하는 조건확률도 모두 같습니다(즉, $q(z|x) = p(z|x)$, $q(x|z) = p(x|z)$). 가장 중요한 것은, 얻게 된 생성 네트워크와 추론 네트워크는 한 쌍의 역관계reciprocal relation 네트워크라는 점입니다. 주의해야 할 점은 이러한 역관계 특성은 자동 인코더 같은 재구성 에러reconstruction error를 최소화하며 학습하는 네트워크와 다르다는 것입니다. 후자는 완전한 재구성이고, 전자는 동일한 은닉공간 분포(예 스타일, 주제)를 가진 재창조입니다.

생성 네트워크와 추론 네트워크 외에도 판별 네트워크가 존재합니다. 판별 네트워크의 목적은 그림 13.16에 나타난 것처럼 생성 네트워크로부터 온 ($\hat{x} = G_{\text{decoder}}(z), z$)과 추론 네트워크로부터 온 ($x, \hat{z} = G_{\text{encoder}}(x)$)을 구별하는 것입니다. GANs 프레임에서 판별 네트워크와 생성 네트워크는 하나의 목적함수를 공유합니다.

$$V(D_\phi, G_{\theta_{\text{dec}}}, G_{\theta_{\text{enc}}}) = \mathbb{E}_{x \sim q(x)}[\log D_\phi(x, G_{\theta_{\text{enc}}}(x))] + \mathbb{E}_{z \sim p(z)}[\log(1 - D_\phi(G_{\theta_{\text{dec}}}(z), z))]$$
$$= \iint q(x)q(z \mid x; \theta_{\text{enc}}) \log D_\phi(x, z) \mathrm{d}x\mathrm{d}z + \iint p(z)p(x \mid z; \theta_{\text{dec}}) \log(1 - D_\phi(x, z)) \mathrm{d}x\mathrm{d}z$$
$$(13.19)$$

이는 MiniMax 게임을 진행하는 것과 같습니다.

$$\min_{\theta = (\theta_{\text{dec}}, \theta_{\text{enc}})} \max_{\phi} V(D_\phi, G_{\theta_{\text{dec}}}, G_{\theta_{\text{enc}}}) \qquad (13.20)$$

여기서 θ_{dec}, θ_{enc}, ϕ는 각각 생성 네트워크, 추론 네트워크, 그리고 판별 네트워크의 파라미터를 뜻하며, 판별 네트워크는 V 함수를 최대화하려 하고, 생성 네트워크와 추론 네트워크는 반대로 V 함수를 최소화하려 합니다. 첫 번째 등호 우변의 식은 재-파라미터화 트릭re-parameterization trick을 사용해 세 네트워크를 하나의 큰 네트워크로 조합하는 것을 반영합니다. 두 번째 등호 우변의 식은 판별기의 시각에서 바라본 (x, z)를 생성하는 두 서로 다른 데이터 소스입니다.

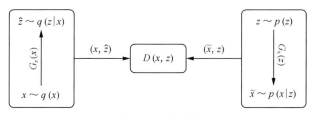

그림 13.16 ALI 모델

실제 구현에서는 초기 생성 네트워크와 추론 네트워크를 훈련할 때 판별 네트워크로부터 얻는 그래디언트가 부족한 문제를 극복하기 위해 그래디언트를 강화시킨 버전의 최적화 목표를 사용하는데, 원래 목적함수 중의 $\log(1-D(G(\,\bullet\,))$을 $-\log(1-D(G(\,\bullet\,))$으로 변경합니다. 원래 GANs 논문에서 지적한 것처럼 이러한 작은 변환은 전후 최적화 목적의 해를 변화시키지 않지만, 전자는 그래디언트 포화 문제가 발생할 수 있고, 후자는 더 명확한 그래디언트를 생성합니다. 수정 전 생성 네트워크와 추론 네트워크의 최적화 목표는 다음과 같습니다.

$$\min_{\theta=(\theta_{\text{dec}},\theta_{\text{enc}})} \mathbb{E}_{x\sim q(x)}[\log D_\phi(x, G_{\theta_{\text{enc}}}(x))] + \mathbb{E}_{z\sim p(z)}[\log(1-D_\phi(G_{\theta_{\text{dec}}}(z),z))] \tag{13.21}$$

수정 후 최적화 목표는 다음과 같습니다.

$$\max_{\theta=(\theta_{\text{dec}},\theta_{\text{enc}})} \mathbb{E}_{x\sim q(x)}(\log(1-D_\phi(x, G_{\theta_{\text{enc}}}(x)))) + \mathbb{E}_{z\sim p(z)}[\log D_\phi(G_{\theta_{\text{dec}}}(z),z)] \tag{13.22}$$

위 분석에 따라 동시에 생성 네트워크와 추론 네트워크, 그리고 판별 네트워크까지 훈련시킬 수 있는 GANs 알고리즘을 만들 수 있습니다.

IRGAN:
이산 샘플의 생성

CHAPTER 13

Reddit 커뮤니티에 굿펠로가 하나의 게시물을 등록했습니다.

> "GANs have not been applied to NLP because GANs are only defied for real-valued data… The gradient of the output of the discriminator network with respect to the synthetic data tells you how to slightly change the synthetic data to make it more realistic. You can make slight changes to the synthetic data if it is based on continuous numbers. If it is based on discrete numbers, there is no way to make a slight change."

대략적인 의미는, 최초 GANs을 설계할 때 실수 데이터를 생성하기 위해 설계되었고, 생성기는 하나의 실수 벡터를 출력한다는 것입니다. 따라서 실수 벡터 각 차원에 대해 판별기가 하나의 그래디언트를 생성하고, 모델 파라미터의 업데이트에 사용되어 지속적인 업데이트를 통해 최종적으로 기대한 해를 얻을 수 있다는 것입니다. 그러나 생성기가 이산 데이터를 출력한다면 (예를 들어, 검색 엔진이 리턴한 링크link, 이커머스E-commerce 사이트에서 추천하는 휴대폰 등) 그래디언트가 만들어 내는 미세한 업데이트는 진행되지 않을 것인데, 이는 이산 샘플의 변화는 연속적이지 않기 때문입니다. 예를 들어, 형광등의 광도(밝기)가 일종의 연속형 데이터이기 때문에 밝기를 조금씩 조절해 달라는 부탁이 합리적으로 들립니다. 하지만 사과를 사려다 오렌지를 사려고 할 때, 사과의 양을 '조금 조절'해 달라고 하는 것은 상식에 맞지 않습니다(그림 13.17 참고). GANs을 사용해 이산 데이터를 생성하려는 것은 쉽지 않은 일입니다. 그러나 우리가 생활에서 만나는 각종 데이터에는 이산 데이터가 많이 존재합니다.

그림 13.17 이산 데이터

정보 검색 장면을 가정해 봅시다. 하나의 검색어가 주어졌을 때 시스템은 검색어와 관련 있는 여러 개의 문서를 반환합니다. 우리는 사용자의 클릭 데이터를 가지고 있는데, 사용자가 어떤 검색어에서 어떤 문서를 클릭했는지가 기록되어 있습니다. 사용자의 피드백은 우리에게 어떤 것이 양성 샘플인지 알려 줍니다. 양성, 음성 샘플을 구별하는 지도학습 모델을 훈련시키기 위해 음성 샘플이 필요한데, 즉 검색어와 관련이 없거나 혹은 관련이 있어 보이지만 실제로는 관련 없는 샘플이 필요합니다. 일반적인 방법은 모든 문서 데이터에서 랜덤 네거티브 샘플링을 진행합니다. 하나의 검색 단어의 양성 샘플은 전체 데이터 문서 데이터에 비하면 창해일속滄海—粟입니다. 따라서 랜덤 샘플링으로 얻은 문서가 마침 양성 샘플일 확률은 매우 낮습니다. 따라서 문제를 만나게 되는데, 랜덤 네거티브 샘플링의 결과는 너무 간단해 모델 훈련에 어떤 난이도도 제공하지 못합니다. 따라서 우리는 최대한 혼동하기 쉬운 예제(샘플)를 만들어 모델 학습 능력을 새로운 수준에 도달하게 해야 합니다. 그렇기 때문에 우리는 전체 데이터 세트에서 네거티브 샘플링을 진행하면 안 되고, 반드시 검색어 의미에 근접하거나 근접해 보이는 지대에서 네거티브 샘플링을 해야 합니다. 하지만 이러한 편향적인 샘플링에서 양성 샘플을 샘플링할 확률이 매우 높아지므로 우리는 랜덤 샘플링의 결과가 모두 음성 샘플일 것이라고 단순하게 생각하면 안 됩니다. 그렇다면 어떻게 해야 할까요? 2017년, 한편의 논문에서 이 문제에 대한 해결 방안을 제시했는데, 바로 IRGAN[41]입니다.

키워드 이산 데이터Discrete Data / 정보 검색Information Search / 네거티브 샘플링Negative Sampling / 폴리시 그래디언트Policy Gradient

질문 # GANs을 사용해 음성 샘플을 생성하세요.

난이도 ★★★★★

GANs의 도움을 받아 위 문제를 해결해 봅시다. 일종의 음성 샘플을 제조하는 생성기를 설계하고, 현혹되기 쉬운 음성 샘플을 샘플링해 판별모델에 대한 난이도를 높여 봅시다. 검색어는 q로 나타내고, 문서는 d로 나타냅니다. 여러분의 설계 방향을 설명하고, 잠재적인 문제와 해결 방안까지 설명해 주세요.

추가 질문 훈련이 막바지로 가고 있다면 생성모델은 여전히 음성 샘플 생성기인가요?

우리는 전체 데이터 세트에서 랜덤으로 음성 샘플을 추출하는 방법을 저수준low-level 의 생성기로 간주하는데, 왜냐하면 이러한 생성기는 시종일관 고정되어 있고 학습 능력이 없기 때문입니다. 우리는 더 좋은 학습 능력을 가지고 계속해서 학습해 판별기를 속일 수 있는 고품질의 음성 샘플을 만들 방법을 생각해야 합니다. 사실, GANs의 설계 이념에는 '음성 샘플'에 대한 설명이 부정확합니다. 왜냐하면 생성기의 진정한 목적은 검색어와 관련 없는 문서를 찾는 것이 아닌, 생성된 모의 샘플을 최대한 실제 샘플에 가깝게 만드는 것이고, 판별기의 목적은 어떤 샘플이 실제 사용자가 클릭한 샘플이고 어떤 것이 생성기가 만들어 낸 가짜인지를 판별하는 것입니다. '음양'의 함의가 다소 변해 앞에서는 검색어와 관련 있거나 관련 없는 것을 양성 샘플 혹은 음성 샘플로 간주했는데, 이제는 실제 데이터 혹은 모의 데이터도 양성 샘플 혹은 음성 샘플이라고 간주할 수 있습니다.

정보 검색 상황을 가정하고, GANs의 MiniMax 게임 프레임을 따르며 생성적 검색모델 $p_\theta(d|q)$와 판별적 검색모델 $f_\phi(q, d)$를 만들어 봅시다. q가 주어졌을 때 생성모델은 전체 문서 집합에서 확률분포 $p_\theta(d|q)$를 따라 문서 d_θ를 선택하고, 해당 모델의 목적은 실제 데이터의 확률분포 $p_{\text{true}}(d|q)$에 최대한 근사해 판별기를 속이는 것입니다. 동시에 판별모델은 생성기가 위조한 $(q|d_\theta)$를 실제 $(q|d_{\text{true}})$로부터 구분해 내려 합니다. 원래 판별모델은 쿼리query와 관련 있거나 혹은 관련이 없는 문서를 식별하는 데 사용되나, GANs 프레임에서는 판별모델의 목적에 다소 변화가 생겨, 구별하는 것은 실제 데이터로부터 온 관련 문서와 모의 생성된 잠재적인 관련 문서입니다. 당연히 최종 판별모델은 여전히 쿼리와 관련 있거나 혹은 관련 없는 문서를 식별할 수 있게 됩니다. MiniMax 목적함수를 사용해 생성모델과 판별모델을 통일하면 다음과 같습니다.

$$J^{G^*, D^*} = \min_\theta \max_\phi \sum_{n=1}^{N} (\mathbb{E}_{d \sim p_{\text{true}}(d|q_n)}[\log D_\phi(d \mid q_n)] + \mathbb{E}_{d \sim p_\theta(d|q_n)}[\log(1 - D_\phi(d \mid q_n))])$$

$$(13.23)$$

여기서 $D_\phi(d|q_n) = \text{Sigmoid}(f_\phi(q, d))$입니다. 이는 교차 최적화 과정이며, 판별기를 고정한 생성기에 대한 최적화는 다음과 같이 단순화할 수 있습니다.

$$\theta^* = \underset{\theta}{\operatorname{argmax}} \sum_{n=1}^{N} \mathbb{E}_{d \sim p_\theta(d|q_n)}[\log(1 + \exp(f_\phi(q_n, d)))] \qquad (13.24)$$

만약 d가 연속적이라면 GANs 프레임을 사용하는 것에 별다른 문제가 없을 것입니다. 각 q_n에 대해 K개 문서 $\{d_k\}_{k=1}^{K}$를 생성하고, $\sum_{k=1}^{K} \log(1 + \exp(f_\phi(q_n, d_k)))$을 사용해 각 q_n에서의 손실함수 $\mathbb{E}_{d \sim p_\theta(d|q_n)}[\log(1 + \exp(f_\phi(q_n, d)))]$을 근사 계산하면, d_k에 대한 손실함수의 그래디언트를 d_k를 생성하는 생성기로 되돌려줄 수 있습니다. 그러나 만약 d가 이산적이라면 손실함수는 d에 대해 그래디언트가 없어 생성기에 되돌려줄 것이 없게 됩니다.

강화학습에서 배운 폴리시 그래디언트policy gradient 방법은 손실함수 그래디언트 기댓값의 다른 형식을 나타냅니다[42]. $J^G(q_n)$를 사용해 q_n가 주어졌을 때 손실함수의 기댓값을 나타낸다면, 우리는 다음 식을 갖게 됩니다.

$$J^G(q_n) := \mathbb{E}_{d \sim p_\theta(d|q_n)}[\log(1 + \exp(f_\phi(q_n, d)))] \qquad (13.25)$$

여기서 잠시 몬테카를로 샘플링을 사용해 기댓값에 근사하지 않고 직접적으로 기댓값에 대한 그래디언트를 구합니다.

$$\nabla_\theta J^G(q_n) = \mathbb{E}_{d \sim p_\theta(d|q_n)}[\log(1 + \exp(f_\phi(q_n, d)))\nabla_\theta \log p_\theta(d \mid q_n)] \qquad (13.26)$$

그래디언트는 여전히 기댓값 형식인데, θ의 경사에 대한 로그확률함수 $\log p_\theta(d|q_n)$가 가중치를 가진 $\log(1 + \exp(f_\phi(q_n, d)))$의 기댓값입니다. 우리는 다시 몬테카를로 샘플링을 사용해 이를 근사합니다.

$$\nabla_\theta J^G(q_n) \approx \frac{1}{K} \sum_{k=1}^{K} \log(1 + \exp(f_\phi(q_n, d_k)))\nabla_\theta \log p_\theta(d_k \mid q_n) \qquad (13.27)$$

여기서 K는 샘플 수를 나타냅니다. 이때 우리는 생성기 파라미터 θ에 대한 목적함수의 그래디언트를 계산할 수 있습니다. 왜냐하면 그래디언트의 해는 확률분포함수 $p_\theta(d_k|q_n)$(강화학습에서는 폴리시 함수라고 부름)에 대한 그래디언트를 구하는 것을 기반으로 해서 구해지기 때문에 폴리시 그래디언트policy gradient라고 부릅니다.

만약 폴리시 그래디언트를 얻으려 한다면 반드시 명시적으로 $p_\theta(d_k|q_n)$를 표현해야 합니다. 이는 GANs의 생성기와는 다릅니다. 원래 GANs은 확률분포함수의 표현식을 명시적으로 나타낼 필요가 없어 재-파라미터화 트릭re-parameterization trick을 사용했는데, 노이즈 신호에 대한 변환을 통해 직접적으로 샘플을 만들었습니다. 좋은 점은 생성 과정을 단순하게 만들 수 있다는 점이고, 나쁜 점은 확률 표현식을 얻지 못한다는 것입니다. 따라서 우리가 얻으려는 생성기와는 맞지 않습니다. 여기서 직접적으로 출력하는 것은 이산 샘플이 아니고 각 이산 샘플의 확률입니다. 한편, 생성기의 입력단에 노이즈 신호를 도입할 필요가 없습니다. 왜냐하면 확률분포함수 역시 랜덤변수로 만들고 싶지 않기 때문입니다. 다른 한편으로는 얻은 확률분포에 기반해 K개의 샘플을 생성해야 하기 때문에 생성기의 출력단에 샘플링 작업 과정을 더해야 합니다. 만약 신경망을 사용해 생성기에 대한 모델링을 한다면, 제일 마지막 층은 소프트맥스층이 되어야 이산 샘플의 확률분포를 얻을 수 있을 것입니다. 판별기를 만드는 과정에서 입력은 이산 샘플의 n차원 벡터 표현입니다. 예를 들어, 문서 벡터의 각 차원은 BM25, TF-IDF, PageRank의 통곗값이 될 수 있습니다. 나머지 부분은 원래 GANs에서 하던 방법을 따릅니다.

마지막으로, 훈련 과정은 원래 GANs의 과정과 동일하게 생성기와 판별기에 대해 교차 최적화를 진행하는 MiniMax 최적화 프레임을 따릅니다. 생성기 최적화 단계에서는 먼저 K개 샘플을 생성하고, 폴리시 그래디언트를 사용해 생성모델 파라미터에 대해 여러 번의 업데이트를 진행합니다. 판별기 최적화 단계에서는 역시 먼저 K개 샘플을 생성하고, 음성 샘플로 설정해 실제 데이터의 샘플과 함께 판별기 훈련을 합니다. 이론상으로 최적화 과정은 하나의 내시 균형nash equilibrium점에 수렴하게 되는데, 이때 생성기는 완벽하게 실제 데이터의 쿼리 문서query-document 상관성 분포 $p_{true}(d|q_n)$에 적합했다고 할 수 있고, 이 생성모델을 생성적 검색모델 Generative Retrieval Model이라고 부릅니다. 이에 대응하는 것으로는 지도 판별적 검색모델Discriminative Retrieval Model이 있습니다.

SeqGAN:
텍스트 시퀀스 생성

상황 설명

우리는 이미 GANs을 사용해 이산 데이터를 생성하는 방법에 대해 논의했습니다. 유한한 점들로 구성된 이산공간에서 각 샘플은 하나의 매우 작지만 나눌 수 없는 점이고, 이 점의 내부 구조는 고려하지 않습니다. 따라서 이전 절의 IRGAN 모델에서 '생성'이라는 두 글자의 의미는 한 그룹의 점들에서 일부 점들을 선택하는 것인데, 전체 집합에서 하위 집합을 생성하는 과정이라 할 수 있습니다. 정보 검색의 생성모델은 검색 단어가 주어진 후 문서 집합에서 가장 관련이 있는 문서를 찾아내는데, 하나의 문서가 바로 최소 단위의 점이며, 문서에서 어떤 단어를 사용했는지는 이 모델의 관심 대상이 아닙니다.

예를 들면, 많은 경우에 우리는 단순히 문서 집합에서 하나의 문장을 선택하는 것이 아닌 한 편의 문장, 한 단락, 혹은 한 구절을 작성하는 것처럼 더 많은 디테일에 대해 생각하게 됩니다. '선택'하는 작업과 '만드는' 작업은 매우 다릅니다. 문장sentence을 예로 들면, 문장을 선택한다는 것은 구절을 하나의 점으로 본다는 것이고, 문장을 만든다는 것은 구절을 하나하나의 글자로 본다는 것을 의미합니다. 만약 여러분의 손에 《영어 900문장》이 있고, 여러분은 이미 이 문장들을 모두 외웠다고 가정해 봅시다. 여러분에게 900문장을 '활용'하라고 한다면, 특정 상황에서 900문장 중에 적당한 한 문장을 고르라는 뜻일 것이고, 900문장을 '모방'하라고 한다면, 단순히 원문에 국한되지 않고 명사나 동사, 시제 등을 변환해 가며 책에 없는 문장을 만들어 내라는 뜻일 것입니다. 이때 여러분은 문장을 하나의 점으로 보고 단순히 암기만 해서는 안 됩니다. 창조적인 사고력을 가지고 문장의 구조부터 파악해 단어를 선택하며 구절을 만들어야 합니다. 한 문장을 만드는 과정은 텍스트 시퀀스를 생성하는 과정입니다. 시퀀스 중 각 단어(글자)는 최소 기본 단위가 됩니다. 다른 말로, 문장은 이산적이고, 단어도 이산적입니다. 생성기가 해야할 일은 문장을 '선택'하는 것이 아닌, 단어를 '선택'하고 문장을 '만드는' 것입니다.

2017년에 SeqGAN이라 불리는 모델이 세상에 나왔습니다[43]. 이 모델은 GANs 프레임을 사용해 텍스트 시퀀스를 만드는 문제를 해결하고, 더 나아가 GANs의 적용 범위를 확장했습니다. 이 논문은 강화학습 이론 중에 정책과 행동가치함수action-value function를 참고했는데, 텍스트 시퀀스 생성 과정을 일련의 단어 선택 결정 과정으로 바라봤습니다. GANs의 판별기는 결정이 완료된 후 생성된 텍스트 시퀀스를 채점하고 정책에 영향을 주는 보상으로 활용됩니다[44].

키워드 순환신경망Recurrent Neural Network, RNN / LSTM/GRU /
언어 모델Language Model / 보상/장기보상Reward/Long-Term Reward /
폴리시 그래디언트Policy Gradient / 행동가치함수Action-Value Function

질문
**텍스트로 구성된 시퀀스를 생성해 문장을
표현하려면 생성기를 어떻게 만들어야 할까요?**

난이도 ★★

분석·해답

만약 생성기generator가 하나의 고정된 길이(T)의 문장sentence, 즉 텍스트 시퀀스 $Y_{1:T}$
$= (y_1, y_2, ..., y_T), y_i \in y$을 만든다고 가정한다면, 여기서 y_i는 단어를 나타내고, y
는 어휘 데이터베이스vocabulary database를 나타냅니다. 일반적으로 시퀀스는 RNN
프레임(그림 13.18 참고)을 사용해 모델링하는데, 구체적인 유닛은 LSTM 혹은 GRU
를 사용하고, 심지어 어텐션 메커니즘attention mechanism을 사용하기도 합니다.

$$h_t = g(h_{t-1}, x_t) \tag{13.28}$$

$$p(\cdot \mid x_1,...,x_t) = z_t(h_t) = \text{Softmax}(Wh_t + c) \tag{13.29}$$

$$y_t \sim p(\cdot \mid x_1,...,x_t) \tag{13.30}$$

위 식은 RNN의 t번째 단계를 나타내고, h_{t-1}은 이전 단계의 은닉 상태를 나타냅니
다. x_t는 이전 단계에 생성된 단어 y_{t-1}를 사용한 표현벡터이고, x_t와 h_{t-1}는 모두 g
의 입력이며 현재 단계의 은닉 상태 h_t를 계산합니다. 만약 g가 LSTM 유닛이라면
은닉 상태는 기억에 사용되는 상태를 포함해야 합니다. 은닉 상태 h_t는 d차원 벡터
이며, 선형변환을 통해 $|Y|$차원 벡터로 변환되고, 다시 하나의 소프트맥스층을 거쳐
단어 선택의 확률분포 z를 계산하고 하나의 단어 y_t를 샘플링합니다. 확률분포 z는
조건확률 $p(y_t \mid x_1, ..., x_t)$이며, x_t는 단어 y_{t-1}의 표현벡터이고, x_1은 공백 문자 혹은
RNN의 첫번째 입력으로 잠시 무시되기 때문에 조건확률은 $p(y_t \mid y_1, ..., y_{t-1})$으로
쓸 수 있습니다. 더 나아가 텍스트 시퀀스 $Y_{1:T}$를 생성할 확률은 다음과 같습니다.

$$p(Y_{1:T}) = p(y_1, y_2,..., y_T) = p(y_1)p(y_2 \mid y_1)...p(y_T \mid y_1,..., y_{T-1}) \tag{13.31}$$

사실, RNN 각 유닛의 출력은 바로 결합확률을 분해한 후의 각 조건확률입니다. 각
조건확률에 기반해 하나의 단어를 선택하고 차례대로 진행해 최종적으로 하나의
길이가 T인 문장을 얻습니다.

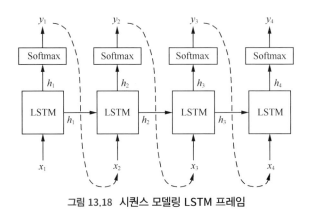

그림 13.18 시퀀스 모델링 LSTM 프레임

 질문 2

시퀀스 생성기를 훈련할 때 사용하는 최적화 목표는 일반적으로 무엇인가요? GANs 프레임과 어떤 차이점이 있나요?

난이도 ★★★★★

분석·해답

GANs 프레임에는 하나의 생성기 G_θ와 하나의 판별기 D_ϕ가 있습니다. 이번 문제에
대하여 생성기의 목적은 텍스트 시퀀스를 생성해 실제 문장을 고도로 모방하는 것
입니다. 반면, 판별기의 목적은 생성기가 만든 문장과 실제 데이터 세트에서 선택한
문장을 구별하는 것입니다. 쉽게 말해, 마치 기계가 사람의 문장을 모방하는 것과
동일합니다. 한편으로는 최대한 비슷하게 모방해야 하고, 다른 한편으로는 어떤 것
이 기계가 말한 것이고 어떤 것이 사람이 말한 것인지 구별해야 합니다. 최대한 비슷
하게 작업의 생성기가 맡아서 하고, 판별하는 작업은 판별기가 맡아서 합니다. 생성
기의 작업 성과는 판별기에 의해 정해집니다. 판별기의 최적화 목표는 다음입니다.

$$\max_{\phi} \mathbb{E}_{Y \sim p_{\text{data}}}[\log D_\phi(Y)] + \mathbb{E}_{Y \sim G_\theta}[\log[1 - D_\phi(Y)]] \tag{13.32}$$

이는 기존 GANs 판별기의 최적화 목표와 같습니다.

만약 GANs이 없고 생성기가 그냥 보통의 시퀀스 생성기라면, 일반적으로 어떤 최적화 목표를 사용해 이를 훈련시킬까요? 언어 모델language model에 익숙한 독자라면 최대우도예측Maximum Likelihood Estimate, MLE, 즉 다음을 떠올릴 것입니다.

$$\max_{\theta} \sum_{i=1}^{n} \log p(Y_{1:T}^{(i)}; \theta) \qquad (13.33)$$

여기서 실제 데이터 세트가 필요한데, $Y_{1:T}^{(i)} = (y_1^{(i)}, y_2^{(i)}, ..., y_T^{(i)})$은 데이터 세트에서 i 번째 문장을 나타냅니다. 생성기는 이들을 생성하는 총 확률을 최대화해야 합니다. 데이터 세트에서 문장까지 문장은 독립항등분포independent and identically distribution라고 가정해도 되지만, 문장에서 단어, 단어에서 단어는 한 문장 내에서 강한 의존성을 가지고 있어 서로 독립적이라고 가정할 수 없습니다. 따라서 반드시 연쇄법칙chain rule에 따라 확률분해를 해야 합니다. 최종적으로는 다음 식을 얻을 수 있습니다.

$$\max_{\theta} \sum_{i=1}^{n} \log p(y_1^{(i)}; \theta) + ... + \log p(y_T^{(i)}|y_1^{(i)}, ..., y_{T-1}^{(i)}; \theta) \qquad (13.34)$$

따라서 각 지수 조건확률의 합을 최대화하는 식으로 바뀌었습니다.

GANs 프레임에서 생성기의 최적화 목표는 더 이상 분해할 수 있는 결합확률이 아닙니다. 판별기와의 게임에서 거짓 샘플로 판별기를 속이는 것이 생성기의 목표입니다. 판별기의 평가는 하나의 완전한 문장에 대해 이루어집니다. 생성기는 판별기의 채점을 알고 싶다면 반드시 전체 문장을 보내야 하며, 절반만 생성되었을 때 보내 채점을 받을 수는 없습니다. 따라서 최대우도예측처럼 목표식을 분해해 각 단어에 대한 최적화로 전환할 수 없습니다. 그리고 생성기를 훈련할 때 판별기도 훈련해야 하며, 이 둘에 대한 훈련은 교차로 진행됩니다. 판별기를 고정했을 때 생성기의 최적화 목표는 다음과 같습니다.

$$\min_{\theta} \mathbb{E}_{Y \sim G_{\theta}}[\log(1 - D_{\phi}(Y))] \qquad (13.35)$$

겉으로 보기에 이는 기존 GANs 생성기의 최적화 목표와 같습니다. 문제는 생성기가 출력하는 것이 기존 GANs처럼 이미지가 아니라 이산 단어로 조합된 이산 문장이라는 것입니다. 기존 GANs은 재-파라미터화 트릭re-parameterization trick을 사용해 생성기를 만들고 직접 샘플링 과정에 대한 모델링을 해 샘플 확률분포를 명시적으로 만들지 않습니다.

이전 절에서 소개한 IRGAN에서는 텍스트 시퀀스 같은 이산 데이터를 생성할 때 생성기는 GANs의 재-파라미터화 트릭을 사용하지 못한다고 했습니다. 이산 데이터의 특성은 d에 대한 목적함수와 생성기 파라미터 θ에 대한 d의 그래디언트를 구할 수 없게 만듭니다. 그리고 기댓값 $\mathbb{E}_{d \sim G_\theta}$ 아래첨자에 파라미터 θ를 포함하고 있어서 기댓값에 대한 그래디언트 $\nabla_\theta \mathbb{E}_{d \sim G_\theta} [\,\bullet\,]$를 구해야 합니다. 따라서 명시적으로 확률함수 $p(d \mid q; \theta)$을 작성해야 합니다.

SeqGAN에서 생성기가 생성하는 텍스트 시퀀스는 더 이산적입니다. 그림 13.19에 보이는 것처럼 시퀀스의 각 원소는 모두 이산적입니다. 강화학습 이론을 연상해 보면, 시퀀스 생성 과정을 일련의 직렬적인 행동(액션)으로 볼 수 있는데, 각 단계에서의 액션은 단어 하나를 선택하는 것, 즉 $a_t = y_t$이고, 각 단계에서의 상태는 선택한 단어를 조합한 접두어prefix, 즉 상태 $s_t = (y_1, ..., y_{t-1})$입니다. 그리고 마지막 단계 액션 후 전체 시퀀스 $(y_1, y_2, ..., y_T)$를 얻습니다. 이어서, 판별기는 하나의 완전한 문장을 받고 진짜인지 가짜인지를 판별하고 채점을 합니다. 이 점수가 바로 생성기가 얻게 되는 보상입니다. 생성기를 훈련하는 것은 바로 이 보상에 대한 기댓값을 최대화하는 것으로, 최적화 목표는 다음 식과 같습니다.

$$\max_\theta \mathbb{E}_{Y_{1:T} \sim G_\theta} [-\log(1 - D_\phi(Y_{1:T}))] \tag{13.36}$$

혹은 그래디언트 버전인 다음 식과 같습니다.

$$\max_\theta \mathbb{E}_{Y_{1:T} \sim G_\theta} [\log D_\phi(Y_{1:T})] \tag{13.37}$$

여기서 $\log D_\phi(Y_{1:T})$가 바로 생성기의 보상입니다.

강화학습에는 정책policy과 행동가치함수action-value function라는 두 가지 중요한 개념이 있습니다. 전자는 $\log D_\phi(Y_{1:T})$이라 적고, 상태 s에서 액션 a를 취할 확률을 나타내며 상태에 기반해 정책 결정을 내리는 능력을 나타냅니다. 후자는 $G_\theta(a|s) = p(a|s;\theta)$라 적고, 상태 s에서 액션 a를 취한 후 정책 G_θ에 기반해 후속 액션을 완료해 얻는 총 보상의 기댓값을 나타냅니다. 이번 예제에서 앞 $T-1$개 단어가 선택된 상태에서 T번째 단어를 선택하는 $Q^\theta(s, a)$는 다음과 같습니다.

$$Q^\theta(s = Y_{1:T-1}, a = y_T) = \log D_\phi(Y_{1:T}) \tag{13.38}$$

총 기대보상은 다음과 같습니다.

$$\mathbb{E}_{Y_{1:T} \sim G_\theta}[Q^\theta(Y_{1:T-1}, y_T)] = \sum_{y_1} G_\theta(y_1 \mid s_0)... \sum_{y_T} G_\theta(y_T \mid Y_{1:T-1})Q^\theta(Y_{1:T-1}, y_T) \tag{13.39}$$

위 식은 각 시퀀스 접두어 상태에서의 정책과 최종 보상을 포함하고 있습니다. 만약 이 식을 최적화하면 시퀀스마다 하나의 길이가 추가되어 계산 복잡도가 기하급수적으로 높아집니다. 따라서 우리는 이렇게 하지 않고 전후 상태에서 행동가치함수의 재귀관계를 이용합니다.

$$Q^\theta(Y_{1:t-1}, y_t) = \sum_{y_{t+1}} G_\theta(y_{t+1} \mid Y_{1:t})Q^\theta(Y_{1:t}, y_{t+1}) \tag{13.40}$$

시퀀스 끝 부분의 $Q^\theta(Y_{1:T-1}, y_T)$을 시퀀스 처음 부분의 $Q^\theta(s_0, y_1)$으로 전환하면 간략화된 생성기 최적화 목표 식을 얻을 수 있습니다.

$$J(\theta) = \sum_{y_1 \in \mathcal{Y}} G_\theta(y_1 \mid s_0)Q^\theta(s_0, y_1) \tag{13.41}$$

해당 최적화 목표의 함의는 시작 상태 s_0에서 정책에 기반해 첫 번째 단어 y_1를 선택하고, 이후 계속해서 이 정책에 기반해 단어를 선택해 전체적으로 얻을 수 있는 보상의 기댓값을 얻는 것입니다. 이때 시퀀스 마지막 부분의 보상은 시퀀스 처음 부분의 장기보상이 됩니다.

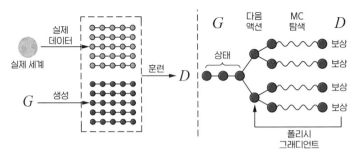

그림 13.19 SeqGAN 그래프

생성기의 최적화 목표가 있다면 어떻게 생성기 파라미터에 대한 그래디언트를 구할 수 있을까요?

난이도 ★★★★★

분석·해답

우리는 목적함수 $J(\theta)$를 가지고 있습니다. 그렇다면 이 목적함수의 그래디언트 $\nabla_\theta J(\theta)$를 구해 봅시다. 이 최적화 목표는 합을 구하는 것인데, 두 개의 항을 포함하고 있습니다. 정책 G_θ와 행동가치함수 Q^θ는 모두 파라미터 θ를 포함하고 있어서 미분 공식에 기반해 $(u(x)v(x))' = u'(x)v(x) + u(x)v(x)'$이 되며, $\nabla_\theta G_\theta(y_1 \mid s_0)$와 $\nabla_\theta Q^\theta(s_0, y_1)$를 반드시 구해야 합니다. IRGAN에도 정책과 즉시보상이라는 두 항이 존재하는데, IRGAN에는 장기보상이 없고 행동가치함수도 계산할 필요가 없습니다. 그리고 즉시보상은 정책에 의존하지 않아 파라미터 θ와 무관하며, θ에 대한 정책의 그래디언트만 구하면 됩니다. 그러나 SeqGAN에서는 θ에 대한 정책 그래디언트와 θ에 대한 행동가치함수 그래디언트 모두를 구해야 합니다. 여기서 $G_\theta(y_1 \mid s_0)$는 확률함수입니다. $\nabla_\theta G_\theta(y_1 \mid s_0)$를 계산하는 것은 어렵지 않지만, $Q^\theta(s_0, y_1)$는 어떻게 계산할까요? 그리고 $\nabla_\theta Q^\theta(s_0, y_1)$는 또 어떻게 계산할 수 있을까요?

이 문제는 확실히 어려운 문제입니다. 앞에서 이미 Q^θ의 재귀 공식을 설명했습니다.

$$Q^\theta(Y_{1:t-1}, y_t) = \sum_{y_{t+1}} G_\theta(y_{t+1} \mid Y_{1:T}) Q^\theta(Y_{1:t}, y_{t+1}) \tag{13.42}$$

$\nabla_{\theta} J(\theta)$를 전개하면 다음과 같습니다.

$$\nabla_{\theta} J(\theta) = \sum_{y_1 \in \mathcal{Y}} (\nabla_{\theta} G_{\theta}(y_1 \mid s_0) \cdot Q^{\theta}(s_0, y_1) + G_{\theta}(y_1 \mid s_0) \cdot \nabla_{\theta} Q^{\theta}(s_0, y_1))$$

$$= \sum_{y_1 \in \mathcal{Y}} \left(\nabla_{\theta} G_{\theta}(y_1 \mid s_0) \cdot Q^{\theta}(s_0, y_1) + G_{\theta}(y_1 \mid s_0) \cdot \nabla_{\theta} \left(\sum_{y_2 \in \mathcal{Y}} G_{\theta}(y_2 \mid Y_{1:1}) Q^{\theta}(Y_{1:1}, y_2) \right) \right)$$

$$(13.43)$$

위처럼 계속해서 뒤의 행동가치 $Q^{\theta}(Y_{1:t}, y_{t+1})$를 사용해 앞 부분의 행동가치 $Q^{\theta}(Y_{1:t-1}, y_t)$를 대체하면 최종적으로 다음 식을 얻습니다.

$$\nabla_{\theta} J(\theta) = \sum_{t=1}^{T} \mathbb{E}_{Y_{1:t-1} \sim G_{\theta}} \left[\sum_{y_t \in \mathcal{Y}} \nabla_{\theta} G_{\theta}(y_t \mid Y_{1:t-1}) \cdot Q^{\theta}(Y_{1:t-1}, y_t) \right] \qquad (13.44)$$

여기서 $Y_{1:0} := s_0$로 표기합니다.

CHAPTER

14

인공지능의
응용 현황

The Quest for Machine Learning

머신러닝이 계속 발전해 가면서 '인공지능'이라는 단어가 세상 사람들의 관심을 독차지하고 있는 것 같습니다. 알파고는 세상을 놀라게 했고 자율 주행차는 계속해서 빠르게 발전하는 모습을 보여주고 있습니다. 인공지능은 이미 우리의 삶 속으로 스며들어와 생활 속 많은 것들과 밀접하게 연결되었습니다.

1장~13장에서 일련의 면접 문제들을 통해 인공지능 영역의 기초 지식과 머신러닝 영역을 포괄하는 기본 알고리즘, 모델에 대해 살펴봤습니다. 여러분은 이제 거대한 인공지능 영역에 발을 들여놓았을 뿐만 아니라, 훌륭한 데이터 과학자가 되기 위한 기초를 습득했고, 통계이론과 수학 모델들을 활용해 인공지능 시대에 데이터라는 바다에서 규칙과 본질을 발견할 힘을 얻게 된 것입니다. 각종 머신러닝 학습 방법, 이론 체계, 실전 테크닉 등에 대해 깊게 이해할 수 있다면, 실전 문제에서도 실제 상황에 근거해 적합한 해결 방안을 찾아낼 수 있을 것입니다.

옛말에 '백문이 불여일견이요, 백견이 불여일각이며, 백각이 불여일행'이라 했습니다. 이번 장에서는 실전 알고리즘, 모델, 이론에 중점을 두고 현실 세계를 바탕으로 한 광고, 게임, 자율 주행, 기계 번역, 커뮤니케이션 등 다양한 응용 현황을 살펴보며 인공지능이 어떻게 적용되고 있는지, 앞으로 해결해야 할 문제들이 무엇인지에 대해 살펴볼 것입니다.

CHAPTER 14

1 알고리즘 마케팅

광고는 거대 인터넷 기업들의 주요 비즈니스 모델 중 하나입니다. 디지털 광고는 대부분 IT 공룡들의 주요 현금 흐름을 책임지고 있습니다. 구글의 모회사 알파벳 Alphabet이 2017년 1분기에 발표한 재무보고에 따르면, 총 광고수익은 214.11억 달러로 전체 영업이익의 86.5%를 차지했습니다. 페이스북의 영업이익에서 광고수익이 차지하는 비중은 더 놀랍게도 98%에 달합니다. 이 숫자만 보면 페이스북은 영락없는 광고회사입니다. 이 외에도 바이두Baidu, 알리바바Alibaba, 텐센트Tencent의 광고 부서 역시 각 회사의 핵심 부서로 인정받고 있습니다.

권위 있는 미디어 기관인 제니스Zenith가 2017년 발표한 '글로벌 30대 미디어' 랭킹을 보면 (그림 14.1 참고) IT 회사들이 많이 포진해 있는 것을 확인할 수 있습니다. 알파벳과 페이스북 외에 바이두가 4위, 텐센트가 14위를 차지했습니다. 전통적인 미디어 중에서는 컴캐스트Comcast 미디어 그룹이 가장 높은 순위를 차지했습니다. 20위를 차지한 CCTV도 중국에서 가장 높은 순위를 차지한 전통 미디어 플레이어가 되었습니다.

순위	회사명	순위	회사명
1	Alphabet	16	Advance Publications
2	Facebook	17	JCDecaux
3	Comcast	18	News Corporation
4	Baidu	19	Grupo Globo
5	The Walt Disney Company	20	CCTV
6	21st Century Fox	21	Verizon
7	CBS Corporation	22	Mediaset
8	iHeartMedia Inc.	23	Discovery Communications
9	Microsoft	24	TEGNA
10	Bertelsmann	25	ITV
11	Viacom	26	ProSiebenSat.1 Group
12	Time Warner	27	Sinclair Broadcasting Group
13	Yahoo	28	Axel Springer
14	Tencent	29	Scripps Networks Interactive
15	Hearst	30	Twitter

그림 14.1 광고 수입이 가장 높은 30대 미디어 플레이어

디지털 광고의 발전사는 1995년까지 거슬러 올라갑니다. 당시 야후Yahoo로 대표되는 포털 사이트는 메인 페이지를 일종의 온라인 매거진으로 간주하고 판매를 진행했는데, 계약에 따라 광고를 노출시켰습니다. 당시 디지털 광고와 전통 미디어의 광고 판매 방식은 매우 유사했는데, 단지 오프라인의 콘텐츠를 온라인으로 옮겨온 것에 불과했습니다. 1998년부터 구글로 대표되는 검색 엔진이 트렌드를 이끌기 시작했습니다. 기존의 포털 사이트와 다르게 검색 엔진의 비즈니스 모델은 검색 서비스와 결합된 과금 형식을 사용했습니다. 즉, 사용자의 즉흥적인 관심(관련 검색어)에 따라 타깃target 마케팅을 진행한 것입니다. 이러한 광고는 일반적으로 경매 방식으로 판매를 진행하는데, 광고주는 사용자의 흥미에 기반해 실시간으로 광고 노출 효과를 최적화하기 때문에 포털 사이트와 비교했을 때 광고 노출 효과에 정확도가 높다는 특징이 있습니다. 2005년 이후에는 온라인 비디오 콘텐츠에 대한 수요가 지속적으로 증가했는데, 대표적으로 유튜브YouTubue, 훌루Hulu 등이 있습니다. 이러한 온라인 비디오 콘텐츠 플랫폼들의 광고 노출 모델은 전통적인 TV 광고와 유사하기 때문에 지속적으로 전통 TV 광고 시장을 잠식하고 있습니다.

인터넷 광고 모델이 많은 광고주의 관심을 독차지하게 된 현상에는 몇 가지 이유가 존재합니다. 먼저, 사용자들이 인터넷에서 소비하는 시간이 갈수록 늘어나고 있어서 광고주 입장에서는 젊은 층의 사용자들을 잡기 위해 인터넷 광고를 늘려야만 합니다. 그 다음으로, 온라인 광고 노출은 문턱이 낮아 광고주 범위가 넓다는 이유가 있습니다. 구글에서 100달러만 있으면 계정을 개설해 광고를 노출할 수 있습니다. 동시에, 광고 노출의 개인화 구현이 가능해졌는데, A/B 테스트로 정량화된 테스트와 최적화를 거쳐 정밀한 타깃 마케팅을 진행하는 것이 가능합니다. 인터넷 광고 산업이 계속해서 발전하면서 인터넷 광고 배후의 알고리즘 모델에 대한 연구도 많은 관심을 받고 있습니다. 2008년 제9회 ACM-SIAM 학술 토론회에서는 야후 연구실의 안드레이 브로더Andrei Broder가 계산 광고학computational advertising이라는 개념까지 만들어 냈습니다. 그는 계산 광고학은 하나의 정보 과학, 통계학, 컴퓨터 과학, 그리고 미시경제학 등의 학문이 융합된 새로운 학문이라고 주장했습니다.

계산 광고에서 자주 사용되는 알고리즘을 소개하기 전에, 먼저 인터넷 광고의 주요 상품 유형과 비즈니스 모델에 대해 설명하겠습니다. 여기서는 인터넷 광고의 비즈니스 모델에 따라 계약 광고, 경매 광고, 프로그래매틱 광고 등의 유형으로 나뉩니다.

계약형 광고는 일반적으로 포털 사이트와 비디오 콘텐츠 플랫폼에서 자주 보입니다

예를 들어, Hulu 광고 수입의 대부분은 계약형 광고로부터 나옵니다. 이는 사용자와 비디오 광고 사이에 상호작용이 비교적 적고, 클릭 등 피드백 데이터가 부족하기 때문에 직접적으로 전환율conversion rate 효과를 평가하는 것이 힘들기 때문입니다. 계약형 광고의 광고주는 주로 브랜드 광고주들이 많으며, 이들의 주요 요구는 대중에게 자신의 브랜드 이미지를 노출하는 것이지 전환효과에 대한 특별한 요구는 하지 않습니다. 계약 광고는 일반적으로 CPMCost Per Mille(1,000회 노출당 비용)으로 결산하는데, 즉 1,000번의 광고 노출을 완료하면 해당 플랫폼은 광고주로부터 고정된 비용을 받는 것입니다. 그림 14.2(a)는 Hulu 플랫폼에서 미국 드라마 〈Grey's Anatomy〉를 볼 때 노출되는 광고 중 하나를 보여주고 있습니다.

경매 광고auction ads는 가장 중요한 형태의 검색 광고입니다

검색 광고에서 가장 중요한 것은 관련 검색어인데, 각 검색 광고는 특정한 관련 검색어에 대해 입찰합니다. 사용자가 입력한 검색어와 입찰한 연관 단어를 매칭해 조건에 부합하는 모든 광고를 검색해 보여주고, 이 중 하나 혹은 몇 개의 광고를 검색된 사이트 결과와 함께 사용자에게 보여주는데, 일반적으로 광고가 앞부분에 노출됩니다. 검색 광고는 클릭 수에 따라 비용을 지불하는데, 사용자가 클릭한 후 광고주가 입찰 과정에서 결정한 가격에 따라 지불하게 되며, 클릭하지 않는다면 지불할 필요가 없습니다. 따라서 클릭률 예측 알고리즘은 입찰 광고 최적화에서 매우 중요한 역할을 합니다. 그림 14.2(b)는 구글에서 'deep learning conference 2020'을 검색했을 때 나타나는 검색 결과 화면입니다. 여기서 첫 번째에 위치한 사이트가 입찰 시스템을 통해 선택된 광고이며, 앞 부분에 'Ad'라는 표기가 되어 있음을 확인할 수 있습니다.

프로그래매틱 광고programmatic advertising는 광고주에게 더 유연하게 광고 시청 집단과 노출 시간 등을 선택할 수 있도록 해줍니다.

매번 노출 기회가 왔을 때 광고 교역 플랫폼에서 트래픽 관련 정보와 입찰 요청을 DSPDemand Side Platform로 보냅니다. DSP는 트래픽의 실제 상황에 따라 광고주를 대신해 입찰하고, 가장 높은 가격을 낸 광고주가 해당 노출 기회를 얻게 됩니다. 프로

그래매틱 광고는 일반적으로 CPACost Per Action 방식으로 과금하며, 따라서 클릭률, 전환율 등의 요소를 종합적으로 고려해야 합니다. 그림 14.2(c)는 화장품 관련 블로그에 노출된 스폰서 광고입니다.

(a) 계약형 광고   (b) 경매 광고   (c) 프로그래매틱 광고

그림 14.2 자주 보이는 광고 형태*

서로 다른 유형의 광고는 광고 시스템 설계도 다른데, 예를 들어 계약 광고는 일반적으로 광고의 실질 효과를 고려하지 않아 CTRClick Through Ratio** 모듈이 없습니다. 프로그래매틱 광고는 DSP 등 제3자 정보를 다뤄야 해서 더 많은 데이터를 다루는 모듈이 필요합니다. 하지만 광고 시스템의 전체적인 프레임은 거의 비슷합니다. 그림 14.3은 하나의 간단한 광고 시스템 프레임을 보여주고 있는데, 알고리즘과 관련된 모듈 위주로 보여주고 있고, 다른 시스템 모듈은 많이 생략되었습니다. 시스템은 주로 분산 컴퓨팅 플랫폼, 스트림형 컴퓨팅 플랫폼, 그리고 광고 노출 플랫폼의 세 부분으로 구성되어 있습니다. 분산 컴퓨팅 플랫폼은 대규모 노출 로그에 대해 배치 처리 계산을 진행하고 알고리즘 분석과 모델링 결과를 얻습니다. 예를 들어, 사용자 페르소나, 클릭률/전환율 모델 등 알고리즘은 모두 분산 컴퓨팅 플랫폼에서 진행되고, 이렇게 얻게 된 사용자 라벨, 모델 특성, 그리고 파라미터 등의 데이터를 데이터베이스에 업데이트하고 저장합니다. 스트림 컴퓨팅 플랫폼은 사용자 라벨, 특성, 클릭 피드백 등 실시간 데이터를 수집하고 계산해 지속적으로 데이터베이스에 업데이트하는 역할을 합니다. 하나의 요청이 왔을 때 광고 노출 플랫폼은 리퀘스트에 대응하는 사용자, 콘텍스트 등의 정보와 데이터베이스 현재 상태에 기반해 광고 검색, 배열, 선택 등을 진행합니다. 광고 노출을 완료한 후 관련된 기록은 스트림 컴퓨팅

★　[옮긴이] 예제 자체가 중국에 특화된 예제이기 때문에 이미지와 내용을 국내 상황에 맞게 수정했습니다.
★★　[옮긴이] 인터넷에서 배너 하나가 노출될 때 클릭되는 횟수를 뜻합니다.

플랫폼에 의해 실시간으로 처리되며, 동시에 노출 로그로 집계되어 분산 컴퓨팅 플랫폼에 제공됩니다.

광고 시스템의 각 알고리즘 모듈은 Spark, HDFS, Kafka 등 빅데이터 시스템과 밀접한 관련이 있을 뿐만 아니라 머신러닝 지식과도 관련이 있습니다. 만약 마케팅 알고리즘 엔지니어가 목표라면, 알고리즘 기초를 튼튼히 하는 동시에 광고의 비즈니스 모델, 각 모듈의 업무 기능에 대해서도 깊이 알아야 합니다. 이어서 광고 시스템 각 모듈에 관련된 알고리즘과 머신러닝 지식에 대해 설명하겠습니다.

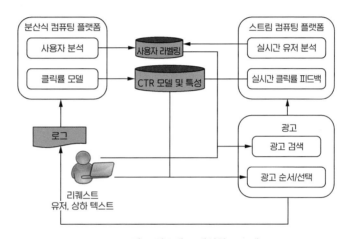

그림 14.3 광고 시스템 프레임워크 그래프

● 사용자 페르소나

사용자 페르소나user persona는 컴퓨팅 광고학의 핵심 구성 부분 중 하나이며, 계약 광고, 검색 광고, 프로그래매틱 광고 등 모든 상품 유형에 광범위하게 존재합니다. 계약 광고에서 광고주는 자신의 브랜드 소비층에만 집중해 광고비를 아낄 수 있습니다. 검색 광고와 프로그래매틱 광고에서는 사용자 페르소나에 기반해 해당 사용자의 각 광고에 대한 클릭률과 전환률 등에 대해 더 정확한 예측을 할 수 있게 되고, 전체적인 광고 노출 효과를 최적화할 수 있게 해줍니다.

사용자 페르소나 분석에서는 지도학습과 비지도학습 테크닉이 모두 광범위하게 응용됩니다. 예를 들어, 성별 예측 문제가 바로 전형적인 지도학습 문제입니다. 우리는 사용자가 작성한 성별 정보에 기반해 일부 사용자의 성별 정보를 얻을 수 있지만, 정보를 제공하지 않은 사용자에 대해서는 정확한 성별을 알 수 없습니다. 그러나 어떤 광고주는 자신들의 브랜드를 특정 성별에만 노출하기를 원하는데, 예를 들어 남성복 광고의 시청자를 남성으로만 설정하기를 원할 수도 있습니다. 이러한 광고주들의 요구를 만족시키기 위해 우리는 사용자의 행동 데이터나 기타 특성들로 사용자 성별에 대해 모델링하고 예측해야 합니다. 예를 들어, 어떤 사용자가 축구나 격투기 같은 스포츠를 즐겨 본 기록이 있다면 해당 사용자가 남성일 가능성이 높다고 판단하고 다른 비슷한 사용자에게도 같은 라벨을 줄 수 있을 것입니다. 만약 충분한 샘플이 모인다면 지도학습 방법을 통해 사용자 라벨에 대해 모델링하고 예측할 수 있습니다.

지도학습 모델에는 로지스틱 회귀, 서포트 벡터 머신, 의사결정 트리, 랜덤 포레스트, GBDTGradient Boosting Decision Tree, 피드 포워드 신경망 등을 사용할 수 있고, 사용되는 변수는 해결하고자 하는 문제에 맞게 선택하면 됩니다. 예를 들어, 검색 엔진에서 사용자의 검색 기록을 바탕으로 사용자 성별을 예측할 수 있다면, 검색 광고 노출 정확도를 향상시킬 수 있을 것입니다. 참고문헌 [45]에서는 대형 사이트의 방문 기록 데이터를 통해 실험했는데, 입력 특성

여성	남성
download	sports
love	money
kids	car
food	search
movies	chat
baby	photo
music	news
life	software
animals	internet
family	girls

그림 14.4 여성과 남성의 텍스트 특성

으로는 사용자의 검색 기록, 방문했던 페이지의 각 단어를 하나의 단독 일차원 특성(변수)으로 사용했는데, 최종적으로 분류기가 학습한 비교적 뚜렷한 텍스트 특징은 그림 14.4와 같습니다. 여성을 예측할 때 비교적 중요한 특성은 아이, 음식, 가정 등의 단어였고, 남성에 대해서 두드러지는 특성 단어는 스포츠, 자동차, 인터넷 등이었습니다. 따라서 이러한 특성에 대한 학습 결과는 우리의 일반적인 직관과도 비슷하다는 것을 알 수 있습니다.

사용자 페르소나 분석에 사용되는 다른 방법으로는 비지도학습법이 있습니다. 비지도학습의 목적은 데이터 내에 존재하는 규율을 발견하는 것인데, 레이블된 데이

터를 사용하지 않아도 됩니다. 사용자의 행동 기록과 기타 특성을 바탕으로 우리는 사용자를 특정한 유형class에 군집시킬 수 있습니다. 사용자 한 명 한 명에 대해서 그들에 대응하는 정확한 레이블은 알 수 없지만, 비슷한 특성들을 가진 집단을 유사도 기반으로 모으고 이를 기반으로 어떤 광고에 대한 흥미를 느끼고 있는지에 대해서 예측할 수 있습니다. 이렇게 군집clustering 테크닉을 응용해 얻게 되는 군집 결과를 클릭률 예측, 광고 배열 및 선택 등에 활용해 전체적인 광고 효과 상승을 기대할 수 있게 됩니다. 자주 사용하는 군집 방법으로는 K평균, 가우스 모델, 토픽 모델 등이 있고, 이들은 모두 비지도학습 범주에 속합니다.

참고문헌 [46]은 비지도학습 방법을 사용해 사용자가 흥미를 느낄 만한 주제에 대해 발굴한 예제입니다. 이 논문은 사용자의 모바일 검색 콘텐츠와 맥락적 특성(시간, 장소 등)을 결합하고 토픽 모델을 이용해 사용자 행위 데이터에 대해 모델링했습니다. 그림 14.5는 발굴된 2개의 토픽topic에 대한 내용으로, 좌변의 토픽은 평일 아침에 검색한 주식과 관련된 내용으로 볼 수 있고, 우변의 토픽은 주말 저녁 약속 장소와 관련된 내용이라 볼 수 있습니다. IsRelevant는 해당 특성의 값과 토픽에 대한 우리의 해석이 관련 있는 것인지를 나타내는데, 일종의 인공적인 판단입니다. 살펴보면 대부분 특성은 모두 토픽과 관련 있다는 것을 알 수 있고, 토픽 마이닝mining 효과가 좋다는 것을 의미합니다.

Text Information	IsRelevant	Text Information	IsRelevant
f stock	Yes	cocktail lounges	Yes
ewbc stock	Yes	sports bars	Yes
culos de caseras	Yes	night clubs	Yes
caty stock	Yes	restaurants	No
twitter search	No	carnivals	Yes
coh stock	Yes	amusement places	Yes
cellufun	No	fairgrounds	Yes
games	No	taverns	Yes
monster tits	No	norwalk amc	No
dis stock	Yes	barbecue restaurants	No
Context Information	IsRelevant	Context Information	IsRelevant
WorkdayOrWeekend=Workday	Yes	Period=Evening	Yes
PlaceType=Home	Yes	WorkdayOrWeekend=Weekend	Yes
Day=Wendnsday	Yes	Day=Saturday	Yes
Period=Morning	Yes	Day=Tuesday	No
Period=Early_Morning	Yes	PlaceType=Other	Yes
Day=Tuesday	Yes	SurroundingType=Food & Dining	Yes
SurroundingType=None	No	Period=Afternoon	Yes
Time= 07 : 00 ~ 08 : 00	Yes	Time= 17 : 00 ~ 18 : 00	Yes
Time= 06 : 00 ~ 07 : 00	Yes	Time= 19 : 00 ~ 20 : 00	Yes
CityName=Glendale	No	Time= 18 : 00 ~ 19 : 00	Yes

그림 14.5 비지도 학습을 사용한 토픽 마이닝

● 클릭률 예측

클릭률 예측은 퍼포먼스 기반 광고performance-based advertising에서 가장 중요한 알고리즘 모듈 중 하나입니다. 광고 효과를 최적화하기 위해서 광고 노출 후 효과(즉, 클릭률, 전환율 등)에 대한 정확한 판단이 있어야 합리적인 선택과 결정을 내릴 수 있습니다. 검색 광고에서 일반적으로 광고의 클릭률을 통해 효과에 대한 평가와 결산을 하는데, 따라서 클릭률 예측의 정확성은 효과 최적화에서 매우 중요한 역할을 합니다. 만약 최종 평가 지표가 전환율이라면, 클릭률과 동시에 클릭 후의 전환율에 대해서도 평가를 진행해야 합니다. 많은 상황에서 실제 전환 데이터는 매우 적은데, 직접적으로 전환 데이터를 사용해 모델 훈련을 할 수 없습니다. 따라서 보통은 차선 책으로 이차 전환이나 장바구니 담기 행위 등 간접 데이터로 모델링을 진행합니다. 전환, 이차 전환, 장바구니 담기 등 행위에 대해 모델링하는 원리는 클릭률 예측과 매우 유사하기 때문에 여기서는 클릭률 예측 알고리즘과 자주 사용하는 모델에 대해서만 소개하겠습니다.

클릭률 예측 문제는 하나의 이진분류 문제로 추상화할 수 있습니다. 해결하려는 문제는 하나의 리퀘스트request와 리퀘스트에 매칭되는 광고가 주어졌을 때 광고 노출 후 클릭을 하게 되는 확률을 예측하는 것입니다. 레이블(정답 데이터)은 실제 노출 데이터에서 얻을 수 있는데, 지난 노출 결과에서 클릭된 기록은 1로, 나머지는 0이 됩니다. 그림 14.6은 클릭률 예측모델의 훈련/테스트 데이터 기록에 대한 그림입니다[47].

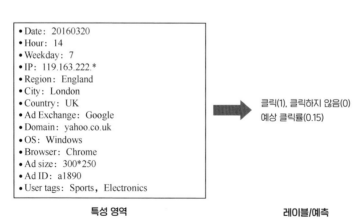

특성 영역　　　　　　　　　　　레이블/예측

그림 14.6 클릭률 예측 데이터 기록 중에서 발췌한 내용

좌변의 사각형에는 데이터 기록에 대응하는 특성들이 나열되어 있는데, 사용자User tags, 맥락적 데이터context data(예 City, Ad Exchange, Domain…), 광고주Ad ID, 배너 크기 Ad size 등 관련 특성들을 포함하고 있습니다. 훈련 기록에서 만약 이러한 특성을 가진 광고가 클릭되었다면 1로 기록하고, 아니라면 0이 됩니다. 예측할 때 우리는 이 기록이 클릭될 확률을 예측하는데, 즉 CTRClick-Through Rate을 뜻합니다.

클릭률 예측에 대한 공개 데이터는 2014년 크리테오Criteo(글로벌 DSP 회사)가 캐글 경진대회에서 개최한 CRT 예측 대회를 참고하세요. 훈련 세트는 연속 7일 동안 크리테오에서 광고한 데이터이고, 클릭/비클릭 정답 데이터를 포함하고 있으며, 총 4000+만 개가 있습니다. 테스트 세트는 훈련 데이터 직후의 하루 동안의 광고 노출 데이터이며, 총 600+만 개가 있고, 샘플링 방식은 훈련 데이터와 같습니다.

클릭률 예측은 샘플링, 특성 추출 및 조합, 모델 훈련, 모델 평가 등의 단계로 나눌 수 있으며, 각 단계에 대한 간략히 소개해 보겠습니다.

- **샘플링**

  클릭률 예측 문제에서는 일반적으로 음성 샘플에 대한 샘플링해야 하는데, 그 이유는 클릭률 예측이라는 이진분류 문제에서 클릭 수는 대부분 전체 노출 수 대비 매우 작은 부분만을 차지하기 때문입니다(PC에서 광고당 클릭률은 일반적으로 0.1%~1% 사이). 이러한 현상은 매우 심각한 데이터 불균형imbalanced data 문제를 야기합니다. 만약 클릭률이 0.1%라면 단순하게 모든 샘플을 음성 샘플로 예측한다고 해도(즉, 클릭을 안 한다고 예측) 분류기의 정확도는 99.9%에 이를 것이기 때문에 일부 분류기와 훈련 알고리즘에 문제가 존재합니다. 더 중요한 것은 하나의 음성 샘플이 담긴 정보가 양성 샘플에 비해 적다는 것인데, 만약 음성 샘플에 대해 샘플링을 진행할 수 있다면 훈련 시간을 줄이거나 혹은 같은 훈련 시간 내에 더 많은 양성 데이터를 처리할 수 있게 되어 같은 훈련 시간이 주어졌을 때 더 좋은 효과를 낼 수 있습니다. 한 가지 덧붙이고 싶은 것은, 샘플링 후에 데이터 분포가 변하기 때문에 클릭률 예측 문제에서는 원래 분포를 환원하는 작업도 필요하다는 것입니다.

• 특성 추출 및 조합

사용자, 맥락context, 광고주 등과 관련 있는 각 차원 특성을 추출하고 이들을 조합해야 합니다. 이렇게 말하면 매우 간단한 과정 같지만, 실제로는 매우 중요하고 각종 학문이 융합된 과정이기도 합니다. 특히, 전통적인 머신러닝 모델에서 특성 공학feature engineering의 퀄리티가 모델 성능에 결정적인 영향을 끼치는 부분이며, 동시에 알고리즘 엔지니어들이 가장 시간을 많이 할애하는 부분이기도 합니다. 클릭률 예측에서 특성 사이에 상호작용을 잡아내는 것이 매우 중요한데, 어떤 특성은 광고의 성질을 표현하고 어떤 특성은 사용자의 흥미를 나타내기 때문에 두 가지 특성의 상호작용을 학습하는 것은 클릭률 예측을 더 잘하는데 도움이 됩니다. 전통적인 머신러닝 모델은 두 종류의 특성 사이의 상호작용을 직접적으로 잡아낼 수 없어 명시적으로 특성교차(임의의 두 특성을 조합해 하나의 새로운 차원의 특성을 만드는 것)를 진행해야 합니다. 하지만 우리는 어떤 특성 사이에 상호작용이 존재하는지 모두 알 수 없기 때문에 가능한 모든 조합에 대해 실험하게 되는데, 이렇게 하면 차원폭발 문제가 발생할 수 있습니다. 따라서 실전에서는 GBDT와 인수분해factorization 머신을 사용해 기존 특성에 대한 전처리를 진행합니다. GBDT에서 각 트리의 근 노드에서 잎 노드까지의 루트를 일종의 특성조합으로 간주하고, 모든 특성조합을 로지스틱 회귀의 입력으로 넣어 다시 훈련을 진행합니다(그림 14.7 참고). 이 내용은 페이스북에서 2014년 발표한 내용인데[48], 후에 많은 실전 프로젝트에서 응용되며 그 효과가 입증되었습니다. 인수분해 머신은 각 특성을 같은 공간 중의 K차원 벡터 표현으로 분해할 수 있는데, 이들의 상호작용 강약 정도는 벡터의 점곱dot product을 통해 표현되기 때문에 특성의 벡터 표현을 로지스틱 회귀모델의 입력으로 넣어 알고리즘이 특성 상호작용이 클릭률에 미치는 영향을 더 잘 잡아낼 수 있도록 도와줍니다. NTU CSIE ML Group은 크리테오Criteo에서 개최한 CTR 예측 경진대회에서 GBDT와 인수분해기를 동시에 사용한 특성 공학으로 1등을 차지했습니다.

딥러닝 시대가 도래한 후, 딥러닝은 자동으로 특성조합을 추출하는 방식을 제공하고 있으며, 이는 직접 종단간end-to-end으로 클릭률에 대해 모델링하고 예측을 가능하게 합니다. 그림 14.8은 일종의 종단간 딥러닝 CTR 예측모델이며, 기존 입력은 간단한 원-핫 인코딩one-hot encoding 형식이며, 사전훈련 분해 머신을 통해 입력을 임베딩된 벡터로 표현하고, 3개의 완전 연결층을 거쳐 최종적으로 시그모이드 활성화 함수를 통해 클릭률 예측 결과를 출력합니다[49].

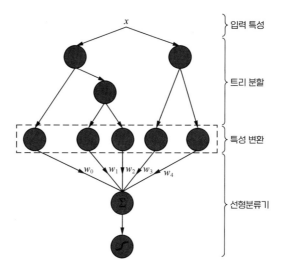

그림 14.7 페이스북의 CRT 예측모델

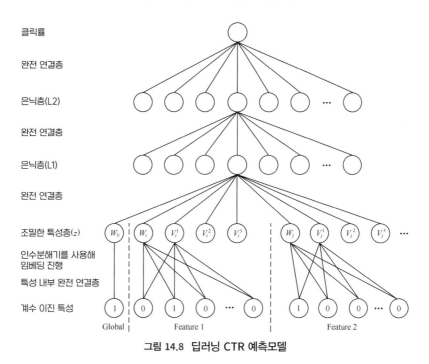

그림 14.8 딥러닝 CTR 예측모델

실제 프로덕트 라인product line에서는 이전의 구조를 한 번에 바꾸기란 쉽지 않기 때문에 모두 종단간 딥러닝 모델로 교체해 클릭률 예측을 진행하는 것은 비현실적입니다. 이때는 딥러닝 모델 출력의 중간 결과를 전통적인 머신러닝 모델의 입력으로 사용해도 괜찮은 향상 효과를 보이는 것으로 알려져 있습니다.

- **모델 훈련**

특성 추출과 조합을 끝내고 하나의 적합한 모델을 선택했다면, 그다음은 모델에 대한 훈련을 진행해야 합니다. 모델 훈련과 튜닝 과정은 매우 많은 경험과 지식이 담겨 있는 과정입니다. 예를 들어, 온라인 실시간 클릭률 예측을 할 때 모델의 희소성과 예측 효과 사이에서 절충해야 하는 경우가 많은데, 이때 모델의 희소성을 요구하게 됩니다. 그러나 L2 노름을 사용해 정규화하면 완전히 희소한 결과를 얻을 수 없습니다. 더 좋은 방안은 L1 노름을 사용하는 것입니다. 이는 지원자가 L1과 L2 정규화의 특징과 이론에 대한 이해가 있어야 사용할 수 있는 방법입니다. 다른 예를 들면, 딥러닝 모델을 사용해 클릭률 예측을 진행할 때 프로그램이 계산한 기울기가 정확한지 검증을 해야 하는 경우가 있는데, 이때 필요한 것은 기울기 검정에 대한 테크닉입니다. 이 외에도 딥러닝 모델의 가설 공간이 넌컨벡스이므로 때로는 확률적 경사하강법을 사용하면 로컬 미니멈 함정에서 빠져나오기 힘든 때가 있습니다. 이때는 원인에 대한 깊이 있는 분석을 할 줄 알아야 하며, 개선 방법을 사용해 훈련을 진행할 수 있어야 합니다.

- **모델 평가**

모델 훈련을 완료했다면 해당 모델의 효과에 대해 합리적인 평가를 진행해야 합니다. 모델 평가는 주로 오프라인 평가와 온라인 평가 두 단계로 나눌 수 있습니다. 오프라인 평가의 목적은 합리적인 실험과 지표를 설계해 오프라인 평가의 결과와 이후 진행할 온라인 평가 결과가 최대한 비슷하도록 만드는 것입니다. 일반적으로 단일 지표는 모델의 모든 부분을 평가할 수 없기 때문에 서로 다른 여러 지표들을 사용해 모델 효과에 대한 종합적인 평가를 합니다. 클릭률 예측을 예로 들면, 오프라인 단계에서의 평가 지표는 로그 손실log loss, AUCArea Under Curve가 있습니다. 로그 손실은 예측 클릭률과 실제 클릭률의 부합identical 정도를 측정합니다. AUC는 모델의 배열(혹은 배정) 능력을 평가하는데, 즉 클릭된 샘플이 클릭되지 않은 샘플보다 최대한 앞에 배정할 수 있는 능력입니다. 한편으로 우리는 예측한 클릭률이 최대한 정확하길 바라고, 또 한편으로는 클릭되는 광고가 최대한 앞에 노출되기를 원할 것입니다. 따라서 두 지표 모두 골고루 좋은 평가를 받아야 하는데, 어떤 지표를 우선시할 것인지에 대해서는 상황에 맞게 설정해야 합니다. 만약 오프라인 평가 단계에서 모델이 좋은 결과를 얻었다면, 다음 단계는 온라인 A/B 테스트입니다. 이 단계는 모델이 정식으로 사용되기 전 가장 중요한 단계인데, 그 이유는 아무리 정밀하게 설계한 오프라인 실험이라 하더라도 온라인 환경과의 차이가 존재하기 때문입니다. 합리적인 A/B 테스트 방안을 만드는 것 또한 마케팅 알고리즘 엔지니어가 반드시 숙지해야 할 스킬입니다.

● 광고 검색

광고 검색 단계의 목적은 쿼리, 시청자 등 정해진 조건에서 노출 조건을 만족할 만한 광고를 검색해 내는 것입니다. 예를 들어, 매칭이 모호한 쿼리에 따라 리퀘스트request는 해당 쿼리 텍스트와 의미상으로 최대한 가까운 광고를 모두 소환해 다음 단계인 광고 배열/선택 알고리즘으로 넘길 것입니다. 이 단계에서 주로 사용하는 지표는 재현율recall인데, 그 이유는 최대한 빠짐없이 많은 광고가 선택될 수 있게 하기 위함입니다. 모호한 매칭 문제를 해결하는 전통적인 방법은 쿼리 확장query expansion입니다[50]. 간단히 설명하면, 현재 쿼리의 의미와 비슷한 한 그룹의 쿼리를 찾은 다음, 이들이 찾은 광고 중 최소 한 가지 광고를 예비 집합에 더하는 것입니다. 쿼리 확장은 본질상으로 두 쿼리 사이의 텍스트 유사도를 계산하거나, 혹은 하나의 쿼리가 주어진 조건에서 다른 쿼리를 생성할 확률을 계산합니다. 전자는 토픽 모델, Word2Vec 등의 알고리즘을 통해 구현하고, 후자는 딥러닝 등의 방법을 사용해 모델링할 수 있습니다.

● 광고 배열/선택

서로 다른 광고 업무 환경에 따라 이 단계의 결정 방식은 다를 수 있습니다. 계약 광고에서 우리의 목표는 계약 규정에 명시된 노출 요구를 채우는 것이지(계약된 노출 횟수를 채우지 못할 경우 패널티를 받을 수 있음) 클릭률 예측 등과 상관없기 때문에 광고의 배열과 선택 문제를 제약 조건이 있는 최적화 문제로 모델링할 수 있습니다. 그림 14.9는 최적화 문제에 대한 모델링 사고를 보여주는데, 좌측의 각 노드는 하나의 광고를 나타내며, 우측의 각 노드는 한 종류의 노출 기회를 뜻합니다. 만약 트래픽을 특성에 따라 여러 세그먼트로 나눈다면 각 세그먼트는 한 종류의 노출 기회를 대표하게 되며, 각 계약은 해당 계약 조건에 의해 제한되고 특정 세그먼트 트래픽에서만 노출할 수 있게 됩니다. 따라서 광고의 선택은 이분 그래프bipartite graph의 매칭 문제로 나타낼 수 있고, 최적화 목적은 총 노출 수익을 최대화하는 것이 됩니다[51].

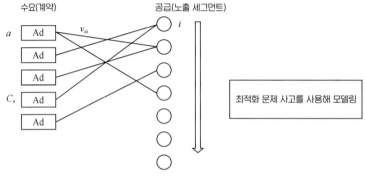

그림 14.9 계약 광고의 선택 문제

만약 d_j를 j번째 계약의 총 수요량이라고 가정하고, s_i를 i번째 노출 기회의 공급량을, v_j를 j번째 계약의 CPMCost Per Mille을, 그리고 $x_{ij} \in [0,1]$을 i 종류의 노출 기회가 왔을 때 j번째 계약된 광고를 노출시킬 확률을 나타내면 목적함수는 다음과 같고, 즉 총 노출 수익을 최대화하는 것과 같습니다.

$$\max \sum_{i,j} x_{ij} v_j s_i \tag{14.1}$$

추가적으로, 다음과 같은 세 가지 제약이 존재합니다.

$$\forall j, \ \Sigma_i s_i x_{ij} \geqslant d_j \tag{14.2}$$

$$\forall i, \ \Sigma_j x_{ij} \leqslant 1 \tag{14.3}$$

$$\forall i, j, \ x_{ij} \geqslant 0 \tag{14.4}$$

여기서 식 14.2는 각 계약 규정의 총 노출량을 채워야 한다는 것을 나타내고 있고, 식 14.3은 각 종류의 노출 기회가 각 계약을 선택할 총 확률의 합이 1보다 같거나 작아야 한다는 것을 나타내고 있습니다. 식 14.4는 확률 x_{ij}가 0보다 같거나 커야 함을 나타냅니다.

위 문제에 대한 해를 구하면 바로 하나의 최적해를 찾을 수 있습니다. 하지만 총 공급량이 부족한 상황에서는 위 문제에 대한 해가 없을 수도 있는데, 이때는 식 14.2에 하나의 변수 u_j를 더해 계약 j의 언더-딜리버리under-dilivery*를 나타내고, 제약을 $\Sigma_i s_i x_{ij} + u_j \geqslant d_j$으로 바꾸면 됩니다. 이와 동시에 목적함수에 언더-딜리버리에 따른 패널티를 추가해야 하는데, 자세한 공식에 대해서는 참고문헌 [51]을 참고 바랍니다.

경매 광고 유형에서 광고 집행기는 클릭률 예측 결과에 기반해 광고에 대한 배열과 선택을 진행합니다. 새로 노출된 광고의 경우, 충분한 노출이 없다면 해당 클릭률에 대해 정확한 예측을 진행하기 힘들 것입니다. 만약 우리가 '이용' 방안만을 채택한다면, 다른 클릭률이 높은 광고를 편향적으로 선택하거나 혹은 해당 광고에 대해 낮은 입찰가를 제시하는 경향을 보일 것입니다. 이런 식으로 계속 진행되면 해당 광고는 충분한 노출 기회를 놓치게 되어 클릭률에 대한 합리적인 예측을 영원히 불가능하게 만들 수 있습니다. 따라서 노출이 불충분한 광고에 대해서 '탐색'을 해야 하는데, 단순한 '탐색' 방안만 사용하는 것도 합리적이지는 못합니다. 이미 충분한 노출량을 보유한 광고에 대해서도 클릭률 예측 결과에 따라 배열, 선택, 그리고 입찰을 진행해야 합니다. 탐색과 이용exploration and exploitation은 한 쌍의 모순된 주체로서, 이들 사이의 균형을 찾아야 최적의 광고 노출 효과를 얻을 수 있을 것입니다. 이는 앞서 배운 것과 같이 강화학습에서 초점을 맞추고 해결하려고 하는 문제이기도 합니다. 강화학습 시점에서 생각하면, 시작할 때 만약 충분히 라벨링된 데이터labeled data가 없다면 환경과 상호작용(광고를 노출)하며 피드백을 얻는 방식으로 모델을 개선해서 최종적으로 최적의 노출 정책을 얻을 수 있을 것입니다. 프로그래매틱 광고에서

★　옮긴이 마케팅 용어이며, 목표달성 실패를 나타냅니다.

DSP는 특정한 광고에 대해 입찰을 진행하기 때문에 최적의 입찰가를 찾는 것 역시 하나의 독립적인 연구 주제이기도 합니다. 이번 절에서 해당 부분에 대한 설명은 생략할 테니 관심 있는 독자들은 참고문헌 [52]를 확인하기 바랍니다.

정리하면, 컴퓨팅 광고와 연관 있는 알고리즘에는 이 책에서 소개한 모든 내용을 대부분 포함하고 있습니다. 만약 훌륭한 마케팅 알고리즘 엔지니어가 되고 싶다면, 업무 프로세스를 잘 익히는 것 외에도 각종 알고리즘, 이론, 방법들에 대해 튼튼한 기초를 쌓아야 하고, 계속해서 실전 경험을 쌓아야 합니다. 면접에서 이론, 방법, 실전 경험 등 관련 문제들이 모두 나올 텐데, 독자들은 이전 장에서 소개한 면접 문제와 해답을 잘 숙지해 인터뷰 진행 시 잘 활용할 수 있으면 좋겠습니다.

게임에서의 인공지능

인류 문명이 탄생한 이후에 바로 게임도 생겨났습니다. 게임은 인류 역사상 최초의 지능과 오락을 결합한 활동이었는데, 전설에 따르면 4,000여 년 전부터 바둑이 존재했다고 합니다. 지난 몇 세기 동안 인류는 수없이 많은 종류의 게임을 만들어 냈는데, 예를 들면 장기, 체스, 다이아몬드 게임, 포커, 마작, 보드게임 등이 있습니다. 반세기 전에 컴퓨터 기술이 탄생하면서 게임의 면모는 완전히 달라지기 시작했습니다. 1980년대 전후에 비디오 게임과 아케이드 게임이 사람들의 눈길을 사로잡기 시작했지만, 당시에는 소수만 즐기는 게임이었습니다. 1990년대부터 오락실이 생기기 시작하면서 비디오 게임과 아케이드 게임은 생활 속으로 스며들기 시작했습니다. 그리고 개인 컴퓨터의 보급과 함께 게임은 새로운 시대를 맞이하게 됩니다. 현재는 게임의 무대가 PC로만 한정되어 있지 않고, 스마트폰, 태블릿 PC 등 각종 기기로 확장되었습니다. 2010년에 게임은 수천억 달러의 산업으로 성장했고, 글로벌 시장 이윤이 기타 다른 오락 산업보다 훨씬 많기까지 했습니다.

지금은 게임의 경계를 정의하는 것이 매우 어려워졌습니다. 주말에 친구들끼리 모여 야식을 먹으며 하는 마피아 게임도 일종의 게임이고, PC방에서 모르는 사람들과 하는 RPG 게임도 일종의 게임입니다. 그러나 게임에는 오락 기능만 있는 것이 아니라 아이들의 영어 교육, 신병의 전장 환경 교육 등에도 사용되며, 게임이 만들어 내는 보상 메커니즘과 현장 간접 체험 기능은 학습의 기능까지 하고 있습니다. 심리학자들은 사람들이 게임을 할 때 느끼는 오락적 경험이 지능 활동으로 만들어진다고 주장합니다. 게임의 단계별 난이도 설계는 서로 다른 레벨의 지능적 난이도를 뜻하며, 해당 관문을 통과하기 위해 지능, 관찰, 사고, 실험, 학습, 그리고 기존의 누적된 지식에 대한 사용까지 일어나기 때문에 게임과 지능은 떼려야 뗄 수 없는 관계에 있습니다.

● 게임 AI의 역사

일찍이 인공지능이 맹아기에 있을 때 선구자들은 컴퓨터를 사용해 지능 태스크task를 해결하려는 생각을 했습니다. 인공지능의 아버지라 불리는 앨런 튜링Alan Turing은 아주 일찍부터 MiniMax 알고리즘을 사용해 체스를 두는 이론적인 아이디어를 제안했습니다[53].

첫 번째로 세상에 등장한 성공적인 소프트웨어는 1952년 알렉산더 S. 더글라스Alexander S. Douglas의 박사 논문에 실린 틱택토Tic-Tac-Toe 게임(그림 14.10(a) 참고)입니다. 그로부터 몇 년 후에 조셉 사무엘Joseph Samuel 박사가 서양 장기(그림 14.10(b) 참고) 소프트웨어를 만들었는데, 이는 처음으로 머신러닝 학습 알고리즘을 사용한 프로그램이었고, 현재 이 알고리즘은 사람들에게 강화학습이라 불리고 있습니다. 초기 게임 중에 AI는 대부분 전략 보드게임(장기, 체스, 바둑 등)에 집중되어 있었는데, 이때까지만 해도 사람들은 이러한 게임들이 인류가 수백 년, 심지어 수천 년 동안 쌓아온 지혜의 결정체이기 때문에 AI가 이기기 힘들 것으로 생각했습니다. 이후 30년의 노력 끝에 사람들은 트리 순회tree traversal 기술을 사용해 이러한 생각에 큰 도전장을 내밀었습니다. 1994년, 조나단 쉐퍼Jonathan Schaeffer의 체커 프로그램인 치누크Chinook는 체커 세계 챔피언인 마리온 틴슬리Marion Tinsley를 이긴 것이었습니다[54]. 2007년, 그는 《사이언스》에서 'Checkers is solved체커는 정복되었다'라고 선포했습니다[55].

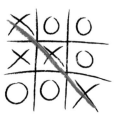 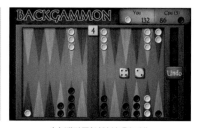

| (a) 틱택토 게임 | (b) 체커 게임(서양식 장기) | (c) 백가몬(서양식 윷놀이) |

그림 14.10 각종 전략 보드게임

그 이후 체스는 장기간 AI 영역의 실험용 '초파리'가 되었고, 대량의 AI 방법이 테스트되었습니다. 이러한 현상은 1997년 IBM의 딥블루Deep Blue가 세계 체스 챔피언인 그랜드마스터 가리 카스파로프Garry Kasparov(그림 14.11 참고)를 이길 때까지 계속되었지만, 이미 체스에서 인간 이상의 수준임을 확인된 후 '초파리'는 더 이상 실험에 사용되지 않게 되었습니다[56]. 당시에 딥블루는 슈퍼컴퓨터에서 작동했지만, 지금은 일반적인 노트북에서도 잘 돌아갑니다.

그림 14.11 딥블루가 세계 체스 챔피언 가리 카스파로프를 격파했다

게임 AI의 또 다른 획기적인 사건은 백가몬backgammon에서 일어납니다(그림 14.10(c) 참고). 1992년, 제럴드 테사우로Gerald Tesauro가 TD-Gammon이라는 프로그램을 개발했는데, 신경망과 시간차 학습temporal difference learning 방법을 응용해 인간 최고 수준에 도달했습니다[57]. AI 기술의 발전에 따라 흥망성쇠를 거듭하다 부흥하며 2010년 전후 딥마인드, OpenAI 등 굴지의 AI 연구소들이 탄생하며 AI를 신기원으로 이끌었습니다.

● 알파고에서 알파고 제로까지

중국의 아주 오래된 게임인 바둑에 대해 AI 연구자들은 그날이 오는 것이 매우 멀게만 느껴졌을 것입니다. 2016년 1월, 구글 딥마인드가 내놓은 한 편의 논문 〈Mastering the game of go with deep neural networks and tree search〉가 《Nature》에 발표되며, AI 알고리즘이 성공적으로 지도학습, 강화학습, 딥러닝, 몬테카를로 트리 탐색 알고리즘을 활용해 바둑이라는 난제를 풀어냈다고 주장했습니다[58]. 2016년 3월, 구글의 인공지능 바둑 프로그램 알파고는 세계 챔피언 이세돌과 5번기 대결을 통해 최종 스코어 4:1로 승리를 거두었습니다(그림 14.12 참고). 2016년 말 마스터Master라는 이름을 가진 정체불명의 바둑 고수는 세계 정상급 기사들을 상대로

60연승을 거두었는데, 59번째와 60번째 판에서 자신이 알파고라고 정체를 밝혔습니다. 2017년 5월, 알파고는 세계 최고의 중국 천재 바둑기사라 불리는 커제를 상대로 3연승을 거두었습니다.

그림 14.12 알파고와 이세돌의 대국 장면

알고리즘에 관해 이야기하면, 알파고의 성공은 딥러닝, 지도학습 기술, 강화학습 기술, 몬테카를로 트리 탐색 알고리즘이 완벽하게 어우러진 결과였습니다. 비록 오래 전부터 연구자들이 몬테카를로 트리 탐색 알고리즘을 사용해 바둑 AI 문제를 풀려고 시도했으나, 알파고는 최초로 강화학습과 딥러닝을 사용해 몬테카를로 트리 탐색 알고리즘에 결합했습니다. 강화학습은 전체적인 학습 프레임을 제공했고, 정책 네트워크와 가치 네트워크를 설계해 몬테카를로 트리 탐색 과정을 이끌었고, 딥러닝은 두 네트워크의 함수를 학습할 수 있는 근사 도구를 제공했으며, 정책 네트워크의 초기화 가중치는 인류 기사에 대한 지도학습 방법을 통해 얻을 수 있었습니다. 전통적인 몬테카를로 트리 탐색 알고리즘과 다르게, 알파고는 APV-MCTS라 불리는 비동기 정책, 가치 몬테카를로 트리 탐색Asynchronous Policy and Value MCTS을 제안했습니다. 탐색 트리를 확장한 관점에서 APV-MCTS는 지도 훈련 정책 네트워크를 기반으로 새로운 에지를 추가했으며, 트리 노드 평가 방면에서 APV-MCTS는 간단한 롤아웃rollout 결과를 현재 가치 네트워크의 평가 결과와 결합해 새로운 평갓값을 얻는 것입니다. 알파고 훈련은 두 가지 단계로 나누어집니다. 첫 번째 단계에서는 지도학습 정책 네트워크 파라미터에 기반해 강화학습 중의 폴리시 그래디언트 방법을 사용해 정책 네트워크를 한 단계 더 최적화합니다. 두 번째 단계에서는 자신과 수많은 대결에 기반해 몬테카를로 정책 평가 방법을 사용해 새로운 가치 네트워크를 얻습니다. 한 가지 언급해야 할 것은 그림 14.13에 나타난 것처럼 이러한 정책 네트워크를 훈련시키기 위해서는 50코어의 분산형 컴퓨팅 플랫폼에서 3주의 시간이 필요합니다.

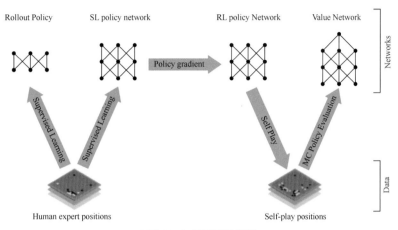

그림 14.13 알파고의 훈련

알파고와의 승부에 사람들의 혼란이 가시기도 전에 알파고의 계승자 알파고 제로가 혜성처럼 나타났습니다. 알파고 제로는 인간 기사와의 사전 훈련 없이 전적으로 홀로 학습할 수 있습니다[59]. 알파고 제로는 하나의 신경망을 기반으로 천만 판을 스스로 대국하는 알고리즘입니다. 처음 시작할 때 인간의 가르침이 없기 때문에 알파고 제로는 바둑이 무엇인지조차도 모릅니다. 하지만 그림 14.14에 보이는 것처럼 36시간이 지나면 알파고 제로는 2016년 이세돌 9단과 대결한 알파고의 수준까지 도달하고, 72시간이 지난 후에는 알파고를 100:0으로 이길 수 있는 수준까지 도달합니다. 40일 후에 알파고 제로는 모든 버전의 알파고를 이길 수 있는 수준이 됩니다. 알파고 제로는 사람들이 오랫동안 보지 못한 진실을 밝혔다는 데 큰 의미가 있는데, 그것은 바로 데이터가 반드시 필요한 것이 아니며 게임 규칙만으로도 충분하다는 사실입니다. 이는 근 몇 년간 사람들의 관점과는 완전히 반대되는 것인데, 사람들은 딥러닝 기술이 데이터 기반의 인공지능 기술을 발전시켰고, 알고리즘의 유효성은 빅데이터와 분리해 생각할 수 없다고 여겼기 때문입니다. 사실, 깊게 들여다보면 모의 게임 시스템이 있기 때문에 천만 판의 게임 자체가 천만 개의 샘플 데이터가 될 수도 있었습니다. 따라서 단지 데이터에 대한 정의가 다를 뿐이지 사실상 데이터에 기반한 것이라 말할 수도 있습니다.

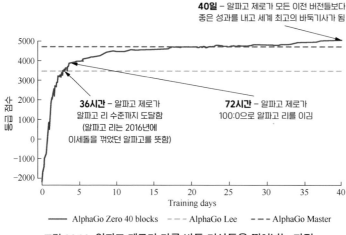

그림 14.14 알파고 제로가 다른 바둑 기사들을 뛰어넘는 과정

전체적으로 살펴보면, 장기, 바둑류의 게임은 결정론적인deterministic 규칙에 의해 만들어진 게임입니다. 이런 종류의 게임은 규칙이 명확할 뿐만 아니라 대결하는 쌍방이 모두 대칭적인 정보(소위 '완벽한 정보')를 갖고 있습니다. 게임 AI가 직면한 문제는 일반적으로 탐색 문제이며, 일대일의 MiniMax 게임인 경우가 많습니다. 원리상 현재 국면을 기억하고 다음 방향으로 탐색적 추론을 하면 비교적 좋은 전략을 얻을 수 있습니다. 탐색공간이 크지 않을 때는 각종 하위 상황을 모두 검토하고 최적의 방향을 선택하면 됩니다. 탐색공간이 아주 클 경우에는 가지치기나 확률적 방법으로 탐색해야 하는 상태 수를 줄입니다. 체스나 장기의 경우는 말의 수가 적고 말마다 움직이는 방향이 고정되어 있기 때문에 오늘날의 슈퍼컴퓨터로 완벽하게 모든 상태를 탐색하는 것은 문제가 안 됩니다. 하지만 바둑은 다른데, 바둑판은 19×19로 되어 있고 돌을 놓을 수 있는 선의 교차점은 모두 361개입니다. 따라서 바둑 한판에는 10의 170승 개의 의사결정 포인트가 있으며, 이는 모든 기류棋类 게임 중에 가장 많고 계산량 또한 엄청납니다. 따라서 모든 가능성을 탐색하는 방법은 불가능하며, 이와 같은 이유로 컴퓨터가 정복해야 할 마지막 산으로 남아 있던 것입니다. 수학적으로 장기와 체스의 공간 복잡도는 대략 10의 48승이고, 바둑은 10의 172승입니다.

게다가, 돌을 따내는 상황까지 고려하면 더 복잡해집니다. 한 가지 언급하고 싶은 것은, 관측 가능한 우주의 양자수quantum number가 10의 80승이라는 사실입니다.

● 텍사스 홀덤에서 사람을 '위협한' AI

텍사스 홀덤Texas hold'em poker은 유럽과 미국에서 즐겨 하는 게임인데, 대략적인 룰은 각 사람에게 2장의 인 핸드 카드를 주고 3장, 1장, 1장씩 총 5장의 공통 카드를 내려놓아 총 7장의 카드로 포커 족보를 만들어 승부하는 것입니다. 로얄 플러시 ➡ 스트레이트 플러시 ➡ 포카드 ➡ 풀하우스 ➡ 플러시 ➡ 스트레이트 ➡ 트리플 ➡ 투 페어 ➡ 페어 ➡ 하이카드 순으로 크기를 비교합니다. 이때 플레이어는 자신의 인 핸드 카드(자신의 손에 들고 있는 카드) 2장과 바닥에 깔린 공통 카드만을 볼 수 있습니다. 따라서 장기, 바둑과 다르게 정보가 불완전한 상태입니다. 고수들은 각종 전략을 사용해 상대방을 교란하기도 합니다.

2017년 1월, 미국 펜실베이니아주 피츠버그의 한 도박장에서 리브라투스Libratus라는 이름의 AI 프로그램이 '헤즈-업 노리미트 텍사스 홀덤Heads-up No-Limit Texas Hold'em'에서 세계 최고 프로 포커 플레이어 4명을 물리치고 20만 달러의 상금과 177만 달러의 칩을 획득하는 데 성공했습니다(그림 14.15 참고). 이 프로그램을 설계한 카네기멜런대학교의 노암 브라운Noam Brown 박사는 자신은 텍사스 홀덤을 좋아하긴 하지만 잘하진 못하며, 평소 친구들과 5달러짜리 내기 게임 정도만 하는 수준이라고 밝히며 자신이나 다른 어떤 누구도 리브라투스에게 노하우 같은 것을 전수해 주지 않았다고 말했습니다. 그리고 리브라투스에게 텍사스 홀덤 규칙만을 던져 줬고, 스스로 게임을 하며 이기는 확률을 높이는 방법을 배웠다고 주장했습니다. 아마도 브라운 교수가 직접 홀덤을 가르치지 않았기 때문에 리브라투스의 플레이가 사람과 많이 다르고 짐작하기 어려운 수를 잘 두었는지도 모르겠습니다. 텍사스 홀덤에서는 돈을 걸 때 충분한 랜덤성을 가져야 상대방이 자신의 패를 짐작할 수 없게 만들 수도 있고, 블러핑bluffing 기술이 통하게도 할 수 있습니다. 리브라투스와 게임을 했던 4명의 프로 포커 플레이어는 리브라투스가 매우 대담하게 판돈을 걸었으며, 여러 차례 블러핑을 성공하고 알아차리기도 했다고 말했습니다. 포커 플레이어들은 20일간 게임을 하면서 단 4일만 이기고 나머지 날은 모두 졌습니다.

들은 바에 의하면, 리브라투스는 매우 강한 자기 학습 능력을 갖췄는데, 첫날에 프로 포커 플레이어들은 리브라투스의 취약점을 발견할 수 있었으나, 둘째 날이 되자 그 취약점이 사라졌다고 합니다. 브라운이 사용한 방법은 CFRCounterfactual Regret Minimization이라고 불리는 알고리즘인데, 근사적 내시 균형nash equilibrium 해를 구할 수 있습니다. 기본 원리는, 먼저 하나의 액션 A를 선택해 실행하고, 은닉 상태가 밝혀지면 A를 제외한 액션을 선택했을 때 얻는 보상을 가정해 계산하고 이와 유사하게 기회비용을 계산합니다. 여기서 A 액션을 제외한 액션 중 최적의 수익과 실제 액션 A 사이의 수익 차이를 '후회regret'라고 부르고, 만약 '후회'가 0보다 크다면 현재 선택한 액션이 최적이 아니며, 전체 과정은 바로 이 '후회'를 최소화하기 위해 진행됩니다[60].

딥스택DeepStack은 세계적 수준에 도달한 또 다른 텍사스 홀덤 AI 프로그램입니다[61]. 리브라투스와 동일하게 딥스택도 자기 스스로 훈련하며 재귀적인 추론을 하는 방법의 학습 전략을 사용했습니다. 다른 점은, 딥스택은 명시적인 정책을 계산하는 것이 아니라는 것입니다. 알파고와 유사하게 트리 탐색과 근사 가치함수를 결합한 강화학습 방법을 사용해 각 라운드의 액션을 결정하는데, 불완전한 정보가 있을 때 휴리스틱heuristic 탐색을 하는 알파고로 볼 수도 있습니다.

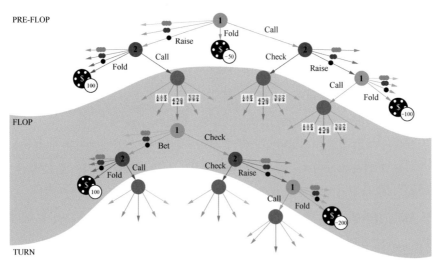

그림 14.15 텍사스 홀덤 AI 리브라투스(Libratus)의 결정 과정

포커류의 게임은 기류 게임과 다릅니다. 체스, 장기, 바둑은 모두 '정보가 완전한' 게임인데, 즉 모든 플레이어가 게임 중에 얻는 정보는 공개적이고 대칭적이라는 것을 뜻합니다. AI가 이런 종류의 게임을 정복하는 난이도는 계산량을 결정하는 게임 과정의 의사결정 포인트 개수에 달렸습니다. 그러나 포커에는 많은 종류의 은닉 정보가 있어 '불완전한 정보'의 게임입니다. 플레이어는 비대칭 정보를 가지고 자신 손에 있는 패만 볼 수 있으며, 상대방의 패는 볼 수 없습니다. 게다가, 상대방이 자신의 패를 어떻게 생각하는지는 더더욱 알기 힘듭니다. 따라서 텍사스 홀덤 한판의 의사결정 포인트는 바둑보다 적지만, 불확실성이 더해지며 각 의사결정 포인트가 하나의 게임이 되면서 계산량이 상상할 수 없을 정도로 많아지게 됩니다. 비대칭 정보의 게임에서 동일한 객관적 상태라고 하더라도 플레이어에 따라 정보가 다르기 때문에 플레이어 상태공간의 수가 늘어나 의사결정 난이도가 증가합니다.

비대칭 게임에서 상대방에 대한 예측은 상호 간에 수시로 발생하며 서로에게 영향을 줍니다. 따라서 단일한 최적 방법이 없습니다. AI는 반드시 본인의 수를 랜덤화해야 하는데, 이렇게 해야만 블러핑 등을 사용해 자신의 패와 수를 숨길 수 있기 때문입니다. 가위바위보 게임을 예로 들면, 만약 다른 사람이 가위, 바위, 보를 1/3씩 혼합하는 전략을 사용한다면 내가 어떻게 내든지 결과는 비슷할 것 같다는 생각을 하게 됩니다. 그래서 만약 바위만 계속 내는 전략을 취한다면, 상대방은 나의 이런 전략의 약점을 눈치채고 자신의 전략을 바꿀 것입니다. 따라서 좋은 알고리즘이란 다른 사람의 전략을 기반으로 새로운 전략을 만드는 동시에 내 전략을 최대한 상대방이 이용하지 못하게 만드는 알고리즘입니다. 이러한 연구는 매우 실질적인 의미가 있는데, 미래에 금융 담판, 경매, 인터넷 보안 등 영역에서 AI가 '불완전한 정보'를 기반으로 의사결정을 내려야 하기 때문인데, 이는 앞서 소개한 리브라투스가 잘하는 영역입니다.

● AI와 e-Sports

2013년, 아직 구글에 인수되기 전에 딥마인드는 획기적인 논문 〈Playing Atari with deep reinforcement learning〉[62]을 발표했습니다. 아타리 2600은 1980년대 만들어진 가정용 비디오 게임입니다(그림 14.16 참고). 많은 연구자가 아타리의 모의 시뮬레이터인 Arcade Learning Environment_ALE에서 실험을 진행했습니다[63]. 이 논문은 AI가 모니터의 화면 정보와 게임 점수만 가지고 아타리 2600의 모든 게임을 클리어하는 방법을 배우게 하는 것이 목적이었습니다. 해당 논문은 당시 딥러닝 연구의 성과들을 사용했는데, CNN, 강화학습을 결합한 프레임, 경험 재생experience replay을 응용한 샘플링 사고 등을 사용해 심층 Q-러닝 알고리즘을 만들어 냈는데, 결과가 매우 좋아 게임에서 인간 고수들을 모두 이겼습니다. 풍문에 따르면, 이 연구 때문에 구글이 딥마인드를 주시하기 시작했다고 합니다. 2015년, 구글 딥마인드는《nature》에 〈Human-level control through deep reinforcement learning〉이라는 논문을 발표하고, DQN_Deep Q-Network이라는 유명한 알고리즘을 탄생시켰습니다. 종단간 DQN 하나만 훈련시켜 49개의 서로 다른 게임 환경에서 인간 고수를 넘어설 수 있었습니다[64].

 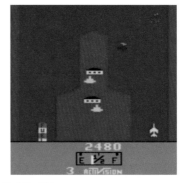

그림 14.16 아타리 게임

이 외에도 2016년 4월 OpenAI가 강화학습을 연구하고 비교 평가하는 도구인 Gym짐을 출시했습니다. Gym에는 각종 게임 시뮬레이터를 제공하는데, 그중 대표적인 것이 '카트 폴cart pole'입니다. 이 플랫폼은 통용되는 인터페이스를 제공하는데, 개발자들이 서로 다른 환경에서 사용되는 통용 AI 알고리즘을 코딩할 수 있게 해줍니다. 개발자는 자신의 AI 알고리즘을 사용해 플랫폼에서 훈련을 진행할 수 있으며, 전문가나 다른 동료들의 평가를 받을 수도 있는데, 즉 집단지성을 활용한 탐색과 연구입니다. 강화학습은 각양각색의 오픈소스 환경의 집합인데, 이에 비해서 Gym은 그림 14.17처럼 다양한 난이도의 문제까지 포함하고 있습니다.

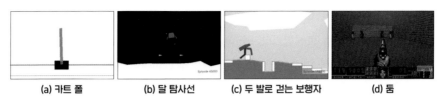

| (a) 카트 폴 | (b) 달 탐사선 | (c) 두 발로 걷는 보행자 | (d) 둠 |

그림 14.17 Gym 플랫폼의 각종 게임

- **카트 폴**Cart Pole   카트 폴은 전통적인 제어 문제입니다. 하나의 폴과 하나의 카트가 있어 폴의 한쪽 끝을 카트에 연결합니다. 연결하는 곳은 자유롭게 설정할 수 있으며, 폴은 좌우로 왔다 갔다 움직입니다. 카트는 앞, 뒤 양방향으로만 움직이고, 이동은 가해지는 전후 작용력에 의해 결정되며, 크기는 1입니다. 목표는 힘의 방향을 제어함으로써 카트를 제어하면서 폴이 계속 세워지도록 유지하는 것입니다. 그리고 카트의 이동 범위는 제한적이라는 것에 유의해야 합니다.

- **달 탐사선**Lunar Lander   이 게임은 Box2D 시뮬레이터에서 만들어졌습니다. Box2D는 일종의 2D 게임 세계의 물리 엔진인데, 2차원 물체의 충돌, 마찰 등 역학 문제를 처리할 수 있습니다. 이 게임의 백그라운드는 달 탐사선을 순조롭고 안정되게 지면 위 지정된 곳으로 착륙시키는 것입니다. 땅에 접촉하는 순간의 속도가 0이 되면 가장 좋고, 소모하는 연료가 적으면 적을수록 좋습니다.

- **두 발로 걷는 보행자**Bipedal Walker   이 게임 역시 Box2D 시뮬레이터로 만들어졌고, 이족보행하는 사람을 제어해 자세를 만드는 게임입니다. 구체적으로 설명하면, 다리에 관절 부분의 비틀리는 힘을 이용해 최대한 보행자를 멀리, 그리고 넘어지지 않게 가도록 만드는 것입니다. 이 환경에서 제공하는 길은 계단, 나무 그루터기와 함정 등이 있고, 동시에 10개의 레이저 거리 측정기를 제공합니다. 이 외에도 환경의 상태 정보에는 수평 속도, 수직 속도, 전체 각속도angular velocity와 관절 부분 각속도 등이 있습니다.

- **둠**Doom: Defend Line   이 게임은 3D를 모방한 일인칭 슈팅 게임입니다. 게임 환경은 밀폐된 공간에서 최대한 많은 괴물을 죽여 자신을 보호하는 것이고, 괴물을 많이 죽일수록 많은 보상을 얻습니다. AI 플레이어가 관찰할 수 있는 모든 것은 사람 플레이어와 동일하게 일인칭 시야밖에 없습니다.

OpneAI는 여기에 만족하지 않고 2016년 말에 또 하나의 플랫폼인 Universe(유니버스, 그림 14.18 참고)를 출시합니다. Universe의 목표는 통용 AI를 평가하고 훈련하는 것입니다. Gym에서 제작된 게임들과는 다르게 Universe가 타깃으로 하는 것은 세계 범위의 각종 게임과 홈페이지, 그리고 애플리케이션이며, 사람이 마주하는 세계와 비슷한 정도의 복잡한 환경을 추구하는데, 적어도 정보 측면에서는 사람이 사는 곳과 비슷한 환경입니다. 물리적인 세계의 구현에 대해서는 아무래도 센서나 다른 기계 설비 및 장비의 발전을 조금 더 기다려야 합니다. 조금 더 자세히 설명하면, Universe는 VNC 리모트 클라이언트를 통해 도커Docker 서버에 키보드와 마우스 이벤트를 전달하고, AI 에이전트에는 화면의 픽셀과 리워드를 리턴합니다.

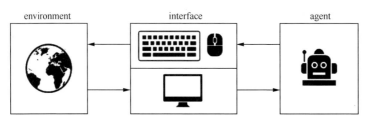

그림 14.18 OpenAI가 개발한 통용 AI 플랫폼, Universe

Universe의 목표는 설계자(개발자)가 단일 에이전트를 개발해 Universe의 각종 게임과 임무를 완료하도록 하는 것입니다. 새로운 게임이나 임무가 주어졌을 때 에이전트는 이전의 경험을 바탕으로 신속하게 적응하고 새로운 게임과 임무를 수행해야 합니다. 우리는 알파고가 세계 바둑 챔피언을 이겼지만, 여전히 좁은 의미에서의 AI, 즉 특정 영역에서만 인간 수준을 뛰어넘고 다른 영역에서는 아무런 능력이 없는 AI(알파고는 바둑 외에 다른 게임을 할 수 없기 때문)라는 것을 알고 있습니다. 더 일반적인 문제를 해결하는 능력을 갖춘 시스템을 구현하기 위해서 우리는 AI에게 사람 수준의 상식을 갖도록 해야 합니다. 따라서 에이전트는 새로운 임무를 수행할 때 경험을 사용해야 하며, 전통적인 훈련 단계를 거치고 초기화하고 다시 시도해 파라미터를 학습하는 방법을 사용할 수 없습니다. 이는 아마도 통용 AI로 가는 첫걸음이라 할 수 있는데, 따라서 우리는 에이전트가 다양한 상황을 겪도록 해 세계에 대한 인지와 문제 해결을 할 수 있는 통용 정책을 만들어 새로운 임무task 중에 사용하도록 해야 합니다.

가장 전형적인 임무는 웹 브라우저에 기반한 여러 임무입니다. 인터넷은 정보의 보고입니다. Universe는 하나의 웹 브라우저 환경을 제공하는데, AI가 웹 브라우저를 보고 웹사이트 사이에서 이동하며 사람처럼 모니터, 키보드, 마우스를 사용하길 요구합니다. 현재 주요 임무는 버튼 클릭, 메뉴 옮기기 등 각종 사이트의 세부 기능과 관련된 상호작용입니다. 향후에 AI는 검색, 구매, 항공권 예매 같은 더 복잡한 임무들을 수행할 것입니다.

● 스타크래프트: 통용 AI로 향하는 길

AI를 전략 게임에 적용하기 어려운 점은 픽셀 격자로 구성된 화면뿐만 아니라 고급 인지 수준을 구현해야 한다는 점인데, 여러 단위, 다양한 요소 등에 대한 분석, 복잡한 계획 설계, 실시간으로 변하는 상황에 대한 유연한 대처 등과 같은 종합적인 능력이 필요합니다. 특히, 실시간 전략 게임 같은 경우는 AI로 구현하기에 가장 어려운 게임이라고 할 수 있습니다. 스타크래프트StarCraft는 1988년 블리자드 엔터테인먼트가 발표한 명작 SF 전략 게임입니다(그림 14.19 참고). 스타크래프트의 확장팩 브루드 워Brood War는 AI 프로그램이 전문적으로 사용할 수 있는 API를 제공하고 있어 많은 AI 연구자의 연구 열정을 불타게 하고 있습니다[65].

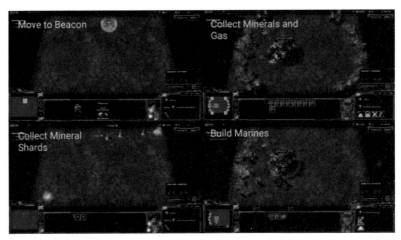

그림 14.19 블리자드 엔터테인먼트의 '스타크래프트' 게임

딥마인드는 딥러닝을 활용해 아타리 게임을 정복한 후 블리자드와 합작해 StarCraft II를 새로운 AI를 위한 테스트 환경으로 설정하고, SC2LE 플랫폼을 발표하며 AI 연구자들이 마음껏 알고리즘을 테스트할 수 있도록 제공했습니다. SC2LE 플랫폼은 블리자드 엔터테인먼트가 개발한 머신러닝 API, 익명 처리한 게임 플레이 영상 데이터, 딥마인드가 개발한 PySC2 툴과 일련의 간단한 강화학습 미니 게임을 포함하고 있습니다[66]. 페이스북 역시 일찍부터 TorchCraft토치크래프트라는 오픈소스를 공개했는데, 목적은 사람들에게 스타크래프트 AI 프로그램을 쉽게 코딩할 수 있게 하는 것이었습니다. TorchCraft는 계산 프레임워크로 Torch를 사용합니다[67].

알고리즘 측면에서 페이스북은 2016년 마이크로 조작micro operation 임무를 통해 전투 중 군사 단위의 단시간 저등급 제어 문제를 정의했는데, 이러한 상황을 마이크로 조작 환경[68]이라고 불렀습니다. 마이크로 조작 환경에서의 제어 문제를 해결하기 위해 그들은 딥러닝을 응용한 제어기와 휴리스틱 강화학습 알고리즘을 사용했습니다. 정책공간에서 직접 탐색과 그래디언트 역전파 두 가지 방법을 결합해 사용하며 최적의 정책을 찾습니다. 알리바바Alibaba의 연구원들은 2017년에 해당 AI 컴피티션에 참가해 멀티 에이전트Multi-Agent 협업 학습 프레임워크를 개발했는데, 멀티 에이전트 양방향 협업 네트워크 학습을 통해 고효율의 통신 프로토콜을 유지해 AI가 학습을 통해 스타크래프트의 각종 전쟁 임무를 수행할 수 있음을 증명해 냈습니다[69].

일반적으로 스타크래프트를 할 때 세 가지 서로 다른 차원의 정책 결정을 한다고 합니다. 가장 높은 차원은 전략 수준의 정책 결정이고, 가장 낮은 차원은 마이크로 조작 수준의 정책 결정입니다. 플레이어는 각 조작 유닛의 유형, 위치, 그리고 속성 등 대량의 정보를 관측을 통해 얻습니다. 중간 차원은 전술 수준의 정책인데, 예를 들어 그림 14.20처럼 부대를 이동하는 것이 포함됩니다. 이처럼 실시간 전략 게임은 AI에게는 큰 도전이며, 지능 수준 테스트를 할 수 있는 최고 난이도 문제라는 것을 알 수 있습니다.

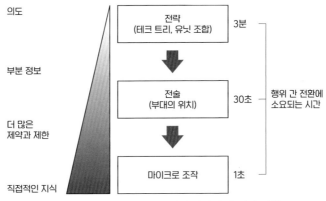

의도	전략 (테크 트리, 유닛 조합)	3분
부분 정보	전술 (부대의 위치)	30초
더 많은 제약과 제한		
직접적인 지식	마이크로 조작	1초

행위 간 전환에 소요되는 시간

그림 14.20 스타크래프트 정책 결정의 세 가지 차원

● 왜 게임에 AI가 필요한가?

게임에는 대결만 있는 것은 아닙니다. 컴퓨터 게임이 탄생한 뒤로 NPC Non-Player Character(플레이어 이외의 캐릭터)라는 개념이 생겨나 게임 AI에 대한 강한 수요가 생겼습니다. NPC의 도입으로 대립해서 싸우거나, 도와주거나, 혹은 단순한 엑스트라 역할을 하는 것과 같은 다양한 기능을 향상시켜 게임의 몰입감을 높였습니다. 다양한 난이도 등급을 가진 AI는 사용자에게 도전 욕구를 키우고 게임의 잔존율 retention을 높여줍니다. 다른 한편으로는 게임 업계 역시 AI가 발전할 수 있도록 시금석이 되어 주었습니다[70].

게임은 복잡한 AI 문제를 정의해 주고 만들어 주었습니다. 전통 학계의 AI 문제는 단일하고 순수해 각 문제는 이미지 분류, 객체 탐지, 상품 추천 등 특정한 임무에 포커스되어 있습니다. 통용 AI로 향하려면 언젠가는 이런 단일한 임무 설정에서 벗어나 다양한 입력, 다양한 상황, 다양한 임무가 있는 복잡한 문제를 해결해야 할 것입니다. 이러한 관점에서 볼 때 게임은 전통 학술 문제와는 비교할 수 없습니다. 간단한 규칙을 가진 장기 게임만 보더라도 상태공간 규모가 매우 거대하고 각종 승리 전략이 존재합니다. 계산 복잡도적인 측면에서 볼 때 대다수의 게임은 NP-hard 문제입니다. 하지만 사람들은 체스, 백가몬, 장기, 바둑, 그리고 간단한 아타리 계열의 게임과 슈퍼마리오까지 정복했습니다. 이제 사람들의 이목은 더욱 스케일이 크고 난이도가 높은 스타크래프트로 향해 있습니다.

게임은 다양한 인간-컴퓨터 상호작용Human Computer Interaction, HCI* 형식을 제공합니
다. 게임 중에서 인간-컴퓨터 상호작용이란 인간의 각종 조작operation 행위와 컴퓨
터가 사람에게 나타내 주는 다양한 정보를 뜻하며, 빠른 리듬의 모달리티modality를
보이는 특징이 있습니다. 게임은 턴제turn-based이기 때문에 인간-컴퓨터 상호작용의
빈도는 일반적으로 초 단위이거나 조금 더 긴데, 예제로는 바둑, 모노폴리Monopoly
같은 게임이 있습니다. 그리고 턴제가 아닌 실시간 게임도 존재하는데, 빈도가 더 짧
습니다. 예제로는 Need for Speed레이싱 게임, 스타크래프트 등이 있습니다. 다른 한편
으로, 사람은 키보드, 마우스, 터치패드 등을 사용해 게임 중의 역할을 제어합니다.
그러나 여기에 국한되지 않고 최근 나온 게임에서는 몸을 움직이거나 음성을 제어
하는 방식으로 게임에 참여할 수 있게 되었습니다. 인간-컴퓨터 상호작용 방식을 생
각해 보면, 행동, 텍스트, 이미지, 음성 등이 있을 것입니다. 그리고 인간-컴퓨터 상
호작용 정보가 게임에서 어떤 작용을 하는지에 대해 생각해 본다면, 일인칭 방식
의 직접적인 제어 방식(예 각종 RPG 게임)과 역할 교체 방식으로 한 그룹을 제어하는
방식(예 위닝 일레븐 같은 축구 게임), 그리고 신의 관점으로 하나의 부족, 회사, 나라
를 경영하는 방식(예 문명) 등이 있을 것입니다. 복잡한 인간-컴퓨터 상호작용 방식
은 하나의 인지, 행동, 감정상의 폐쇄식 패턴 루프로 형성합니다. (정보 등을) 끌어내
기elicit, 탐지detect, 그리고 반응respond이라는 폐쇄식 패턴 루프는 플레이어를 연속적
인 상호작용 패턴에 위치하게 해 실제 세계와 비슷한 경험을 제공합니다. AI 알고리
즘은 더 이상 데이터 사이의 연관성을 적합하는 것이 아니라, 일종의 인지, 행동, 그
리고 감성상의 인류 체험을 학습하는 것입니다.

게임 시장이 번영하면서 대량의 게임 콘텐츠와 사용자 데이터를 제공할 수 있게 되
었습니다. 현재 대부분 AI 알고리즘은 데이터에 기반한data-driven 것들인데, 딥러닝
을 예로 들면 좋은 실험 결과를 얻기 위해서는 훈련 데이터가 천만 이상의 대규모이
어야 합니다. 소프트웨어 응용 영역에서 게임은 콘텐츠 집약형contents intensive에 해
당합니다. 게임 시장에서는 매년 많은 새로운 게임이 출시되는데, 그 종류가 너무나
다양합니다. 따라서 내용뿐만 아니라 종류, 그리고 수량상으로도 데이터는 폭발적

★　옮긴이 Human-Machine Interaction(HMI)라고도 부릅니다.

으로 증가하고 있습니다. 이 외에도 각종 게임 커뮤니티가 커지면서 사용자들의 요구사항도 높아지고 게임 경험에 대한 기대치도 갈수록 높아지고 있습니다. 게임 콘텐츠 데이터 외에도 사용자의 연령층도 다양해져 사용자의 직업, 사용자 행동 데이터 등도 폭발적으로 증가하고 있어 게임 빅데이터 시대는 이미 도래했다고 말할 수 있습니다.

상당수의 컴퓨터 게임에는 가상 시공간이 존재하고 각종 실시간 멀티-모달의 시공간 신호가 존재해 사람과 컴퓨터 사이에서 빈번하게 전송됩니다. 따라서 이러한 신호를 융합해 더 잘 예측하고자 하는 것이 신호처리 학계의 난제였습니다. 바둑, 장기 같은 게임은 가상세계가 없었고, 규칙이 비교적 명확하고 복잡한 신호가 존재하지 않았지만, 이런 비교적 간단해 보이는 게임을 정복하는 것도 쉬운 일은 아니었습니다. 왜냐하면 상태공간이 방대하고 고효율의 탐색 방법이 필요했기 때문입니다. 따라서 체스와 백가몬을 정복하기 위해 MiniMax 트리 탐색 방법을 사용했고, 바둑을 정복하기 위해 몬테카를로 트리 탐색 방법을 사용했습니다. 이 외에도 바둑을 정복하기 위해 많은 딥러닝, 강화학습 방법이 사용되었습니다. 초기 비디오 게임과 아케이드 게임은 모두 2차원 화면과 조이스틱을 통하는 방식으로 인간-컴퓨터 상호작용을 구현했는데, 만약 AI에게 사람과 같이 픽셀급에서 조이스틱을 조작해 게임을 하게 한다면 딥러닝의 CNN을 사용하고 또 강화학습을 결합해 심층강화학습을 사용해야 할 것입니다. 〈Jeopardy!〉는 미국에서 유행한 퀴즈 쇼인데, AI가 해당 문제를 해결하기 위해서는 자연어 처리 기술과 상식을 인지하고 지식의 특징을 잡아내고 추론하는 능력이 필요했습니다. 스타크래프트 같은 더 큰 스케일의 게임은 더 복잡하고 실시간 전략을 만들어야 하므로 각종 AI 문제를 종합해 놓은 예라고 할 수 있습니다.

만약 위에서 언급한 이론들이 스트크래프트 같은 복잡한 문제는 해결할 수 없다고 생각하나요? 딥마인드, OpenAI 같은 회사들과 수많은 대학 연구기관이 머지않은 시기에 당신이 놀랄 만한 결과를 보여줄 것입니다. 사실, 많은 AI 연구자가 게임을 새로운 통용 AI 개발을 위한 실험장으로 여기기 시작했는데, 그 이유는 무엇일까요?

- **진화 속도에 한계가 없다**

  몇억 년에 걸쳐 진화를 이룬 인류와 비교했을 때 게임이라는 가상세계는 시간 유속의 한계가 없어 계산 스트림compute stream이 현실 세계의 시간 스트림time stream을 대체합니다. CPU의 계산 빈도는 계속해서 빨라지고 계산 병행도도 높아져 하루 수백만 건의 반복 계산이 가능합니다.

- **무한한 재생이 가능하다**

  게임 세계에서 제공하는 무한 반복되는 상황 설정 능력은 에이전트가 끝없이 되살아날 기회를 제공해 진화에 대한 시행착오 비용을 대대적으로 낮추었습니다. 이러한 부분을 보면 필자는 인공지능과 관련된 미국 드라마 〈West World〉가 떠오릅니다. 드라마에서 로봇은 계속 죽어도 살아나면서 최종적으로 각성해 진짜 사람과 같은 모습을 보여줘 소름이 돋았던 기억이 있습니다.

- **독립된 세계**

  게임 세계는 현실 세상으로부터 독립적입니다. 즉, 현실 세계의 물리법칙을 모방할 수도 있지만, 동시에 깨는 것도 가능해서 여러 상황에 대한 에이전트의 정책을 실험할 수 있습니다. 전자는 현실 세계에 대한 고도의 모방으로 무인 승용차, 로봇 등 하드웨어 실험 전에 먼저 적합한 AI 모델이나 알고리즘을 탐색하는 데 사용이 가능하며, 이러한 하드웨어를 소모하는 비용 자체를 낮춰 주었습니다. 후자는 우리들이 도달하지 못하거나 이해하지 못하는 극단적인 물리 세계, 네트워크 세계, 혹은 기타 세계에 대한 가설을 실험할 수 있게 해주며, 인류의 미래를 위해서 계획을 세울 수도 있게 도와줍니다.

당연히 게임에는 AI가 필요합니다. 업그레이드된 AI는 게임에서의 사용자 체험을 극대화시켜 줄 것입니다. 이전의 게임에서 AI는 모두 하드코딩된 것들이라 조금만 플레이하다 보면 쉽게 약점을 발견할 수 있었습니다. 처음에 이러한 약점이나 허점을 발견해 관문을 클리어하는 것이 즐거울지 몰라도 시간이 지나면 지루해져 게임에 대한 점착도(리텐션)가 떨어지기 마련입니다. 만약 AI가 사용자와 더불어 진화한다면 상황이 달라질 것입니다. 그리고 한 가지 더 언급하면, 전통적인 게임 AI는 게임 시스템 자체에 속한 것이어서 프로그램 내부의 정보를 받기 때문에 사용자에 비해 비대칭적인 우세가 존재했는데, 현재의 게임 AI는 사용자와 동일한 시야에서 모니터 화면 자체를 AI 시스템의 입력으로 넣기 때문에 마치 한 사람처럼 게임에 참여합니다. 에이전트와 인간 플레이어는 대립하다가 때로는 협력도 합니다. 심지어 하나의 협업 플랫폼을 만들고 자연어 처리 기술을 활용해 AI에게 명령하거나 AI로부터 보고를 받을 수도 있을 것입니다. 정리하면, 게임이라는 AI 실험장에서는 모든 것이 가능합니다.

자율 주행에서의 AI

CHAPTER 14

'자율 주행'은 20세기 초 야심에 가득 찬 글로벌 자동차 산업 거물들에 의해 언급되기 시작했으며, 줄곧 실현되길 바라고 있는 기술이기도 합니다. 2005년, DARPA 챌린지 투어 이후 스마트 자동차에 기반한 자율 주행 연구는 빠르게 발전했습니다. IT 계의 공룡들부터 전통적인 자동차 기업들까지 거금을 투자하며 이 기술 혁명을 주도하려고 시도하고 있습니다. 중요한 것은 이번 혁명의 핵심이 인공지능이라는 점입니다. 이번 절에서는 자율 주행이라는 이제 막 한창 발전 중인 영역에 대한 소개와 함께 인공지능이 어떤 역할을 하고 있는지에 대해 설명하고자 합니다.

● 왜 자율 주행차가 필요할까요?

안전　통계에 의하면, 미국에서만 매일 평균 103명이 교통사고로 사망한다고 합니다. 그리고 충돌사고의 94%를 넘는 원인이 운전자의 부주의나 실수입니다. 이론상으로 완벽한 자율 주행 방안을 만들면 매년 120만 명의 생명을 구하는 셈이 됩니다. 하지만 현재 자율 주행은 아직 완벽하지 못합니다. 그러나 알고리즘과 센서 기술의 발전으로 사람들은 머잖은 미래에 자율 주행이 인류를 더 안전하게 만들어 줄 것이라고 믿고 있습니다.

편리함　자율 주행은 운전자를 운전대로부터 자유롭게 해서 차에 머무는 시간에 다양한 일을 할 수 있게 해줍니다. 미국에만 1.4억 명의 샐러리맨들이 매일 평균 1시간 정도를 도로 위에서 낭비하고 있습니다. 만약 1년간의 이 시간을 다 더한다면 300여만 년이 되는데, 이는 300편의 백과사전을 만들 수 있고 피라미드 26개를 건설하기에 충분한 시간이 됩니다.

고효율의 공유경제　공유 자동차 업계의 거물들인 우버Uber, 리프트Lyft, 그리고 디디추싱Didi Chuxing 모두 적극적으로 자율 주행을 연구하고 있습니다. 왜냐하면 공유 자동차의 대부분 비용이 운전기사의 시간이기 때문입니다. 만약 자율 주행이 구현될 수 있다면 사람들은 더 이상 차를 구매하지 않고 완벽하게 공유 자동차에 의존해 생활할 수가 있게 되는데, 이는 각 미국 가정에 5,600달러 정도의 이득을 가져다줍니다. 즉, 연간 평균 수입의 10%에 해당하는 금액을 아낄 수 있다는 말입니다.

교통체증 감소 위에서 언급한 장점들이 조금 추상적이고 넓은 범위에서의 혜택이었다면, 교통체증 감소라는 장점은 즉시 효과를 볼 수 있는 부분입니다. 일리노이대학교의 워커Walker 교수의 연구에 따르면, 인간 운전사가 있는 차 행렬에 한 대의 자율 주행차만 있어도 차 속도의 표준편차를 50%까지 줄일 수 있다고 합니다. 즉, 주행 전체를 안정적이고 효율적으로 바꾸어 준다는 뜻입니다. 만약 여러분이 길을 가다 큰 레이더가 달린 자율 주행차를 만나게 된다면 감사하는 마음을 가져야 할 것입니다. 왜냐하면 그들은 여러분을 위해 교통체증을 줄여 주고 있으니까요.

더 직관적으로 이런 좋은 점들을 평가하기 위해서는 다음의 그래프(그림 14.21)를 참고하세요. 절약되는 총비용은 연간 5.3억 달러이며, 이는 미국 GDP의 29%에 해당합니다.

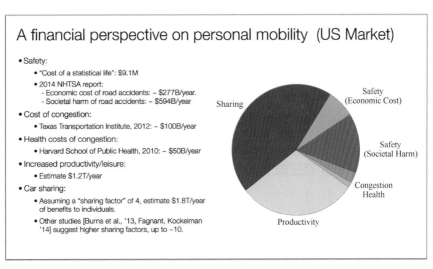

그림 14.21 재정 관점에서의 자율 주행 분석(미국시장)

● 자율 주행에 대한 정의

자율 주행이라는 단어는 최초에 비행기, 기차, 항공운반 영역에서 주행을 돕는 보조 시스템에서 왔습니다. 넓은 의미에서의 자율 주행에 대한 정의는 운전자의 조작 없이도 교통 도구의 자동제어를 통해 스스로 주행하도록 만드는 시스템을 뜻합니다. 자동화 프로그램과 운전자의 참여도에 따라 국제 자동차 기술자 협회SAE는 자율 주행을 표 14.1과 같이 총 5단계로 분류하고 있습니다. 현재 출시된 차들을 예로 들면, 아우디Audi의 A8은 L3 등급이며, 테슬라Tesla는 L2.5 등급입니다. 그리고 볼보Volvo, 닛산Nissan, BMW, 벤츠Mercedes-Benz의 고급 신형 차들은 모두 L2에 속합니다. 만약 크루즈 컨트롤 기능과 차간 거리 제어 시스템이 동시에 있다면, 해당 차량은 L2 등급에 속할 수 있습니다. 2018년형 케딜락Cadillac CT6의 반자동 운전 시스템 'Super Cruise'가 바로 전형적인 L2 등급입니다.

표 14.1 국제 자동차 기술자 협회에서 규정한 자율 주행차에 대한 5단계 분류

등급	명칭	방향전환, 감속 등에 대한 제어	주변 환경에 대한 관측	복잡한 환경에서의 대응	대응 조건
L0	무자율 주행	운전자	운전자	운전자	–
L1	보조 주행	운전자+시스템	운전자	운전자	부분적
L2	부분 자율 주행	시스템	운전자	운전자	부분적
L3	고도 자율 주행	시스템	시스템	운전자	부분적
L4	초고도 자율 주행	시스템	시스템	시스템	부분적
L5	완전 자율 주행	시스템	시스템	시스템	전체

● 자율 주행 기술 로드맵 진화 과정

자율 주행이라는 개념이 세상에 나온 후부터 두 가지 서로 다른 기술 로드맵(그림 14.22 참고)이 있었습니다. 하나는 도로상의 기초 시설을 바탕으로 자동차의 위치, 주행 방향, 의사결정을 도와주는 것이고, 다른 하나는 도로 상황은 변화시키지 않고 자동차에 달린 센서와 AI 알고리즘을 통해 독립적으로 주행하는 것입니다.

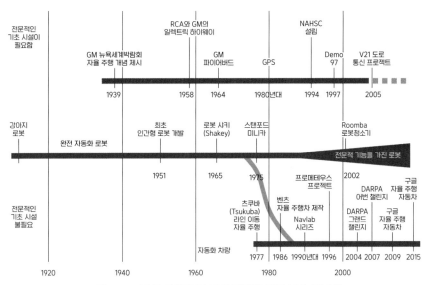

그림 14.22 자율 주행의 두 가지 완전히 다른 기술 로드맵

첫 번째 로드맵의 가장 빠른 마일스톤milestone은 제너럴 모터스General Motors Company가 1939년 뉴욕에서 열린 세계 박람회에서 보여준 퓨처라마Futurama입니다(그림 14.23 참고). 1950~1960년대 미국에 고속도로 건설 열풍이 불기 시작하면서 미국의 RCARadio Corporation of America는 제너럴 모터스와 함께 전산화된 고속도로의 프로토타입을 개발했습니다. 그림 14.24처럼 개조된 고속도로에서 솔레노이드 코일solenoid coil을 이용해 제너럴 모터스의 쉐보레 차량 두 대를 차간 거리를 유지시키며 달리게 했습니다. 그러나 고속도로 전산화 프로젝트는 막대한 인프라 구축 비용과 미국 각 주 사이에 다른 법률 기준 등의 제약을 받았지만, 오늘날까지 정부의 지원 아래 V2XVehicle to Everything communication 프로젝트는 여전히 진행 중입니다.

이와 비교하면, 자율 주행의 두 번째 로드맵은 자동 로봇 개발 연구에서 분리되어 나온 자동화 차량에 해당하며, 지난 10년간 장족의 발전을 이루었습니다. 이 로드맵에서 획기적인 진전을 이룬 것은 2001년 미국 국회에서 통과한 하나의 재정 예산안 때문이었는데, 이 예산안은 미국 국방 연구소 기관인 DARPA가 2015년까지 3분의 1에 달하는 군용 차량을 모두 자동화 주행이 가능하게 바꾸겠다는 목표를 위해 책정되었습니다. DARPA는 2001년~2007년 동안 세 번의 자율 주행 챌린저 투어를 후원했습니다. 2005년 챌린저 투어에서 5대의 자율 주행차가 인공지능 시스템을 사용해 212km 크로스컨트리 런을 완주했습니다. 여기서 우승을 차지한 스탠퍼드대학교의 '스탠리Stanley(그림 14.25 참고)'는 사람들의 일반 규칙에 기반을 둔 방법이 아닌, 데이터에 기반을 둔 머신러닝 기술을 도입해 장애물 식별과 반응에 대한 훈련을 진행했습니다. 2007년 DARPA 챌린저 투어에 참가한 카네기멜런대학교 연구소의 책임자 크리스 엄슨Chris Urmson은 후에 구글 무인주행 프로젝트의 기술 책임자가 되었습니다. 2014년, 그가 이끌고 개발한 구글의 무인주행 자동차가 주행한 거리는 112만km에 달하게 되었습니다. 엄슨은 "2년 전만 해도 우리는 도시 거리 내에 있는 각종 복잡한 도로 상황에 대처하지 못했지만, 지금 우리의 기술은 이를 손쉽게 처리할 수 있게 되었습니다."라고 언급했습니다.

그림 14.23 '퓨처라마', 공업 디자이너 벨 게디스(Bel Geddes)가 디자인했다

그림 14.24 RCA와 제너럴 모터스가
함께 개발한 고속도로 전산화 테스트

그림 14.25 2005년 DARPA 챌린저
투어에서 우승을 차지한 '스탠리'
(좌측에서 첫 번째)

● 자율 주행과 인공지능

자율 주행을 지탱하는 기술은 다음의 3단계로 나눌 수 있습니다.

- **상층 제어** 노선 계획, 교통 상황 분석, 배치
- **중층 제어** 사물 인식, 장애물 감지, 교통 규칙 준수
- **하층 제어** 크루즈 컨트롤, 잠김 방지 브레이크 장치, 자동 견인력 제어, 연료 분사 시스템, 엔진 튜닝

여기의 모든 층에서 인공지능 기술을 사용합니다. 그림 14.26은 인공지능 알고리즘과 해당 알고리즘이 자율 주행 중 어떤 응용 환경에서 활용되는지 보여주고 있습니다.

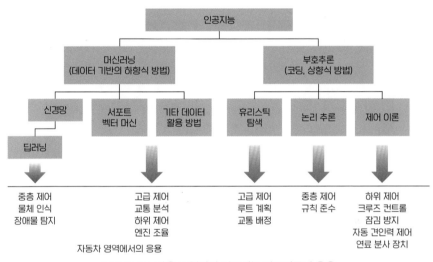

그림 14.26 자율 주행에서 인공지능 알고리즘의 응용

여기서는 중층 제어 중 장애물 감지에 사용하는 두 가지 중요한 툴인 '점유 격자 지도 occupancy grid map'와 '불확실성의 원뿔cone of uncertainty'에 관해 간략히 소개하겠습니다.

점유 격자 지도는 자동차 주변 개체 정보를 저장한 데이터베이스입니다. 점유 격자 지도에서 어떤 개체는 이미 저장된 고화질 지도의 정물an object at rest이고, 어떤 개체는 자동차가 센서의 실시간 신호에 기반해 식별하는 이동 물체입니다. 일반적으로 컬러 코딩color coding이나 아이콘icon을 사용해 자주 보이는 물체에 대응하는 점유

격자 지도를 시각화합니다. 그림 14.27은 구글의 무인 자동차가 사거리에서 센서 데이터에 기반한 물체 식별 후 얻은 점유 격자인데, 고화질 지도에 겹쳐서 나타냅니다.

점유 격자 지도 덕분에 물체의 현재 시간에서의 위치를 알 수 있습니다. 하지만 자율 주행을 위해서는 이것만으로는 부족하고, 미래인 t시간에 물체가 어디서 나타날지, 어느 위치에 있을지도 알아야 합니다.

불확실성의 원뿔이 바로 자동차 부근 물체의 위치와 이동 속도를 예측하는 툴입니다. 딥러닝에 기반한 물체 식별 모듈이 물체를 레이블링labeling 혹은 태그tag하면, 점유 격자 지도는 해당 물체를 나타내고 불확실성의 원뿔은 해당 물체의 다음 운동 방향을 예측합니다.

그림 14.27 구글 무인 자동차가 센서 데이터에 기반한 물체 식별 후 얻은 점유 격자

불확실성의 원뿔은 무인 자동차를 위한 인공지능 버전의 상황 이해 능력을 제공합니다. 인간 운전자가 보행자가 차와 너무 가까이 있다는 것을 발견하면, 그는 머릿속으로 피해가야 한다고 생각할 것입니다. 무인 자동차에서 불확실성의 원뿔 기술을 사용해 이와 비슷한 '사고thinking'를 할 수 있습니다. 소화전 같은 정적인 물체에 얇고 작은 원뿔을 이용해 표현하는데, 그 이유는 해당 물체가 이동할 가능성이 작기 때문입니다. 반대로, 빠르게 이동하는 물체는 운동 방향이 다양하기 때문에 넓고 큰 원뿔로 표현합니다. 인간 운전자는 가까이 있는 각 물체를 명확하게 원뿔로 머릿

속에 레이블링하지는 않을 것입니다. 그러나 불확실성의 원뿔은 사람의 잠재의식 처리 과정과 비슷합니다. 우리의 대뇌는 주변에 나타나는 사람과 사물을 계속해서 기록 및 업데이트하고, 이전의 경험과 눈앞 사물의 상태를 결합하기 때문에 우리는 주변 사물의 의도를 추측하고 이들의 다음 방향에 대해 예측할 수 있습니다.

중층 제어 소프트웨어는 다음과 같은 방법으로 불확실성의 원뿔을 만듭니다. 먼저, 평면 위에 하나의 물체를 그린 후 물체 주변에 하나의 작은 원을 그립니다. 우리는 이 원을 '현재 활동 원'이라고 부릅니다. 그리고 다시 큰 원을 하나 그리고, 10초 이후 미래에 물체가 도달할 것 같은 모든 위치를 레이블링합니다. 우리는 이 원을 '미래 활동 원'이라고 부릅니다. 마지막으로, 2개의 선을 사용해 작은 원과 큰 원의 가장자리를 연결시키는데, 이것이 바로 불확실성의 원뿔입니다.

불확실성의 원뿔은 인간 운전자가 보행자와 시선을 맞추는 것과 비슷한 역할을 합니다. 무인 자동차의 시각으로 보면 도로변에서 도로를 향해 서 있는 보행자를 약간 앞으로 기운 원뿔로 표현할 것입니다. 이는 보행자가 언제라도 길을 건널 가능성이 있다는 것을 뜻합니다. 만약 보행자의 눈이 앞을 바라보지 않고 손에 들고 있는 휴대폰을 바라본다면, 보행자의 원뿔 아이콘은 조금 더 좁거나 하는 다른 모양일 것입니다. 왜냐하면 이 보행자는 앞으로 나갈 준비를 하고 있지 않기 때문입니다. 만약 보행자의 시선이 무인 자동차와 마주쳤다면, 자동차의 시스템이 보행자가 차를 인지했기 때문에 차 앞으로 뛰어들 가능성이 적다고 판단해 보행자의 원뿔 아이콘은 더 작아질 것입니다. 즉, 예측할 수 없는 보행자일수록 원뿔의 형태가 커집니다. 자전거를 탄 사람이 가만히 서 있는 보행자보다 더 큰 불확실성이 있기 때문에 이에 대응하는 원뿔은 더 클 것입니다. 마찬가지로, 사방팔방 뛰어다니는 강아지나 공을 따라가는 아이들은 더 큰 타원으로 표현되어야 할 것입니다.

하지만 정지된 타깃이라도 큰 원뿔을 사용해 불확실성을 나타낼 때가 있습니다. 예를 들어, 움직이지 않는 건물이 어떤 물체를 가릴 가능성이 높다고 판단되면, 움직일 수 있는 물체를 가렸을 가능성을 고려해야 합니다. 막다른 골목이나 전환점, 혹은 아무때나 사람이 내릴 가능성이 있는 도로변에 세워진 자동차에 대해 중층 제어 소프트웨어* 시스템은 모두 비교적 큰 크기의 불확실성의 원뿔로 레이블링합니다. 같은 이유로, 멈춘 스쿨버스 역시 큰 크기의 불확실성의 원뿔을 생성합니다.

자동차 부근의 물체가 모두 레이블링되고 서로 다른 크기의 불확실성의 원뿔로 표현된다면, 이를 궤도 계획trajectory planning의 모듈이라고 부릅니다. 이를 기반으로 최적의 이동 경로를 계산할 수 있고(그림 14.28 참고), 이와 동시에 교통 규칙을 준수하고 이동 시간과 위험을 줄일 수 있습니다.

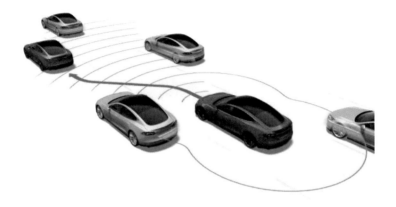

그림 14.28 주변 물체의 불확실성의 원뿔에 기반해 궤도 계획 모듈이
최적의 이동 경로를 계산할 수 있다

● 무인 운전의 상업화

많은 응용 영역에는 인공지능에 대한 '허용 오차fault tolerance' 범위가 넓은 것을 알 수 있습니다. 예를 들어, 로봇 청소기는 장애물에 부딪혀도 다시 돌아오면 그만이고, 시리Siri의 음성인식도 잘못 알아듣거나 못 알아듣는 경우에는 다시 몇 번 더 말해주면 그만입니다. 그러나 자율 주행차의 경우에는 아주 엄격한 안전 기준을 요구합니다. 왜냐하면 자율 주행 알고리즘의 실수가 가져오는 손실은 만회하기 힘든 손실일 수 있기 때문입니다. 시속 100km로 달리는 차가 전방 장애물을 잘못 인지해 그대로 박아버리면 결과는 참담할 것입니다.

★ 옮긴이 중간 수준 제어 소프트웨어를 뜻합니다.

이러한 이유로 현재 있는 자율자동차 비즈니스 부서들은 주로 단절된 구역이나 엄격하게 관리되는 고정 루트에서만 사업을 진행하고 있습니다. 예를 들면, 런던 히 드로 공항에서는 그림 14.29처럼 자율 주행 셔틀버스를 운행해 주차장과 T5 공항 사이에서 승객을 실어 나르고 있습니다. 해당 운송 서비스는 히드로 팟Heathrow Pod 이라고 부르는데, 2011년부터 운영을 시작했습니다. 어떤 승객이라도 히드로 공항 T5 터미널에서 공짜로 탑승해 볼 수 있습니다.

그림 14.29 런던 히드로 국제공항의 자율 주행 셔틀

이와 유사한 유형으로는 InDuct Navia(그림 14.30)와 Arma(그림 14.31)가 있습니다. 이 들의 출현은 조금씩 자율 주행차의 상업화를 이끌고 있습니다.

그림 14.30 25만 달러에 달하는 Induct NAvia. 8인승이며, 주행 속도는 20km/h다

그림 14.31 Navya의 Arma 자동차. 15인승이며, 주행 속도는 45km/h다

자율 주행차의 핵심 센서 부분인 '라이다LiDAR'의 가격이 여전히 비싸서 대중화가 쉽지는 않지만, 화물차는 특정한 고속도로나 비교적 단절된 항구 등에서 많이 사용되기 때문에 아무래도 가정용 자동차보다는 화물용 자동차에서 자율 주행차가 먼저 상용화될 확률이 높습니다.

● 자율 주행 알고리즘 엔지니어에게 필요한 스킬

앞의 설명들을 듣고 어떤 독자들은 이 미래지향적인 기술 혁명에 당장이라도 뛰어들고 싶을지도 모릅니다. 만약 다음의 세 가지 영역 중에 한 분야에서 튼튼한 기초 지식을 가지고 있다면, 비교적 쉽게 자율 주행과 관련된 영역에서 오퍼를 받을 수 있을 것입니다.

- **컴퓨터 비전**   딥러닝, 도로 표지판 인식, 도로 탐지, 물체 분할, 물체 식별
- **센서와 제어**   신호처리, 칼만Kalman 필터, 제어 이론(PID 제어), 위치 추적,
                    경로 계획path planning
- **시스템 인티그레이션**   ROSRobot Operating System, 임베딩 시스템

이미 자율 주행과 관련된 많은 과목과 강의가 있기 때문에 관심 있는 독자라면 충분히 체계적으로 위의 스킬을 익힐 수 있을 것입니다.

기계 번역

● 기계 번역이란?

기계 번역은 전산언어학에서 갈라져 나왔으며, 인공지능의 영역에서 매우 중요한 응용 분야 중 하나입니다. 기계 번역에 관한 최초 연구는 1950년대까지 거슬러 올라갑니다.

인터넷 시대가 도래하면서 언어 번역에 대한 사람들의 요구가 많아졌습니다. 위키피디아 데이터에 따르면, 현재 인터넷에는 수백 종의 서로 다른 언어들이 있는데, 이 중에서 영어가 차지하는 비중이 50% 정도라고 합니다. 그러나 영어를 모국어로 쓰는 인터넷 사용자의 수는 인터넷 전체 사용자 수의 1/4밖에 되지 않습니다. 언어의 장벽을 넘어 더 많은 정보를 인터넷에서 얻기 위해 번역에 대한 요구는 갈수록 증가하고 있습니다.

기계 번역, 즉 컴퓨터를 통해 하나의 언어 텍스트를 다른 언어로 번역하는 일은 언어장벽을 없앨 수 있는 중요한 방법의 하나입니다. 2013년에 구글 번역은 매일 10억 번에 달하는 번역 서비스를 제공했는데, 이는 1년 치 전 세계 인공 번역량에 해당하고, 처리하는 문자 수만 해도 책 100만 권이 넘는다고 합니다.

● 기계 번역 기술의 발전

기계 번역 연구는 규칙에 기반한rule-based 방법을 거쳐 통계적 방법, 신경망을 사용한 방법, 이렇게 3단계의 발전 과정을 밟아 왔습니다. 기계 번역 연구 초기에는 주로 규칙에 기반한 방법을 사용했습니다. 기계 번역 시스템은 언어 전문가가 만든 번역 규칙을 토대로 번역을 진행했는데, 이는 기계적 과정에 해당합니다. 규칙에 기반한 방법은 사람이 만든 규칙의 질quality과 수량quantity에 영향을 받고, 규칙을 작성하는 과정에서 많은 노력과 시간이 듭니다. 특히, 번역 규칙을 다른 언어에 공통적으로 적용하기 힘들다는 단점이 있습니다. 동시에, 규칙의 숫자가 늘어나면서 상호

모순되는 규칙들도 점차 늘어나 모든 상황을 포괄하는 규칙을 만들기 힘들게 되어 기계 번역에 병목현상이 생겼습니다.

1990년대, 통계에 기반한 기계 번역 방법이 고안되었고, 빠르게 기계 번역 연구의 주류 방법으로 자리 잡았습니다. 통계 기계 번역은 이중언어 병렬 말뭉치bilingual parallel corpus(즉, 동시에 소스 언어와 타깃 언어 텍스트의 말뭉치가 포함되어 있음을 뜻함)를 훈련 데이터로 사용합니다. 사람들에게 익숙한 로제타석Rosetta Stone(그림 14.32 참고)은 고대의 병렬 말뭉치로 볼 수 있는데, 석비에는 신성 문자Egyptian hieroglyphs, 민중 문자, 고대 그리스어, 이렇게 총 세 가지 언어로 같은 내용이 기록되어 있습니다. 로제타석의 발견은 언어학자들에게 신성 문자를 해독할 수 있는 열쇠를 제공했습니다.

그림 14.32 로제타석

통계 기계 번역 모델은 병렬 말뭉치에서 서로 다른 언어의 단어 간 대칭 관계를 찾아내고, 이에 기반해 자동으로 번역 규칙을 추출합니다. 전통적인 통계 기계 번역 모델은 일반적으로 번역 모델, 시퀀스 조정 모델, 언어 모델의 세 부분을 포함하고 있습니다. 번역 모델은 단어, 구 사이에 상호 번역될 확률을 계산하고, 시퀀스 조정 모델은 번역 이후 언어 배열에 대한 모델링을 합니다. 그리고 언어 모델은 생성된 번역문이 타깃 언어의 표현 관습에 부합하는지를 계산합니다. 통계 번역 모델은 사람의 참여도를 낮추고, 모델 자체와 훈련 과정에서 언어 사이가 서로 독립적이기 때문에 기계 번역의 성능을 향상하고 사용 범위를 확장했습니다.

근래 들어 신경망에 기반한 방법이 기계 번역 영역에 도입되었고, 기계 번역의 성능은 비약적으로 좋아졌습니다. 구글 기계 번역팀이 포스팅한 정보에 따르면, 구글 번역은 2016년 9월 중-영 신경망 모델을 런칭했으며, 2017년 5월까지 41개 언어에 대한 이중 언어 번역 모듈을 제공하고 있고, 50%가 넘는 번역 유입량이 신경망 모델에 의해 제공되고 있다고 밝혔습니다.

신경망 모델도 동일하게 병렬 말뭉치를 훈련 데이터로 사용하지만, 모델은 여러 개의 부분으로 분해합니다. 신경망 모델은 일반적으로 하나의 완전한 시퀀스-투-시퀀스sequence-to-sequence 모델입니다. 자주 사용하는 순환신경망을 예로 들면, 신경망 모델은 먼저 소스 언어와 타깃 언어의 단어 전환을 벡터 표현으로 놓고, 순환신경 망을 사용해 그림 14.33과 같이 번역 과정을 모델링합니다. 일반적으로 순환신경망 을 인코더로 설정하고, 입력 시퀀스(소스 언어 구절의 단어 시퀀스)를 벡터 표현으로 인 코딩합니다. 그리고 다시 순환신경망을 디코더로 설정하여 인코더를 통해 얻은 벡터 표현을 디코딩해 출력 시퀀스(타깃 언어 구절의 단어 시퀀스)를 얻습니다.

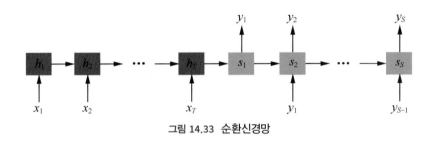

그림 14.33 순환신경망

● 기계 번역의 응용

현재까지 기계 번역의 효과는 인간의 번역 수준에는 미치지 못하지만 빠른 속도 로 성능을 향상시키고 있으며, 응용 범위 또한 갈수록 넓어지는 추세입니다. 구글이 2006년 구글 번역Google Translate을 출시한 지 이미 십수 년이 지났는데, 현재는 영어 뿐만 아니라 매우 다양한 언어의 번역 서비스를 제공하고 있고, 웹사이트, 모바일 앱, 프로그램 API 등 다양한 방식으로도 지원이 가능해졌습니다. 2017년 5월까지 의 데이터를 보면, 구글 번역은 매일 5억 번의 번역 서비스를 제공하고 있습니다. 마 이크로소프트Microsoft, 바이두Baidu, 네이버Naver 등 국내외 회사들도 지속적으로 자 신들만의 번역 서비스를 최적화하여 제공하고 있습니다. 각종 기계 번역 서비스가 당장 모든 서면 번역을 대체할 수는 없지만, 점점 더 격차가 좁혀지고 있기 때문에 많은 상황에서 훌륭한 보조 도구가 될 수 있을 것으로 생각합니다.

해외여행을 할 때 언어가 통하지 않는 것은 매우 고통스러운 일입니다. 하지만 오 늘날에는 그림 14.34처럼 각종 앱이 사진 번역을 통하여 간편하고 쉬운 도로 표지 판, 메뉴판 번역 서비스를 제공하고 있습니다. 바이두, 넷이즈NetEase 같은 회사들은 기계 번역의 성과를 여행 영역에도 적용하기 시작했는데, 그림 14.35의 휴대용 번역기가 바로 그것입니다. 번역기에 대고 말을 하면 자동으로 다른 언어로 번역해 주기 때문에 여행을 갈 때 말이 통하지 않아 불편을 겪는 걱정은 이제 하지 않아도 될 듯 합니다.

그림 14.34 구글 번역의 사진 번역 기능

그림 14.35 바이두의 휴대용 번역기

기계 번역 성능의 향상과 함께 각 회사의 목표는 이제 동시통역의 영역으로 향하고 있습니다. 2016년 중국의 우전烏镇에서 열린 IT 콘퍼런스에서 소고우Sougou CEO는 연설에서 실시간 번역 기술을 사용해 실시간으로 연설을 텍스트로 바꿔 보여주고, 동시에 영어로 번역까지 진행했습니다. 2018년 보아 아시아 포럼에서는 텐센트Tencent의 동시 번역 기술을 사용했는데, 실제 효과는 인간의 동시통역에 미치지 못했다는 평가를 받았습니다. 이처럼 기계 번역 모델은 눈부시게 발전했지만 아직은 인간을 대체하기엔 역부족이며, 특히 동시통역 분야에 대한 도전은 아직 갈 길이 멀어 보입니다.

기계 번역 영역은 사람들의 많은 관심을 받고 있지만, 동시에 많은 도전에 직면해 있습니다. 특히, 현재 발견되는 단점(예를 들면, 신경망 모델의 해석 가능성 부족)을 어떻게 개선해 번역 성능을 향상시킬 수 있을지에 대해서는 아직 뚜렷한 해답이 보이진 않아 보입니다. 현재 단계는 간단한 언어에 대한 이해 및 보조 번역 정도에 머무르고 있으며, 아직 사람을 대체하기엔 큰 갭gap이 존재하는 듯합니다. 하지만 인공지능 응용 영역 중에 관심을 가장 많이 받는 분야이고, 많은 인재가 유입되고 있어 기계 번역의 미래는 밝다고 생각합니다. 언젠가는 인간 세계의 바벨탑도 다시 세워지는 날이 올 것입니다.

5 인간과 컴퓨터 상호작용

인간과 컴퓨터 상호작용Human Computer Interaction, 이하 HCI은 이름에서 알 수 있듯이 연구자(사용자)와 컴퓨터 사이의 상호작용 방식에 대한 학문입니다. 사람이 사용자 인터페이스의 일련의 입력과 컴퓨터가 제공하는 출력 피드백을 통해 태스크 혹은 하나의 목표에 도달하는 과정이라고 할 수 있습니다(그림 14.36 참고). HCI는 하나의 융합 학문으로 컴퓨터 과학, 인체 공학, 행동 생물학, 인지학, 심리학, 미디어 연구, 디자인 등 다양한 학문이 모두 밀접하게 연관되어 있습니다.

HCI는 또한 소위 인공지능의 집대성이라고도 불립니다. HCI 과정에서 음성인식, 이미지 인식을 통해 기계가 사람의 입력 신호를 이해할 수 있고, 각종 예측모델, 증강 학습 모델은 기계가 유효하고 이성적인 판단을 할 수 있도록 돕고, 학습 능력을 갖출 수 있도록 해줍니다. 지능 제어intelligent control 등의 방법은 기계가 사람이 지정한 동작을 하게 하거나 유효한 피드백을 줄 수 있도록 해줍니다. 따라서 HCI는 인공지능의 각 방면을 포함하고 있고, HCI의 빠른 발전은 인공지능 수준 전체의 발전이라고도 말할 수 있습니다.

그림 14.36 인간과 컴퓨터 상호작용

지난 몇십 년 동안 HCI 연구는 장족의 발전을 거듭했습니다. 총 세 번의 중요한 비약적인 발전이 있었는데, 첫 번째는 1970년대 인간 컴퓨터 인터페이스Human Computer Interface라는 개념이 정식으로 생겼을 때입니다. 제1차 Man-Machine-Environment

System Engineering~MMESE~ 국제 콘퍼런스에서 IJMMS~International Journal of Mathematics and Mathematical Sciences~가 창간되고 다양한 연구 기관과 회사가 HCI 연구소를 설립하기 시작했습니다. 이 시기는 HCI 영역의 기초를 다진 시기였습니다. 두 번째는 1980년대 초 HCI 학계가 자기만의 이론 체계와 실전 프레임을 점진적으로 형성한 시기입니다. 이론 체계상에서 인지 심리학과 행동 생물학, 사회학 등 특정 인문 과학 이론의 중요성을 강조하고, 실전 프레임에서는 인간에 대한 컴퓨터의 상호작용 피드백을 강조했습니다. 이때부터 인간 컴퓨터 인터페이스라는 단어가 인간 컴퓨터 상호작용이라는 단어로 대체되기 시작했습니다. 세 번째 시기는 1990년대 후반 고성능 프로세서, 미디어 기술, 인터넷 웹 기술 등의 발전, 보급과 더불어 HCI의 연구 포커스가 인간-컴퓨터 협업 상호작용, 멀티모달~multimodal~(혹은 다중 채널), 멀티미디어 상호작용, 가상 상호작용, 그리고 스마트 상호작용 등으로 이동했고, 환경과 인간 중심의 다중 채널 상호작용 기술을 강조하기 시작했습니다.

2010년 이후에 컴퓨터 리소스, 인터넷망, 스마트 설비가 한 단계 더 발전하고 머신러닝이 빅데이터 영역에서 응용되기 시작하며 딥러닝이 부흥하면서 HCI 핵심 기술의 질이 높아졌습니다. 그리고 컴퓨터 설비의 일부분이 스마트화되기 시작하면서 사람의 말을 알아듣고, 주변의 환경을 감지하며, 사용자의 행동을 이해할 수 있게 되었습니다. 즉, HCI 영역이 네 번째 발전 단계인 '스마트 상호작용 시대'에 접어들었다는 것을 의미합니다.

스마트 상호작용 시대가 도래하면서 HCI 영역과 인공지능 영역 사이에는 어떠한 틈도 없게 되었습니다. HCI의 궁극적 형태는 고도의 지능을 가지고 있어 인간과 자연스럽게 교류할 수 있고, 주도적이며 고효율적으로 인간에게 부여받은 임무를 완성하는 기계의 모습인 듯합니다. 그러나 사람 사이의 상호작용과 인간-컴퓨터 상호작용 방식이 반드시 같아야만 합리적이고 효율적인 방식이라고 말할 수 있을까요? 우리는 기계가 어떤 생각을 하는지, 어떻게 인간에게 부여받은 임무를 완성하는지에 대해서도 관심을 기울여야 합니다. 정말로 하나의 궁극적이고 통일된 모습의 HCI 방식이 존재할까요? 이는 우리에게 주어지는 미래에 관한 질문이기도 합니다. 그러면 앞날을 대비해 이 질문에 대해 조금 더 생각해 보겠습니다.

● 자연으로의 회귀

어떤 사람들은 상호작용의 발전 방향을 자연스러운 상호작용으로 설정하는데, 이는 비과학적이며 정확하지 못합니다. 컴퓨터가 탄생한 그날부터 컴퓨터 자체는 비자연적인 산물이었습니다. 인간과 설비가 상호작용하는 방식은 '사람이 설비에 적응하는' 방식이 주가 됩니다. 예를 들어, QWERTY 키보드, 마우스, 터치패드 등이나 혹은 네모난 모니터에서 출력 피드백 신호를 읽는 상호작용 방식 모두 비자연적인 상호작용 방식입니다.

스마트 상호작용 시대에는 스마트화되고 소형화된 설비가 그림 14.37처럼 옷, 신발, 안경, 손목시계, 책상, 의자, 거울, 스피커 등에도 들어갈 수 있게 되었습니다. 인간이 이와 같은 환경에서 지능이 부여된 설비와 상호작용할 때 설비는 일정한 보조 신호를 제공해 인간과의 상호작용을 구현해야 하며, 본래의 '자연적인' 속성을 사용한 상호작용 방법을 사용하지 않습니다. 예를 들어 스마트워치는 두드려야 하고, 스마트 안경은 수신호를 줘야 합니다.

그림 14.37 인간-컴퓨터 상호작용 방식은 키보드, 마우스를 사용한 방식에서 스마트워치 같은 장치로 옮겨갔다

정확하게 말하면, 스마트 상호작용의 최종점은 휴머니즘humanism으로의 회귀일 것입니다. 인간과 스마트 장치 사이의 상호작용 방식이 각각 다르고 끊임없이 변화하더라도 스마트 상호작용 설계는 다음 두 경로를 따라 최적화해야 하기 때문입니다. 첫 번째 경로는 이성적 경로입니다. 사람은 관찰, 독서나 이해를 통해 상호작용과 피드백이 제공하는 정보를 알아봅니다. 예를 들어, 버튼 위의 글자나 모니터의 숫자에 대해 이성적으로 생각하고 정보를 정리해 상호작용의 다음 단계로 나아갑니다. 두 번째 경로는 감성적 경로인데, 시각, 청각, 촉각 등 감각기관을 통해 전달받은 물체 속성(예를 들면, 회전하는 원형 버튼, 깜빡이는 녹색 시작 버튼, 그리고 가스 불 크기 등)에 대해 감성적인 사고를 통해 상호작용의 다음 단계로 나아갑니다. 이 두 가지 상호작용을 사용해 설계한 방안은 반드시 인간 중심적으로 될 것입니다.

하지만 사람 사이의 상호작용 방식이 반드시 최고 효율적이라고 말할 수 없습니다. 사람의 시각에서 바라보면 특정 기능과 스마트 장치 자체의 특징에 맞춰 특정한 상호작용 방식을 설정해야 가장 적합한 HCI 방식이라 할 수 있을 것입니다.

● HCI는 블랙박스화될 것인가?

HCI는 사람이 정보를 입력하면 컴퓨터가 피드백을 출력하는 시퀀스 과정입니다. 지난 몇 년간의 발전 과정에서 피드백에 대한 즉시 출력은 HCI에서 빠질 수 없는 일환이었습니다. 사람은 즉각적인 피드백을 통해 상호작용 정책을 수정할 수 있을 뿐만 아니라 장치에 대한 제어를 할 수 있어 인간과 장치 사이의 주종 관계가 성립될 수 있게 합니다. 스마트 상호작용 시대에 장치의 지능화 정도는 날이 갈수록 높아지고 있고, 자주적인 판단 능력도 강해지고 있습니다. 비록 스마트 알고리즘에 파라미터 수가 늘어나더라도 사람들은 결과에만 흥미를 가지지 그 논리와 과정에는 관심을 기울이지 않는 것 같습니다.

스마트 상호작용 시대에 사람과 장치는 사람이 임무를 부여하고 컴퓨터가 복잡한 임무를 완성하고 결과를 돌려주는 대리관계에 더 가까운 것 같습니다. 따라서 인공지능 연산 과정도 갈수록 블랙박스화되어 가는 듯합니다.

근래 들어 많은 학자와 연구원들은 AI 알고리즘이 편견을 생성할 수도 있다고 주장합니다. AI 알고리즘에 대한 편견을 심어 주는 원인은 다양한데, '상호작용 편견'은 예를 들어 주변 환경을 통해 학습하는 기계가 있을 때 환경에 좋고 나쁜 정보가 섞여 들어오면 AI 장치는 편견을 가질 수 있습니다. 즉, 욕을 배우거나 인종차별적인 대화를 하는 로봇이 있다면 훈련 데이터 자체에 '데이터 편견'이 존재하기 때문일 것입니다. 반대로, '모델 편견'은 데이터가 부족해 알고리즘 모델이 어떤 결정을 확대해 불공평한 판단을 내리는 것을 뜻하는데, 예를 들어 택배 배송 서비스가 흑인 지역에 제공되지 않는다든지, 여성에게 급여가 낮을 일자리를 추천해 주는 경우가 이런 경우에 속합니다.

동시에 사람들은 인공지능 장치가 너무 과도한 자기결정권을 가진 상황에서 잘못된 결정을 내렸을 때 어떤 문제들을 일으키는지 잘 알고 있습니다. 예를 들어, 2018년 3월 우버의 자율 주행차는 자율 주행 도중 여성 보행자를 치는 인명사고를 냈습니다. 그리고 소셜미디어에서는 아마존Amazon의 음성인식 비서인 알렉사Alexa가 밤중에 스산하면서도 기이한 웃음소리를 낸다는 제보가 끊이질 않았습니다.

블랙박스화는 인공지능 장치에 대한 사람들의 신뢰도를 떨어뜨리기 시작했습니다. 따라서 많은 연구 작업이 인공지능 장치의 의사결정 투명성을 더하기 위해 힘을 쏟고 있습니다. 더 많은 실시간 피드백 정보를 제공하는 것은 이러한 걱정을 줄일 방안이 됩니다. 예를 들어, 영상을 추천할 때 추천하는 이유까지 설명할 수 있다면 더 많은 사용자가 알고리즘을 신뢰할 수 있을 것입니다. 특히, 실수했을 때의 비용이 큰 상호작용 영역에서 인공지능 장치는 더 보수적인 의사결정 정책을 취하고, 의사결정권 일부를 내려놓고 더 많은 보조 정보를 제공해 최종 의사결정 정책을 최적화해야 할 것입니다. 하지만 모든 분야에서 블랙박스 모델을 투명하게 바꾸는 것은 현재로서는 불가능하기 때문에 '블랙박스화'와 '투명화' 사이에서 절충을 찾으리라 생각합니다.

● 보편적으로 적용될 수 있는 상호작용 방식이 존재할까요?

인공지능의 시대가 오면서 갈수록 더 많은 다양한 형태의 각종 장비가 소형화된 인공지능 칩셋을 심은 인공지능 장치로 거듭나며 인류의 일과 생활에 엄청난 편의를 가져다주었습니다. 그렇다면 보편적으로 적용될 수 있는 하나의 상호작용 방식이 존재해 각양각색의 장치에 적용될 수 있을까요?

답은 아마도 '불가능하다'일 것입니다. 인공지능 상호작용 방식의 다양화는 인공지능 장치 각각에 다양성을 부여했습니다. 이는 주로 환경 감지 능력, 상호작용 표현 능력, 연결 능력, 임베딩 능력 등을 통해 나타나고, 이러한 차이가 상호작용의 행태를 결정하게 됩니다.

환경 감지 능력에 관해 이야기하자면, 몸에 착용할 수 있는 장치는 심장 박동 수를 세거나 근육량의 변화를 감지할 수 있는 능력을 가지고 있습니다. 반면, 태블릿 형태의 인공지능 장치는 인간의 손가락이나 다른 신체 부위만을 감지할 수 있습니다.

마이크로소프트 키넥트Microsoft Kinect 장치(그림 14.38 참고)는 사람의 모션을 감지하고 재구성하는 기능이 있습니다. 서로 다른 감지 능력에 따라 자연스럽게 다른 상호작용 방식이 필요합니다. 예를 들어, 40mm 화면을 가진 스마트워치는 주로 살짝 두드리거나 손가락을 통한 상호작용이 진행되고, 8인치 태블릿은 주로 손가락이나 스마트 펜슬을 통해 상호작용합니다. 50인치나 100인치가 넘는 스마트 TV는 큰 제스처나 음성을 통해 상호작용할 수 있습니다.

그림 14.38 마이크로소프트가 출시한 동작 인식 하드, 소프트웨어 패키지 – 키넥트

● 인공지능 상호작용의 미래

인공지능의 물결이 몰려오는 이러한 위대한 시대에 우리가 살고 있다는 것은 정말 축복받은 일일지도 모릅니다. 다음 세대 인공지능 상호작용 기술 개발에 힘쓰는 엔지니어들에겐 정말 좋은 타이밍이 아닐 수 없습니다. 여러분이 현장에서 만드는 크고 작은 공헌이 모여 사람들의 생활 방식 전체를 바꾸고 새로운 세상을 만들 것입니다.

미래에 사람들은 더 이상 각종 상품에 대한 설명서가 필요 없어질지도 모릅니다. 그냥 말 한마디면 인공지능 비서가 당신이 원하는 것을 모두 다 해줄 것이기 때문이죠. 당신이 우울할 때는 기분 좋은 노래를 틀어 주고, 비가 오는 날 아침에 우산이 문 앞에 배송되어 있고, 친구와 약속을 잡으면 바로 적합한 레스토랑을 추천해 주고, 혹은 '아이언맨'처럼 허공에서도 위대한 작품을 설계하게 될 수도 있을 것입니다.

이러한 미래가 아직 멀어 보이나요? 우리는 이미 걸어가고 있는 중입니다.

hulu

에필로그 및 저자 소개

주거웨(Zhuge Yue)

- 현 Hulu 글로벌 연구소 부사장, 중국 연구 센터 센터장
- 전 랜드스케이프 모바일(Landscape Mobile) 공동 창업자 겸 CEO
- 전 야후(Yahoo!) 베이징 글로벌 연구 센터 프로덕트 책임자
- 전 마이크로소프트 베이징 연구 센터 프로젝트 매니저
- 전 야후 미국 시니어 소프트웨어 아키텍처

- 중국 칭화대학교 컴퓨터 과학 및 기술 학과 졸업
- 미국 스탠퍼드대학교 컴퓨터 공학 석사, 박사 취득
- 스토니브룩대학교(Stony Brook University, New York) 응용수학 석사
- 다수의 특허 보유
- 미국 컴퓨터 학회(AMC) 최우수 논문상 수상

2017년 연말 저의 육아서적인 《악마 첫째, 천사 둘째(魔鬼老大, 天使老二)》가 출판되었을 때 '경계를 넘어선' 작품이라는 소리를 들었는데, 이번에는 완전히 제 전문 분야로 다시 돌아오게 되었습니다. 바로 제가 대학교에서 처음 배웠던 '인공지능'이라는 세계로 말이죠.

이 책의 핵심 내용은 회사 동료들의 작품입니다. 저는 단지 이 책을 처음 기획하자는 아이디어를 내고 사람들을 모았을 뿐입니다. 이 책이 완성되기까지 반년의 시간이 걸렸는데, 정말이지 완벽했던 프로젝트였습니다. 그동안의 과정을 돌이켜보며 몇 가지 정리를 하고 싶습니다.

첫 번째로, Hulu 북경 사무실에는 이미 많은 인공지능, 머신러닝 전문가들이 모여 있습니다. 저희 사무실 분위기는 매우 학구적인데, 2주에 한 번씩 테크 살롱이나 과학연구 강좌를 개최하고 있고, 내부적으로 딥러닝 수업도 개설했습니다. 땅이 비옥해지면 열매가 달리는 법입니다. 이 책은 방대한 내용을 다루고 있는데, 총 15명의 동료들이 나눠 맡아 완성했습니다. 각 멤버는 전문 분야에 대한 내용뿐만 아니라 다른 멤버들이 쓴 내용까지 검토해 주었습니다. 이 책은 저희 멤버들 모두가 노력한 결과물이며, 매우 효과적인 결과물이라고도 말하고 싶습니다.

두 번째로, 이 프로젝트는 시작부터 매우 순조로웠습니다. 처음 미팅 후에 대부분의 아웃라인이 그려졌고 담당 챕터까지 분배되었습니다. 물론, 세부적인 부분에서 많은 개선이 있었지만, 대략적인 방향은 변하지 않았던 것 같습니다. 제가 프롤로그에서 언급한 것처럼 애자일 방법론을 적용해 Hulu 위챗 블로그에 먼저 30편의 문장을 올리고 지속적으로 보충하며 내용을 더욱 풍부하고 완벽하게 만들었습니다. 여기서 전체 프로세스 조율을 도와준 허페이 매니저에게 감사하다는 인사를 하고 싶습니다.

마지막으로, 대략적인 내용이 완성된 후에 다른 사람들보다 두 배는 더 많은 시간을 할애한 '주 편집자들'인 왕지에, 리판딩, 왕위징, 지앙원셩, 천라밍 등에게 고맙다는 인사를 전합니다. 이들은 초안을 정리, 검수하고 템플릿 통일 작업까지 마무리해 주었습니다. 사실, 일은 처음 시작하는 것보다 마무리하는 것이 어렵기 마련인데, 이들이 있어 순조롭게 마무리할 수 있었던 것 같습니다.

줄곧 도움을 주신 출판사 편집자인 위빈과 런루이츠께도 감사의 인사를 전합니다. 마지막으로, Hulu의 또 다른 동료인 둥시청에게 특별히 감사하다는 말을 하고 싶습니다. 이 책의 시발점이 바로 그와의 대화였는데, 제가 던진 '우리는 인공지능, 머신러닝 백그라운드를 가진 인재들이 이렇게 많은데, 의미 있는 일을 해보면 어떨까?'라는 질문에, 그는 '그럼, 책을 써보자!'라는 멋진 아이디어로 답했습니다.

왕지에(Wang Jie)

- ⑩ Hulu 시니어 데이터 과학자
- ⑫ 아이핀유(iPinYou) 알고리즘 마케팅 책임자, 블루포커스(BlueFocus) 그룹 알고리즘 기술 매니저
- ■ 칭화대학교 컴퓨터 과학 및 기술 학과 졸업
- ■ 알고리즘 마케팅 관련 특허 2건 보유, 6편의 머신러닝 관련 논문 저술

제가 처음 머신러닝을 만난 건 2007년 칭화대학교에서 학부생에게 머신러닝을 연구 프로젝트로 장려하던 무렵입니다. 당시에는 '감'으로만 지식 엔지니어링 실험실 탕지에 교수님의 프로젝트인 'Context Web'을 선택했는데, 신경망이 그림을 식별하고 토픽 모델이 문장의 잠재적인 의미를 찾아내는 것을 보고 인생 처음으로 알고리즘의 매력에 빠지게 되었습니다. 비록 당시에 참여했던 프로젝트는 기초적인 것이었지만, 그때부터 머신러닝 분야에서 일하겠다는 포부를 가지기 시작했습니다.

2013년 대학원 졸업 이후 저는 그동안 꿈꾸던 알고리즘 마케팅 영역의 데이터 과학자가 되었습니다. 그때부터 지금까지 머신러닝 사고방식이 제 삶을 관통하고 있다는 생각이 듭니다. 제 딸이 3개월이 되었을 무렵에 뒤집기 연습을 하기 시작했는데, 100번, 101번의 실패를 거치고 성공한 후 단 한 번도 뒤집기에 실패하는 것을 보지 못했습니다. 저는 인간의 '탐색과 이용' 본능과 '증강 학습' 능력에 감탄했습니다.

몇 년 전 《유럽 철학사의 경험주의와 이성주의(歐洲哲學史上的经验主义和理性主义)》라는 철학 서적을 읽었는데, 경험주의 학파는 모든 정확한 과학적 지식의 근원은 경험이라고 주장하는 반면, 이성주의 학파는 '천부적인 관념'이 존재하고 인간의 이성적 탐구에 의해 명확해지는 관념이야말로 '진리'라고 주장한다는 내용이 인상 깊었습니다. 왜냐하면 철학 영역에서의 논쟁이 머신러닝 영역에서의 논쟁과 비슷하기 때문인데, 머신러닝 영역에서의 논쟁 역시 철학적 논쟁의 파생이라고 해야 할지도 모르겠네요. 자연어 처리의 통계학파와 언어학파, 그리고 머신러닝 이론의 빈도주의 학파와 베이지안 학파 사이의 논쟁이 경험주의와 이성주의 사이의 논쟁과 기본적으로 같지 않나요?

여러분이 머신러닝 사고방식으로 문제를 사고할 때 생활의 모든 지식은 머신러닝의 이론과 연관이 있을 것 같습니다. 제가 책을 쓰는 과정에서도 생활 예제를 통해 알고리즘의 사고방식을 설명하고, 방법을 익히는 동시에 알고리즘의 본질까지 파악할 수 있도록 노력했습니다. 이 책이 여러분이 데이터 과학자를 꿈꾸는 데 도움이 되었으면 좋겠습니다.

지앙윈셩(Jiang Yunsheng)

- Hulu 베이징 연구소 콘텐츠 인텔리전스 팀에서 이미지/영상 콘텐츠 이해에 관한 연구를 하고 있다.
- 베이징대학교 수학과 박사 졸업

2017년 가을에 머신러닝과 인공지능에 대한 책을 쓰기 시작했는데, 당시에 인공지능에 대한 열기가 매우 뜨거워 이미 시장에 과학, 교육, 응용 등 다양한 종류의 관련 서적들이 있었습니다. 브레인스토밍 끝에 우리는 조금 더 실용적으로 인터뷰 문제에 관한 책을 문답 형식으로 엮어 내면 많은 종사자들이 지식을 정리하고 이 분야를 이해하는 데 도움이 될 것 같다는 결론을 내렸습니다. 물론, 연구원들이 일하다 겪게 되는 상황에 대한 가이드라인도 제시할 수 있고 말이죠.

이 창작 과정은 크게 두 단계로 나뉩니다. 첫 번째 단계는 콘텐츠를 모으는 것이었습니다. 10명이 넘는 저자들이 각자 잘하는 분야를 맡아 콘텐츠를 만들어 모았습니다. 두 번째 단계는 문제와 해답에 대한 교차 검증과 전체적인 구조를 다시 짜고 템플릿을 통일하는 작업이었습니다. 저는 두 단계 모두 참여하며 서로 다른 느낌과 수확을 얻었습니다. 제가 문제를 내고 해답을 작성할 때는 저에게 익숙한 내용이기 때문에 써야 하는 내용이 비교적 명확했지만, 막상 다른 사람들이 좋아할 만한 글로 풀어내려고 하니 여간 어려운 일이 아니었습니다. 교차 검증 단계에서는 익숙하지 않은 내용을 간혹 만나게 되어 관련 자료를 찾아보고 공부할 수밖에 없었습니다. 이렇게 함께 창작하고 교차 검증하는 방식을 통해 제가 모르던 많은 내용을 학습할 수 있었고, 서로 토론하는 과정을 통해 새로운 문제들을 발견하는 과정도 매우 즐거웠습니다.

이 책을 집필하는 시간 동안 Hulu에서 진행하는 인터뷰에 몇 차례 참여했었는데, 책에서 나오는 문제를 출제하기도 하고, 어떤 문제들은 면접자들의 답변을 토대로 수정을 진행하기도 했습니다. 이 기회를 통해 '실험군'이 되어준 면접자들에게 감사의 인사를 전합니다.

이 책은 인터뷰 문제들을 모아놓은 형식이지만, 독자들이 문제와 해답을 외우는 것을 원하지 않습니다. 단지 이런 형식을 통해 더 깊게 생각하고 자신이 모르는 부분을 되짚어 볼 수 있는 기회가 되길 바랄 뿐입니다. 머신러닝, 인공지능으로 가는 길에 지름길은 없습니다. 차근차근 기초 지식을 쌓고 탐구하며 사고하는 습관을 기르는 것이 가장 중요합니다.

리판딩(Li Fanding)

- Hulu 연구 및 개발 엔지니어로 근무하며 자연어 처리 관련 일을 맡고 있다.
- 베이징대학교 정보과학기술 학과 졸업

결국, 책을 마무리하는 단계까지 왔군요. '찬란한 마무리'를 하고 싶은데, 어떤 글을 써야 제가 문제, 문자, 행간 사이에 쏟아부었던 노력과 사고의 시간을 담아낼 수 있을지 모르겠습니다. 편집자로부터 후기 부분에 각자의 소감을 써야 한다는 소식을 전해 들었을 때, 저는 드디어 이 책에 온전히 저만의 짙은 색채를 표현할 수 있을 것 같아 매우 흥분되었습니다. 하지만 생각해 보니 저의 지인이나 책을 뒤에서부터 읽기 좋아하는 사람들이나 이 부분을 읽을 거라는 생각을 하게 되었습니다.

독자 여러분이 만약 13장을 자세히 공부했다면 GANs 아이디어에 대한 경외심을 갖게 되었을 것입니다. 이 책의 많은 문제도 그러한 '대립' 중에 탄생했습니다. 원성과 저는 책에 나오는 아주 사소한 부분에 관해 토론하다가 밤샌 적도 있었는데, 결국 너무 당연해 보이던 내용이 저희의 실수라는 것이 드러났습니다. 생활 속에서 이러한 '대립'은 사고의 불꽃을 타오르게 만들며, 많은 인사이트를 제공합니다. 이 책에는 이러한 인사이트들이 곳곳에 녹아 있습니다.

대학원생 시절 혹은 10여 년 전의 저는 직업 바둑기사가 되고자 했었습니다. 단순히 학업 때문은 아니었지만, 어쨌거나 저는 5살 때부터 키워온 꿈을 접게 되었습니다. 알파고가 저의 우상인 이세돌 9단을 압도적으로 제압하며 세상을 놀라게 했을 때, 저는 만감이 교차했습니다. 머신러닝 연구자로서 기술에 대한 탐구나 세상 사람들의 인공지능 발전에 대한 감탄, 바둑이라는 게임의 기원, 변화, 그리고 그 신묘함에 대한 성찰만이 아닌, 한 사람의 직업, 생활, 그리고 이상 속의 어떤 부분, 어떤 순간까지 오묘하게 하나로 연결되는 느낌이 들었습니다. 그 순간, 희비와 관계없이 제 인생을 바꾼 결정에 후회가 남지 않게 되었습니다. 하지만 그로부터 10년 후인 지금은 머신러닝 연구라는 길을 가고 있는 저의 선택을 후회하지 않을 수 있을지는 모르겠습니다.

왕위징(Wang Yujing)

- (현) Hulu의 책임연구원, 광고 최적화 및 지식 그래프 프로젝트 등을 맡고 있다.
- (전) 마이크로소프트 아시아 연구소 머신러닝 팀 연구원
- (전) 아이핀유(iPinYou) 알고리즘 최적화 팀 연구원

- 베이징대학교 컴퓨터 과학 학부 졸업
- 베이징대학교 지능과학 학과 대학원 졸업

어렸을 때부터 수학을 좋아했으며, 각종 경시대회에 입상하며 베이징대학교에 무시험 입학했다.

시간이 정말 빠르게 흘러가는 것 같습니다. 제가 머신러닝 분야에서 일한 지도 10년이 넘어가네요. 대학교 2학년 때인 2007년, 학교 측에서 조직한 혁신 실험 플랜에 참여해 추이빈 교수님이 개설한 머신러닝과 검색 관련 프로젝트를 하게 되었습니다. 그 당시 저는 컴퓨터 과학에 대해 잘 알지도 못할 때였는데, 열정과 연구에 대한 애정만 가지고 인생의 첫 번째 논문을 완성했었습니다. 지금 돌이켜보면 저에게 크나큰 행운이었습니다. 그 당시에는 딥러닝이 지금처럼 인기가 없었는데, 대부분의 논문이 SVM, LDA로 도배되었던 시절이었습니다. 하지만 어려서부터 수학 모델링 경시대회에 즐겨 참여하던 저는 그때부터 머신러닝을 좋아하게 되었습니다. 인공지능은 융합학문으로서 이 분야에 종사하는 연구원들은 수학, 컴퓨터, 심리학, 철학 등에 대한 지식이 필요하며, 이러한 지식을 사용해 실제 문제를 해결할 수 있는 능력이 있어야 합니다. 오늘날 인공지능은 사람들이 상상만 해오던 안면인식에서부터 음성 비서, 바둑세계 챔피언을 쓰러뜨린 알파고 등을 현실로 만들어 주고 있는데, 너무 매력적인 학문이 아닐 수 없습니다. 그리고 계속해서 우리들을 더 스마트한 세계로 인도하고 있습니다.

인공지능 알고리즘은 너무나도 많습니다. 수십 년 동안 많은 연구자가 피와 땀을 쏟은 결과인데, 이러한 알고리즘 덕분에 실제 응용 환경이 빠르게 발전하고 있습니다. 그러나 오히려 너무 방대해서 머신러닝을 배우려는 학생이나 연구원이 어디서부터 공부를 시작해야 할지 몰라 방황하는 경우를 많이 봤습니다. 저 역시 처음 인공지능 연구를 시작했을 때 많은 논문을 읽었지만, 단시간 내 논문 배후의 철학을 이해하지는 못했습니다. 이러한 이해는 인공지능 종사자들에게는 필수적인데, 이를 소개한 논문이나 교과서는 많지 않습니다. 대학원생 시절에 우쥔 교수님의《물결의 정점에서(浪潮之巔)》와《수학의 아름다움(數學之美)》을 처음 접했을 때의 희열이 아직도 생생한데, 완전히 이해되지 않았던 문제들이 저자의 간결하지만 명료한 설명을 통해 뚜렷하고 간단하게 이해된 기억이 있습니다. 10년의 경험을 하는 동안 저는 줄곧 인공지능 본질에 대한 고찰을 해왔습니다. 이 기회를 통해 여러분과 그간의 생각을 나눌 수 있어 너무 기쁠 따름입니다. 이 외에도 사람마다 문제를 보는 시각이 다른데, 이 책을 통해 서로 다른 사람들의 관점이나 시각을 종합하는 일을 해볼 수 있어서 즐거웠습니다. Hulu에서는 정기적으로 리서치 워크숍 활동을 하는데, 서로 다른 배경과 연구 방향을 가진 연구원들이 각자의 의견을 내고 서로 모르는 부분을 채워 줍니다. 이 책을 집필하는 과정에서 연구원들끼리 서로 토론하고 검토해 주면서 인공지능에 대한 이해도가 많이 올라간 것 같습니다. 이 책은 저희 각자의 사고가 부딪히고 발전하며 합쳐진 결과입니다. 독자들이 이 책을 통해 많은 수확을 얻길 바랍니다.

조우한닝(Zhou Hanning)

- (현) Hulu 베이징 연구소 추천 알고리즘 책임자
- (전) 제록스 실리콘밸리 연구 센터 연구원
- (전) 아마존 시니어 테크놀로지 매니저
- (전) 샨다 혁신 협회(Shanda Innovation Institute) 연구원 및 프로젝트 매니저
- (전) 아이밸리(iValley) 기술 부총괄 및 베이비트리(BabyTree) CTO

- 칭화대학교 자동화학과 학부 졸업
- 미국 일리노이대학교 어바나-샴페인 캠퍼스 컴퓨터 비전 박사 졸업
- 이미지 처리 및 인공지능 영역에 수십 건의 국제 특허 보유. 20여 편 이상의 논문 저술

15년이 넘는 개발 및 관리 경력이 있으며, 데이터 분석과 머신러닝 방면으로 많은 실전 경험을 보유하고 있다.

저는 1999년 마이크로소프트 중국 연구소에서 인턴을 시작한 후로 지금까지 머신러닝의 연구와 성과들이 산업화되고 실용화되는 모습을 줄곧 지켜봤습니다. 최근 10년간 컴퓨팅 파워가 향상되고 데이터 수집 경로가 확장되면서 머신러닝의 상용화도 갈수록 성숙해지고 있습니다. 검색, 추천, 기계 번역 등 응용 상품들도 늘어나면서 많은 연구팀에게 대규모 사용자들을 상대로 실험할 수 있는 공간을 제공하게 되었고, 이로 인해 머신러닝 연구 방식에도 근본적인 변화가 생겼습니다. 원래는 정적인 오프라인 데이터로만 실험을 했다면, 지금은 실제 사용자 피드백에 따른 온라인 실험 환경으로 변했습니다.

머신러닝의 상업화와 응용이 가져온 또 다른 거대한 변화는 엔지니어들의 기술에 대한 요구 조건이 높아졌다는 사실입니다. 알고리즘 엔지니어는 결정론적 규칙에 기반한 코딩을 잘 이해해야 할 뿐만 아니라 통계 학습을 바탕으로 한 알고리즘 구현까지 잘해야 합니다. 이 책은 많은 엔지니어에게 머신러닝에 빠르게 입문할 수 있는 길을 제공하고 있습니다. 미래에 가치가 높은 인재는 어떤 영역에 대해 깊이 이해하고 동시에 각종 주요 영역들의 기술을 넓게 알고 있는 T자형 인재가 될 것입니다. 따라서 현재 머신러닝 프로젝트에 참여할 수 없다 하더라도 머신러닝의 기본 이론과 개념을 이해하는 것은 자신의 경쟁력을 높이는 일이 될 것입니다.

이 책은 Hulu팀이 같이 땀 흘려 만들어 낸 결정체입니다. 저는 운이 좋게도 두 챕터를 집필할 수 있었는데, 모쪼록 독자 여러분께 도움이 되었으면 하는 바람입니다.

씨에시아오후이(Xie Xiaohui)

💬 Hulu 수석 연구 디렉터

- 서안 교통대학교 학부 졸업
- 베이징 우전대학교 박사

파나소닉 연구 센터, 노키아 연구소, 레노보 연구소 등을 거치며 패턴 인식, 이미지, 영상, 텍스트 분석 등 다양한 미디어 정보 처리 프로젝트를 담당했고, 인공지능, 인간-컴퓨터 상호교류 관련 연구 및 상품화에 대한 경험이 풍부하다.

최근 몇 년 동안 데이터베이스, 컴퓨팅 파워의 발전과 더불어 신경망이 전형적인 식별 영역에서 두각을 나타내며 인공지능은 황금기를 맞이했습니다. 인류 최강 바둑기사를 이긴 알파고, 사람을 인식하는 카메라, 사람의 말을 정확히 알아듣는 알렉사 스피커, 자율 주행 자동차 웨이모 등등 많은 인공지능 걸작들이 사람들의 이목을 집중시키는 한편, 우리의 생활 속 깊숙이 들어와 사람들을 인공지능의 매력에 빠지도록 만들고 있습니다. 저는 많은 사람이 인공지능의 매력에 빠져들어 이 분야에서 자신의 재능을 발휘하고 싶어 할 것이라 생각합니다.

사실, 이번 인공지능의 발전에는 '공유 정신'이라는 또 다른 원동력이 있습니다. 많은 논문과 데이터, 알고리즘 모델, 개발 플랫폼이 공개되고, 수많은 무료 온라인 강의와 커뮤니티가 열려 학술계, 산업계, 교육계 등 각 분야에서 인공지능의 발전을 위해 기여하고 있으며, 인공지능의 건강한 발전을 위해 힘쓰고 있습니다. 따라서 주커버그가 던진 'Hulu는 무엇을 할 수 있을까?'라는 질문은 저희 팀 모두를 깊은 생각에 잠기게 했고, 팀원들은 각자의 마음속에 그동안 받은 것들을 돌려주고 인공지능 발전을 위해 기여할 수 있다는 믿음이 있음을 확인할 수 있었습니다.

이러한 신념과 분위기가 만들어진 이유는 인공지능의 물결이 Hulu에게 큰 영향을 주고 있기 때문이기도 합니다. 인공지능은 개인화 추천 시스템, 비디오 콘텐츠 이해, 스마트 광고, 사용자 페르소나 분석 등 Hulu 업무의 곳곳에 사용되고 있습니다. Hulu의 우수한 인재들은 인공지능과 머신러닝 분야에서 풍부한 실전 경험을 쌓았고, 알고리즘과 모델, 그리고 최적화 테크닉에 대해 높은 이해도를 가지고 있습니다. 때문에 '책을 써보면 어떨까'라는 제안을 했을 때 모두가 흔쾌히 동의할 수 있었습니다. 저는 독자들이 이 책을 쓴 저자들의 명단을 살펴본다면, Hulu가 이 영역에 대해 얼마만큼의 열정을 가지고 있는지를 쉽게 알 수 있을 거라 믿습니다. 그리고 Hulu는 많은 비디오 콘텐츠 자원이 있기 때문에 ICIP나 ACM MM 등 플랫폼을 통해 경진대회를 여는 방식으로 Hulu의 비디오 데이터를 오픈해 도전성 있는 연구주제들을 제시하고 있습니다.

창작은 매우 고통스러운 일입니다. 많은 동료가 이 책을 위해 엄청난 노력을 기울였습니다. 그들 각자가 맡은 프로젝트를 하는 시간이 아닌 여유시간을 활용해 알고리즘을 정리했는데, 제가 아는 몇몇 동료는 매일같이 새벽 2~3시까지 열정적으로 임했습니다. 저는 이 책을 통해 독자들이 Hulu 연구원들의 진심을 느낄 수 있기를 바라며, 이 책의 가치가 더 빛날 수 있도록 많은 의견을 보내 주셨으면 좋겠습니다.

천라밍(Chen Laming)

🔵 (한) 추천 알고리즘 연구를 맡고 있다.

- 1988년생. 중국 찌양시 잉탄 출생
- 2010년 칭화대학교 전자공학과를 졸업
- 2016년 칭화대학교 전자공학과 박사 학위 취득

압축 센싱 관련 알고리즘을 주로 연구했다.

제가 인터뷰를 가장 많이 볼 때는 일주일에 2~3개의 인터뷰 스케줄이 있습니다. 매번 인터뷰 전에 지원자의 이력서를 살펴보고 지원자가 경험했던 프로젝트를 바탕으로 맞춤형 문제를 준비해 갑니다. 이러한 문제에는 머신러닝의 기본 개념, 지원자가 접해 봤던 알고리즘 모델, 혹은 참여했던 프로젝트의 세부 사항 등이 있습니다. 많은 경우에 지원자들은 자신만의 독특한 이해와 사고방식으로 질문에 답하고는 하는데, 저는 이런 대답을 좋아합니다. 왜냐하면 이는 지원자가 실전에서 독립적인 사고 능력을 사용할 줄 안다는 뜻이기 때문입니다.

머신러닝은 우아하고 아름답습니다. 머신러닝의 발전은 생물학을 기원으로 하고 매우 엄격한 수리적 추론 과정에 기반을 둡니다. 그렇지만 일선에서 묵묵하게 구준히 일하고 있는 데이터 과학자들과 분리될 수는 없습니다. 많은 공개 커뮤니티와 공개 강의, 공개 프레임워크 등이 발전하면서 이제 머신러닝 기술을 익히는 일은 대다수 사람에게 단순히 '결심'만 하면 되는 문제가 되었습니다.

대부분의 일이 생각할 때는 쉽지만 막상 해보면 그렇게 간단하지만은 않습니다. 머신러닝이 그중 하나이고, 책을 쓰는 일이 또 다른 하나인 것 같습니다. 이 기회를 통해 대작을 써내는 대가들이 존경스러웠고, 그 뒤에 숨겨진 학술에 대한 열정과 끈기에 경외심을 가지게 되었습니다. 이 책의 본래 목적은 독자들이 머신러닝의 오묘함을 맛볼 수 있게 함이었는데, 만약 어떤 독자가 이 책을 본 뒤 머신러닝 분야에서 일하고 싶은 마음이 든다면 그보다 기쁜 일은 없을 것 같습니다.

리우춘양(Liu Chunyang)

- 칭화대학교 컴퓨터 공학과에서 지능 기술 및 시스템 국가중점 과제들을 수행했으며, 석사로 졸업했다.
- 자연어 처리 관련 연구를 주로 하고 있으며, ACL, EMNLP 등 국제 학회에 다수의 논문을 게재했다.

졸업 후 Hulu의 사용자 과학팀에서 빅데이터 기술과 머신러닝 알고리즘을 통한 사용자 데이터 분석과 사용자 데이터베이스 구축을 맡고 있다. 이러한 분석 결과는 Hulu의 상품, 시장, 광고 등 다방면에서의 의사결정을 돕고 있다.

책 집필이 막바지에 접어들 무렵, 저는 동료에게 완전히 이해했다고 생각했던 것을 막상 글로 써보니 생각만큼 쉽지 않은 일이었다고 고백했습니다. 이 책의 저자 중 한 명이 될 수 있어서 저로서는 정말 행운이었고, 자신을 단련시키고 성장시킬 좋은 기회였다고 생각됩니다.

저는 정말 운이 좋은 세대에 태어나 정말 짧은 시간 동안 인공지능에서 일어나는 비약적인 발전을 직접 목격할 수 있었습니다. 우리는 이세돌이 알파고에게 패하는 순간을 볼 수 있었고, 이미지 식별, 자연어 처리 등의 영역에서 기계가 인류를 빠르게 쫓아오는 모습, 그리고 자율 주행차와 스마트 스피커 등 인공지능 응용의 탄생, 발전, 그리고 성숙 과정까지 목격했습니다. 인공지능 관련 영역에서 시대의 투사가 되어 이 분야의 성장과 함께 성장하고 싶은 사람들이 많아졌을 것입니다.

2년 전만 해도 저 역시도 한 명의 구직자였기 때문에 인공지능 관련 영역에서 일하고 싶은 심정을 아직까지 잘 이해할 수 있습니다. 그래서 Hulu에서 이 책을 집필한다고 했을 때 속으로 쾌재를 불렀고, 다행히 인연이 닿아 저도 저자 그룹에 합류할 수 있었습니다. 책 내용에 대한 신뢰성을 위해 저와 동료들은 대량의 관련 자료를 찾아보고 여러 차례에 걸친 검토와 교정 작업을 진행했습니다. '온고지신'이라는 말도 있듯이, 책을 집필하는 과정에서 저는 많은 지식을 얻었고, 인터뷰 문제 출제자 입장도 되어 보며 새로운 경험도 했습니다.

저희는 여러분이 인공지능의 대가이든, 아니면 미신러닝을 막 공부하기 시작한 학생이든 간에 모두 이 책을 통해 얻을 수 있는 것들이 있었으면 좋겠습니다. 특히, 이 책을 읽은 후 인공지능에 대한 열정이 더 커지길 바라며, 여러분이 좋은 일자리를 찾아갈 수 있도록 도움이 되었으면 하는 바람입니다.

리우천하오(Liu Chenhao)

📷 영상 콘텐츠에 대한 머신러닝 알고리즘 연구를 하고 있다.

■ 베이징대학교 졸업

모니터를 보며 마지막 소개 글을 작성하려고 하니 저희가 처음 모였던 그날의 오후가 생각납니다. 우리들은 한데 모여 이 책을 어떻게 써야 할지, 어디서부터 써야 할지, 심지어 책을 쓰는 것이 옳은 일인가에 관해서 토론했습니다. 머신러닝에 대한 문답 형식의 내용은 사실 처음부터 기획된 것은 아닙니다. 처음에는 실전에 초점을 맞춘 '실전 딥러닝'을 고려했다가, 어려운 내용을 알기 쉽게 풀어 쓰는 것에 초점을 맞춘 '왜 AI인가'까지 후보에 올랐었습니다. 당시 지금의 형식을 가장 먼저 제안한 것이 바로 저입니다. 원래의 제목은 '딥러닝 인터뷰 바이블'이었는데, 후에 채택되지는 않았습니다. 사실, 저의 아이디어가 반영되었다는 것이 신기할 따름입니다.

이 아이디어는 사실 별것 아닌 생각에서 시작되었는데, 고등학교 시절에 수능을 앞두고 많이 풀었던 《5년 수능, 3년 모의고사(五年高考, 三年模拟)》 책이나, 코딩 인터뷰를 준비하며 봤던 LeetCode가 떠올랐고, 알고리즘 엔지니어를 준비할 때는 어떻게 해야 할까에 대해 생각해 봤습니다. 흩어져 있는 지식을 정리해 주고, 이해와 깊이를 더해 주고, 심지어 업계 경험까지 전달할 수 있는 책이 필요하다고 생각했지만, 시중에서는 찾아볼 수 없었습니다. 그래서 '없으면 우리가 만들어 보자'는 생각으로 이런 아이디어를 제안한 것입니다. 독자들이 이 책을 통해 머신러닝을 이해하고, 이 분야의 산업이 어떻게 돌아가는지 파악할 수 있다면 그것으로 저희의 목적은 달성된 것입니다.

책을 쓰는 속도나 품질 모두 놀라울 정도로 빠르고 높았습니다. 여러 사람의 지혜를 구해 좋은 의견을 모으는 과정에서 생각지도 못한 열매가 맺어졌습니다. 책 목록에 나오는 문제나 배경지식, 그리고 사고방식 모두 여러 차례의 토론을 거쳐 풍부해졌습니다. 무에서 유를 창조해 내는 과정을 지켜보며, 또 이 책을 만날 독자들의 표정을 생각하며 저는 벌써 뿌듯한 마음입니다.

이 책은 제 개인에게도 매우 큰 의미가 있습니다. 정리하고 피드백을 받는 과정에서 얻은 지식이나 노력에 대한 대가보다는 동료와 함께 작업했던 기억이 더 소중한 것 같습니다. 이 프로젝트를 기획해 준 Hulu에 감사합니다. 정말 값지고 소중한 경험을 했다는 생각이 듭니다.

저의 실력이 많이 부족해 책에 누락되거나 틀린 부분이 있을 수 있으니 독자들께 피드백을 구하는 바입니다. 우리 함께 머신러닝 분야를 위해 힘을 보탰으면 좋겠습니다.

쉬샤오란(Xu Xiaoran)

(현) Hulu Reco 리서치팀에서 딥러닝 연구원으로 일하고 있다.

- 2005년 베이징대학교 정보과학기술원 입학
- 2013년 UCLA 입학

2015년에 일생일대의 결정을 내렸는데, 공부를 중단하고 귀국해 여러 스타트업 회사에서 PM을 담당했다. 360 인공지능 연구원에서 딥러닝 알고리즘 엔지니어로 일했다.

When I heard the learn'd astronomer,
When the proofs, the figures, were ranged in columns before me,
When I was shown the charts and diagrams, to add, divide, and measure them,
When I sitting heard the astronomer where he lectured with much applause in the lecture-room,
How soon unaccountable I became tired and sick,
Till rising and gliding out I wander'd off by myself,
In the mystical moist night-air, and from time to time,
Look'd up in perfect silence at the stars.

〈When I Heard the Learn'd Astronomer〉 _ BY WALT WHITMAN

인공지능은 수학자의 공식이나 엔지니어의 코드가 아닙니다. 미지의 세계에 존재하는 지능의 신비는 몇 세기 동안 철학자와 과학자들을 매혹시켰습니다. 만약 미지의 세계에 대한 호기심이나 진리에 대한 갈망 때문이 아니라 공리적인 이유나 현란한 기술을 뽐내기 위해서 인공지능을 연구한다면, 여러분은 금방 지치고 말 것입니다.

지능은 하느님이 인간에게 준 선물이지만, 인간이 열어서 엿볼 수는 없습니다.

데이터 규모, 연산 속도, 그리고 각종 플랫폼이 AI로 가는 길을 열어 주고 있습니다. 역사적으로 볼 때 인공지능은 흥망성쇠를 거듭했는데, 그 이유는 데이터가 부족해서도, 계산 자원이 부족해서도 아닌, 학술 연구에 존재하고 있는 편견과 고정관념이 우리의 자유로운 상상력을 제약했기 때문입니다.

지능을 이해하는 것은 우리 인류를 더 잘 이해하는 데 도움이 됩니다. 지능에 대한 모든 것을 알 수 있다면 우리는 어떠한 문제라도 풀 수 있을 것입니다. 딥마인드의 창시자 데미스 하사비스Demiss Hassabis가 했던 "Solve intelligence. Then and then use that to solve everything else."라는 말처럼 말이죠. 그래서 저는 GANs 장을 작성할 때 복잡한 수학 공식을 제외하고 최대한 직관적으로 이해할 수 있도록 아이디어가 나온 배경을 설명하려 노력했습니다. 여러분이 하나의 모델을 다른 사람에게 자세히 설명하려 할 때, 원래 알고 있는 지식을 그대로 전달하는 것보다 계속해서 생각하고 자신만의 언어로 재창조하려고 노력한다면, 이전에 몰랐던 새로운 사실을 깨닫게 되는 동시에 새로운 아이디어를 얻을 수도 있을 것입니다.

이 책의 집필에 참여했던 것은 쉬운 여정이 아니었습니다. 한 구절, 한 구절을 신중하게 써 내려 가기 위해 고민에 고민을 거듭했습니다. 하지만 동시에 저에게 매우 신기한 여정이기도 했습니다. 책을 쓰는 과정에서 계속해서 새로운 인사이트를 얻을 수 있었고, 색다른 시각으로 바라볼 수 있었던 경험이었습니다. 여러분도 저와 함께 이 신기한 여정에 함께 하길 바랍니다.

펑웨이(Feng Wei)

- 현재 Hulu 데이터 과학팀에서 시니어 데이터 과학자로 일하면서 사용자 유입, 전환, 잔존 등을 책임지는 스마트 사용자 운영 프로젝트를 맡고 있다. 그리고 Hulu 콘텐츠 평가 시스템을 만들어 Hulu 본사의 콘텐츠 구매, 계약 등에 관련된 의사결정을 돕고 있다.

- 칭화대학교 컴퓨터 공학 박사

연구 방향은 SNS, 추천 시스템 등이다. 평소에 AI 관련 최신 트렌드나 배후의 정보들을 캐내는 것에 관심이 많다. 국제적인 데이터 마이닝과 머신러닝 학회인 KDD, IJCAI, WWW, WSDM, ICDE에서 다수의 논문을 발표했다.

이 책의 집필 과정에 참여하면서 저는 최대한 쉬운 언어와 예제로 AI를 소개하고자 했습니다. 동시에 글을 쓰는 일을 통해 알고리즘의 중요성을 다시 한번 느낄 수 있었습니다. 매일 같이 발전하는 AI 기술을 보면 저는 흥분이 되는 한편 걱정도 듭니다. 흥분되는 이유는 AI가 매일 자신의 한계를 벗어나며 새로운 고지에 오르고 있기 때문이고, 걱정되는 이유는 시간과 체력적 한계 때문에 쏟아지는 기술 중 우리가 장악할 수 있는 부분이 많지 않기 때문입니다. 이 책을 통해 AI 입문자들과 동료 데이터 과학자에게 색다른 시각을 제시할 수 있으면 좋겠습니다. 산업 현장 한복판에 있는 박사 소지자 중 한 명으로서의 가장 큰 성취감은 알고리즘 덕분에 핵심 지표들이 증가할 때입니다. 물론, 이러한 성장은 끝없는 실험을 통해 이루어집니다. 반복적인 실전 경험을 통해 좋은 알고리즘이 실제로 영향력을 발휘하기가 얼마나 어려운 일인지 깨달았습니다. 계속해서 모델이나 아이디어를 이해하고자 할 때는 글을 쓰거나 알고리즘을 간단하게 해석하려고 노력한다면 큰 소득을 얻을 수 있을 것입니다. 이 책에는 머신러닝, 특히 피처 엔지니어링과 강화학습 등에 대한 저의 생각이 녹아 있습니다. 부디 저의 노력이 여러분께 도움이 될 수 있기를 바랍니다.

둥찌엔치앙(Dong Jianqiang)

- 2014년부터 Hulu의 연구원으로 일하고 있다.

- 칭화대학교 자동화 학과 석사 졸업

대학교 3학년 때 머신러닝을 접하고 데이터 과학자가 되기로 했다. 4년 전 작은 일에도 지도가 필요했던 사회 초년생에서 이제는 8명의 인턴을 지도하는 멘토로 성장했다. 헬스와 인형을 좋아하고, 공원 산책을 즐긴다.

처음 이 책을 쓰기 시작했을 때는 책을 쓰는 일이 간단하리라 생각했습니다. 각자가 맡은 영역에서 문제를 잘 만들고 답을 써서 모으면 끝난다고 생각했으니까요. 그러나 저의 이런 환상은 RNN의 어떤 한 절을 쓰다 막히면서 완전히 깨졌습니다. 더 정확한 해답을 작성하기 위해 시중에 나와 있는 서적과 논문들을 다 살펴보고도 조심스럽게 저의 견해를 작성했습니다. '잠시 쉬어가기' 코너를 작성할 때도 처음에는 매우 간단하다고 생각했지만, 한 글자, 한 구절을 세심히 퇴고하고 있는 저 자신을 발견했습니다.

최근 아이가 태어났는데, 아이가 성장하는 과정을 지켜보면서 딥러닝의 알고리즘과 6개월이 된 아기의 학습 과정이 매우 닮았음을 느낄 수 있었습니다. 예를 들어, 아이가 수건을 접었다 폈다 하면서 자주 만지고 노는데, 여러분은 이것이 매우 쉬운 일이라고 느낄 것입니다. 하지만 인터뷰 때 만났던 한 면접자는 딥러닝 기술을 이용해 로봇이 아기처럼 계속해서 실험하며 수건이나 옷과 같은 물체의 변화를 예측함으로써 사람의 옷 정리를 도와줄 수 있는 기능을 개발했다고 했습니다.

우리는 가끔 신기술의 단기적 영향을 너무 높게 평가합니다. 특히, 최근에 인공지능은 만능이고 조만간 대규모 실업 사태가 벌어질 것이라고 얘기하곤 합니다. 사실, 기계가 우리 대신 빨래를 정리하거나 운전을 하거나 밥을 해준다면, 우리는 그 시간에 더 창조적이고 즐거움을 주며 성취감 있는 다른 일을 하면 될 것입니다. 마치 세탁기가 우리의 많은 시간을 아껴준 덕분에 우리가 다른 일을 할 여유가 생긴 것처럼 말이죠.

리우멍이(Liu Mengyi)

현 2017년 7월에 Hulu에 입사해 비디오 콘텐츠 이해 관련 알고리즘 연구를 하고 있다.
■ 중국 과학원 컴퓨터 기술 연구소 박사
연구 방향은 컴퓨터 비전과 패턴 인식이다.

반년의 노력과 시간을 들인 우리의 창작물이 드디어 출판을 눈앞에 두고 있습니다. 이 책의 저자가 된 것은 저의 어린 시절의 꿈을 이룬 것이기도 합니다.

2017년 학교에서 구직을 알아보던 시절, 많은 인터뷰를 준비하며 인터뷰에 관련된 바이블과 같은 책이 있었으면 좋겠다는 생각을 줄곧 했습니다. 특히, 최근 몇 년간 큰 인기를 끌고 있는 머신러닝의 최신 내용과 전통적인 부분까지 정리한 책이 있다면 큰 도움이 될 것 같았습니다. 그때의 이런 생각이 이번에 저자로 참여하게 된 가장 큰 이유입니다. 앞으로 지원하게 될 사람들에게 조금이나마 도움이 되면 기쁠 것 같습니다.

하지만 막상 책을 쓰기 시작하니 생각보다 어려웠습니다. 전체 내용에 대한 구조부터 각 장, 절에 대한 분배까지 각 단계마다 동료들과 열띤 토론을 거쳐야 했고, 또 많은 수정이 발생했습니다. 어렵게 작성할 내용을 정했다 하더라도 막상 쓰려니 또 쉽게 써지지 않았습니다. 이전에 스스로 '이해'하고 있다고 여겼던 것들을 글로 설명하는 것이 여간 어려운 일이 아니었습니다. 문제 배경, 해결 동기, 이론 기초, 구현 방안 등 각 단계마다 논리적이고 일관성을 유지해야 했습니다. 동시에 내용의 신뢰도를 위해 많은 자료를 수집하고 찾아봐야 했으며, 반복해서 검수해야 했습니다. 비록 이러한 과정에 많은 시간과 노력을 지불할 수밖에 없었지만, 제겐 문제에 대해 더 깊은 이해를 할 수 있었던 기회였던 것 같습니다. 책의 내용이 늘어날 때마다 말할 수 없는 성취감이 밀려왔고 만족감도 높아졌습니다. 이렇게 팀원 모두가 반복적으로 문제를 발견하고 극복해 가는 과정은 정말 좋은 추억으로 남을 것 같습니다.

지식이나 기술적인 향상 외에 책을 쓰면서 얻은 가장 큰 수확은 동료들과 함께한 성장 경험입니다. 반복해서 토론하고 수정하며, 우리의 지식을 다듬고 새로운 영감을 얻기도 했습니다. 이러한 영감이 독자 여러분께도 전해지길 바랍니다. 그리고 책이 출판되면 독자 여러분의 많은 피드백을 통해 지속해서 개선될 것이라고 믿습니다.

장궈신(Zhang Guoxin)

■ 칭화대학교 컴퓨터 공학 박사

주요 연구 방향은 컴퓨터 그래픽, 컴퓨터 비전, 머신러닝 등이 있다. 졸업과 동시에 Hulu에 들어와 자연어 처리, 추천 알고리즘 관련 연구를 하고 있다.

이 책을 통해 저는 정말 많이 성장했습니다. 처음에는 글을 쓰는 일이 정말 간단한 일이라고 여겼는데, 막상 시작하고 나서는 저의 학식이 얼마나 얕은지를 절실히 깨달았습니다. 계속해서 참고 문헌들을 읽으며 각 공식과 정의를 유도하고 검증했습니다. 이러한 과정을 통해 저 역시도 해당 내용에 대해 더 자세히 알 수 있게 된 것 같습니다.

인공지능은 세상을 바꾸는 동시에 인류의 역사를 바꾸고 있습니다. 머지않아 머신러닝은 학생들의 필수 과목이 될 것입니다. 이 책의 저자 중 한 명이 될 수 있어 영광이고, 계속해서 여러분과 함께 이 생기와 활력 가득한 영역에서 탐구해 나가고 싶습니다.

참고문헌

① He X, Pan J, Jin O, et al. Practical lessons from predicting clicks on ads at facebook[J]. 2014(12): 1-9.

② Friedman J H. Greedy function approximation: a gradient boosting machine[J]. Annals of Statistics, 2001, 29(5): 1189-1232.

③ Mikolov T, Chen K, Corrado G, et al. Efficient estimation of word representations in vector space[J]. Computer Science, 2013.

④ Turk M, Pentland A. Eigenfaces for recognition.[J]. Journal of Cognitive Neuroscience, 1991, 3(1): 71-86.

⑤ Tibshirani R, Walther G, Hastie T. Estimating the number of clusters in a data set via the gap statistic[J]. Journal of the Royal Statistical Society, 2001, 63(2): 411-423.

⑥ Dhillon I S, Guan Y, Kulis B. Kernel k-means: spectral clustering and normalized cuts[C]//Tenth ACM SIGKDD International Conference on Knowledge Discovery and Data Mining. ACM, 2004: 551-556.

⑦ Banerjee A, Dave R N. Validating clusters using the Hopkins statistic[C]// IEEE International Conference on Fuzzy Systems, 2004. Proceedings. IEEE, 2004: 149-153 vol.1.

⑧ Liu Y, Li Z, Xiong H, et al. Understanding of internal clustering validation measures[C]//IEEE, International Conference on Data Mining. IEEE, 2011: 911-916.

⑨ Boyd S, Vandenberghe L. Convex optimization[M]. Cambridge University Press, 2004.

⑩ Nesterov Y. A method of solving a convex programming problem with convergence rate $O(1/k^2)$[C]// Soviet Mathematics Doklady. 1983: 372-376.

⑪ Broyden C G. The convergence of a class of double rank minimization algorithms II. The new algorithm[C]// 1970: 222-231.

⑫ Fletcher R. A new approach to variable metric algorithms[J]. Computer Journal, 1970, 13(3): 317-322.

⑬ Goldfarb D. A family of variable-metric methods derived by variational means[J]. Mathematics of Computing, 1970, 24(109): 23-26.

⑭ Shanno D F. Conditioning of quasi-Newton methods for function minimization[J]. Mathematics of Computation, 1970, 24(111): 647-656.

⑮ Liu D C, Nocedal J. On the limited memory BFGS method for large scale optimization[J]. Mathematical Programming, 1989, 45(1-3): 503-528.

⑯ Abramson N, Braverman D, Sebestyen G. Pattern recognition and machine learning[M]. Academic Press, 1963.

17 He H, Garcia E A. Learning from imbalanced data[J]. IEEE Transactions on Knowledge and Data Engineering, 2009, 21(9): 1263-1284.

18 Xu B, Wang N, Chen T, et al. Empirical evaluation of rectified activations in convolutional network[J]. Computer Science, 2015.

19 Srivastava N, Hinton G, Krizhevsky A, et al. Dropout: a simple way to prevent neural networks from overfitting[J]. Journal of Machine Learning Research, 2014, 15(1): 1929-1958.

20 Kim Y. Convolutional neural networks for sentence classification[J]. Eprint Arxiv, 2014.

21 He K, Zhang X, Ren S, et al. Deep residual learning for image recognition[C]// Computer Vision and Pattern Recognition. IEEE, 2016: 770-778.

22 Liu P, Qiu X, Huang X. Recurrent neural network for text classification with multitask learning[J]. 2016: 2873-2879.

23 Hochreiter S, Schmidhuber J. Long short-term memory[J]. Neural Computation, 1997, 9(8): 1735-1780.

24 Chung J, Gulcehre C, Cho K H, et al. Empirical evaluation of gated recurrent neural networks on sequence modeling[J]. Eprint Arxiv, 2014.

25 Le Q V, Jaitly N, Hinton G E. A simple way to initialize recurrent networks of rectified linear units[J]. Computer Science, 2015.

26 Gers F A, Schmidhuber J, Cummins F. Learning to forget: continual prediction with LSTM[M]. Istituto Dalle Molle Di Studi Sull Intelligenza Artificiale, 1999: 850-855.

27 Gers F A, Schmidhuber J. Recurrent nets that time and count[C]// Ieee-Inns-Enns International Joint Conference on Neural Networks. IEEE, 2000: 189-194 vol.3.

28 Weston J, Chopra S, Bordes A. Memory Networks[J]. Eprint Arxiv, 2014.

29 Bahdanau D, Cho K, Bengio Y. Neural machine translation by jointly learning to align and translate[J]. Computer Science, 2014.

30 Xu K, Ba J, Kiros R, et al. Show, attend and tell: neural image caption generation with visual attention[J]. Computer Science, 2015: 2048-2057.

31 Mnih V, Kavukcuoglu K, Silver D, et al. Playing atari with deep reinforcement learning[J]. Computer Science, 2013.

32 Goodfellow I J, Pouget-Abadie J, Mirza M, et al. Generative adversarial networks[J]. Advances in Neural Information Processing Systems, 2014, 3: 2672-2680.

33 Goodfellow I. NIPS 2016 Tutorial: generative adversarial networks[J]. 2016.

34 Arjovsky M, Chintala S, Bottou L. Wasserstein GAN[J]. 2017.

35 Arjovsky M, Bottou L. Towards principled methods for training generative adversarial networks[J]. 2017.

36 Denton E L, Chintala S, Fergus R. Deep generative image models using a Laplacian pyramid of adversarial networks[C]//International Conference on Neural Information Processing Systems. MIT Press, 2015: 1486-1494.

37 Radford A, Metz L, Chintala S. Unsupervised representation learning with deep convolutional generative adversarial networks[J]. Computer Science, 2015.

38 Springenberg J T, Dosovitskiy A, Brox T, et al. Striving for simplicity: the all convolutional net[J]. Eprint Arxiv, 2014.

39 Ioffe S, Szegedy C. Batch Normalization: accelerating deep network training by reducing internal covariate shift[J]. 2015: 448-456.

40　Dumoulin V, Belghazi I, Poole B, et al. Adversarially learned inference[J]. 2016.

41　Wang J, Yu L, Zhang W, et al. Irgan: a minimax game for unifying generative and discriminative information retrieval models[J]. 2017.

42　Sutton R S, McAllester D A, Singh S P, et al. Policy gradient methods for reinforcement learning with function approximation[C]//Advances in neural information processing systems. 2000: 1057-1063.

43　Yu L, Zhang W, Wang J, et al. Seqgan: sequence generative adversarial nets with policy gradient[C]// AAAI Conference on Artificial Intelligence, 4-9 February 2017, San Francisco, California, Usa. 2017.

44　Bahdanau D, Brakel P, Xu K, et a l . An actor- c r i t i c algorithm for sequence prediction[J]. 2016.

45　Hu J, Zeng H J, Li H, et al. Demographic prediction based on user's browsing behavior[C]// International Conference on World Wide Web, WWW 2007, Banff, Alberta, Canada, May. DBLP, 2007: 151-160.

46　Peng B, Wang Y, Sun J T. Mining mobile users' activities based on search query text and context[C]// Pacific-Asia Conference on Advances in Knowledge Discovery and Data Mining. Springer-Verlag, 2012: 109-120.

47　Wang J, Zhang W, Yuan S. Display advertising with real-time bidding (RTB) and behavioural targeting[J]. Foundations & Trends® in Information Retrieval, 2017, 11(4-5).

48　He X, Pan J, Jin O, et al. Practical lessons from predicting clicks on ads at facebook[M]. ACM, 2014.

49　Zhang W, Du T, Wang J. Deep learning over multi-field categorical data[C]// European Conference on Information Retrieval. Springer, Cham, 2016: 45-57.

50　Azad H K, Deepak A. Query expansion techniques for information retrieval: a survey[J]. 2017.

51　Chen P, Ma W, Mandalapu S, et al. Ad serving using a compact allocation plan[C]// ACM, 2012: 319-336.

52　Ren K, Zhang W, Chang K, et al. Bidding machine: learning to bid for directly optimizing profits in display advertising[J]. IEEE Transactions on Knowledge & Data Engineering, 2018, 30(4): 645-659.

53　Turing A M. Digital computers applied to games[J]. Faster Than Thought, 1953: 623-650.

54　Schaeffer J, Lake R, Lu P, et al. Chinook: the world man-machine checkers champion[J]. 1996, 17(1): 21-29.

55　Schaeffer J, Burch N, Björnsson Y, et al. Checkers is solved[J]. Science, 2007, 317(5844): 1518-1522.

56　Campbell M, Hoane A J, Hsu F. Deep blue[J]. Artificial Intelligence, 2002, 134(1): 57-83.

57　Tesauro G. Temporal difference learning and TD-gammon[J]. Communications of the Acm, 1995, 38(3): 58-68.

58　Silver D, Huang A, Maddison C J, et al. Mastering the game of go with deep neural networks and tree search[J]. Nature, 2016, 529(7587): 484-489.

59　Silver D, Schrittwieser J, Simonyan K, et al. Mastering the game of go without human knowledge[J]. Nature, 2017, 550(7676): 354-359.

60　Zinkevich M, Johanson M, Bowling M, et al. Regret minimization in games with incomplete information[C]//International Conference on Neural Information Processing Systems. Curran Associates Inc. 2007: 1729-1736

61　Moravčík M, Schmid M, Burch N, et al. Deepstack: expert-level artificial intelligence in heads-up no-limit poker[J]. Science, 2017, 356(6337): 508.

62　Mnih V, Kavukcuoglu K, Silver D, et al. Playing Atari with deep reinforcement learning[J]. Computer Science, 2013.

63　Naddaf Y, Naddaf Y, Veness J, et al. The arcade learning environment: an evaluation platform for general agents[J]. Journal of Artificial Intelligence Research, 2013, 47(1): 253-279.

64　Mnih V, Kavukcuoglu K, Silver D, et al. Human-level control through deep reinforcement learning[J]. Nature, 2015, 518(7540): 529.

65　Ontanon S, Synnaeve G, Uriarte A, et al. A survey of real-time strategy game AI research and competition in StarCraft [J]. Computational Intelligence & Ai in Games, 2013, 5(4): 293-311.

66　Vinyals O, Ewalds T, Bar tunov S, et al . StarCraf t I I : a new chal lenge for reinforcement learning[J]. 2017.

67　Synnaeve G, Nardelli N, Auvolat A, et al. TorchCraft: a library for machine learning research on real-time strategy games[J]. 2017.

68　Usunier N, Synnaeve G, Lin Z, et al. Episodic exploration for deep deterministic policies: an application to StarCraft micromanagement tasks[J]. 2016.

69　Peng P, Wen Y, Yang Y, et al. Multiagent bidirectionally-coordinated nets for learning to play StarCraft combat games[J]. 2017.

70　Yannakakis G N, Togelius J. Artificial Intelligence and Games[M]. 2018.

찾아보기

K

L

M

ㅁ

ㅂ

ㅊ

ㅋ